全国出版专业技术人员职

2025年版

有关出版的法律法规选编

Youguan Chuban de
Falü Fagui Xuanbian

初级 中级

国家新闻出版署出版专业资格考试办公室 编

大象出版社　中国书籍出版社
China Book Press

图书在版编目(CIP)数据

有关出版的法律法规选编／国家新闻出版署出版专业资格考试办公室编.—7版.— 郑州：大象出版社；北京：中国书籍出版社, 2021.7 (2025.6 重印)
　　ISBN 978-7-5711-1110-6

Ⅰ.①有… Ⅱ.①国… Ⅲ.①出版法-汇编-中国 Ⅳ.①D922.89

中国版本图书馆 CIP 数据核字(2021)第 123195 号

有关出版的法律法规选编
Youguan Chuban de Falü Fagui Xuanbian
国家新闻出版署出版专业资格考试办公室　编

出 版 人　汪林中
责任编辑　管　昕
责任校对　马　宁　张迎娟　安德华　牛志远
封面设计　王晶晶

出　　版	大象出版社　中国书籍出版社
发　　行	大象出版社（郑州市郑东新区祥盛街27号　邮政编码450016）
	发行科　0371-63863551　总编室　0371-65597936
印　　刷	辉县市伟业印务有限公司
经　　销	各地新华书店经销
开　　本	890 mm×1240 mm　1/32
印　　张	15.625
字　　数	420 千字
版　　次	2021年7月第7版　2025年6月第5次印刷
定　　价	48.00元

若发现印、装质量问题，影响阅读，请与承印厂联系调换。
印厂地址　辉县市北环中段
邮政编码　453600　　　　　　　　电话　13949630555

说　　明

与出版活动相关的法律法规知识是全国出版专业技术人员职业资格考试的重要模块之一。为了方便考生集中学习这些知识并在日常工作实践中经常查阅，我们于2002年编纂了《有关出版的法律法规选编》，作为考试学习用书，供初级、中级考生共同使用（目录中以不同的符号标记说明了初级、中级的学习重点）。此后，随着国家法制建设的发展，根据《全国出版专业技术人员职业资格考试考试大纲》对考试要求的不断调整，本书有过数次修订。

本次修订，将《出版管理条例》《音像制品管理条例》《印刷业管理条例》替换为2024年修订版，新增了《中华人民共和国未成年人保护法》部分条款、《未成年人网络保护条例》部分条款、《生成式人工智能服务管理暂行办法》、《关于防止未成年人沉迷网络游戏的通知》、《关于进一步严格管理　切实防止未成年人沉迷网络游戏的通知》。

本书与2020年版全国出版专业技术人员职业资格考试辅导教材相配套，既可作为报考出版专业资格考试人员的重要复习、备考用书，也可供从事编辑出版工作的其他人员在日常工作中参阅、使用。

国家新闻出版署出版专业资格考试办公室
2025年4月

目　　录

《中华人民共和国宪法》序言及部分条款△☆ ……………… 1
《中华人民共和国刑法》部分条款△☆ …………………… 5
最高人民法院关于审理非法出版物刑事案件具体应用法
　律若干问题的解释△☆ ……………………………………… 14
最高人民法院、最高人民检察院关于办理侵犯知识产权
　刑事案件具体应用法律若干问题的解释△☆ …………… 20
最高人民法院、最高人民检察院关于办理侵犯知识产权
　刑事案件具体应用法律若干问题的解释(二)△☆ ……… 26
最高人民法院、最高人民检察院关于办理侵犯知识产权
　刑事案件具体应用法律若干问题的解释(三)△☆ ……… 28
最高人民法院、最高人民检察院、公安部关于办理侵犯知
　识产权刑事案件适用法律若干问题的意见△☆ ………… 33
《中华人民共和国民法典》部分条款△☆ ………………… 40
中华人民共和国著作权法△☆ ……………………………… 44
最高人民法院关于审理著作权民事纠纷案件适用法律若
　干问题的解释△☆ …………………………………………… 63
最高人民法院关于审理侵害信息网络传播权民事纠纷案
　件适用法律若干问题的规定△☆ ………………………… 68
中华人民共和国国家通用语言文字法△☆ ……………… 73
中华人民共和国爱国主义教育法△☆ …………………… 78
《中华人民共和国广告法》部分条款△☆ ………………… 86
《中华人民共和国未成年人保护法》部分条款△☆ ……… 94
出版管理条例△☆ …………………………………………… 100
音像制品管理条例△☆ ……………………………………… 118

印刷业管理条例△☆ ……	131
中华人民共和国著作权法实施条例△☆ ……	145
著作权集体管理条例☆ ……	151
计算机软件保护条例☆ ……	162
信息网络传播权保护条例△☆ ……	170
互联网信息服务管理办法☆ ……	179
《未成年人网络保护条例》部分条款△☆ ……	184
《宗教事务条例》部分条款☆ ……	192
《地图管理条例》部分条款☆ ……	193
法规汇编编辑出版管理规定☆ ……	199
中共中央办公厅、国务院办公厅关于对编辑出版集中介绍党政领导干部情况出版物加强管理的通知 ……	203
中共中央办公厅关于严格执行编辑出版党和国家主要领导同志讲话选编和研究著作有关规定的通知 ……	205
《关于推进新时代古籍工作的意见》部分条款☆ ……	207
新闻出版保密规定☆ ……	211
科学技术保密规定☆ ……	215
关于在出版行业开展岗位培训实施持证上岗制度的规定△☆ ……	226
新闻出版行业领导岗位持证上岗实施办法 ……	231
出版专业技术人员职业资格管理规定△☆ ……	234
关于深化出版专业技术人员职称制度改革的指导意见△☆ …	240
出版专业技术人员继续教育规定☆ ……	250
出版专业技术人员职业资格考试暂行规定△☆ ……	259
专业技术人员资格考试违纪违规行为处理规定△☆ ……	263
网络出版服务管理规定△☆ ……	270
互联网著作权行政保护办法☆ ……	285
使用文字作品支付报酬办法△☆ ……	289

教科书法定许可使用作品支付报酬办法☆ …………… 293
关于规范网络转载版权秩序的通知☆ ………………… 296
关于加强网络文学作品版权管理的通知 ……………… 298
图书出版管理规定△☆ …………………………………… 300
书号实名申领管理办法(试行)☆ ……………………… 311
图书质量保障体系△☆ …………………………………… 314
图书质量管理规定△☆ …………………………………… 328
报纸期刊质量管理规定△☆ ……………………………… 335
图书出版单位社会效益评价考核试行办法△☆ ………… 351
关于规范图书出版单位辞书出版业务范围的若干规定☆ …… 362
图书、期刊、音像制品、电子出版物重大选题备案办法△☆ …… 364
关于重申对出版反映党和国家主要领导人工作和生活情
　况图书加强管理的紧急通知 ………………………… 369
中小学教辅材料管理办法☆ …………………………… 372
期刊出版管理规定△☆ …………………………………… 377
关于印发《期刊出版形式规范》的通知△☆ …………… 392
音像制品出版管理规定☆ ……………………………… 401
复制管理办法 …………………………………………… 411
电子出版物出版管理规定△☆ …………………………… 422
出版物市场管理规定△☆ ………………………………… 436
关于严格禁止买卖书号、刊号、版号等问题的若干规定△☆ …… 451
关于认定淫秽及色情出版物的暂行规定 ……………… 453
关于部分应取缔出版物认定标准的暂行规定 ………… 455
互联网新闻信息服务管理规定 ………………………… 457
关于推动出版深度融合发展的实施意见△☆ …………… 464
关于进一步加强网络文学出版管理的通知 …………… 471
关于进一步规范期刊经营合作活动的通知 …………… 475
以无障碍方式向阅读障碍者提供作品暂行规定 ……… 478

生成式人工智能服务管理暂行办法△☆ …………………… 482
关于防止未成年人沉迷网络游戏的通知 ………………… 488
关于进一步严格管理　切实防止未成年人沉迷网络游戏
　的通知…………………………………………………… 491

说明：有"△"标记的，为报考初级职业资格者的学习重点；有"☆"标记的，为报考中级职业资格者的学习重点。

《中华人民共和国宪法》[1]
序言及部分条款

(1982年12月4日第五届全国人民代表大会第五次会议通过 1982年12月4日全国人民代表大会公告公布施行)

序　　言

中国是世界上历史最悠久的国家之一。中国各族人民共同创造了光辉灿烂的文化，具有光荣的革命传统。

1840年以后，封建的中国逐渐变成半殖民地、半封建的国家。中国人民为国家独立、民族解放和民主自由进行了前仆后继的英勇奋斗。

20世纪，中国发生了翻天覆地的伟大历史变革。

1911年孙中山先生领导的辛亥革命，废除了封建帝制，创立了中华民国。但是，中国人民反对帝国主义和封建主义的历史任务还没有完成。

1949年，以毛泽东主席为领袖的中国共产党领导中国各族人民，在经历了长期的艰难曲折的武装斗争和其他形式的斗争以后，终于推翻了帝国主义、封建主义和官僚资本主义的统治，取得了新民主主义革命的伟大胜利，建立了中华人民共和国。从此，中国人民掌握了国家的权力，成为国家的主人。

---

[1] 本法律有过修订，此处所载为据2018年3月11日第十三届全国人民代表大会第一次会议通过的《中华人民共和国宪法修正案》修订的版本。

中华人民共和国成立以后，我国社会逐步实现了由新民主主义到社会主义的过渡。生产资料私有制的社会主义改造已经完成，人剥削人的制度已经消灭，社会主义制度已经确立。工人阶级领导的、以工农联盟为基础的人民民主专政，实质上即无产阶级专政，得到巩固和发展。中国人民和中国人民解放军战胜了帝国主义、霸权主义的侵略、破坏和武装挑衅，维护了国家的独立和安全，增强了国防。经济建设取得了重大的成就，独立的、比较完整的社会主义工业体系已经基本形成，农业生产显著提高。教育、科学、文化等事业有了很大的发展，社会主义思想教育取得了明显的成效。广大人民的生活有了较大的改善。

中国新民主主义革命的胜利和社会主义事业的成就，是中国共产党领导中国各族人民，在马克思列宁主义、毛泽东思想的指引下，坚持真理，修正错误，战胜许多艰难险阻而取得的。我国将长期处于社会主义初级阶段。国家的根本任务是，沿着中国特色社会主义道路，集中力量进行社会主义现代化建设。中国各族人民将继续在中国共产党领导下，在马克思列宁主义、毛泽东思想、邓小平理论、"三个代表"重要思想、科学发展观、习近平新时代中国特色社会主义思想指引下，坚持人民民主专政，坚持社会主义道路，坚持改革开放，不断完善社会主义的各项制度，发展社会主义市场经济，发展社会主义民主，健全社会主义法治，贯彻新发展理念，自力更生，艰苦奋斗，逐步实现工业、农业、国防和科学技术的现代化，推动物质文明、政治文明、精神文明、社会文明、生态文明协调发展，把我国建设成为富强民主文明和谐美丽的社会主义现代化强国，实现中华民族伟大复兴。

在我国，剥削阶级作为阶级已经消灭，但是阶级斗争还将在一定范围内长期存在。中国人民对敌视和破坏我国社会主义制度的国内外的敌对势力和敌对分子，必须进行斗争。

台湾是中华人民共和国的神圣领土的一部分。完成统一祖国的大业是包括台湾同胞在内的全中国人民的神圣职责。

社会主义的建设事业必须依靠工人、农民和知识分子,团结一切可以团结的力量。在长期的革命、建设、改革过程中,已经结成由中国共产党领导的,有各民主党派和各人民团体参加的,包括全体社会主义劳动者、社会主义事业的建设者、拥护社会主义的爱国者、拥护祖国统一和致力于中华民族伟大复兴的爱国者的广泛的爱国统一战线,这个统一战线将继续巩固和发展。中国人民政治协商会议是有广泛代表性的统一战线组织,过去发挥了重要的历史作用,今后在国家政治生活、社会生活和对外友好活动中,在进行社会主义现代化建设、维护国家的统一和团结的斗争中,将进一步发挥它的重要作用。中国共产党领导的多党合作和政治协商制度将长期存在和发展。

中华人民共和国是全国各族人民共同缔造的统一的多民族国家。平等团结互助和谐的社会主义民族关系已经确立,并将继续加强。在维护民族团结的斗争中,要反对大民族主义,主要是大汉族主义,也要反对地方民族主义。国家尽一切努力,促进全国各民族的共同繁荣。

中国革命、建设、改革的成就是同世界人民的支持分不开的。中国的前途是同世界的前途紧密地联系在一起的。中国坚持独立自主的对外政策,坚持互相尊重主权和领土完整、互不侵犯、互不干涉内政、平等互利、和平共处的五项原则,坚持和平发展道路,坚持互利共赢开放战略,发展同各国的外交关系和经济、文化交流,推动构建人类命运共同体;坚持反对帝国主义、霸权主义、殖民主义,加强同世界各国人民的团结,支持被压迫民族和发展中国家争取和维护民族独立、发展民族经济的正义斗争,为维护世界和平和促进人类进步事业而努力。

本宪法以法律的形式确认了中国各族人民奋斗的成果,规定了国家的根本制度和根本任务,是国家的根本法,具有最高的法律效力。全国各族人民、一切国家机关和武装力量、各政党和各社会团体、各企业事业组织，都必须以宪法为根本的活动准则，并且负有维护宪法尊严、保证宪法实施的职责。

部 分 条 款

第二十二条　国家发展为人民服务、为社会主义服务的文学艺术事业、新闻广播电视事业、出版发行事业、图书馆博物馆文化馆和其他文化事业，开展群众性的文化活动。

国家保护名胜古迹、珍贵文物和其他重要历史文化遗产。

第三十五条　中华人民共和国公民有言论、出版、集会、结社、游行、示威的自由。

第四十七条　中华人民共和国公民有进行科学研究、文学艺术创作和其他文化活动的自由。国家对于从事教育、科学、技术、文学、艺术和其他文化事业的公民的有益于人民的创造性工作，给以鼓励和帮助。

《中华人民共和国刑法》[①]部分条款

(1979年7月1日第五届全国人民代表大会第二次会议通过)

第一章　危害国家安全罪

第一百零三条　组织、策划、实施分裂国家、破坏国家统一的,对首要分子或者罪行重大的,处无期徒刑或者十年以上有期徒刑;对积极参加的,处三年以上十年以下有期徒刑;对其他参加的,处三年以下有期徒刑、拘役、管制或者剥夺政治权利。

煽动分裂国家、破坏国家统一的,处五年以下有期徒刑、拘役、管制或者剥夺政治权利;首要分子或者罪行重大的,处五年以上有期徒刑。

第一百零五条　组织、策划、实施颠覆国家政权、推翻社会主义制度的,对首要分子或者罪行重大的,处无期徒刑或者十年以上有期徒刑;对积极参加的,处三年以上十年以下有期徒刑;对其他参加的,处三年以下有期徒刑、拘役、管制或者剥夺政治权利。

以造谣、诽谤或者其他方式煽动颠覆国家政权、推翻社会主义制度的,处五年以下有期徒刑、拘役、管制或者剥夺政治权利;首要分子或者罪行重大的,处五年以上有期徒刑。

---

① 本法律有过修订,此处所载为据2020年12月26日第十三届全国人民代表大会常务委员会第二十四次会议通过的《中华人民共和国刑法修正案(十一)》修订的版本。

第三章第四节　破坏金融管理秩序罪

第一百八十一条　编造并且传播影响证券、期货交易的虚假信息,扰乱证券、期货交易市场,造成严重后果的,处五年以下有期徒刑或者拘役,并处或者单处一万元以上十万元以下罚金。

证券交易所、期货交易所、证券公司、期货经纪公司的从业人员,证券业协会、期货业协会或者证券期货监督管理部门的工作人员,故意提供虚假信息或者伪造、变造、销毁交易记录,诱骗投资者买卖证券、期货合约,造成严重后果的,处五年以下有期徒刑或者拘役,并处或者单处一万元以上十万元以下罚金;情节特别恶劣的,处五年以上十年以下有期徒刑,并处二万元以上二十万元以下罚金。

单位犯前两款罪的,对单位判处罚金,并对其直接负责的主管人员和其他直接责任人员,处五年以下有期徒刑或者拘役。

第三章第七节　侵犯知识产权罪

第二百一十三条　未经注册商标所有人许可,在同一种商品、服务上使用与其注册商标相同的商标,情节严重的,处三年以下有期徒刑,并处或者单处罚金;情节特别严重的,处三年以上十年以下有期徒刑,并处罚金。

第二百一十四条　销售明知是假冒注册商标的商品,违法所得数额较大或者有其他严重情节的,处三年以下有期徒刑,并处或者单处罚金;违法所得数额巨大或者有其他特别严重情节的,处三年以上十年以下有期徒刑,并处罚金。

第二百一十五条　伪造、擅自制造他人注册商标标识或者销售伪造、擅自制造的注册商标标识,情节严重的,处三年以下有期徒刑,并处或者单处罚金;情节特别严重的,处三年以上十年以下有期徒刑,并处罚金。

第二百一十六条　假冒他人专利,情节严重的,处三年以下有期徒刑或者拘役,并处或者单处罚金。

第二百一十七条　以营利为目的,有下列侵犯著作权或者与著作权有关的权利的情形之一,违法所得数额较大或者有其他严重情节的,处三年以下有期徒刑,并处或者单处罚金;违法所得数额巨大或者有其他特别严重情节的,处三年以上十年以下有期徒刑,并处罚金:

(一)未经著作权人许可,复制发行、通过信息网络向公众传播其文字作品、音乐、美术、视听作品、计算机软件及法律、行政法规规定的其他作品的;

(二)出版他人享有专有出版权的图书的;

(三)未经录音录像制作者许可,复制发行、通过信息网络向公众传播其制作的录音录像的;

(四)未经表演者许可,复制发行录有其表演的录音录像制品,或者通过信息网络向公众传播其表演的;

(五)制作、出售假冒他人署名的美术作品的;

(六)未经著作权人或者与著作权有关的权利人许可,故意避开或者破坏权利人为其作品、录音录像制品等采取的保护著作权或者与著作权有关的权利的技术措施的。

第二百一十八条　以营利为目的,销售明知是本法第二百一十七条规定的侵权复制品,违法所得数额巨大或者有其他严重情节的,处五年以下有期徒刑,并处或者单处罚金。

第二百一十九条　有下列侵犯商业秘密行为之一,情节严重的,处三年以下有期徒刑,并处或者单处罚金;情节特别严重的,处三年以上十年以下有期徒刑,并处罚金:

(一)以盗窃、贿赂、欺诈、胁迫、电子侵入或者其他不正当手段获取权利人的商业秘密的;

(二)披露、使用或者允许他人使用以前项手段获取的权利人的商业秘密的;

(三)违反保密义务或者违反权利人有关保守商业秘密的要求,披露、使用或者允许他人使用其所掌握的商业秘密的。

明知前款所列行为,获取、披露、使用或者允许他人使用该商业秘密的,以侵犯商业秘密论。

本条所称权利人,是指商业秘密的所有人和经商业秘密所有人许可的商业秘密使用人。

第二百一十九条之一 为境外的机构、组织、人员窃取、刺探、收买、非法提供商业秘密的,处五年以下有期徒刑,并处或者单处罚金;情节严重的,处五年以上有期徒刑,并处罚金。

第二百二十条 单位犯本节第二百一十三条至第二百一十九条之一规定之罪的,对单位判处罚金,并对其直接负责的主管人员和其他直接责任人员,依照本节各该条的规定处罚。

第三章第八节　扰乱市场秩序罪

第二百二十一条 捏造并散布虚伪事实,损害他人的商业信誉、商品声誉,给他人造成重大损失或者有其他严重情节的,处二年以下有期徒刑或者拘役,并处或者单处罚金。

第二百二十二条 广告主、广告经营者、广告发布者违反国家规定,利用广告对商品或者服务作虚假宣传,情节严重的,处二年以下有期徒刑或者拘役,并处或者单处罚金。

第二百二十五条 违反国家规定,有下列非法经营行为之一,扰乱市场秩序,情节严重的,处五年以下有期徒刑或者拘役,并处或者单处违法所得一倍以上五倍以下罚金;情节特别严重的,处五年以上有期徒刑,并处违法所得一倍以上五倍以下罚金或者没收财产:

(一)未经许可经营法律、行政法规规定的专营、专卖物品或

者其他限制买卖的物品的;

（二）买卖进出口许可证、进出口原产地证明以及其他法律、行政法规规定的经营许可证或者批准文件的;

（三）未经国家有关主管部门批准非法经营证券、期货、保险业务的,或者非法从事资金支付结算业务的;

（四）其他严重扰乱市场秩序的非法经营行为。

第四章　侵犯公民人身权利、民主权利罪

第二百四十六条　以暴力或者其他方法公然侮辱他人或者捏造事实诽谤他人,情节严重的,处三年以下有期徒刑、拘役、管制或者剥夺政治权利。

前款罪,告诉的才处理,但是严重危害社会秩序和国家利益的除外。

通过信息网络实施第一款规定的行为,被害人向人民法院告诉,但提供证据确有困难的,人民法院可以要求公安机关提供协助。

第二百五十条　在出版物中刊载歧视、侮辱少数民族的内容,情节恶劣,造成严重后果的,对直接责任人员,处三年以下有期徒刑、拘役或者管制。

第六章第一节　扰乱公共秩序罪

第二百八十四条　非法使用窃听、窃照专用器材,造成严重后果的,处二年以下有期徒刑、拘役或者管制。

第二百八十四条之一　在法律规定的国家考试中,组织作弊的,处三年以下有期徒刑或者拘役,并处或者单处罚金;情节严重的,处三年以上七年以下有期徒刑,并处罚金。

为他人实施前款犯罪提供作弊器材或者其他帮助的，依照前款的规定处罚。

为实施考试作弊行为，向他人非法出售或者提供第一款规定的考试的试题、答案的，依照第一款的规定处罚。

代替他人或者让他人代替自己参加第一款规定的考试的，处拘役或者管制，并处或者单处罚金。

第二百八十六条　违反国家规定，对计算机信息系统功能进行删除、修改、增加、干扰，造成计算机信息系统不能正常运行，后果严重的，处五年以下有期徒刑或者拘役；后果特别严重的，处五年以上有期徒刑。

违反国家规定，对计算机信息系统中存储、处理或者传输的数据和应用程序进行删除、修改、增加的操作，后果严重的，依照前款的规定处罚。

故意制作、传播计算机病毒等破坏性程序，影响计算机系统正常运行，后果严重的，依照第一款的规定处罚。

单位犯前三款罪的，对单位判处罚金，并对其直接负责的主管人员和其他直接责任人员，依照第一款的规定处罚。

第二百八十六条之一　网络服务提供者不履行法律、行政法规规定的信息网络安全管理义务，经监管部门责令采取改正措施而拒不改正，有下列情形之一的，处三年以下有期徒刑、拘役或者管制，并处或者单处罚金：

（一）致使违法信息大量传播的；

（二）致使用户信息泄露，造成严重后果的；

（三）致使刑事案件证据灭失，情节严重的；

（四）有其他严重情节的。

单位犯前款罪的，对单位判处罚金，并对其直接负责的主管人员和其他直接责任人员，依照前款的规定处罚。

有前两款行为，同时构成其他犯罪的，依照处罚较重的规定定罪处罚。

第二百八十七条 利用计算机实施金融诈骗、盗窃、贪污、挪用公款、窃取国家秘密或者其他犯罪的,依照本法有关规定定罪处罚。

第二百八十七条之一 利用信息网络实施下列行为之一,情节严重的,处三年以下有期徒刑或者拘役,并处或者单处罚金:

(一)设立用于实施诈骗、传授犯罪方法、制作或者销售违禁物品、管制物品等违法犯罪活动的网站、通讯群组的;

(二)发布有关制作或者销售毒品、枪支、淫秽物品等违禁物品、管制物品或者其他违法犯罪信息的;

(三)为实施诈骗等违法犯罪活动发布信息的。

单位犯前款罪的,对单位判处罚金,并对其直接负责的主管人员和其他直接责任人员,依照第一款的规定处罚。

有前两款行为,同时构成其他犯罪的,依照处罚较重的规定定罪处罚。

第二百八十七条之二 明知他人利用信息网络实施犯罪,为其犯罪提供互联网接入、服务器托管、网络存储、通讯传输等技术支持,或者提供广告推广、支付结算等帮助,情节严重的,处三年以下有期徒刑或者拘役,并处或者单处罚金。

单位犯前款罪的,对单位判处罚金,并对其直接负责的主管人员和其他直接责任人员,依照第一款的规定处罚。

有前两款行为,同时构成其他犯罪的,依照处罚较重的规定定罪处罚。

第二百九十一条 聚众扰乱车站、码头、民用航空站、商场、公园、影剧院、展览会、运动场或者其他公共场所秩序,聚众堵塞交通或者破坏交通秩序,抗拒、阻碍国家治安管理工作人员依法执行职务,情节严重的,对首要分子,处五年以下有期徒刑、拘役或者管制。

第二百九十一条之一 投放虚假的爆炸性、毒害性、放射性、传染病病原体等物质,或者编造爆炸威胁、生化威胁、放射威胁等恐怖信息,或者明知是编造的恐怖信息而故意传播,严重扰乱社会秩序的,处五年以下有期徒刑、拘役或者管制;造成严重后果的,处五年以上有期徒刑。

编造虚假的险情、疫情、灾情、警情,在信息网络或者其他媒体上传播,或者明知是上述虚假信息,故意在信息网络或者其他媒体上传播,严重扰乱社会秩序的,处三年以下有期徒刑、拘役或者管制;造成严重后果的,处三年以上七年以下有期徒刑。

第二百九十一条之二 从建筑物或者其他高空抛掷物品,情节严重的,处一年以下有期徒刑、拘役或者管制,并处或者单处罚金。

有前款行为,同时构成其他犯罪的,依照处罚较重的规定定罪处罚。

第六章第九节　制作、贩卖、传播淫秽物品罪

第三百六十三条 以牟利为目的,制作、复制、出版、贩卖、传播淫秽物品的,处三年以下有期徒刑、拘役或者管制,并处罚金;情节严重的,处三年以上十年以下有期徒刑,并处罚金;情节特别严重的,处十年以上有期徒刑或者无期徒刑,并处罚金或者没收财产。

为他人提供书号,出版淫秽书刊的,处三年以下有期徒刑、拘役或者管制,并处或者单处罚金;明知他人用于出版淫秽书刊而提供书号的,依照前款的规定处罚。

第三百六十四条 传播淫秽的书刊、影片、音像、图片或者其他淫秽物品,情节严重的,处二年以下有期徒刑、拘役或者管制。

组织播放淫秽的电影、录像等音像制品的,处三年以下有期徒

刑、拘役或者管制,并处罚金;情节严重的,处三年以上十年以下有期徒刑,并处罚金。

制作、复制淫秽的电影、录像等音像制品组织播放的,依照第二款的规定从重处罚。

向不满十八周岁的未成年人传播淫秽物品的,从重处罚。

最高人民法院
关于审理非法出版物刑事案件
具体应用法律若干问题的解释

（1998年12月11日最高人民法院审判委员会第1032次会议通过 1998年12月17日中华人民共和国最高人民法院公告公布 1998年12月23日起施行 法释〔1998〕30号）

为依法惩治非法出版物犯罪活动,根据刑法的有关规定,现对审理非法出版物刑事案件具体应用法律的若干问题解释如下：

第一条 明知出版物中载有煽动分裂国家、破坏国家统一或者煽动颠覆国家政权、推翻社会主义制度的内容,而予以出版、印刷、复制、发行、传播的,依照刑法第一百零三条第二款或者第一百零五条第二款的规定,以煽动分裂国家罪或者煽动颠覆国家政权罪定罪处罚。

第二条 以营利为目的,实施刑法第二百一十七条所列侵犯著作权行为之一,个人违法所得数额在五万元以上,单位违法所得数额在二十万元以上的,属于"违法所得数额较大";具有下列情形之一的,属于"有其他严重情节"：

（一）因侵犯著作权曾经两次以上被追究行政责任或者民事责任,两年内又实施刑法第二百一十七条所列侵犯著作权行为之一的；

（二）个人非法经营数额在二十万元以上,单位非法经营数额在一百万元以上的；

（三）造成其他严重后果的。

以营利为目的,实施刑法第二百一十七条所列侵犯著作权行为之一,个人违法所得数额在二十万元以上,单位违法所得数额在一百万元以上的,属于"违法所得数额巨大";具有下列情形之一的,属于"有其他特别严重情节":

(一)个人非法经营数额在一百万元以上,单位非法经营数额在五百万元以上的;

(二)造成其他特别严重后果的。

第三条 刑法第二百一十七条第(一)项中规定的"复制发行",是指行为人以营利为目的,未经著作权人许可而实施的复制、发行或者既复制又发行其文字作品、音乐、电影、电视、录像作品、计算机软件及其他作品的行为。

第四条 以营利为目的,实施刑法第二百一十八条规定的行为,个人违法所得数额在十万元以上,单位违法所得数额在五十万元以上的,依照刑法第二百一十八条的规定,以销售侵权复制品罪定罪处罚。

第五条 实施刑法第二百一十七条规定的侵犯著作权行为,又销售该侵权复制品,违法所得数额巨大的,只定侵犯著作权罪,不实行数罪并罚。

实施刑法第二百一十七条规定的侵犯著作权的犯罪行为,又明知是他人的侵权复制品而予销售,构成犯罪的,应当实行数罪并罚。

第六条 在出版物中公然侮辱他人或者捏造事实诽谤他人,情节严重的,依照刑法第二百四十六条的规定,分别以侮辱罪或者诽谤罪定罪处罚。

第七条 出版刊载歧视、侮辱少数民族内容的作品,情节恶劣,造成严重后果的,依照刑法第二百五十条的规定,以出版歧视、侮辱少数民族作品罪定罪处罚。

第八条 以牟利为目的,实施刑法第三百六十三条第一款规定的行为,具有下列情形之一的,以制作、复制、出版、贩卖、传播淫秽物品牟利罪定罪处罚:

（一）制作、复制、出版淫秽影碟、软件、录像带五十至一百张（盒）以上，淫秽音碟、录音带一百至二百张（盒）以上，淫秽扑克、书刊、画册一百至二百副（册）以上，淫秽照片、画片五百至一千张以上的；

（二）贩卖淫秽影碟、软件、录像带一百至二百张（盒）以上，淫秽音碟、录音带二百至四百张（盒）以上，淫秽扑克、书刊、画册二百至四百副（册）以上，淫秽照片、画片一千至二千张以上的；

（三）向他人传播淫秽物品达二百至五百人次以上，或者组织播放淫秽影、像达十至二十场次以上的；

（四）制作、复制、出版、贩卖、传播淫秽物品，获利五千至一万元以上的。

以牟利为目的，实施刑法第三百六十三条第一款规定的行为，具有下列情形之一的，应当认定为制作、复制、出版、贩卖、传播淫秽物品牟利罪"情节严重"：

（一）制作、复制、出版淫秽影碟、软件、录像带二百五十至五百张（盒）以上，淫秽音碟、录音带五百至一千张（盒）以上，淫秽扑克、书刊、画册五百至一千副（册）以上，淫秽照片、画片二千五百至五千张以上的；

（二）贩卖淫秽影碟、软件、录像带五百至一千张（盒）以上，淫秽音碟、录音带一千至二千张（盒）以上，淫秽扑克、书刊、画册一千至二千副（册）以上，淫秽照片、画片五千至一万张以上的；

（三）向他人传播淫秽物品达一千至二千人次以上，或者组织播放淫秽影、像达五十至一百场次以上的；

（四）制作、复制、出版、贩卖、传播淫秽物品，获利三万至五万元以上的。

以牟利为目的，实施刑法第三百六十三条第一款规定的行为，其数量（数额）达到前款规定的数量（数额）五倍以上的，应当认定为制作、复制、贩卖、传播淫秽物品牟利罪"情节特别严重"。

第九条 为他人提供书号、刊号,出版淫秽书刊的,依照刑法第三百六十三条第二款的规定,以为他人提供书号出版淫秽书刊罪定罪处罚。

为他人提供版号,出版淫秽音像制品的,依照前款规定定罪处罚。

明知他人用于出版淫秽书刊而提供书号、刊号的,依照刑法第三百六十三条第一款的规定,以出版淫秽物品牟利罪定罪处罚。

第十条 向他人传播淫秽的书刊、影片、音像、图片等出版物达三百至六百人次以上或者造成恶劣社会影响的,属于"情节严重",依照刑法第三百六十四条第一款的规定,以传播淫秽物品罪定罪处罚。

组织播放淫秽的电影、录像等音像制品达十五至三十场次以上或者造成恶劣社会影响的,依照刑法第三百六十四条第二款的规定,以组织播放淫秽音像制品罪定罪处罚。

第十一条 违反国家规定,出版、印刷、复制、发行本解释第一条至第十条规定以外的其他严重危害社会秩序和扰乱市场秩序的非法出版物,情节严重的,依照刑法第二百二十五条第(三)项的规定,以非法经营罪定罪处罚。

第十二条 个人实施本解释第十一条规定的行为,具有下列情形之一的,属于非法经营行为"情节严重":

(一)经营数额在五万元至十万元以上的;

(二)违法所得数额在二万元至三万元以上的;

(三)经营报纸五千份或者期刊五千本或者图书二千册或者音像制品、电子出版物五百张(盒)以上的。

具有下列情形之一的,属于非法经营行为"情节特别严重":

(一)经营数额在十五万元至三十万元以上的;

(二)违法所得数额在五万元至十万元以上的;

(三)经营报纸一万五千份或者期刊一万五千本或者图书五

千册或者音像制品、电子出版物一千五百张(盒)以上的。

第十三条 单位实施本解释第十一条规定的行为,具有下列情形之一的,属于非法经营行为"情节严重":

(一)经营数额在十五万元至三十万元以上的;

(二)违法所得数额在五万元至十万元以上的;

(三)经营报纸一万五千份或者期刊一万五千本或者图书五千册或者音像制品、电子出版物一千五百张(盒)以上的。

具有下列情形之一的,属于非法经营行为"情节特别严重":

(一)经营数额在五十万元至一百万元以上的;

(二)违法所得数额在十五万元至三十万元以上的;

(三)经营报纸五万份或者期刊五万本或者图书一万五千册或者音像制品、电子出版物五千张(盒)以上的。

第十四条 实施本解释第十一条规定的行为,经营数额、违法所得数额或者经营数量接近非法经营行为"情节严重"、"情节特别严重"的数额、数量起点标准,并具有下列情形之一的,可以认定为非法经营行为"情节严重"、"情节特别严重":

(一)两年内因出版、印刷、复制、发行非法出版物受过行政处罚两次以上的;

(二)因出版、印刷、复制、发行非法出版物造成恶劣社会影响或者其他严重后果的。

第十五条 非法从事出版物的出版、印刷、复制、发行业务,严重扰乱市场秩序,情节特别严重,构成犯罪的,可以依照刑法第二百二十五条第(三)项的规定,以非法经营罪定罪处罚。

第十六条 出版单位与他人事前通谋,向其出售、出租或者以其他形式转让该出版单位的名称、书号、刊号、版号,他人实施本解释第二条、第四条、第八条、第九条、第十条、第十一条规定的行为,构成犯罪的,对该出版单位应当以共犯论处。

第十七条 本解释所称"经营数额",是指以非法出版物的定价数额乘以行为人经营的非法出版物数量所得的数额。

本解释所称"违法所得数额",是指获利数额。

非法出版物没有定价或者以境外货币定价的,其单价数额应当按照行为人实际出售的价格认定。

第十八条 各省、自治区、直辖市高级人民法院可以根据本地的情况和社会治安状况,在本解释第八条、第十条、第十二条、第十三条规定的有关数额、数量标准的幅度内,确定本地执行的具体标准,并报最高人民法院备案。

最高人民法院、最高人民检察院关于办理侵犯知识产权刑事案件具体应用法律若干问题的解释

(2004年11月2日最高人民法院审判委员会第1331次会议 2004年11月11日最高人民检察院第十届检察委员会第28次会议通过 2004年12月8日中华人民共和国最高人民法院 中华人民共和国最高人民检察院公告公布 2004年12月22日起施行 法释〔2004〕19号)

为依法惩治侵犯知识产权犯罪活动,维护社会主义市场经济秩序,根据刑法有关规定,现就办理侵犯知识产权刑事案件具体应用法律的若干问题解释如下:

第一条 未经注册商标所有人许可,在同一种商品上使用与其注册商标相同的商标,具有下列情形之一的,属于刑法第二百一十三条规定的"情节严重",应当以假冒注册商标罪判处三年以下有期徒刑或者拘役,并处或者单处罚金:

(一)非法经营数额在五万元以上或者违法所得数额在三万元以上的;

(二)假冒两种以上注册商标,非法经营数额在三万元以上或者违法所得数额在二万元以上的;

(三)其他情节严重的情形。

具有下列情形之一的,属于刑法第二百一十三条规定的"情节特别严重",应当以假冒注册商标罪判处三年以上七年以下有期徒刑,并处罚金:

(一)非法经营数额在二十五万元以上或者违法所得数额在

十五万元以上的；

（二）假冒两种以上注册商标，非法经营数额在十五万元以上或者违法所得数额在十万元以上的；

（三）其他情节特别严重的情形。

第二条 销售明知是假冒注册商标的商品，销售金额在五万元以上的，属于刑法第二百一十四条规定的"数额较大"，应当以销售假冒注册商标的商品罪判处三年以下有期徒刑或者拘役，并处或者单处罚金。

销售金额在二十五万元以上的，属于刑法第二百一十四条规定的"数额巨大"，应当以销售假冒注册商标的商品罪判处三年以上七年以下有期徒刑，并处罚金。

第三条 伪造、擅自制造他人注册商标标识或者销售伪造、擅自制造的注册商标标识，具有下列情形之一的，属于刑法第二百一十五条规定的"情节严重"，应当以非法制造、销售非法制造的注册商标标识罪判处三年以下有期徒刑、拘役或者管制，并处或者单处罚金：

（一）伪造、擅自制造或者销售伪造、擅自制造的注册商标标识数量在二万件以上，或者非法经营数额在五万元以上，或者违法所得数额在三万元以上的；

（二）伪造、擅自制造或者销售伪造、擅自制造两种以上注册商标标识数量在一万件以上，或者非法经营数额在三万元以上，或者违法所得数额在二万元以上的；

（三）其他情节严重的情形。

具有下列情形之一的，属于刑法第二百一十五条规定的"情节特别严重"，应当以非法制造、销售非法制造的注册商标标识罪判处三年以上七年以下有期徒刑，并处罚金：

（一）伪造、擅自制造或者销售伪造、擅自制造的注册商标标识数量在十万件以上，或者非法经营数额在二十五万元以上，或者

违法所得数额在十五万元以上的;

(二)伪造、擅自制造或者销售伪造、擅自制造两种以上注册商标标识数量在五万件以上,或者非法经营数额在十五万元以上,或者违法所得数额在十万元以上的;

(三)其他情节特别严重的情形。

第四条 假冒他人专利,具有下列情形之一的,属于刑法第二百一十六条规定的"情节严重",应当以假冒专利罪判处三年以下有期徒刑或者拘役,并处或者单处罚金:

(一)非法经营数额在二十万元以上或者违法所得数额在十万元以上的;

(二)给专利权人造成直接经济损失五十万元以上的;

(三)假冒两项以上他人专利,非法经营数额在十万元以上或者违法所得数额在五万元以上的;

(四)其他情节严重的情形。

第五条 以营利为目的,实施刑法第二百一十七条所列侵犯著作权行为之一,违法所得数额在三万元以上的,属于"违法所得数额较大";具有下列情形之一的,属于"有其他严重情节",应当以侵犯著作权罪判处三年以下有期徒刑或者拘役,并处或者单处罚金:

(一)非法经营数额在五万元以上的;

(二)未经著作权人许可,复制发行其文字作品、音乐、电影、电视、录像作品、计算机软件及其他作品,复制品数量合计在一千张(份)以上的;

(三)其他严重情节的情形。

以营利为目的,实施刑法第二百一十七条所列侵犯著作权行为之一,违法所得数额在十五万元以上的,属于"违法所得数额巨大";具有下列情形之一的,属于"有其他特别严重情节",应当以侵犯著作权罪判处三年以上七年以下有期徒刑,并处罚金:

(一)非法经营数额在二十五万元以上的;

(二)未经著作权人许可,复制发行其文字作品、音乐、电影、电视、录像作品、计算机软件及其他作品,复制品数量合计在五千张(份)以上的;

(三)其他特别严重情节的情形。

第六条 以营利为目的,实施刑法第二百一十八条规定的行为,违法所得数额在十万元以上的,属于"违法所得数额巨大",应当以销售侵权复制品罪判处三年以下有期徒刑或者拘役,并处或者单处罚金。

第七条 实施刑法第二百一十九条规定的行为之一,给商业秘密的权利人造成损失数额在五十万元以上的,属于"给商业秘密的权利人造成重大损失",应当以侵犯商业秘密罪判处三年以下有期徒刑或者拘役,并处或者单处罚金。

给商业秘密的权利人造成损失数额在二百五十万元以上的,属于刑法第二百一十九条规定的"造成特别严重后果",应当以侵犯商业秘密罪判处三年以上七年以下有期徒刑,并处罚金。

第八条 刑法第二百一十三条规定的"相同的商标",是指与被假冒的注册商标完全相同,或者与被假冒的注册商标在视觉上基本无差别、足以对公众产生误导的商标。

刑法第二百一十三条规定的"使用",是指将注册商标或者假冒的注册商标用于商品、商品包装或者容器以及产品说明书、商品交易文书,或者将注册商标或者假冒的注册商标用于广告宣传、展览以及其他商业活动等行为。

第九条 刑法第二百一十四条规定的"销售金额",是指销售假冒注册商标的商品后所得和应得的全部违法收入。

具有下列情形之一的,应当认定为属于刑法第二百一十四条规定的"明知":

(一)知道自己销售的商品上的注册商标被涂改、调换或者覆盖的；

（二）因销售假冒注册商标的商品受到过行政处罚或者承担过民事责任又销售同一种假冒注册商标的商品的；

（三）伪造、涂改商标注册人授权文件或者知道该文件被伪造、涂改的；

（四）其他知道或者应当知道是假冒注册商标的商品的情形。

第十条　实施下列行为之一的，属于刑法第二百一十六条规定的"假冒他人专利"的行为：

（一）未经许可，在其制造或者销售的产品、产品的包装上标注他人专利号的；

（二）未经许可，在广告或者其他宣传材料中使用他人的专利号，使人将所涉及的技术误认为是他人专利技术的；

（三）未经许可，在合同中使用他人的专利号，使人将合同涉及的技术误认为是他人专利技术的；

（四）伪造或者变造他人的专利证书、专利文件或者专利申请文件的。

第十一条　以刊登收费广告等方式直接或者间接收取费用的情形，属于刑法第二百一十七条规定的"以营利为目的"。

刑法第二百一十七条规定的"未经著作权人许可"，是指没有得到著作权人授权或者伪造、涂改著作权人授权许可文件或者超出授权许可范围的情形。

通过信息网络向公众传播他人文字作品、音乐、电影、电视、录像作品、计算机软件及其他作品的行为，应当视为刑法第二百一十七条规定的"复制发行"。

第十二条　本解释所称"非法经营数额"，是指行为人在实施侵犯知识产权行为过程中，制造、储存、运输、销售侵权产品的价值。已销售的侵权产品的价值，按照实际销售的价格计算。制造、储存、运输和未销售的侵权产品的价值，按照标价或者已经查清的侵权产品的实际销售平均价格计算。侵权产品没有标价或者无法查清其实际销售价格的,按照被侵权产品的市场中间价格计算。

多次实施侵犯知识产权行为,未经行政处理或者刑事处罚的,非法经营数额、违法所得数额或者销售金额累计计算。

本解释第三条所规定的"件",是指标有完整商标图样的一份标识。

第十三条 实施刑法第二百一十三条规定的假冒注册商标犯罪,又销售该假冒注册商标的商品,构成犯罪的,应当依照刑法第二百一十三条的规定,以假冒注册商标罪定罪处罚。

实施刑法第二百一十三条规定的假冒注册商标犯罪,又销售明知是他人的假冒注册商标的商品,构成犯罪的,应当实行数罪并罚。

第十四条 实施刑法第二百一十七条规定的侵犯著作权犯罪,又销售该侵权复制品,构成犯罪的,应当依照刑法第二百一十七条的规定,以侵犯著作权罪定罪处罚。

实施刑法第二百一十七条规定的侵犯著作权犯罪,又销售明知是他人的侵权复制品,构成犯罪的,应当实行数罪并罚。

第十五条 单位实施刑法第二百一十三条至第二百一十九条规定的行为,按照本解释规定的相应个人犯罪的定罪量刑标准的三倍定罪量刑。

第十六条 明知他人实施侵犯知识产权犯罪,而为其提供贷款、资金、账号、发票、证明、许可证件,或者提供生产、经营场所或者运输、储存、代理进出口等便利条件、帮助的,以侵犯知识产权犯罪的共犯论处。

第十七条 以前发布的有关侵犯知识产权犯罪的司法解释,与本解释相抵触的,自本解释施行后不再适用。

最高人民法院、最高人民检察院关于办理侵犯知识产权刑事案件具体应用法律若干问题的解释(二)

(2007年4月4日最高人民法院审判委员会第1422次会议 最高人民检察院第十届检察委员会第75次会议通过 2007年4月5日中华人民共和国最高人民法院 中华人民共和国最高人民检察院公告公布 2007年4月5日起施行 法释〔2007〕6号)

为维护社会主义市场经济秩序,依法惩治侵犯知识产权犯罪活动,根据刑法、刑事诉讼法有关规定,现就办理侵犯知识产权刑事案件具体应用法律的若干问题解释如下:

第一条 以营利为目的,未经著作权人许可,复制发行其文字作品、音乐、电影、电视、录像作品、计算机软件及其他作品,复制品数量合计在五百张(份)以上的,属于刑法第二百一十七条规定的"有其他严重情节";复制品数量在二千五百张(份)以上的,属于刑法第二百一十七条规定的"有其他特别严重情节"。

第二条 刑法第二百一十七条侵犯著作权罪中的"复制发行",包括复制、发行或者既复制又发行的行为。

侵权产品的持有人通过广告、征订等方式推销侵权产品的,属于刑法第二百一十七条规定的"发行"。

非法出版、复制、发行他人作品,侵犯著作权构成犯罪的,按照侵犯著作权罪定罪处罚。

第三条 侵犯知识产权犯罪,符合刑法规定的缓刑条件的,依法适用缓刑。有下列情形之一的,一般不适用缓刑:

（一）因侵犯知识产权被刑事处罚或者行政处罚后，再次侵犯知识产权构成犯罪的；

（二）不具有悔罪表现的；

（三）拒不交出违法所得的；

（四）其他不宜适用缓刑的情形。

第四条 对于侵犯知识产权犯罪的，人民法院应当综合考虑犯罪的违法所得、非法经营数额、给权利人造成的损失、社会危害性等情节，依法判处罚金。罚金数额一般在违法所得的一倍以上五倍以下，或者按照非法经营数额的50%以上一倍以下确定。

第五条 被害人有证据证明的侵犯知识产权刑事案件，直接向人民法院起诉的，人民法院应当依法受理；严重危害社会秩序和国家利益的侵犯知识产权刑事案件，由人民检察院依法提起公诉。

第六条 单位实施刑法第二百一十三条至第二百一十九条规定的行为，按照《最高人民法院、最高人民检察院关于办理侵犯知识产权刑事案件具体应用法律若干问题的解释》和本解释规定的相应个人犯罪的定罪量刑标准定罪处罚。

第七条 以前发布的司法解释与本解释不一致的，以本解释为准。

最高人民法院、最高人民检察院关于办理侵犯知识产权刑事案件具体应用法律若干问题的解释(三)

(2020年8月31日最高人民法院审判委员会第1811次会议 2020年8月21日最高人民检察院第十三届检察委员会第48次会议通过 2020年9月12日中华人民共和国最高人民法院 中华人民共和国最高人民检察院公告公布 2020年9月14日起施行 法释〔2020〕10号)

为依法惩治侵犯知识产权犯罪,维护社会主义市场经济秩序,根据《中华人民共和国刑法》《中华人民共和国刑事诉讼法》等有关规定,现就办理侵犯知识产权刑事案件具体应用法律的若干问题解释如下:

第一条 具有下列情形之一的,可以认定为刑法第二百一十三条规定的"与其注册商标相同的商标":

(一)改变注册商标的字体、字母大小写或者文字横竖排列,与注册商标之间基本无差别的;

(二)改变注册商标的文字、字母、数字等之间的间距,与注册商标之间基本无差别的;

(三)改变注册商标颜色,不影响体现注册商标显著特征的;

(四)在注册商标上仅增加商品通用名称、型号等缺乏显著特征要素,不影响体现注册商标显著特征的;

(五)与立体注册商标的三维标志及平面要素基本无差别的;

(六)其他与注册商标基本无差别、足以对公众产生误导的商标。

第二条 在刑法第二百一十七条规定的作品、录音制品上以通常方式署名的自然人、法人或者非法人组织,应当推定为著作权人或者录音制作者,且该作品、录音制品上存在着相应权利,但有相反证明的除外。

在涉案作品、录音制品种类众多且权利人分散的案件中,有证据证明涉案复制品系非法出版、复制发行,且出版者、复制发行者不能提供获得著作权人、录音制作者许可的相关证据材料的,可以认定为刑法第二百一十七条规定的"未经著作权人许可""未经录音制作者许可"。但是,有证据证明权利人放弃权利、涉案作品的著作权或者录音制品的有关权利不受我国著作权法保护、权利保护期限已经届满的除外。

第三条 采取非法复制、未经授权或者超越授权使用计算机信息系统等方式窃取商业秘密的,应当认定为刑法第二百一十九条第一款第一项规定的"盗窃"。

以贿赂、欺诈、电子侵入等方式获取权利人的商业秘密的,应当认定为刑法第二百一十九条第一款第一项规定的"其他不正当手段"。

第四条 实施刑法第二百一十九条规定的行为,具有下列情形之一的,应当认定为"给商业秘密的权利人造成重大损失":

(一)给商业秘密的权利人造成损失数额或者因侵犯商业秘密违法所得数额在三十万元以上的;

(二)直接导致商业秘密的权利人因重大经营困难而破产、倒闭的;

(三)造成商业秘密的权利人其他重大损失的。

给商业秘密的权利人造成损失数额或者因侵犯商业秘密违法所得数额在二百五十万元以上的,应当认定为刑法第二百一十九条规定的"造成特别严重后果"。

第五条 实施刑法第二百一十九条规定的行为造成的损失数

额或者违法所得数额,可以按照下列方式认定:

(一)以不正当手段获取权利人的商业秘密,尚未披露、使用或者允许他人使用的,损失数额可以根据该项商业秘密的合理许可使用费确定;

(二)以不正当手段获取权利人的商业秘密后,披露、使用或者允许他人使用的,损失数额可以根据权利人因被侵权造成销售利润的损失确定,但该损失数额低于商业秘密合理许可使用费的,根据合理许可使用费确定;

(三)违反约定、权利人有关保守商业秘密的要求,披露、使用或者允许他人使用其所掌握的商业秘密的,损失数额可以根据权利人因被侵权造成销售利润的损失确定;

(四)明知商业秘密是不正当手段获取或者是违反约定、权利人有关保守商业秘密的要求披露、使用、允许使用,仍获取、使用或者披露的,损失数额可以根据权利人因被侵权造成销售利润的损失确定;

(五)因侵犯商业秘密行为导致商业秘密已为公众所知悉或者灭失的,损失数额可以根据该项商业秘密的商业价值确定。商业秘密的商业价值,可以根据该项商业秘密的研究开发成本、实施该项商业秘密的收益综合确定;

(六)因披露或者允许他人使用商业秘密而获得的财物或者其他财产性利益,应当认定为违法所得。

前款第二项、第三项、第四项规定的权利人因被侵权造成销售利润的损失,可以根据权利人因被侵权造成销售量减少的总数乘以权利人每件产品的合理利润确定;销售量减少的总数无法确定的,可以根据侵权产品销售量乘以权利人每件产品的合理利润确定;权利人因被侵权造成销售量减少的总数和每件产品的合理利润均无法确定的,可以根据侵权产品销售量乘以每件侵权产品的合理利润确定。商业秘密系用于服务等其他经营活动的,损失数额可以根据权利人因被侵权而减少的合理利润确定。

商业秘密的权利人为减轻对商业运营、商业计划的损失或者重新恢复计算机信息系统安全、其他系统安全而支出的补救费用，应当计入给商业秘密的权利人造成的损失。

第六条 在刑事诉讼程序中，当事人、辩护人、诉讼代理人或者案外人书面申请对有关商业秘密或者其他需要保密的商业信息的证据、材料采取保密措施的，应当根据案件情况采取组织诉讼参与人签署保密承诺书等必要的保密措施。

违反前款有关保密措施的要求或者法律法规规定的保密义务的，依法承担相应责任。擅自披露、使用或者允许他人使用在刑事诉讼程序中接触、获取的商业秘密，符合刑法第二百一十九条规定的，依法追究刑事责任。

第七条 除特殊情况外，假冒注册商标的商品、非法制造的注册商标标识、侵犯著作权的复制品、主要用于制造假冒注册商标的商品、注册商标标识或者侵权复制品的材料和工具，应当依法予以没收和销毁。

上述物品需要作为民事、行政案件的证据使用的，经权利人申请，可以在民事、行政案件终结后或者采取取样、拍照等方式对证据固定后予以销毁。

第八条 具有下列情形之一的，可以酌情从重处罚，一般不适用缓刑：

（一）主要以侵犯知识产权为业的；

（二）因侵犯知识产权被行政处罚后再次侵犯知识产权构成犯罪的；

（三）在重大自然灾害、事故灾难、公共卫生事件期间，假冒抢险救灾、防疫物资等商品的注册商标的；

（四）拒不交出违法所得的。

第九条 具有下列情形之一的，可以酌情从轻处罚：

（一）认罪认罚的；

（二）取得权利人谅解的；

（三）具有悔罪表现的；

（四）以不正当手段获取权利人的商业秘密后尚未披露、使用或者允许他人使用的。

第十条 对于侵犯知识产权犯罪的，应当综合考虑犯罪违法所得数额、非法经营数额、给权利人造成的损失数额、侵权假冒物品数量及社会危害性等情节，依法判处罚金。

罚金数额一般在违法所得数额的一倍以上五倍以下确定。违法所得数额无法查清的，罚金数额一般按照非法经营数额的百分之五十以上一倍以下确定。违法所得数额和非法经营数额均无法查清，判处三年以下有期徒刑、拘役、管制或者单处罚金的，一般在三万元以上一百万元以下确定罚金数额；判处三年以上有期徒刑的，一般在十五万元以上五百万元以下确定罚金数额。

第十一条 本解释发布施行后，之前发布的司法解释和规范性文件与本解释不一致的，以本解释为准。

第十二条 本解释自2020年9月14日起施行。

最高人民法院、最高人民检察院、公安部关于办理侵犯知识产权刑事案件适用法律若干问题的意见

(最高人民法院 最高人民检察院 公安部 2011年1月10日 法发〔2011〕3号)

为解决近年来公安机关、人民检察院、人民法院在办理侵犯知识产权刑事案件中遇到的新情况、新问题,依法惩治侵犯知识产权犯罪活动,维护社会主义市场经济秩序,根据刑法、刑事诉讼法及有关司法解释的规定,结合侦查、起诉、审判实践,制定本意见。

一、关于侵犯知识产权犯罪案件的管辖问题

侵犯知识产权犯罪案件由犯罪地公安机关立案侦查。必要时,可以由犯罪嫌疑人居住地公安机关立案侦查。侵犯知识产权犯罪案件的犯罪地,包括侵权产品制造地、储存地、运输地、销售地,传播侵权作品、销售侵权产品的网站服务器所在地、网络接入地、网站建立者或者管理者所在地,侵权作品上传者所在地,权利人受到实际侵害的犯罪结果发生地。对有多个侵犯知识产权犯罪地的,由最初受理的公安机关或者主要犯罪地公安机关管辖。多个侵犯知识产权犯罪地的公安机关对管辖有争议的,由共同的上级公安机关指定管辖,需要提请批准逮捕、移送审查起诉、提起公诉的,由该公安机关所在地的同级人民检察院、人民法院受理。

对于不同犯罪嫌疑人、犯罪团伙跨地区实施的涉及同一批侵权产品的制造、储存、运输、销售等侵犯知识产权犯罪行为,符合并案处理要求的,有关公安机关可以一并立案侦查,需要提请批准逮

捕、移送审查起诉、提起公诉的,由该公安机关所在地的同级人民检察院、人民法院受理。

二、关于办理侵犯知识产权刑事案件中行政执法部门收集、调取证据的效力问题

行政执法部门依法收集、调取、制作的物证、书证、视听资料、检验报告、鉴定结论、勘验笔录、现场笔录,经公安机关、人民检察院审查,人民法院庭审质证确认,可以作为刑事证据使用。

行政执法部门制作的证人证言、当事人陈述等调查笔录,公安机关认为有必要作为刑事证据使用的,应当依法重新收集、制作。

三、关于办理侵犯知识产权刑事案件的抽样取证问题和委托鉴定问题

公安机关在办理侵犯知识产权刑事案件时,可以根据工作需要抽样取证,或者商请同级行政执法部门、有关检验机构协助抽样取证。法律、法规对抽样机构或者抽样方法有规定的,应当委托规定的机构并按照规定方法抽取样品。

公安机关、人民检察院、人民法院在办理侵犯知识产权刑事案件时,对于需要鉴定的事项,应当委托国家认可的有鉴定资质的鉴定机构进行鉴定。

公安机关、人民检察院、人民法院应当对鉴定结论进行审查,听取权利人、犯罪嫌疑人、被告人对鉴定结论的意见,可以要求鉴定机构作出相应说明。

四、关于侵犯知识产权犯罪自诉案件的证据收集问题

人民法院依法受理侵犯知识产权刑事自诉案件,对于当事人因客观原因不能取得的证据,在提起自诉时能够提供有关线索,申请人民法院调取的,人民法院应当依法调取。

五、关于刑法第二百一十三条规定的"同一种商品"的认定问题

名称相同的商品以及名称不同但指同一事物的商品,可以认定为"同一种商品"。"名称"是指国家工商行政管理总局商标局在商标注册工作中对商品使用的名称,通常即《商标注册用商品和服务国际分类》中规定的商品名称。"名称不同但指同一事物的商品"是指在功能、用途、主要原料、消费对象、销售渠道等方面相同或者基本相同,相关公众一般认为是同一种事物的商品。

认定"同一种商品",应当在权利人注册商标核定使用的商品和行为人实际生产销售的商品之间进行比较。

六、关于刑法第二百一十三条规定的"与其注册商标相同的商标"的认定问题

具有下列情形之一,可以认定为"与其注册商标相同的商标":

(一)改变注册商标的字体、字母大小写或者文字横竖排列,与注册商标之间仅有细微差别的;

(二)改变注册商标的文字、字母、数字等之间的间距,不影响体现注册商标显著特征的;

(三)改变注册商标颜色的;

(四)其他与注册商标在视觉上基本无差别、足以对公众产生误导的商标。

七、关于尚未附着或者尚未全部附着假冒注册商标标识的侵权产品价值是否计入非法经营数额的问题

在计算制造、储存、运输和未销售的假冒注册商标侵权产品价值时,对于已经制作完成但尚未附着(含加贴)或者尚未全部附着(含加贴)假冒注册商标标识的产品,如果有确实、充分证据证明

该产品将假冒他人注册商标,其价值计入非法经营数额。

八、关于销售假冒注册商标的商品犯罪案件中尚未销售或者部分销售情形的定罪量刑问题

销售明知是假冒注册商标的商品,具有下列情形之一的,依照刑法第二百一十四条的规定,以销售假冒注册商标的商品罪(未遂)定罪处罚:

(一)假冒注册商标的商品尚未销售,货值金额在十五万元以上的;

(二)假冒注册商标的商品部分销售,已销售金额不满五万元,但与尚未销售的假冒注册商标的商品的货值金额合计在十五万元以上的。

假冒注册商标的商品尚未销售,货值金额分别达到十五万元以上不满二十五万元、二十五万元以上的,分别依照刑法第二百一十四条规定的各法定刑幅度定罪处罚。

销售金额和未销售货值金额分别达到不同的法定刑幅度或者均达到同一法定刑幅度的,在处罚较重的法定刑或者同一法定刑幅度内酌情从重处罚。

九、关于销售他人非法制造的注册商标标识犯罪案件中尚未销售或者部分销售情形的定罪问题

销售他人伪造、擅自制造的注册商标标识,具有下列情形之一的,依照刑法第二百一十五条的规定,以销售非法制造的注册商标标识罪(未遂)定罪处罚:

(一)尚未销售他人伪造、擅自制造的注册商标标识数量在六万件以上的;

(二)尚未销售他人伪造、擅自制造的两种以上注册商标标识数量在三万件以上的;

(三) 部分销售他人伪造、擅自制造的注册商标标识,已销售标识数量不满二万件,但与尚未销售标识数量合计在六万件以上的;

(四) 部分销售他人伪造、擅自制造的两种以上注册商标标识,已销售标识数量不满一万件,但与尚未销售标识数量合计在三万件以上的。

十、关于侵犯著作权犯罪案件"以营利为目的"的认定问题

除销售外,具有下列情形之一的,可以认定为"以营利为目的":

(一) 以在他人作品中刊登收费广告、捆绑第三方作品等方式直接或者间接收取费用的;

(二) 通过信息网络传播他人作品,或者利用他人上传的侵权作品,在网站或者网页上提供刊登收费广告服务,直接或者间接收取费用的;

(三) 以会员制方式通过信息网络传播他人作品,收取会员注册费或者其他费用的;

(四) 其他利用他人作品牟利的情形。

十一、关于侵犯著作权犯罪案件"未经著作权人许可"的认定问题

"未经著作权人许可"一般应当依据著作权人或者其授权的代理人、著作权集体管理组织、国家著作权行政管理部门指定的著作权认证机构出具的涉案作品版权认证文书,或者证明出版者、复制发行者伪造、涂改授权许可文件或者超出授权许可范围的证据,结合其他证据综合予以认定。

在涉案作品种类众多且权利人分散的案件中,上述证据确实难以一一取得,但有证据证明涉案复制品系非法出版、复制发行的,且出版者、复制发行者不能提供获得著作权人许可的相关证明材料的,可以认定为"未经著作权人许可"。但是,有证据证明权利人放弃权利、涉案作品的著作权不受我国著作权法保护,或者著作权保护期限已经届满的除外。

十二、关于刑法第二百一十七条规定的"发行"的认定及相关问题

"发行",包括总发行、批发、零售、通过信息网络传播以及出租、展销等活动。

非法出版、复制、发行他人作品,侵犯著作权构成犯罪的,按照侵犯著作权罪定罪处罚,不认定为非法经营罪等其他犯罪。

十三、关于通过信息网络传播侵权作品行为的定罪处罚标准问题

以营利为目的,未经著作权人许可,通过信息网络向公众传播他人文字作品、音乐、电影、电视、美术、摄影、录像作品、录音录像制品、计算机软件及其他作品,具有下列情形之一的,属于刑法第二百一十七条规定的"其他严重情节":

(一)非法经营数额在五万元以上的;

(二)传播他人作品的数量合计在五百件(部)以上的;

(三)传播他人作品的实际被点击数达到五万次以上的;

(四)以会员制方式传播他人作品,注册会员达到一千人以上的;

(五)数额或者数量虽未达到第(一)项至第(四)项规定标准,但分别达到其中两项以上标准一半以上的;

(六)其他严重情节的情形。

实施前款规定的行为,数额或者数量达到前款第(一)项至第(五)项规定标准五倍以上的,属于刑法第二百一十七条规定的

"其他特别严重情节"。

十四、关于多次实施侵犯知识产权行为累计计算数额问题

依照《最高人民法院、最高人民检察院关于办理侵犯知识产权刑事案件具体应用法律若干问题的解释》第十二条第二款的规定，多次实施侵犯知识产权行为，未经行政处理或者刑事处罚的，非法经营数额、违法所得数额或者销售金额累计计算。

二年内多次实施侵犯知识产权违法行为，未经行政处理，累计数额构成犯罪的，应当依法定罪处罚。实施侵犯知识产权犯罪行为的追诉期限，适用刑法的有关规定，不受前述二年的限制。

十五、关于为他人实施侵犯知识产权犯罪提供原材料、机械设备等行为的定性问题

明知他人实施侵犯知识产权犯罪，而为其提供生产、制造侵权产品的主要原材料、辅助材料、半成品、包装材料、机械设备、标签标识、生产技术、配方等帮助，或者提供互联网接入、服务器托管、网络存储空间、通讯传输通道、代收费、费用结算等服务的，以侵犯知识产权犯罪的共犯论处。

十六、关于侵犯知识产权犯罪竞合的处理问题

行为人实施侵犯知识产权犯罪，同时构成生产、销售伪劣商品犯罪的，依照侵犯知识产权犯罪与生产、销售伪劣商品犯罪中处罚较重的规定定罪处罚。

《中华人民共和国民法典》部分条款

(2020 年 5 月 28 日第十三届全国人民代表大会第三次会议通过 2021 年 1 月 1 日施行)

第一百零九条 自然人的人身自由、人格尊严受法律保护。

第一百一十条 自然人享有生命权、身体权、健康权、姓名权、肖像权、名誉权、荣誉权、隐私权、婚姻自主权等权利。

法人、非法人组织享有名称权、名誉权和荣誉权。

第一百一十一条 自然人的个人信息受法律保护。任何组织或者个人需要获取他人个人信息的,应当依法取得并确保信息安全,不得非法收集、使用、加工、传输他人个人信息,不得非法买卖、提供或者公开他人个人信息。

第一百一十八条 民事主体依法享有债权。

债权是因合同、侵权行为、无因管理、不当得利以及法律的其他规定,权利人请求特定义务人为或者不为一定行为的权利。

第一百一十九条 依法成立的合同,对当事人具有法律约束力。

第一百二十条 民事权益受到侵害的,被侵权人有权请求侵权人承担侵权责任。

第一百二十三条 民事主体依法享有知识产权。

知识产权是权利人依法就下列客体享有的专有的权利:

(一)作品;

(二)发明、实用新型、外观设计;

(三)商标;

(四)地理标志;

(五)商业秘密;

(六)集成电路布图设计;

(七)植物新品种;

(八)法律规定的其他客体。

第一百三十条　民事主体按照自己的意愿依法行使民事权利,不受干涉。

第一百三十一条　民事主体行使权利时,应当履行法律规定的和当事人约定的义务。

第一百三十二条　民事主体不得滥用民事权利损害国家利益、社会公共利益或者他人合法权益。

第一百三十三条　民事法律行为是民事主体通过意思表示设立、变更、终止民事法律关系的行为。

第一百三十四条　民事法律行为可以基于双方或者多方的意思表示一致成立,也可以基于单方的意思表示成立。

法人、非法人组织依照法律或者章程规定的议事方式和表决程序作出决议的,该决议行为成立。

第一百三十五条　民事法律行为可以采用书面形式、口头形式或者其他形式;法律、行政法规规定或者当事人约定采用特定形式的,应当采用特定形式。

第一百三十六条　民事法律行为自成立时生效,但是法律另有规定或者当事人另有约定的除外。

行为人非依法律规定或者未经对方同意,不得擅自变更或者解除民事法律行为。

第一百三十七条　以对话方式作出的意思表示,相对人知道其内容时生效。

以非对话方式作出的意思表示,到达相对人时生效。以非对话方式作出的采用数据电文形式的意思表示,相对人指定特定系统接收数据电文的,该数据电文进入该特定系统时生效;未指定特定系统的,相对人知道或者应当知道该数据电文进入其系统时生效。当事人对采用数据电文形式的意思表示的生效时间另有约定的,按照其约定。

第一百七十六条 民事主体依照法律规定或者按照当事人约定,履行民事义务,承担民事责任。

第一百七十七条 二人以上依法承担按份责任,能够确定责任大小的,各自承担相应的责任;难以确定责任大小的,平均承担责任。

第一百七十八条 二人以上依法承担连带责任的,权利人有权请求部分或者全部连带责任人承担责任。

连带责任人的责任份额根据各自责任大小确定;难以确定责任大小的,平均承担责任。实际承担责任超过自己责任份额的连带责任人,有权向其他连带责任人追偿。

连带责任,由法律规定或者当事人约定。

第一百七十九条 承担民事责任的方式主要有:

(一)停止侵害;
(二)排除妨碍;
(三)消除危险;
(四)返还财产;
(五)恢复原状;
(六)修理、重作、更换;
(七)继续履行;
(八)赔偿损失;
(九)支付违约金;
(十)消除影响、恢复名誉;
(十一)赔礼道歉。

法律规定惩罚性赔偿的,依照其规定。

本条规定的承担民事责任的方式,可以单独适用,也可以合并适用。

第一百八十条 因不可抗力不能履行民事义务的,不承担民事责任。法律另有规定的,依照其规定。

不可抗力是不能预见、不能避免且不能克服的客观情况。

第一百八十五条 侵害英雄烈士等的姓名、肖像、名誉、荣誉,损害社会公共利益的,应当承担民事责任。

第一百八十六条 因当事人一方的违约行为,损害对方人身权益、财产权益的,受损害方有权选择请求其承担违约责任或者侵权责任。

中华人民共和国著作权法[1]

(1990年9月7日第七届全国人民代表大会常务委员会第十五次会议通过)

第一章 总 则

第一条 为保护文学、艺术和科学作品作者的著作权,以及与著作权有关的权益,鼓励有益于社会主义精神文明、物质文明建设的作品的创作和传播,促进社会主义文化和科学事业的发展与繁荣,根据宪法制定本法。

第二条 中国公民、法人或者非法人组织的作品,不论是否发表,依照本法享有著作权。

外国人、无国籍人的作品根据其作者所属国或者经常居住地国同中国签订的协议或者共同参加的国际条约享有的著作权,受本法保护。

外国人、无国籍人的作品首先在中国境内出版的,依照本法享有著作权。

未与中国签订协议或者共同参加国际条约的国家的作者以及无国籍人的作品首次在中国参加的国际条约的成员国出版的,或者在成员国和非成员国同时出版的,受本法保护。

第三条 本法所称的作品,是指文学、艺术和科学领域内具有

---

[1] 本法律有过修订,此处所载为据2020年11月11日第十三届全国人民代表大会常务委员会第二十三次会议通过的《关于修改〈中华人民共和国著作权法〉的决定》修订的版本。

独创性并能以一定形式表现的智力成果,包括:

(一)文字作品;

(二)口述作品;

(三)音乐、戏剧、曲艺、舞蹈、杂技艺术作品;

(四)美术、建筑作品;

(五)摄影作品;

(六)视听作品;

(七)工程设计图、产品设计图、地图、示意图等图形作品和模型作品;

(八)计算机软件;

(九)符合作品特征的其他智力成果。

第四条 著作权人和与著作权有关的权利人行使权利,不得违反宪法和法律,不得损害公共利益。国家对作品的出版、传播依法进行监督管理。

第五条 本法不适用于:

(一)法律、法规,国家机关的决议、决定、命令和其他具有立法、行政、司法性质的文件,及其官方正式译文;

(二)单纯事实消息;

(三)历法、通用数表、通用表格和公式。

第六条 民间文学艺术作品的著作权保护办法由国务院另行规定。

第七条 国家著作权主管部门负责全国的著作权管理工作;县级以上地方主管著作权的部门负责本行政区域的著作权管理工作。

第八条 著作权人和与著作权有关的权利人可以授权著作权集体管理组织行使著作权或者与著作权有关的权利。依法设立的著作权集体管理组织是非营利法人,被授权后可以以自己的名义为著作权人和与著作权有关的权利人主张权利,并可以作为当事人进行涉及著作权或者与著作权有关的权利的诉讼、仲裁、调解活动。

著作权集体管理组织根据授权向使用者收取使用费。使用费的收取标准由著作权集体管理组织和使用者代表协商确定,协商不成的,可以向国家著作权主管部门申请裁决,对裁决不服的,可以向人民法院提起诉讼;当事人也可以直接向人民法院提起诉讼。

著作权集体管理组织应当将使用费的收取和转付、管理费的提取和使用、使用费的未分配部分等总体情况定期向社会公布,并应当建立权利信息查询系统,供权利人和使用者查询。国家著作权主管部门应当依法对著作权集体管理组织进行监督、管理。

著作权集体管理组织的设立方式、权利义务、使用费的收取和分配,以及对其监督和管理等由国务院另行规定。

第二章 著作权

第一节 著作权人及其权利

第九条 著作权人包括:
(一)作者;
(二)其他依照本法享有著作权的自然人、法人或者非法人组织。

第十条 著作权包括下列人身权和财产权:
(一)发表权,即决定作品是否公之于众的权利;
(二)署名权,即表明作者身份,在作品上署名的权利;
(三)修改权,即修改或者授权他人修改作品的权利;
(四)保护作品完整权,即保护作品不受歪曲、篡改的权利;
(五)复制权,即以印刷、复印、拓印、录音、录像、翻录、翻拍、数字化等方式将作品制作一份或者多份的权利;

（六）发行权，即以出售或者赠与方式向公众提供作品的原件或者复制件的权利；

（七）出租权，即有偿许可他人临时使用视听作品、计算机软件的原件或者复制件的权利，计算机软件不是出租的主要标的的除外；

（八）展览权，即公开陈列美术作品、摄影作品的原件或者复制件的权利；

（九）表演权，即公开表演作品，以及用各种手段公开播送作品的表演的权利；

（十）放映权，即通过放映机、幻灯机等技术设备公开再现美术、摄影、视听作品等的权利；

（十一）广播权，即以有线或者无线方式公开传播或者转播作品，以及通过扩音器或者其他传送符号、声音、图像的类似工具向公众传播广播的作品的权利，但不包括本款第十二项规定的权利；

（十二）信息网络传播权，即以有线或者无线方式向公众提供，使公众可以在其选定的时间和地点获得作品的权利；

（十三）摄制权，即以摄制视听作品的方法将作品固定在载体上的权利；

（十四）改编权，即改变作品，创作出具有独创性的新作品的权利；

（十五）翻译权，即将作品从一种语言文字转换成另一种语言文字的权利；

（十六）汇编权，即将作品或者作品的片段通过选择或者编排，汇集成新作品的权利；

（十七）应当由著作权人享有的其他权利。

著作权人可以许可他人行使前款第五项至第十七项规定的权利，并依照约定或者本法有关规定获得报酬。

著作权人可以全部或者部分转让本条第一款第五项至第十七

项规定的权利,并依照约定或者本法有关规定获得报酬。

第二节　著作权归属

第十一条　著作权属于作者,本法另有规定的除外。

创作作品的自然人是作者。

由法人或者非法人组织主持,代表法人或者非法人组织意志创作,并由法人或者非法人组织承担责任的作品,法人或者非法人组织视为作者。

第十二条　在作品上署名的自然人、法人或者非法人组织为作者,且该作品上存在相应权利,但有相反证明的除外。

作者等著作权人可以向国家著作权主管部门认定的登记机构办理作品登记。

与著作权有关的权利参照适用前两款规定。

第十三条　改编、翻译、注释、整理已有作品而产生的作品,其著作权由改编、翻译、注释、整理人享有,但行使著作权时不得侵犯原作品的著作权。

第十四条　两人以上合作创作的作品,著作权由合作作者共同享有。没有参加创作的人,不能成为合作作者。

合作作品的著作权由合作作者通过协商一致行使;不能协商一致,又无正当理由的,任何一方不得阻止他方行使除转让、许可他人专有使用、出质以外的其他权利,但是所得收益应当合理分配给所有合作作者。

合作作品可以分割使用的,作者对各自创作的部分可以单独享有著作权,但行使著作权时不得侵犯合作作品整体的著作权。

第十五条　汇编若干作品、作品的片段或者不构成作品的数据或者其他材料,对其内容的选择或者编排体现独创性的作品,为汇编作品,其著作权由汇编人享有,但行使著作权时,不得侵犯原作品的著作权。

第十六条 使用改编、翻译、注释、整理、汇编已有作品而产生的作品进行出版、演出和制作录音录像制品,应当取得该作品的著作权人和原作品的著作权人许可,并支付报酬。

第十七条 视听作品中的电影作品、电视剧作品的著作权由制作者享有,但编剧、导演、摄影、作词、作曲等作者享有署名权,并有权按照与制作者签订的合同获得报酬。

前款规定以外的视听作品的著作权归属由当事人约定;没有约定或者约定不明确的,由制作者享有,但作者享有署名权和获得报酬的权利。

视听作品中的剧本、音乐等可以单独使用的作品的作者有权单独行使其著作权。

第十八条 自然人为完成法人或者非法人组织工作任务所创作的作品是职务作品,除本条第二款的规定以外,著作权由作者享有,但法人或者非法人组织有权在其业务范围内优先使用。作品完成两年内,未经单位同意,作者不得许可第三人以与单位使用的相同方式使用该作品。

有下列情形之一的职务作品,作者享有署名权,著作权的其他权利由法人或者非法人组织享有,法人或者非法人组织可以给予作者奖励:

(一)主要是利用法人或者非法人组织的物质技术条件创作,并由法人或者非法人组织承担责任的工程设计图、产品设计图、地图、示意图、计算机软件等职务作品;

(二)报社、期刊社、通讯社、广播电台、电视台的工作人员创作的职务作品;

(三)法律、行政法规规定或者合同约定著作权由法人或者非法人组织享有的职务作品。

第十九条 受委托创作的作品,著作权的归属由委托人和受托人通过合同约定。合同未作明确约定或者没有订立合同的,著作权属于受托人。

第二十条 作品原件所有权的转移,不改变作品著作权的归属,但美术、摄影作品原件的展览权由原件所有人享有。

作者将未发表的美术、摄影作品的原件所有权转让给他人,受让人展览该原件不构成对作者发表权的侵犯。

第二十一条 著作权属于自然人的,自然人死亡后,其本法第十条第一款第五项至第十七项规定的权利在本法规定的保护期内,依法转移。

著作权属于法人或者非法人组织的,法人或者非法人组织变更、终止后,其本法第十条第一款第五项至第十七项规定的权利在本法规定的保护期内,由承受其权利义务的法人或者非法人组织享有;没有承受其权利义务的法人或者非法人组织的,由国家享有。

第三节 权利的保护期

第二十二条 作者的署名权、修改权、保护作品完整权的保护期不受限制。

第二十三条 自然人的作品,其发表权、本法第十条第一款第五项至第十七项规定的权利的保护期为作者终生及其死亡后五十年,截止于作者死亡后第五十年的12月31日;如果是合作作品,截止于最后死亡的作者死亡后第五十年的12月31日。

法人或者非法人组织的作品、著作权(署名权除外)由法人或者非法人组织享有的职务作品,其发表权的保护期为五十年,截止于作品创作完成后第五十年的12月31日;本法第十条第一款第五项至第十七项规定的权利的保护期为五十年,截止于作品首次发表后第五十年的12月31日,但作品自创作完成后五十年内未发表的,本法不再保护。

视听作品,其发表权的保护期为五十年,截止于作品创作完成后第五十年的12月31日;本法第十条第一款第五项至第十七项规定的权利的保护期为五十年,截止于作品首次发表后第五十年的12月31日,但作品自创作完成后五十年内未发表的,本法不再保护。

第四节 权利的限制

第二十四条 在下列情况下使用作品,可以不经著作权人许可,不向其支付报酬,但应当指明作者姓名或者名称、作品名称,并且不得影响该作品的正常使用,也不得不合理地损害著作权人的合法权益:

(一)为个人学习、研究或者欣赏,使用他人已经发表的作品;

(二)为介绍、评论某一作品或者说明某一问题,在作品中适当引用他人已经发表的作品;

(三)为报道新闻,在报纸、期刊、广播电台、电视台等媒体中不可避免地再现或者引用已经发表的作品;

(四)报纸、期刊、广播电台、电视台等媒体刊登或者播放其他报纸、期刊、广播电台、电视台等媒体已经发表的关于政治、经济、宗教问题的时事性文章,但著作权人声明不许刊登、播放的除外;

(五)报纸、期刊、广播电台、电视台等媒体刊登或者播放在公众集会上发表的讲话,但作者声明不许刊登、播放的除外;

(六)为学校课堂教学或者科学研究,翻译、改编、汇编、播放或者少量复制已经发表的作品,供教学或者科研人员使用,但不得出版发行;

(七)国家机关为执行公务在合理范围内使用已经发表的作品;

(八)图书馆、档案馆、纪念馆、博物馆、美术馆、文化馆等为陈列或者保存版本的需要,复制本馆收藏的作品;

(九)免费表演已经发表的作品,该表演未向公众收取费用,

也未向表演者支付报酬,且不以营利为目的;

(十)对设置或者陈列在公共场所的艺术作品进行临摹、绘画、摄影、录像;

(十一)将中国公民、法人或者非法人组织已经发表的以国家通用语言文字创作的作品翻译成少数民族语言文字作品在国内出版发行;

(十二)以阅读障碍者能够感知的无障碍方式向其提供已经发表的作品;

(十三)法律、行政法规规定的其他情形。

前款规定适用于对与著作权有关的权利的限制。

第二十五条 为实施义务教育和国家教育规划而编写出版教科书,可以不经著作权人许可,在教科书中汇编已经发表的作品片段或者短小的文字作品、音乐作品或者单幅的美术作品、摄影作品、图形作品,但应当按照规定向著作权人支付报酬,指明作者姓名或者名称、作品名称,并且不得侵犯著作权人依照本法享有的其他权利。

前款规定适用于对与著作权有关的权利的限制。

第三章　著作权许可使用和转让合同

第二十六条 使用他人作品应当同著作权人订立许可使用合同,本法规定可以不经许可的除外。

许可使用合同包括下列主要内容:

(一)许可使用的权利种类;

(二)许可使用的权利是专有使用权或者非专有使用权;

(三)许可使用的地域范围、期间;

(四)付酬标准和办法;

(五)违约责任;

(六)双方认为需要约定的其他内容。

第二十七条 转让本法第十条第一款第五项至第十七项规定的权利,应当订立书面合同。

权利转让合同包括下列主要内容:

(一)作品的名称;

(二)转让的权利种类、地域范围;

(三)转让价金;

(四)交付转让价金的日期和方式;

(五)违约责任;

(六)双方认为需要约定的其他内容。

第二十八条 以著作权中的财产权出质的,由出质人和质权人依法办理出质登记。

第二十九条 许可使用合同和转让合同中著作权人未明确许可、转让的权利,未经著作权人同意,另一方当事人不得行使。

第三十条 使用作品的付酬标准可以由当事人约定,也可以按照国家著作权主管部门会同有关部门制定的付酬标准支付报酬。当事人约定不明确的,按照国家著作权主管部门会同有关部门制定的付酬标准支付报酬。

第三十一条 出版者、表演者、录音录像制作者、广播电台、电视台等依照本法有关规定使用他人作品的,不得侵犯作者的署名权、修改权、保护作品完整权和获得报酬的权利。

第四章 与著作权有关的权利

第一节 图书、报刊的出版

第三十二条 图书出版者出版图书应当和著作权人订立出版合同,并支付报酬。

第三十三条　图书出版者对著作权人交付出版的作品,按照合同约定享有的专有出版权受法律保护,他人不得出版该作品。

第三十四条　著作权人应当按照合同约定期限交付作品。图书出版者应当按照合同约定的出版质量、期限出版图书。

图书出版者不按照合同约定期限出版,应当依照本法第六十一条的规定承担民事责任。

图书出版者重印、再版作品的,应当通知著作权人,并支付报酬。图书脱销后,图书出版者拒绝重印、再版的,著作权人有权终止合同。

第三十五条　著作权人向报社、期刊社投稿的,自稿件发出之日起十五日内未收到报社通知决定刊登的,或者自稿件发出之日起三十日内未收到期刊社通知决定刊登的,可以将同一作品向其他报社、期刊社投稿。双方另有约定的除外。

作品刊登后,除著作权人声明不得转载、摘编的外,其他报刊可以转载或者作为文摘、资料刊登,但应当按照规定向著作权人支付报酬。

第三十六条　图书出版者经作者许可,可以对作品修改、删节。

报社、期刊社可以对作品作文字性修改、删节。对内容的修改,应当经作者许可。

第三十七条　出版者有权许可或者禁止他人使用其出版的图书、期刊的版式设计。

前款规定的权利的保护期为十年,截止于使用该版式设计的图书、期刊首次出版后第十年的12月31日。

第二节　表　　演

第三十八条　使用他人作品演出,表演者应当取得著作权人许可,并支付报酬。演出组织者组织演出,由该组织者取得著作权人许可,并支付报酬。

第三十九条 表演者对其表演享有下列权利:

(一)表明表演者身份;

(二)保护表演形象不受歪曲;

(三)许可他人从现场直播和公开传送其现场表演,并获得报酬;

(四)许可他人录音录像,并获得报酬;

(五)许可他人复制、发行、出租录有其表演的录音录像制品,并获得报酬;

(六)许可他人通过信息网络向公众传播其表演,并获得报酬。

被许可人以前款第三项至第六项规定的方式使用作品,还应当取得著作权人许可,并支付报酬。

第四十条 演员为完成本演出单位的演出任务进行的表演为职务表演,演员享有表明身份和保护表演形象不受歪曲的权利,其他权利归属由当事人约定。当事人没有约定或者约定不明确的,职务表演的权利由演出单位享有。

职务表演的权利由演员享有的,演出单位可以在其业务范围内免费使用该表演。

第四十一条 本法第三十九条第一款第一项、第二项规定的权利的保护期不受限制。

本法第三十九条第一款第三项至第六项规定的权利的保护期为五十年,截止于该表演发生后第五十年的12月31日。

第三节 录音录像

第四十二条 录音录像制作者使用他人作品制作录音录像制品,应当取得著作权人许可,并支付报酬。

录音制作者使用他人已经合法录制为录音制品的音乐作品制

作录音制品,可以不经著作权人许可,但应当按照规定支付报酬;著作权人声明不许使用的不得使用。

第四十三条　录音录像制作者制作录音录像制品,应当同表演者订立合同,并支付报酬。

第四十四条　录音录像制作者对其制作的录音录像制品,享有许可他人复制、发行、出租、通过信息网络向公众传播并获得报酬的权利;权利的保护期为五十年,截止于该制品首次制作完成后第五十年的12月31日。

被许可人复制、发行、通过信息网络向公众传播录音录像制品,应当同时取得著作权人、表演者许可,并支付报酬;被许可人出租录音录像制品,还应当取得表演者许可,并支付报酬。

第四十五条　将录音制品用于有线或者无线公开传播,或者通过传送声音的技术设备向公众公开播送的,应当向录音制作者支付报酬。

第四节　广播电台、电视台播放

第四十六条　广播电台、电视台播放他人未发表的作品,应当取得著作权人许可,并支付报酬。

广播电台、电视台播放他人已发表的作品,可以不经著作权人许可,但应当按照规定支付报酬。

第四十七条　广播电台、电视台有权禁止未经其许可的下列行为:

(一)将其播放的广播、电视以有线或者无线方式转播;

(二)将其播放的广播、电视录制以及复制;

(三)将其播放的广播、电视通过信息网络向公众传播。

广播电台、电视台行使前款规定的权利,不得影响、限制或者侵害他人行使著作权或者与著作权有关的权利。

本条第一款规定的权利的保护期为五十年,截止于该广播、电视首次播放后第五十年的12月31日。

第四十八条　电视台播放他人的视听作品、录像制品,应当取得视听作品著作权人或者录像制作者许可,并支付报酬;播放他人的录像制品,还应当取得著作权人许可,并支付报酬。

第五章　著作权和与著作权有关的权利的保护

第四十九条　为保护著作权和与著作权有关的权利,权利人可以采取技术措施。

未经权利人许可,任何组织或者个人不得故意避开或者破坏技术措施,不得以避开或者破坏技术措施为目的制造、进口或者向公众提供有关装置或者部件,不得故意为他人避开或者破坏技术措施提供技术服务。但是,法律、行政法规规定可以避开的情形除外。

本法所称的技术措施,是指用于防止、限制未经权利人许可浏览、欣赏作品、表演、录音录像制品或者通过信息网络向公众提供作品、表演、录音录像制品的有效技术、装置或者部件。

第五十条　下列情形可以避开技术措施,但不得向他人提供避开技术措施的技术、装置或者部件,不得侵犯权利人依法享有的其他权利:

(一)为学校课堂教学或者科学研究,提供少量已经发表的作品,供教学或者科研人员使用,而该作品无法通过正常途径获取;

(二)不以营利为目的,以阅读障碍者能够感知的无障碍方式向其提供已经发表的作品,而该作品无法通过正常途径获取;

(三)国家机关依照行政、监察、司法程序执行公务;

(四)对计算机及其系统或者网络的安全性能进行测试;

(五)进行加密研究或者计算机软件反向工程研究。

前款规定适用于对与著作权有关的权利的限制。

第五十一条 未经权利人许可,不得进行下列行为:

(一)故意删除或者改变作品、版式设计、表演、录音录像制品或者广播、电视上的权利管理信息,但由于技术上的原因无法避免的除外;

(二)知道或者应当知道作品、版式设计、表演、录音录像制品或者广播、电视上的权利管理信息未经许可被删除或者改变,仍然向公众提供。

第五十二条 有下列侵权行为的,应当根据情况,承担停止侵害、消除影响、赔礼道歉、赔偿损失等民事责任:

(一)未经著作权人许可,发表其作品的;

(二)未经合作作者许可,将与他人合作创作的作品当作自己单独创作的作品发表的;

(三)没有参加创作,为谋取个人名利,在他人作品上署名的;

(四)歪曲、篡改他人作品的;

(五)剽窃他人作品的;

(六)未经著作权人许可,以展览、摄制视听作品的方法使用作品,或者以改编、翻译、注释等方式使用作品的,本法另有规定的除外;

(七)使用他人作品,应当支付报酬而未支付的;

(八)未经视听作品、计算机软件、录音录像制品的著作权人、表演者或者录音录像制作者许可,出租其作品或者录音录像制品的原件或者复制件的,本法另有规定的除外;

(九)未经出版者许可,使用其出版的图书、期刊的版式设计的;

(十)未经表演者许可,从现场直播或者公开传送其现场表演,或者录制其表演的;

(十一)其他侵犯著作权以及与著作权有关的权利的行为。

第五十三条 有下列侵权行为的,应当根据情况,承担本法第五十二条规定的民事责任;侵权行为同时损害公共利益的,由主管著作权的部门责令停止侵权行为,予以警告,没收违法所得,没收、无害化销毁处理侵权复制品以及主要用于制作侵权复制品的材料、工具、设备等,违法经营额五万元以上的,可以并处违法经营额一倍以上五倍以下的罚款;没有违法经营额、违法经营额难以计算或者不足五万元的,可以并处二十五万元以下的罚款;构成犯罪的,依法追究刑事责任:

（一）未经著作权人许可,复制、发行、表演、放映、广播、汇编、通过信息网络向公众传播其作品的,本法另有规定的除外;

（二）出版他人享有专有出版权的图书的;

（三）未经表演者许可,复制、发行录有其表演的录音录像制品,或者通过信息网络向公众传播其表演的,本法另有规定的除外;

（四）未经录音录像制作者许可,复制、发行、通过信息网络向公众传播其制作的录音录像制品的,本法另有规定的除外;

（五）未经许可,播放、复制或者通过信息网络向公众传播广播、电视的,本法另有规定的除外;

（六）未经著作权人或者与著作权有关的权利人许可,故意避开或者破坏技术措施的,故意制造、进口或者向他人提供主要用于避开、破坏技术措施的装置或者部件的,或者故意为他人避开或者破坏技术措施提供技术服务的,法律、行政法规另有规定的除外;

（七）未经著作权人或者与著作权有关的权利人许可,故意删除或者改变作品、版式设计、表演、录音录像制品或者广播、电视上的权利管理信息的,知道或者应当知道作品、版式设计、表演、录音录像制品或者广播、电视上的权利管理信息未经许可被删除或者改变,仍然向公众提供的,法律、行政法规另有规定的除外;

（八）制作、出售假冒他人署名的作品的。

第五十四条 侵犯著作权或者与著作权有关的权利的,侵权人应当按照权利人因此受到的实际损失或者侵权人的违法所得给予赔偿;权利人的实际损失或者侵权人的违法所得难以计算的,可以参照该权利使用费给予赔偿。对故意侵犯著作权或者与著作权有关的权利,情节严重的,可以在按照上述方法确定数额的一倍以上五倍以下给予赔偿。

权利人的实际损失、侵权人的违法所得、权利使用费难以计算的,由人民法院根据侵权行为的情节,判决给予五百元以上五百万元以下的赔偿。

赔偿数额还应当包括权利人为制止侵权行为所支付的合理开支。

人民法院为确定赔偿数额,在权利人已经尽了必要举证责任,而与侵权行为相关的账簿、资料等主要由侵权人掌握的,可以责令侵权人提供与侵权行为相关的账簿、资料等;侵权人不提供,或者提供虚假的账簿、资料等的,人民法院可以参考权利人的主张和提供的证据确定赔偿数额。

人民法院审理著作权纠纷案件,应权利人请求,对侵权复制品,除特殊情况外,责令销毁;对主要用于制造侵权复制品的材料、工具、设备等,责令销毁,且不予补偿;或者在特殊情况下,责令禁止前述材料、工具、设备等进入商业渠道,且不予补偿。

第五十五条 主管著作权的部门对涉嫌侵犯著作权和与著作权有关的权利的行为进行查处时,可以询问有关当事人,调查与涉嫌违法行为有关的情况;对当事人涉嫌违法行为的场所和物品实施现场检查;查阅、复制与涉嫌违法行为有关的合同、发票、账簿以及其他有关资料;对于涉嫌违法行为的场所和物品,可以查封或者扣押。

主管著作权的部门依法行使前款规定的职权时,当事人应当予以协助、配合,不得拒绝、阻挠。

第五十六条 著作权人或者与著作权有关的权利人有证据证

明他人正在实施或者即将实施侵犯其权利、妨碍其实现权利的行为,如不及时制止将会使其合法权益受到难以弥补的损害的,可以在起诉前依法向人民法院申请采取财产保全、责令作出一定行为或者禁止作出一定行为等措施。

第五十七条 为制止侵权行为,在证据可能灭失或者以后难以取得的情况下,著作权人或者与著作权有关的权利人可以在起诉前依法向人民法院申请保全证据。

第五十八条 人民法院审理案件,对于侵犯著作权或者与著作权有关的权利的,可以没收违法所得、侵权复制品以及进行违法活动的财物。

第五十九条 复制品的出版者、制作者不能证明其出版、制作有合法授权的,复制品的发行者或者视听作品、计算机软件、录音录像制品的复制品的出租者不能证明其发行、出租的复制品有合法来源的,应当承担法律责任。

在诉讼程序中,被诉侵权人主张其不承担侵权责任的,应当提供证据证明已经取得权利人的许可,或者具有本法规定的不经权利人许可而可以使用的情形。

第六十条 著作权纠纷可以调解,也可以根据当事人达成的书面仲裁协议或者著作权合同中的仲裁条款,向仲裁机构申请仲裁。

当事人没有书面仲裁协议,也没有在著作权合同中订立仲裁条款的,可以直接向人民法院起诉。

第六十一条 当事人因不履行合同义务或者履行合同义务不符合约定而承担民事责任,以及当事人行使诉讼权利、申请保全等,适用有关法律的规定。

第六章　附　　则

第六十二条　本法所称的著作权即版权。

第六十三条　本法第二条所称的出版,指作品的复制、发行。

第六十四条　计算机软件、信息网络传播权的保护办法由国务院另行规定。

第六十五条　摄影作品,其发表权、本法第十条第一款第五项至第十七项规定的权利的保护期在2021年6月1日前已经届满,但依据本法第二十三条第一款的规定仍在保护期内的,不再保护。

第六十六条　本法规定的著作权人和出版者、表演者、录音录像制作者、广播电台、电视台的权利,在本法施行之日尚未超过本法规定的保护期的,依照本法予以保护。

本法施行前发生的侵权或者违约行为,依照侵权或者违约行为发生时的有关规定处理。

第六十七条　本法自1991年6月1日起施行。

最高人民法院关于审理著作权民事纠纷案件适用法律若干问题的解释[①]

(2002年10月12日最高人民法院审判委员会第1246次会议通过 2002年10月12日中华人民共和国最高人民法院公告公布 2002年10月15日起施行 法释〔2002〕31号)

为了正确审理著作权民事纠纷案件,根据《中华人民共和国民法典》《中华人民共和国著作权法》《中华人民共和国民事诉讼法》等法律的规定,就适用法律若干问题解释如下:

第一条 人民法院受理以下著作权民事纠纷案件:(一)著作权及与著作权有关权益权属、侵权、合同纠纷案件;(二)申请诉前停止侵害著作权、与著作权有关权益行为,申请诉前财产保全、诉前证据保全案件;(三)其他著作权、与著作权有关权益纠纷案件。

第二条 著作权民事纠纷案件,由中级以上人民法院管辖。

各高级人民法院根据本辖区的实际情况,可以报请最高人民法院批准,由若干基层人民法院管辖第一审著作权民事纠纷案件。

第三条 对著作权行政管理部门查处的侵害著作权行为,当事人向人民法院提起诉讼追究该行为人民事责任的,人民法院应当受理。

[①] 2020年12月23日最高人民法院审判委员会第1823次会议通过了《最高人民法院关于修改〈最高人民法院关于审理侵犯专利权纠纷案件应用法律若干问题的解释(二)〉等十八件知识产权类司法解释的决定》,本文件据此作了相应修订。

人民法院审理已经过著作权行政管理部门处理的侵害著作权行为的民事纠纷案件,应当对案件事实进行全面审查。

第四条 因侵害著作权行为提起的民事诉讼,由著作权法第四十七条、第四十八条所规定侵权行为的实施地、侵权复制品储藏地或者查封扣押地、被告住所地人民法院管辖。

前款规定的侵权复制品储藏地,是指大量或者经常性储存、隐匿侵权复制品所在地;查封扣押地,是指海关、版权等行政机关依法查封、扣押侵权复制品所在地。

第五条 对涉及不同侵权行为实施地的多个被告提起的共同诉讼,原告可以选择向其中一个被告的侵权行为实施地人民法院提起诉讼;仅对其中某一被告提起的诉讼,该被告侵权行为实施地的人民法院有管辖权。

第六条 依法成立的著作权集体管理组织,根据著作权人的书面授权,以自己的名义提起诉讼,人民法院应当受理。

第七条 当事人提供的涉及著作权的底稿、原件、合法出版物、著作权登记证书、认证机构出具的证明、取得权利的合同等,可以作为证据。

在作品或者制品上署名的自然人、法人或非法人组织视为著作权、与著作权有关权益的权利人,但有相反证明的除外。

第八条 当事人自行或者委托他人以定购、现场交易等方式购买侵权复制品而取得的实物、发票等,可以作为证据。

公证人员在未向涉嫌侵权的一方当事人表明身份的情况下,如实对另一方当事人按照前款规定的方式取得的证据和取证过程出具的公证书,应当作为证据使用,但有相反证据的除外。

第九条 著作权法第十条第(一)项规定的"公之于众",是指著作权人自行或者经著作权人许可将作品向不特定的人公开,但不以公众知晓为构成条件。

第十条 著作权法第十五条第二款所指的作品,著作权人是自然人的,其保护期适用著作权法第二十一条第一款的规定;著作权人是法人或非法人组织的,其保护期适用著作权法第二十一条第二款的规定。

第十一条　因作品署名顺序发生的纠纷,人民法院按照下列原则处理:有约定的按约定确定署名顺序;没有约定的,可以按照创作作品付出的劳动、作品排列、作者姓氏笔画等确定署名顺序。

第十二条　按照著作权法第十七条规定委托作品著作权属于受托人的情形,委托人在约定的使用范围内享有使用作品的权利;双方没有约定使用作品范围的,委托人可以在委托创作的特定目的范围内免费使用该作品。

第十三条　除著作权法第十一条第三款规定的情形外,由他人执笔,本人审阅定稿并以本人名义发表的报告、讲话等作品,著作权归报告人或者讲话人享有。著作权人可以支付执笔人适当的报酬。

第十四条　当事人合意以特定人物经历为题材完成的自传体作品,当事人对著作权权属有约定的,依其约定;没有约定的,著作权归该特定人物享有,执笔人或整理人对作品完成付出劳动的,著作权人可以向其支付适当的报酬。

第十五条　由不同作者就同一题材创作的作品,作品的表达系独立完成并且有创作性的,应当认定作者各自享有独立著作权。

第十六条　通过大众传播媒介传播的单纯事实消息属于著作权法第五条第(二)项规定的时事新闻。传播报道他人采编的时事新闻,应当注明出处。

第十七条　著作权法第三十三条第二款规定的转载,是指报纸、期刊登载其他报刊已发表作品的行为。转载未注明被转载作品的作者和最初登载的报刊出处的,应当承担消除影响、赔礼道歉等民事责任。

第十八条　著作权法第二十二条第(十)项规定的室外公共

场所的艺术作品,是指设置或者陈列在室外社会公众活动处所的雕塑、绘画、书法等艺术作品。

对前款规定艺术作品的临摹、绘画、摄影、录像人,可以对其成果以合理的方式和范围再行使用,不构成侵权。

第十九条 出版者、制作者应当对其出版、制作有合法授权承担举证责任,发行者、出租者应当对其发行或者出租的复制品有合法来源承担举证责任。举证不能的,依据著作权法第四十七条、第四十八条的相应规定承担法律责任。

第二十条 出版物侵害他人著作权的,出版者应当根据其过错、侵权程度及损害后果等承担赔偿损失的责任。

出版者对其出版行为的授权、稿件来源和署名、所编辑出版物的内容等未尽到合理注意义务的,依据著作权法第四十九条的规定,承担赔偿损失的责任。

出版者应对其已尽合理注意义务承担举证责任。

第二十一条 计算机软件用户未经许可或者超过许可范围商业使用计算机软件的,依据著作权法第四十八条第(一)项、《计算机软件保护条例》第二十四条第(一)项的规定承担民事责任。

第二十二条 著作权转让合同未采取书面形式的,人民法院依据民法典第四百九十条的规定审查合同是否成立。

第二十三条 出版者将著作权人交付出版的作品丢失、毁损致使出版合同不能履行的,著作权人有权依据民法典第一百八十六条、第二百三十八条、第一千一百八十四条等规定要求出版者承担相应的民事责任。

第二十四条 权利人的实际损失,可以根据权利人因侵权所造成复制品发行减少量或者侵权复制品销售量与权利人发行该复制品单位利润乘积计算。发行减少量难以确定的,按照侵权复制品市场销售量确定。

第二十五条 权利人的实际损失或者侵权人的违法所得无法

确定的,人民法院根据当事人的请求或者依职权适用著作权法第四十九条第二款的规定确定赔偿数额。

人民法院在确定赔偿数额时,应当考虑作品类型、合理使用费、侵权行为性质、后果等情节综合确定。

当事人按照本条第一款的规定就赔偿数额达成协议的,应当准许。

第二十六条 著作权法第四十九条第一款规定的制止侵权行为所支付的合理开支,包括权利人或者委托代理人对侵权行为进行调查、取证的合理费用。

人民法院根据当事人的诉讼请求和具体案情,可以将符合国家有关部门规定的律师费用计算在赔偿范围内。

第二十七条 侵犯著作权的诉讼时效为三年,自著作权人知道或者应当知道权利受到损害以及义务人之日起计算。权利人超过三年起诉的,如果侵权行为在起诉时仍在持续,在该著作权保护期内,人民法院应当判决被告停止侵权行为;侵权损害赔偿数额应当自权利人向人民法院起诉之日起向前推算三年计算。

第二十八条 人民法院采取保全措施的,依据民事诉讼法及《最高人民法院关于审查知识产权纠纷行为保全案件适用法律若干问题的规定》的有关规定办理。

第二十九条 除本解释另行规定外,人民法院受理的著作权民事纠纷案件,涉及著作权法修改前发生的民事行为的,适用修改前著作权法的规定;涉及著作权法修改以后发生的民事行为的,适用修改后著作权法的规定;涉及著作权法修改前发生,持续到著作权法修改后的民事行为的,适用修改后著作权法的规定。

第三十条 以前的有关规定与本解释不一致的,以本解释为准。

最高人民法院关于审理侵害信息网络传播权民事纠纷案件适用法律若干问题的规定[①]

(2012年11月26日最高人民法院审判委员会第1561次会议通过 2012年12月17日中华人民共和国最高人民法院公告公布 2013年1月1日起施行 法释〔2012〕20号)

为正确审理侵害信息网络传播权民事纠纷案件,依法保护信息网络传播权,促进信息网络产业健康发展,维护公共利益,根据《中华人民共和国民法典》《中华人民共和国著作权法》《中华人民共和国民事诉讼法》等有关法律规定,结合审判实际,制定本规定。

第一条 人民法院审理侵害信息网络传播权民事纠纷案件,在依法行使裁量权时,应当兼顾权利人、网络服务提供者和社会公众的利益。

第二条 本规定所称信息网络,包括以计算机、电视机、固定电话机、移动电话机等电子设备为终端的计算机互联网、广播电视网、固定通信网、移动通信网等信息网络,以及向公众开放的局域网络。

第三条 网络用户、网络服务提供者未经许可,通过信息网络

[①] 2020年12月23日最高人民法院审判委员会第1823次会议通过了《最高人民法院关于修改〈最高人民法院关于审理侵犯专利权纠纷案件应用法律若干问题的解释(二)〉等十八件知识产权类司法解释的决定》,本文件据此作了相应修订。

提供权利人享有信息网络传播权的作品、表演、录音录像制品,除法律、行政法规另有规定外,人民法院应当认定其构成侵害信息网络传播权行为。

通过上传到网络服务器、设置共享文件或者利用文件分享软件等方式,将作品、表演、录音录像制品置于信息网络中,使公众能够在个人选定的时间和地点以下载、浏览或者其他方式获得的,人民法院应当认定其实施了前款规定的提供行为。

第四条　有证据证明网络服务提供者与他人以分工合作等方式共同提供作品、表演、录音录像制品,构成共同侵权行为的,人民法院应当判令其承担连带责任。网络服务提供者能够证明其仅提供自动接入、自动传输、信息存储空间、搜索、链接、文件分享技术等网络服务,主张其不构成共同侵权行为的,人民法院应予支持。

第五条　网络服务提供者以提供网页快照、缩略图等方式实质替代其他网络服务提供者向公众提供相关作品的,人民法院应当认定其构成提供行为。

前款规定的提供行为不影响相关作品的正常使用,且未不合理损害权利人对该作品的合法权益,网络服务提供者主张其未侵害信息网络传播权的,人民法院应予支持。

第六条　原告有初步证据证明网络服务提供者提供了相关作品、表演、录音录像制品,但网络服务提供者能够证明其仅提供网络服务,且无过错的,人民法院不应认定为构成侵权。

第七条　网络服务提供者在提供网络服务时教唆或者帮助网络用户实施侵害信息网络传播权行为的,人民法院应当判令其承担侵权责任。

网络服务提供者以言语、推介技术支持、奖励积分等方式诱导、鼓励网络用户实施侵害信息网络传播权行为的,人民法院应当认定其构成教唆侵权行为。

网络服务提供者明知或者应知网络用户利用网络服务侵害信息网络传播权,未采取删除、屏蔽、断开链接等必要措施,或者提供技术支持等帮助行为的,人民法院应当认定其构成帮助侵权行为。

第八条 人民法院应当根据网络服务提供者的过错,确定其是否承担教唆、帮助侵权责任。网络服务提供者的过错包括对于网络用户侵害信息网络传播权行为的明知或者应知。

网络服务提供者未对网络用户侵害信息网络传播权的行为主动进行审查的,人民法院不应据此认定其具有过错。

网络服务提供者能够证明已采取合理、有效的技术措施,仍难以发现网络用户侵害信息网络传播权行为的,人民法院应当认定其不具有过错。

第九条 人民法院应当根据网络用户侵害信息网络传播权的具体事实是否明显,综合考虑以下因素,认定网络服务提供者是否构成应知:

(一)基于网络服务提供者提供服务的性质、方式及其引发侵权的可能性大小,应当具备的管理信息的能力;

(二)传播的作品、表演、录音录像制品的类型、知名度及侵权信息的明显程度;

(三)网络服务提供者是否主动对作品、表演、录音录像制品进行了选择、编辑、修改、推荐等;

(四)网络服务提供者是否积极采取了预防侵权的合理措施;

(五)网络服务提供者是否设置便捷程序接收侵权通知并及时对侵权通知作出合理的反应;

(六)网络服务提供者是否针对同一网络用户的重复侵权行为采取了相应的合理措施;

(七)其他相关因素。

第十条 网络服务提供者在提供网络服务时,对热播影视作品等以设置榜单、目录、索引、描述性段落、内容简介等方式进行推荐,且公众可以在其网页上直接以下载、浏览或者其他方式获得的,人民法院可以认定其应知网络用户侵害信息网络传播权。

第十一条 网络服务提供者从网络用户提供的作品、表演、录音录像制品中直接获得经济利益的,人民法院应当认定其对该网络用户侵害信息网络传播权的行为负有较高的注意义务。

网络服务提供者针对特定作品、表演、录音录像制品投放广告获取收益,或者获取与其传播的作品、表演、录音录像制品存在其他特定联系的经济利益,应当认定为前款规定的直接获得经济利益。网络服务提供者因提供网络服务而收取一般性广告费、服务费等,不属于本款规定的情形。

第十二条 有下列情形之一的,人民法院可以根据案件具体情况,认定提供信息存储空间服务的网络服务提供者应知网络用户侵害信息网络传播权:

(一)将热播影视作品等置于首页或者其他主要页面等能够为网络服务提供者明显感知的位置的;

(二)对热播影视作品等的主题、内容主动进行选择、编辑、整理、推荐,或者为其设立专门的排行榜的;

(三)其他可以明显感知相关作品、表演、录音录像制品为未经许可提供,仍未采取合理措施的情形。

第十三条 网络服务提供者接到权利人以书信、传真、电子邮件等方式提交的通知及构成侵权的初步证据,未及时根据初步证据和服务类型采取必要措施的,人民法院应当认定其明知相关侵害信息网络传播权行为。

第十四条 人民法院认定网络服务提供者转送通知、采取必要措施是否及时,应当根据权利人提交通知的形式,通知的准确程度,采取措施的难易程度,网络服务的性质,所涉作品、表演、录音录像制品的类型、知名度、数量等因素综合判断。

第十五条 侵害信息网络传播权民事纠纷案件由侵权行为地或者被告住所地人民法院管辖。侵权行为地包括实施被诉侵权行为的网络服务器、计算机终端等设备所在地。侵权行为地和被告住所地均难以确定或者在境外的,原告发现侵权内容的计算机终端等设备所在地可以视为侵权行为地。

第十六条 本规定施行之日起,《最高人民法院关于审理涉及计算机网络著作权纠纷案件适用法律若干问题的解释》(法释〔2006〕11号)同时废止。

本规定施行之后尚未终审的侵害信息网络传播权民事纠纷案件,适用本规定。本规定施行前已经终审,当事人申请再审或者按照审判监督程序决定再审的,不适用本规定。

中华人民共和国国家通用语言文字法

(2000年10月31日第九届全国人民代表大会常务委员会第十八次会议通过　2000年10月31日中华人民共和国主席令第37号公布　2001年1月1日起施行)

第一章　总　　则

第一条　为推动国家通用语言文字的规范化、标准化及其健康发展,使国家通用语言文字在社会生活中更好地发挥作用,促进各民族、各地区经济文化交流,根据宪法,制定本法。

第二条　本法所称的国家通用语言文字是普通话和规范汉字。

第三条　国家推广普通话,推行规范汉字。

第四条　公民有学习和使用国家通用语言文字的权利。

国家为公民学习和使用国家通用语言文字提供条件。

地方各级人民政府及其有关部门应当采取措施,推广普通话和推行规范汉字。

第五条　国家通用语言文字的使用应当有利于维护国家主权和民族尊严,有利于国家统一和民族团结,有利于社会主义物质文明建设和精神文明建设。

第六条　国家颁布国家通用语言文字的规范和标准,管理国家通用语言文字的社会应用,支持国家通用语言文字的教学和科学研究,促进国家通用语言文字的规范、丰富和发展。

第七条　国家奖励为国家通用语言文字事业做出突出贡献的组织和个人。

第八条 各民族都有使用和发展自己的语言文字的自由。

少数民族语言文字的使用依据宪法、民族区域自治法及其他法律的有关规定。

第二章　国家通用语言文字的使用

第九条 国家机关以普通话和规范汉字为公务用语用字。法律另有规定的除外。

第十条 学校及其他教育机构以普通话和规范汉字为基本的教育教学用语用字。法律另有规定的除外。

学校及其他教育机构通过汉语文课程教授普通话和规范汉字。使用的汉语文教材,应当符合国家通用语言文字的规范和标准。

第十一条 汉语文出版物应当符合国家通用语言文字的规范和标准。

汉语文出版物中需要使用外国语言文字的,应当用国家通用语言文字作必要的注释。

第十二条 广播电台、电视台以普通话为基本的播音用语。

需要使用外国语言为播音用语的,须经国务院广播电视部门批准。

第十三条 公共服务行业以规范汉字为基本的服务用字。因公共服务需要,招牌、广告、告示、标志牌等使用外国文字并同时使用中文的,应当使用规范汉字。

提倡公共服务行业以普通话为服务用语。

第十四条 下列情形,应当以国家通用语言文字为基本的用语用字:

(一)广播、电影、电视用语用字;

(二)公共场所的设施用字;

（三）招牌、广告用字；

（四）企业事业组织名称；

（五）在境内销售的商品的包装、说明。

第十五条 信息处理和信息技术产品中使用的国家通用语言文字应当符合国家的规范和标准。

第十六条 本章有关规定中，有下列情形的，可以使用方言：

（一）国家机关的工作人员执行公务时确需使用的；

（二）经国务院广播电视部门或省级广播电视部门批准的播音用语；

（三）戏曲、影视等艺术形式中需要使用的；

（四）出版、教学、研究中确需使用的。

第十七条 本章有关规定中，有下列情形的，可以保留或使用繁体字、异体字：

（一）文物古迹；

（二）姓氏中的异体字；

（三）书法、篆刻等艺术作品；

（四）题词和招牌的手书字；

（五）出版、教学、研究中需要使用的；

（六）经国务院有关部门批准的特殊情况。

第十八条 国家通用语言文字以《汉语拼音方案》作为拼写和注音工具。

《汉语拼音方案》是中国人名、地名和中文文献罗马字母拼写法的统一规范，并用于汉字不便或不能使用的领域。

初等教育应当进行汉语拼音教学。

第十九条 凡以普通话作为工作语言的岗位，其工作人员应当具备说普通话的能力。

以普通话作为工作语言的播音员、节目主持人和影视话剧演员、教师、国家机关工作人员的普通话水平，应当分别达到国家规定的等级标准;对尚未达到国家规定的普通话等级标准的,分别情况进行培训。

第二十条 对外汉语教学应当教授普通话和规范汉字。

第三章　管理和监督

第二十一条 国家通用语言文字工作由国务院语言文字工作部门负责规划指导、管理监督。

国务院有关部门管理本系统的国家通用语言文字的使用。

第二十二条 地方语言文字工作部门和其他有关部门,管理和监督本行政区域内的国家通用语言文字的使用。

第二十三条 县级以上各级人民政府工商行政管理部门依法对企业名称、商品名称以及广告的用语用字进行管理和监督。

第二十四条 国务院语言文字工作部门颁布普通话水平测试等级标准。

第二十五条 外国人名、地名等专有名词和科学技术术语译成国家通用语言文字,由国务院语言文字工作部门或者其他有关部门组织审定。

第二十六条 违反本法第二章有关规定,不按照国家通用语言文字的规范和标准使用语言文字的,公民可以提出批评和建议。

本法第十九条第二款规定的人员用语违反本法第二章有关规定的,有关单位应当对直接责任人员进行批评教育;拒不改正的,由有关单位作出处理。

城市公共场所的设施和招牌、广告用字违反本法第二章有关规定的,由有关行政管理部门责令改正;拒不改正的,予以警告,并督促其限期改正。

第二十七条 违反本法规定,干涉他人学习和使用国家通用语言文字的,由有关行政管理部门责令限期改正,并予以警告。

第四章 附　　则

第二十八条　本法自 2001 年 1 月 1 日起施行。

中华人民共和国爱国主义教育法

(2023年10月24日第十四届全国人民代表大会常务委员会第六次会议通过)

第一章 总 则

第一条 为了加强新时代爱国主义教育,传承和弘扬爱国主义精神,凝聚全面建设社会主义现代化国家、全面推进中华民族伟大复兴的磅礴力量,根据宪法,制定本法。

第二条 中国是世界上历史最悠久的国家之一,中国各族人民共同创造了光辉灿烂的文化、共同缔造了统一的多民族国家。国家在全体人民中开展爱国主义教育,培育和增进对中华民族和伟大祖国的情感,传承民族精神、增强国家观念,壮大和团结一切爱国力量,使爱国主义成为全体人民的坚定信念、精神力量和自觉行动。

第三条 爱国主义教育应当高举中国特色社会主义伟大旗帜,坚持以马克思列宁主义、毛泽东思想、邓小平理论、"三个代表"重要思想、科学发展观、习近平新时代中国特色社会主义思想为指导,坚持爱国和爱党、爱社会主义相统一,以维护国家统一和民族团结为着力点,把全面建成社会主义现代化强国、实现中华民族伟大复兴作为鲜明主题。

第四条 爱国主义教育坚持中国共产党的领导,健全统一领导、齐抓共管、各方参与、共同推进的工作格局。

第五条 爱国主义教育应当坚持思想引领、文化涵育,教育引导、实践养成,主题鲜明、融入日常,因地制宜、注重实效。

第六条 爱国主义教育的主要内容是:

(一)马克思列宁主义、毛泽东思想、邓小平理论、"三个代表"重要思想、科学发展观、习近平新时代中国特色社会主义思想;

(二)中国共产党史、新中国史、改革开放史、社会主义发展史、中华民族发展史;

(三)中国特色社会主义制度,中国共产党带领人民团结奋斗的重大成就、历史经验和生动实践;

(四)中华优秀传统文化、革命文化、社会主义先进文化;

(五)国旗、国歌、国徽等国家象征和标志;

(六)祖国的壮美河山和历史文化遗产;

(七)宪法和法律,国家统一和民族团结、国家安全和国防等方面的意识和观念;

(八)英雄烈士和先进模范人物的事迹及体现的民族精神、时代精神;

(九)其他富有爱国主义精神的内容。

第七条 国家开展铸牢中华民族共同体意识教育,促进各民族交往交流交融,增进对伟大祖国、中华民族、中华文化、中国共产党、中国特色社会主义的认同,构筑中华民族共有精神家园。

第八条 爱国主义教育应当坚持传承和发展中华优秀传统文化,弘扬社会主义核心价值观,推进中国特色社会主义文化建设,坚定文化自信,建设中华民族现代文明。

第九条 爱国主义教育应当把弘扬爱国主义精神与扩大对外开放结合起来,坚持理性、包容、开放,尊重各国历史特点和文化传统,借鉴吸收人类一切优秀文明成果。

第十条 在每年10月1日中华人民共和国国庆日,国家和社会各方面举行多种形式的庆祝活动,集中开展爱国主义教育。

第二章　职责任务

第十一条　中央爱国主义教育主管部门负责全国爱国主义教育工作的指导、监督和统筹协调。

中央和国家机关各部门在各自职责范围内，组织开展爱国主义教育工作。

第十二条　地方爱国主义教育主管部门负责本地区爱国主义教育工作的指导、监督和统筹协调。

县级以上地方人民政府教育行政部门应当加强对学校爱国主义教育的组织、协调、指导和监督。县级以上地方文化和旅游、新闻出版、广播电视、电影、网信、文物等部门和其他有关部门应当在各自职责范围内，开展爱国主义教育工作。

中国人民解放军、中国人民武装警察部队依照本法和中央军事委员会的有关规定开展爱国主义教育工作，并充分利用自身资源面向社会开展爱国主义教育。

第十三条　工会、共产主义青年团、妇女联合会、工商业联合会、文学艺术界联合会、作家协会、科学技术协会、归国华侨联合会、台湾同胞联谊会、残疾人联合会、青年联合会和其他群团组织，应当发挥各自优势，面向所联系的领域和群体开展爱国主义教育。

第十四条　国家采取多种形式开展法治宣传教育、国家安全和国防教育，增强公民的法治意识、国家安全和国防观念，引导公民自觉履行维护国家统一和民族团结，维护国家安全、荣誉和利益的义务。

第十五条　国家将爱国主义教育纳入国民教育体系。各级各类学校应当将爱国主义教育贯穿学校教育全过程，办好、讲好思想政治理论课，并将爱国主义教育内容融入各类学科和教材中。

各级各类学校和其他教育机构应当按照国家规定建立爱国主

义教育相关课程联动机制,针对各年龄段学生特点,确定爱国主义教育的重点内容,采取丰富适宜的教学方式,增强爱国主义教育的针对性、系统性和亲和力、感染力。

第十六条 各级各类学校应当将课堂教学与课外实践和体验相结合,把爱国主义教育内容融入校园文化建设和学校各类主题活动,组织学生参观爱国主义教育基地等场馆设施,参加爱国主义教育校外实践活动。

第十七条 未成年人的父母或者其他监护人应当把热爱祖国融入家庭教育,支持、配合学校开展爱国主义教育教学活动,引导、鼓励未成年人参加爱国主义教育社会活动。

第十八条 国家机关应当加强对公职人员的爱国主义教育,发挥公职人员在忠于国家、为国奉献,维护国家统一、促进民族团结,维护国家安全、荣誉和利益方面的模范带头作用。

第十九条 企业事业单位应当将爱国主义教育列入本单位教育计划,大力弘扬劳模精神、劳动精神、工匠精神,结合经营管理、业务培训、文化体育等活动,开展爱国主义教育。

教育、科技、文化、卫生、体育等事业单位应当大力弘扬科学家精神和专业精神,宣传和培育知识分子、专业技术人员、运动员等胸怀祖国、服务人民、为国争光的爱国情感和爱国行为。

第二十条 基层人民政府和基层群众性自治组织应当把爱国主义教育融入社会主义精神文明建设活动,在市民公约、村规民约中体现爱国主义精神,鼓励和支持开展以爱国主义为主题的群众性文化、体育等活动。

第二十一条 行业协会商会等社会团体应当把爱国主义精神体现在团体章程、行业规范中,根据本团体本行业特点开展爱国主义教育,培育会员的爱国热情和社会担当,发挥会员中公众人物和有社会影响力人士的示范作用。

第二十二条 国家鼓励和支持宗教团体、宗教院校、宗教活动场所开展爱国主义教育,增强宗教教职人员和信教群众的国家意识、公民意识、法治意识和爱国情感,引导宗教与社会主义社会相适应。

第二十三条 国家采取措施开展历史文化教育和"一国两制"实践教育,增强香港特别行政区同胞、澳门特别行政区同胞的爱国精神,自觉维护国家主权、统一和领土完整。

国家加强对推进祖国统一方针政策的宣传教育,增强包括台湾同胞在内的全中国人民对完成祖国统一大业神圣职责的认识,依法保护台湾同胞的权利和利益,坚决反对"台独"分裂行径,维护中华民族的根本利益。

国家加强与海外侨胞的交流,做好权益保障和服务工作,增进海外侨胞爱国情怀,弘扬爱国传统。

第三章　实施措施

第二十四条 中央和省级爱国主义教育主管部门应当加强对爱国主义教育工作的统筹,指导推动有关部门和单位创新爱国主义教育方式,充分利用各类爱国主义教育资源和平台载体,推进爱国主义教育有效实施。

第二十五条 县级以上人民政府应当加强对红色资源的保护、管理和利用,发掘具有历史价值、纪念意义的红色资源,推动红色旅游融合发展示范区建设,发挥红色资源教育功能,传承爱国主义精神。

县级以上人民政府文化和旅游、住房城乡建设、文物等部门应当加强对文物古迹、传统村落、传统技艺等历史文化遗产的保护和利用,发掘所蕴含的爱国主义精神,推进文化和旅游深度融合发展,引导公民在游览观光中领略壮美河山,感受悠久历史和灿烂文化,激发爱国热情。

第二十六条　爱国主义教育基地应当加强内容建设，丰富展览展示方式，打造精品陈列，为国家机关、企业事业单位、社会组织、公民开展爱国主义教育活动和参观学习提供便利服务，发挥爱国主义教育功能。

各类博物馆、纪念馆、图书馆、科技馆、文化馆、美术馆、新时代文明实践中心等，应当充分利用自身资源和优势，通过宣传展示、体验实践等方式，开展爱国主义教育活动。

第二十七条　国家通过功勋荣誉表彰制度，褒奖在强国建设、民族复兴中做出突出贡献的人士，弘扬以爱国主义为核心的民族精神和以改革创新为核心的时代精神。

第二十八条　在中国人民抗日战争胜利纪念日、烈士纪念日、南京大屠杀死难者国家公祭日和其他重要纪念日，县级以上人民政府应当组织开展纪念活动，举行敬献花篮、瞻仰纪念设施、祭扫烈士墓、公祭等纪念仪式。

第二十九条　在春节、元宵节、清明节、端午节、中秋节和元旦、国际妇女节、国际劳动节、青年节、国际儿童节、中国农民丰收节及其他重要节日，组织开展各具特色的民俗文化活动、纪念庆祝活动，增进家国情怀。

第三十条　组织举办重大庆祝、纪念活动和大型文化体育活动、展览会，应当依法举行庄严、隆重的升挂国旗、奏唱国歌仪式。

依法公开举行宪法宣誓、军人和预备役人员服役宣誓等仪式时，应当在宣誓场所悬挂国旗、奏唱国歌，誓词应当体现爱国主义精神。

第三十一条　广播电台、电视台、报刊出版单位等应当创新宣传报道方式，通过制作、播放、刊登爱国主义题材的优秀作品，开设专题专栏，加强新闻报道，发布公益广告等方式，生动讲好爱国故事，弘扬爱国主义精神。

第三十二条　网络信息服务提供者应当加强网络爱国主义教

育内容建设,制作、传播体现爱国主义精神的网络信息和作品,开发、运用新平台新技术新产品,生动开展网上爱国主义教育活动。

第四章　支持保障

第三十三条　国家鼓励和支持企业事业单位、社会组织和公民依法开展爱国主义教育活动。

国家支持开展爱国主义教育理论研究,加强多层次专业人才的教育和培训。

对在爱国主义教育工作中做出突出贡献的单位和个人,按照国家有关规定给予表彰和奖励。

第三十四条　中央爱国主义教育主管部门建立健全爱国主义教育基地的认定、保护、管理制度,制定爱国主义教育基地保护利用规划,加强对爱国主义教育基地保护、管理、利用的指导和监督。

各级人民政府应当加强对爱国主义教育基地的规划、建设和管理,完善免费开放制度和保障机制。

第三十五条　国家鼓励和支持创作爱国主义题材的文学、影视、音乐、舞蹈、戏剧、美术、书法等文艺作品,在优秀文艺作品评选、表彰、展览、展演时突出爱国主义导向。

第三十六条　国家鼓励和支持出版体现爱国主义精神的优秀课外读物,鼓励和支持开发体现爱国主义精神的面向青少年和儿童的动漫、音视频产品等。

第三十七条　任何公民和组织都应当弘扬爱国主义精神,自觉维护国家安全、荣誉和利益,不得有下列行为:

(一)侮辱国旗、国歌、国徽或者其他有损国旗、国歌、国徽尊严的行为;

(二)歪曲、丑化、亵渎、否定英雄烈士事迹和精神;

(三)宣扬、美化、否认侵略战争、侵略行为和屠杀惨案;

(四)侵占、破坏、污损爱国主义教育设施;
(五)法律、行政法规禁止的其他行为。

第三十八条 教育、文化和旅游、退役军人事务、新闻出版、广播电视、电影、网信、文物等部门应当按照法定职责,对违反本法第三十七条规定的行为及时予以制止,造成不良社会影响的,应当责令及时消除影响,并依照有关法律、行政法规的规定予以处罚。构成违反治安管理行为的,依法给予治安管理处罚;构成犯罪的,依法追究刑事责任。

第三十九条 负有爱国主义教育职责的部门、单位不依法履行爱国主义教育职责的,对负有责任的领导人员和直接责任人员,依法给予处分。

第五章 附 则

第四十条 本法自2024年1月1日起施行。

《中华人民共和国广告法》[①]部分条款

(1994年10月27日第八届全国人民代表大会常务委员会第十次会议通过)

第三条 广告应当真实、合法,以健康的表现形式表达广告内容,符合社会主义精神文明建设和弘扬中华民族优秀传统文化的要求。

第四条 广告不得含有虚假或者引人误解的内容,不得欺骗、误导消费者。

广告主应当对广告内容的真实性负责。

第八条 广告中对商品的性能、功能、产地、用途、质量、成分、价格、生产者、有效期限、允诺等或者对服务的内容、提供者、形式、质量、价格、允诺等有表示的,应当准确、清楚、明白。

广告中表明推销的商品或者服务附带赠送的,应当明示所附带赠送商品或者服务的品种、规格、数量、期限和方式。

法律、行政法规规定广告中应当明示的内容,应当显著、清晰表示。

第九条 广告不得有下列情形:

(一)使用或者变相使用中华人民共和国的国旗、国歌、国徽,军旗、军歌、军徽;

(二)使用或者变相使用国家机关、国家机关工作人员的名义或者形象;

[①] 本法律有过修订,此处所载为经2021年4月29日第十三届全国人民代表大会常务委员会第二十八次会议修订的版本。

(三)使用"国家级"、"最高级"、"最佳"等用语;
(四)损害国家的尊严或者利益,泄露国家秘密;
(五)妨碍社会安定,损害社会公共利益;
(六)危害人身、财产安全,泄露个人隐私;
(七)妨碍社会公共秩序或者违背社会良好风尚;
(八)含有淫秽、色情、赌博、迷信、恐怖、暴力的内容;
(九)含有民族、种族、宗教、性别歧视的内容;
(十)妨碍环境、自然资源或者文化遗产保护;
(十一)法律、行政法规规定禁止的其他情形。

第十条 广告不得损害未成年人和残疾人的身心健康。

第十一条 广告内容涉及的事项需要取得行政许可的,应当与许可的内容相符合。

广告使用数据、统计资料、调查结果、文摘、引用语等引证内容的,应当真实、准确,并表明出处。引证内容有适用范围和有效期限的,应当明确表示。

第十二条 广告中涉及专利产品或者专利方法的,应当标明专利号和专利种类。

未取得专利权的,不得在广告中谎称取得专利权。

禁止使用未授予专利权的专利申请和已经终止、撤销、无效的专利作广告。

第十三条 广告不得贬低其他生产经营者的商品或者服务。

第十四条 广告应当具有可识别性,能够使消费者辨明其为广告。

大众传播媒介不得以新闻报道形式变相发布广告。通过大众传播媒介发布的广告应当显著标明"广告",与其他非广告信息相区别,不得使消费者产生误解。

广播电台、电视台发布广告,应当遵守国务院有关部门关于时长、方式的规定,并应当对广告时长作出明显提示。

第十五条 麻醉药品、精神药品、医疗用毒性药品、放射性药品等特殊药品,药品类易制毒化学品,以及戒毒治疗的药品、医疗器械和治疗方法,不得作广告。

前款规定以外的处方药,只能在国务院卫生行政部门和国务院药品监督管理部门共同指定的医学、药学专业刊物上作广告。

第十六条 医疗、药品、医疗器械广告不得含有下列内容:

(一)表示功效、安全性的断言或者保证;

(二)说明治愈率或者有效率;

(三)与其他药品、医疗器械的功效和安全性或者其他医疗机构比较;

(四)利用广告代言人作推荐、证明;

(五)法律、行政法规规定禁止的其他内容。

药品广告的内容不得与国务院药品监督管理部门批准的说明书不一致,并应当显著标明禁忌、不良反应。处方药广告应当显著标明"本广告仅供医学药学专业人士阅读",非处方药广告应当显著标明"请按药品说明书或者在药师指导下购买和使用"。

推荐给个人自用的医疗器械的广告,应当显著标明"请仔细阅读产品说明书或者在医务人员的指导下购买和使用"。医疗器械产品注册证明文件中有禁忌内容、注意事项的,广告中应当显著标明"禁忌内容或者注意事项详见说明书"。

第十七条 除医疗、药品、医疗器械广告外,禁止其他任何广告涉及疾病治疗功能,并不得使用医疗用语或者易使推销的商品与药品、医疗器械相混淆的用语。

第十八条 保健食品广告不得含有下列内容:

(一)表示功效、安全性的断言或者保证;

(二)涉及疾病预防、治疗功能;

(三)声称或者暗示广告商品为保障健康所必需;

(四)与药品、其他保健食品进行比较;

（五）利用广告代言人作推荐、证明；

（六）法律、行政法规规定禁止的其他内容。

保健食品广告应当显著标明"本品不能代替药物"。

第十九条 广播电台、电视台、报刊音像出版单位、互联网信息服务提供者不得以介绍健康、养生知识等形式变相发布医疗、药品、医疗器械、保健食品广告。

第二十条 禁止在大众传播媒介或者公共场所发布声称全部或者部分替代母乳的婴儿乳制品、饮料和其他食品广告。

第二十一条 农药、兽药、饲料和饲料添加剂广告不得含有下列内容：

（一）表示功效、安全性的断言或者保证；

（二）利用科研单位、学术机构、技术推广机构、行业协会或者专业人士、用户的名义或者形象作推荐、证明；

（三）说明有效率；

（四）违反安全使用规程的文字、语言或者画面；

（五）法律、行政法规规定禁止的其他内容。

第二十二条 禁止在大众传播媒介或者公共场所、公共交通工具、户外发布烟草广告。禁止向未成年人发送任何形式的烟草广告。

禁止利用其他商品或者服务的广告、公益广告，宣传烟草制品名称、商标、包装、装潢以及类似内容。

烟草制品生产者或者销售者发布的迁址、更名、招聘等启事中，不得含有烟草制品名称、商标、包装、装潢以及类似内容。

第二十三条 酒类广告不得含有下列内容：

（一）诱导、怂恿饮酒或者宣传无节制饮酒；

（二）出现饮酒的动作；

（三）表现驾驶车、船、飞机等活动；

（四）明示或者暗示饮酒有消除紧张和焦虑、增加体力等功效。

第二十四条 教育、培训广告不得含有下列内容：

（一）对升学、通过考试、获得学位学历或者合格证书，或者对教育、培训的效果作出明示或者暗示的保证性承诺；

（二）明示或者暗示有相关考试机构或者其工作人员、考试命题人员参与教育、培训；

（三）利用科研单位、学术机构、教育机构、行业协会、专业人士、受益者的名义或者形象作推荐、证明。

第二十五条 招商等有投资回报预期的商品或者服务广告，应当对可能存在的风险以及风险责任承担有合理提示或者警示，并不得含有下列内容：

（一）对未来效果、收益或者与其相关的情况作出保证性承诺，明示或者暗示保本、无风险或者保收益等，国家另有规定的除外；

（二）利用学术机构、行业协会、专业人士、受益者的名义或者形象作推荐、证明。

第二十六条 房地产广告，房源信息应当真实，面积应当表明为建筑面积或者套内建筑面积，并不得含有下列内容：

（一）升值或者投资回报的承诺；

（二）以项目到达某一具体参照物的所需时间表示项目位置；

（三）违反国家有关价格管理的规定；

（四）对规划或者建设中的交通、商业、文化教育设施以及其他市政条件作误导宣传。

第二十七条 农作物种子、林木种子、草种子、种畜禽、水产苗种和种养殖广告关于品种名称、生产性能、生长量或者产量、品质、抗性、特殊使用价值、经济价值、适宜种植或者养殖的范围和条件等方面的表述应当真实、清楚、明白，并不得含有下列内容：

（一）作科学上无法验证的断言；

（二）表示功效的断言或者保证；

（三）对经济效益进行分析、预测或者作保证性承诺；

（四）利用科研单位、学术机构、技术推广机构、行业协会或者专业人士、用户的名义或者形象作推荐、证明。

第二十九条　广播电台、电视台、报刊出版单位从事广告发布业务的，应当设有专门从事广告业务的机构，配备必要的人员，具有与发布广告相适应的场所、设备。

第三十二条　广告主委托设计、制作、发布广告，应当委托具有合法经营资格的广告经营者、广告发布者。

第三十三条　广告主或者广告经营者在广告中使用他人名义或者形象的，应当事先取得其书面同意；使用无民事行为能力人、限制民事行为能力人的名义或者形象的，应当事先取得其监护人的书面同意。

第三十四条　广告经营者、广告发布者应当按照国家有关规定，建立、健全广告业务的承接登记、审核、档案管理制度。

广告经营者、广告发布者依据法律、行政法规查验有关证明文件，核对广告内容。对内容不符或者证明文件不全的广告，广告经营者不得提供设计、制作、代理服务，广告发布者不得发布。

第三十五条　广告经营者、广告发布者应当公布其收费标准和收费办法。

第三十六条　广告发布者向广告主、广告经营者提供的覆盖率、收视率、点击率、发行量等资料应当真实。

第三十七条　法律、行政法规规定禁止生产、销售的产品或者提供的服务，以及禁止发布广告的商品或者服务，任何单位或者个人不得设计、制作、代理、发布广告。

第三十九条　不得在中小学校、幼儿园内开展广告活动，不得利用中小学生和幼儿的教材、教辅材料、练习册、文具、教具、校服、校车等发布或者变相发布广告，但公益广告除外。

第四十条　在针对未成年人的大众传播媒介上不得发布医

疗、药品、保健食品、医疗器械、化妆品、酒类、美容广告,以及不利于未成年人身心健康的网络游戏广告。

针对不满十四周岁的未成年人的商品或者服务的广告不得含有下列内容:

(一)劝诱其要求家长购买广告商品或者服务;

(二)可能引发其模仿不安全行为。

第四十四条 利用互联网从事广告活动,适用本法的各项规定。

利用互联网发布、发送广告,不得影响用户正常使用网络。在互联网页面以弹出等形式发布的广告,应当显著标明关闭标志,确保一键关闭。

第四十六条 发布医疗、药品、医疗器械、农药、兽药和保健食品广告,以及法律、行政法规规定应当进行审查的其他广告,应当在发布前由有关部门(以下称广告审查机关)对广告内容进行审查;未经审查,不得发布。

第五十六条 违反本法规定,发布虚假广告,欺骗、误导消费者,使购买商品或者接受服务的消费者的合法权益受到损害的,由广告主依法承担民事责任。广告经营者、广告发布者不能提供广告主的真实名称、地址和有效联系方式的,消费者可以要求广告经营者、广告发布者先行赔偿。

关系消费者生命健康的商品或者服务的虚假广告,造成消费者损害的,其广告经营者、广告发布者、广告代言人应当与广告主承担连带责任。

前款规定以外的商品或者服务的虚假广告,造成消费者损害的,其广告经营者、广告发布者、广告代言人,明知或者应知广告虚假仍设计、制作、代理、发布或者作推荐、证明的,应当与广告主承担连带责任。

第六十七条 广播电台、电视台、报刊音像出版单位发布违法广告,或者以新闻报道形式变相发布广告,或者以介绍健康、养生知识等形式变相发布医疗、药品、医疗器械、保健食品广告,工商行政管理部门依照本法给予处罚的,应当通报新闻出版广电部门以及其他有关部门。新闻出版广电部门以及其他有关部门应当依法对负有责任的主管人员和直接责任人员给予处分;情节严重的,并可以暂停媒体的广告发布业务。

新闻出版广电部门以及其他有关部门未依照前款规定对广播电台、电视台、报刊音像出版单位进行处理的,对负有责任的主管人员和直接责任人员,依法给予处分。

第七十三条 国家鼓励、支持开展公益广告宣传活动,传播社会主义核心价值观,倡导文明风尚。

大众传播媒介有义务发布公益广告。广播电台、电视台、报刊出版单位应当按照规定的版面、时段、时长发布公益广告。公益广告的管理办法,由国务院工商行政管理部门会同有关部门制定。

《中华人民共和国未成年人保护法》[①]部分条款

(1991年9月4日第七届全国人民代表大会常务委员会第二十一次会议通过)

第一章 总 则

第一条 为了保护未成年人身心健康,保障未成年人合法权益,促进未成年人德智体美劳全面发展,培养有理想、有道德、有文化、有纪律的社会主义建设者和接班人,培养担当民族复兴大任的时代新人,根据宪法,制定本法。

第二条 本法所称未成年人是指未满十八周岁的公民。

第三条 国家保障未成年人的生存权、发展权、受保护权、参与权等权利。

未成年人依法平等地享有各项权利,不因本人及其父母或者其他监护人的民族、种族、性别、户籍、职业、宗教信仰、教育程度、家庭状况、身心健康状况等受到歧视。

第四条 保护未成年人,应当坚持最有利于未成年人的原则。处理涉及未成年人事项,应当符合下列要求:

(一)给予未成年人特殊、优先保护;

[①] 本法律有过修订,此处所载为据2024年4月26日第十四届全国人民代表大会常务委员会第九次会议通过的《关于修改〈中华人民共和国未成年人保护法〉的决定》修订的版本。

(二)尊重未成年人人格尊严;

(三)保护未成年人隐私权和个人信息;

(四)适应未成年人身心健康发展的规律和特点;

(五)听取未成年人的意见;

(六)保护与教育相结合。

第五条 国家、社会、学校和家庭应当对未成年人进行理想教育、道德教育、科学教育、文化教育、法治教育、国家安全教育、健康教育、劳动教育,加强爱国主义、集体主义和中国特色社会主义的教育,培养爱祖国、爱人民、爱劳动、爱科学、爱社会主义的公德,抵制资本主义、封建主义和其他腐朽思想的侵蚀,引导未成年人树立和践行社会主义核心价值观。

第六条 保护未成年人,是国家机关、武装力量、政党、人民团体、企业事业单位、社会组织、城乡基层群众性自治组织、未成年人的监护人以及其他成年人的共同责任。

第四章 社会保护

第四十八条 国家鼓励创作、出版、制作和传播有利于未成年人健康成长的图书、报刊、电影、广播电视节目、舞台艺术作品、音像制品、电子出版物和网络信息等。

第五十条 禁止制作、复制、出版、发布、传播含有宣扬淫秽、色情、暴力、邪教、迷信、赌博、引诱自杀、恐怖主义、分裂主义、极端主义等危害未成年人身心健康内容的图书、报刊、电影、广播电视节目、舞台艺术作品、音像制品、电子出版物和网络信息等。

第五十一条 任何组织或者个人出版、发布、传播的图书、报刊、电影、广播电视节目、舞台艺术作品、音像制品、电子出版物或者网络信息,包含可能影响未成年人身心健康内容的,应当以显著方式作出提示。

第五十二条　禁止制作、复制、发布、传播或者持有有关未成年人的淫秽色情物品和网络信息。

　　第五十三条　任何组织或者个人不得刊登、播放、张贴或者散发含有危害未成年人身心健康内容的广告；不得在学校、幼儿园播放、张贴或者散发商业广告；不得利用校服、教材等发布或者变相发布商业广告。

　　第五十八条　学校、幼儿园周边不得设置营业性娱乐场所、酒吧、互联网上网服务营业场所等不适宜未成年人活动的场所。营业性歌舞娱乐场所、酒吧、互联网上网服务营业场所等不适宜未成年人活动场所的经营者，不得允许未成年人进入；游艺娱乐场所设置的电子游戏设备，除国家法定节假日外，不得向未成年人提供。经营者应当在显著位置设置未成年人禁入、限入标志；对难以判明是否是未成年人的，应当要求其出示身份证件。

第五章　网络保护

　　第六十四条　国家、社会、学校和家庭应当加强未成年人网络素养宣传教育，培养和提高未成年人的网络素养，增强未成年人科学、文明、安全、合理使用网络的意识和能力，保障未成年人在网络空间的合法权益。

　　第六十五条　国家鼓励和支持有利于未成年人健康成长的网络内容的创作与传播，鼓励和支持专门以未成年人为服务对象、适合未成年人身心健康特点的网络技术、产品、服务的研发、生产和使用。

　　第六十六条　网信部门及其他有关部门应当加强对未成年人网络保护工作的监督检查，依法惩处利用网络从事危害未成年人身心健康的活动，为未成年人提供安全、健康的网络环境。

　　第六十七条　网信部门会同公安、文化和旅游、新闻出版、电影、广播电视等部门根据保护不同年龄阶段未成年人的需要，确定可能影响未成年人身心健康网络信息的种类、范围和判断标准。

第六十八条　新闻出版、教育、卫生健康、文化和旅游、网信等部门应当定期开展预防未成年人沉迷网络的宣传教育，监督网络产品和服务提供者履行预防未成年人沉迷网络的义务，指导家庭、学校、社会组织互相配合，采取科学、合理的方式对未成年人沉迷网络进行预防和干预。

任何组织或者个人不得以侵害未成年人身心健康的方式对未成年人沉迷网络进行干预。

第六十九条　学校、社区、图书馆、文化馆、青少年宫等场所为未成年人提供的互联网上网服务设施，应当安装未成年人网络保护软件或者采取其他安全保护技术措施。

智能终端产品的制造者、销售者应当在产品上安装未成年人网络保护软件，或者以显著方式告知用户未成年人网络保护软件的安装渠道和方法。

第七十三条　网络服务提供者发现未成年人通过网络发布私密信息的，应当及时提示，并采取必要的保护措施。

第七十四条　网络产品和服务提供者不得向未成年人提供诱导其沉迷的产品和服务。

网络游戏、网络直播、网络音视频、网络社交等网络服务提供者应当针对未成年人使用其服务设置相应的时间管理、权限管理、消费管理等功能。

以未成年人为服务对象的在线教育网络产品和服务，不得插入网络游戏链接，不得推送广告等与教学无关的信息。

第七十五条　网络游戏经依法审批后方可运营。

国家建立统一的未成年人网络游戏电子身份认证系统。网络游戏服务提供者应当要求未成年人以真实身份信息注册并登录网络游戏。

网络游戏服务提供者应当按照国家有关规定和标准,对游戏产品进行分类,作出适龄提示,并采取技术措施,不得让未成年人接触不适宜的游戏或者游戏功能。

网络游戏服务提供者不得在每日二十二时至次日八时向未成年人提供网络游戏服务。

第七十七条 任何组织或者个人不得通过网络以文字、图片、音视频等形式,对未成年人实施侮辱、诽谤、威胁或者恶意损害形象等网络欺凌行为。

遭受网络欺凌的未成年人及其父母或者其他监护人有权通知网络服务提供者采取删除、屏蔽、断开链接等措施。网络服务提供者接到通知后,应当及时采取必要的措施制止网络欺凌行为,防止信息扩散。

第七十八条 网络产品和服务提供者应当建立便捷、合理、有效的投诉和举报渠道,公开投诉、举报方式等信息,及时受理并处理涉及未成年人的投诉、举报。

第七十九条 任何组织或者个人发现网络产品、服务含有危害未成年人身心健康的信息,有权向网络产品和服务提供者或者网信、公安等部门投诉、举报。

第八十条 网络服务提供者发现用户发布、传播可能影响未成年人身心健康的信息且未作显著提示的,应当作出提示或者通知用户予以提示;未作出提示的,不得传输相关信息。

网络服务提供者发现用户发布、传播含有危害未成年人身心健康内容的信息的,应当立即停止传输相关信息,采取删除、屏蔽、断开链接等处置措施,保存有关记录,并向网信、公安等部门报告。

网络服务提供者发现用户利用其网络服务对未成年人实施违法犯罪行为的,应当立即停止向该用户提供网络服务,保存有关记录,并向公安机关报告。

第八章　法律责任

第一百二十一条　违反本法第五十条、第五十一条规定的,由新闻出版、广播电视、电影、网信等部门按照职责分工责令限期改正,给予警告,没收违法所得,可以并处十万元以下罚款;拒不改正或者情节严重的,责令暂停相关业务、停产停业或者吊销营业执照、吊销相关许可证,违法所得一百万元以上的,并处违法所得一倍以上十倍以下的罚款,没有违法所得或者违法所得不足一百万元的,并处十万元以上一百万元以下罚款。

第一百二十七条　信息处理者违反本法第七十二条规定,或者网络产品和服务提供者违反本法第七十三条、第七十四条、第七十五条、第七十六条、第七十七条、第八十条规定的,由公安、网信、电信、新闻出版、广播电视、文化和旅游等有关部门按照职责分工责令改正,给予警告,没收违法所得,违法所得一百万元以上的,并处违法所得一倍以上十倍以下罚款,没有违法所得或者违法所得不足一百万元的,并处十万元以上一百万元以下罚款,对直接负责的主管人员和其他责任人员处一万元以上十万元以下罚款;拒不改正或者情节严重的,并可以责令暂停相关业务、停业整顿、关闭网站、吊销营业执照或者吊销相关许可证。

出版管理条例[①]

(2001年12月25日中华人民共和国国务院令第343号公布)

第一章 总 则

第一条 为了加强对出版活动的管理,发展和繁荣有中国特色社会主义出版产业和出版事业,保障公民依法行使出版自由的权利,促进社会主义精神文明和物质文明建设,根据宪法,制定本条例。

第二条 在中华人民共和国境内从事出版活动,适用本条例。

本条例所称出版活动,包括出版物的出版、印刷或者复制、进口、发行。

本条例所称出版物,是指报纸、期刊、图书、音像制品、电子出版物等。

第三条 出版活动必须坚持为人民服务、为社会主义服务的方向,坚持以马克思列宁主义、毛泽东思想、邓小平理论和"三个代表"重要思想为指导,贯彻落实科学发展观,传播和积累有益于提高民族素质、有益于经济发展和社会进步的科学技术和文化知识,弘扬民族优秀文化,促进国际文化交流,丰富和提高人民的精神生活。

[①] 本文件有过修订,此处所载为据2024年12月6日中华人民共和国国务院令第797号《国务院关于修改和废止部分行政法规的决定》修订的版本。

第四条 从事出版活动,应当将社会效益放在首位,实现社会效益与经济效益相结合。

第五条 公民依法行使出版自由的权利,各级人民政府应当予以保障。

公民在行使出版自由的权利的时候,必须遵守宪法和法律,不得反对宪法确定的基本原则,不得损害国家的、社会的、集体的利益和其他公民的合法的自由和权利。

第六条 国务院出版行政主管部门负责全国的出版活动的监督管理工作。国务院其他有关部门按照国务院规定的职责分工,负责有关的出版活动的监督管理工作。

县级以上地方各级人民政府负责出版管理的部门(以下简称出版行政主管部门)负责本行政区域内出版活动的监督管理工作。县级以上地方各级人民政府其他有关部门在各自的职责范围内,负责有关的出版活动的监督管理工作。

第七条 出版行政主管部门根据已经取得的违法嫌疑证据或者举报,对涉嫌违法从事出版物出版、印刷或者复制、进口、发行等活动的行为进行查处时,可以检查与涉嫌违法活动有关的物品和经营场所;对有证据证明是与违法活动有关的物品,可以查封或者扣押。

第八条 出版行业的社会团体按照其章程,在出版行政主管部门的指导下,实行自律管理。

第二章 出版单位的设立与管理

第九条 报纸、期刊、图书、音像制品和电子出版物等应当由出版单位出版。

本条例所称出版单位,包括报社、期刊社、图书出版社、音像出版社和电子出版物出版社等。

法人出版报纸、期刊,不设立报社、期刊社的,其设立的报纸编辑部、期刊编辑部视为出版单位。

第十条 国务院出版行政主管部门制定全国出版单位总量、结构、布局的规划,指导、协调出版产业和出版事业发展。

第十一条 设立出版单位,应当具备下列条件:

(一)有出版单位的名称、章程;

(二)有符合国务院出版行政主管部门认定的主办单位及其主管机关;

(三)有确定的业务范围;

(四)有30万元以上的注册资本和固定的工作场所;

(五)有适应业务范围需要的组织机构和符合国家规定的资格条件的编辑出版专业人员;

(六)法律、行政法规规定的其他条件。

审批设立出版单位,除依照前款所列条件外,还应当符合国家关于出版单位总量、结构、布局的规划。

第十二条 设立出版单位,由其主办单位向所在地省、自治区、直辖市人民政府出版行政主管部门提出申请;省、自治区、直辖市人民政府出版行政主管部门审核同意后,报国务院出版行政主管部门审批。设立的出版单位为事业单位的,还应当办理机构编制审批手续。

第十三条 设立出版单位的申请书应当载明下列事项:

(一)出版单位的名称、地址;

(二)出版单位的主办单位及其主管机关的名称、地址;

(三)出版单位的法定代表人或者主要负责人的姓名、住址、资格证明文件;

(四)出版单位的资金来源及数额。

设立报社、期刊社或者报纸编辑部、期刊编辑部的,申请书还应当载明报纸或者期刊的名称、刊期、开版或者开本、印刷场所。

申请书应当附具出版单位的章程和设立出版单位的主办单位及其主管机关的有关证明材料。

第十四条 国务院出版行政主管部门应当自受理设立出版单位的申请之日起60日内,作出批准或者不批准的决定,并由省、自治区、直辖市人民政府出版行政主管部门书面通知主办单位;不批准的,应当说明理由。

第十五条 设立出版单位的主办单位应当自收到批准决定之日起60日内,向所在地省、自治区、直辖市人民政府出版行政主管部门登记,领取出版许可证。登记事项由国务院出版行政主管部门规定。

出版单位领取出版许可证后,属于事业单位法人的,持出版许可证向事业单位登记管理机关登记,依法领取事业单位法人证书;属于企业法人的,持出版许可证向工商行政管理部门登记,依法领取营业执照。

第十六条 报社、期刊社、图书出版社、音像出版社和电子出版物出版社等应当具备法人条件,经核准登记后,取得法人资格,以其全部法人财产独立承担民事责任。

依照本条例第九条第三款的规定,视为出版单位的报纸编辑部、期刊编辑部不具有法人资格,其民事责任由其主办单位承担。

第十七条 出版单位变更名称、主办单位或者其主管机关、业务范围、资本结构,合并或者分立,设立分支机构,出版新的报纸、期刊,或者报纸、期刊变更名称的,应当依照本条例第十二条、第十三条的规定办理审批手续。出版单位属于事业单位法人的,还应当持批准文件到事业单位登记管理机关办理相应的登记手续;属于企业法人的,还应当持批准文件到工商行政管理部门办理相应的登记手续。

出版单位除前款所列变更事项外的其他事项的变更,应当经主办单位及其主管机关审查同意,向所在地省、自治区、直辖市人民政府出版行政主管部门申请变更登记,并报国务院出版行政主管部门备案。出版单位属于事业单位法人的,还应当持批准文件到事业单位登记管理机关办理变更登记;属于企业法人的,还应当持批准文件到工商行政管理部门办理变更登记。

第十八条 出版单位中止出版活动的,应当向所在地省、自治区、直辖市人民政府出版行政主管部门备案并说明理由和期限;出版单位中止出版活动不得超过180日。

出版单位终止出版活动的,由主办单位提出申请并经主管机关同意后,由主办单位向所在地省、自治区、直辖市人民政府出版行政主管部门办理注销登记,并报国务院出版行政主管部门备案。出版单位属于事业单位法人的,还应当持批准文件到事业单位登记管理机关办理注销登记;属于企业法人的,还应当持批准文件到工商行政管理部门办理注销登记。

第十九条 图书出版社、音像出版社和电子出版物出版社自登记之日起满180日未从事出版活动的,报社、期刊社自登记之日起满90日未出版报纸、期刊的,由原登记的出版行政主管部门注销登记,并报国务院出版行政主管部门备案。

因不可抗力或者其他正当理由发生前款所列情形的,出版单位可以向原登记的出版行政主管部门申请延期。

第二十条 图书出版社、音像出版社和电子出版物出版社的年度出版计划及涉及国家安全、社会安定等方面的重大选题,应当经所在地省、自治区、直辖市人民政府出版行政主管部门审核后报国务院出版行政主管部门备案;涉及重大选题,未在出版前报备案的出版物,不得出版。具体办法由国务院出版行政主管部门制定。

期刊社的重大选题,应当依照前款规定办理备案手续。

第二十一条 出版单位不得向任何单位或者个人出售或者以其他形式转让本单位的名称、书号、刊号或者版号、版面,并不得出租本单位的名称、刊号。

出版单位及其从业人员不得利用出版活动谋取其他不正当利益。

第二十二条　出版单位应当按照国家有关规定向国家图书馆、中国版本图书馆和国务院出版行政主管部门免费送交样本。

第三章　出版物的出版

第二十三条　公民可以依照本条例规定,在出版物上自由表达自己对国家事务、经济和文化事业、社会事务的见解和意愿,自由发表自己从事科学研究、文学艺术创作和其他文化活动的成果。

合法出版物受法律保护,任何组织和个人不得非法干扰、阻止、破坏出版物的出版。

第二十四条　出版单位实行编辑责任制度,保障出版物刊载的内容符合本条例的规定。

第二十五条　任何出版物不得含有下列内容:

(一)反对宪法确定的基本原则的;

(二)危害国家统一、主权和领土完整的;

(三)泄露国家秘密、危害国家安全或者损害国家荣誉和利益的;

(四)煽动民族仇恨、民族歧视,破坏民族团结,或者侵害民族风俗、习惯的;

(五)宣扬邪教、迷信的;

(六)扰乱社会秩序,破坏社会稳定的;

(七)宣扬淫秽、赌博、暴力或者教唆犯罪的;

(八)侮辱或者诽谤他人,侵害他人合法权益的;

(九)危害社会公德或者民族优秀文化传统的;

(十)有法律、行政法规和国家规定禁止的其他内容的。

第二十六条　以未成年人为对象的出版物不得含有诱发未成

年人模仿违反社会公德的行为和违法犯罪的行为的内容,不得含有恐怖、残酷等妨害未成年人身心健康的内容。

第二十七条 出版物的内容不真实或者不公正,致使公民、法人或者其他组织的合法权益受到侵害的,其出版单位应当公开更正,消除影响,并依法承担其他民事责任。

报纸、期刊发表的作品内容不真实或者不公正,致使公民、法人或者其他组织的合法权益受到侵害的,当事人有权要求有关出版单位更正或者答辩,有关出版单位应当在其近期出版的报纸、期刊上予以发表;拒绝发表的,当事人可以向人民法院提起诉讼。

第二十八条 出版物必须按照国家的有关规定载明作者、出版者、印刷者或者复制者、发行者的名称、地址,书号、刊号或者版号,在版编目数据,出版日期、刊期以及其他有关事项。

出版物的规格、开本、版式、装帧、校对等必须符合国家标准和规范要求,保证出版物的质量。

出版物使用语言文字必须符合国家法律规定和有关标准、规范。

第二十九条 任何单位和个人不得伪造、假冒出版单位名称或者报纸、期刊名称出版出版物。

第三十条 中学小学教科书由国务院教育行政主管部门审定;其出版、发行单位应当具有适应教科书出版、发行业务需要的资金、组织机构和人员等条件,并取得国务院出版行政主管部门批准的教科书出版、发行资质。纳入政府采购范围的中学小学教科书,其发行单位按照《中华人民共和国政府采购法》的有关规定确定。其他任何单位或者个人不得从事中学小学教科书的出版、发行业务。

第四章　出版物的印刷或者复制和发行

第三十一条　从事出版物印刷或者复制业务的单位,应当向所在地省、自治区、直辖市人民政府出版行政主管部门提出申请,经审核许可,并依照国家有关规定到工商行政管理部门办理相关手续后,方可从事出版物的印刷或者复制。

未经许可并办理相关手续的,不得印刷报纸、期刊、图书,不得复制音像制品、电子出版物。

第三十二条　出版单位不得委托未取得出版物印刷或者复制许可的单位印刷或者复制出版物。

出版单位委托印刷或者复制单位印刷或者复制出版物的,必须提供符合国家规定的印刷或者复制出版物的有关证明,并依法与印刷或者复制单位签订合同。

印刷或者复制单位不得接受非出版单位和个人的委托印刷报纸、期刊、图书或者复制音像制品、电子出版物,不得擅自印刷、发行报纸、期刊、图书或者复制、发行音像制品、电子出版物。

第三十三条　印刷或者复制单位经所在地省、自治区、直辖市人民政府出版行政主管部门批准,可以承接境外出版物的印刷或者复制业务;但是,印刷或者复制的境外出版物必须全部运输出境,不得在境内发行。

境外委托印刷或者复制的出版物的内容,应当经省、自治区、直辖市人民政府出版行政主管部门审核。委托人应当持有著作权人授权书,并向著作权行政管理部门登记。

第三十四条　印刷或者复制单位应当自完成出版物的印刷或者复制之日起2年内,留存一份承接的出版物样本备查。

第三十五条　单位从事出版物批发业务的,须经省、自治区、直辖市人民政府出版行政主管部门审核许可,取得《出版物经营许可证》。

单位和个体工商户从事出版物零售业务的,须经县级人民政府出版行政主管部门审核许可,取得《出版物经营许可证》。

第三十六条 通过互联网等信息网络从事出版物发行业务的单位或者个体工商户,应当依照本条例规定取得《出版物经营许可证》。

提供网络交易平台服务的经营者应当对申请通过网络交易平台从事出版物发行业务的单位或者个体工商户的经营主体身份进行审查,验证其《出版物经营许可证》。

第三十七条 从事出版物发行业务的单位和个体工商户变更《出版物经营许可证》登记事项,或者兼并、合并、分立的,应当依照本条例第三十五条的规定办理审批手续。

从事出版物发行业务的单位和个体工商户终止经营活动的,应当向原批准的出版行政主管部门备案。

第三十八条 出版单位可以发行本出版单位出版的出版物,不得发行其他出版单位出版的出版物。

第三十九条 国家允许设立从事图书、报纸、期刊、电子出版物发行业务的外商投资企业。

第四十条 印刷或者复制单位、发行单位或者个体工商户不得印刷或者复制、发行有下列情形之一的出版物:

(一)含有本条例第二十五条、第二十六条禁止内容的;

(二)非法进口的;

(三)伪造、假冒出版单位名称或者报纸、期刊名称的;

(四)未署出版单位名称的;

(五)中学小学教科书未经依法审定的;

(六)侵犯他人著作权的。

第五章　出版物的进口

第四十一条　出版物进口业务,由依照本条例设立的出版物进口经营单位经营;其他单位和个人不得从事出版物进口业务。

第四十二条　设立出版物进口经营单位,应当具备下列条件:

(一)有出版物进口经营单位的名称、章程;

(二)有符合国务院出版行政主管部门认定的主办单位及其主管机关;

(三)有确定的业务范围;

(四)具有进口出版物内容审查能力;

(五)有与出版物进口业务相适应的资金;

(六)有固定的经营场所;

(七)法律、行政法规和国家规定的其他条件。

第四十三条　设立出版物进口经营单位,应当向国务院出版行政主管部门提出申请,经审查批准,取得国务院出版行政主管部门核发的出版物进口经营许可证后,持证到工商行政管理部门依法领取营业执照。

设立出版物进口经营单位,还应当依照对外贸易法律、行政法规的规定办理相应手续。

第四十四条　出版物进口经营单位变更名称、业务范围、资本结构、主办单位或者其主管机关,合并或者分立,设立分支机构,应当依照本条例第四十二条、第四十三条的规定办理审批手续,并持批准文件到工商行政管理部门办理相应的登记手续。

第四十五条　出版物进口经营单位进口的出版物,不得含有本条例第二十五条、第二十六条禁止的内容。

出版物进口经营单位负责对其进口的出版物进行内容审查。省级以上人民政府出版行政主管部门可以对出版物进口经营单位进口的出版物直接进行内容审查。出版物进口经营单位无法判断其进口的出版物是否含有本条例第二十五条、第二十六条禁止内容的,可以请求省级以上人民政府出版行政主管部门进行内容审查。省级以上人民政府出版行政主管部门应出版物进口经营单位的请求,对其进口的出版物进行内容审查的,可以按照国务院价格主管部门批准的标准收取费用。

国务院出版行政主管部门可以禁止特定出版物的进口。

第四十六条 出版物进口经营单位应当在进口出版物前将拟进口的出版物目录报省级以上人民政府出版行政主管部门备案;省级以上人民政府出版行政主管部门发现有禁止进口的或者暂缓进口的出版物的,应当及时通知出版物进口经营单位并通报海关。对通报禁止进口或者暂缓进口的出版物,出版物进口经营单位不得进口,海关不得放行。

出版物进口备案的具体办法由国务院出版行政主管部门制定。

第四十七条 发行进口出版物的,必须从依法设立的出版物进口经营单位进货。

第四十八条 出版物进口经营单位在境内举办境外出版物展览,必须报经国务院出版行政主管部门批准。未经批准,任何单位和个人不得举办境外出版物展览。

依照前款规定展览的境外出版物需要销售的,应当按照国家有关规定办理相关手续。

第六章　监督与管理

第四十九条 出版行政主管部门应当加强对本行政区域内出版单位出版活动的日常监督管理;出版单位的主办单位及其主管机关对所属出版单位出版活动负有直接管理责任,并应当配合出版行政主管部门督促所属出版单位执行各项管理规定。

出版单位和出版物进口经营单位应当按照国务院出版行政主管部门的规定,将从事出版活动和出版物进口活动的情况向出版行政主管部门提出书面报告。

第五十条 出版行政主管部门履行下列职责:

(一)对出版物的出版、印刷、复制、发行、进口单位进行行业监管,实施准入和退出管理;

(二)对出版活动进行监管,对违反本条例的行为进行查处;

(三)对出版物内容和质量进行监管;

(四)根据国家有关规定对出版从业人员进行管理。

第五十一条 出版行政主管部门根据有关规定和标准,对出版物的内容、编校、印刷或者复制、装帧设计等方面质量实施监督检查。

第五十二条 国务院出版行政主管部门制定出版单位综合评估办法,对出版单位分类实施综合评估。

出版物的出版、印刷或者复制、发行和进口经营单位不再具备行政许可的法定条件的,由出版行政主管部门责令限期改正;逾期仍未改正的,由原发证机关撤销行政许可。

第五十三条 国家对在出版单位从事出版专业技术工作的人员实行职业资格制度;出版专业技术人员通过国家专业技术人员资格考试取得专业技术资格。具体办法由国务院人力资源社会保障主管部门、国务院出版行政主管部门共同制定。

第七章　保障与奖励

第五十四条 国家制定有关政策,保障、促进出版产业和出版事业的发展与繁荣。

第五十五条 国家支持、鼓励下列优秀的、重点的出版物的出版：

（一）对阐述、传播宪法确定的基本原则有重大作用的；

（二）对弘扬社会主义核心价值体系，在人民中进行爱国主义、集体主义、社会主义和民族团结教育以及弘扬社会公德、职业道德、家庭美德有重要意义的；

（三）对弘扬民族优秀文化，促进国际文化交流有重大作用的；

（四）对推进文化创新，及时反映国内外新的科学文化成果有重大贡献的；

（五）对服务农业、农村和农民，促进公共文化服务有重大作用的；

（六）其他具有重要思想价值、科学价值或者文化艺术价值的。

第五十六条 国家对教科书的出版发行，予以保障。

国家扶持少数民族语言文字出版物和盲文出版物的出版发行。

国家对在少数民族地区、边疆地区、经济不发达地区和在农村发行出版物，实行优惠政策。

第五十七条 报纸、期刊交由邮政企业发行的，邮政企业应当保证按照合同约定及时、准确发行。

承运出版物的运输企业，应当对出版物的运输提供方便。

第五十八条 对为发展、繁荣出版产业和出版事业作出重要贡献的单位和个人，按照国家有关规定给予奖励。

第五十九条 对非法干扰、阻止和破坏出版物出版、印刷或者复制、进口、发行的行为，县级以上各级人民政府出版行政主管部门及其他有关部门，应当及时采取措施，予以制止。

第八章　法律责任

第六十条　出版行政主管部门或者其他有关部门的工作人员,利用职务上的便利收受他人财物或者其他好处,批准不符合法定条件的申请人取得许可证、批准文件,或者不履行监督职责,或者发现违法行为不予查处,造成严重后果的,依法给予降级直至开除的处分;构成犯罪的,依照刑法关于受贿罪、滥用职权罪、玩忽职守罪或者其他罪的规定,依法追究刑事责任。

第六十一条　未经批准,擅自设立出版物的出版、印刷或者复制、进口单位,或者擅自从事出版物的出版、印刷或者复制、进口、发行业务,假冒出版单位名称或者伪造、假冒报纸、期刊名称出版出版物的,由出版行政主管部门、工商行政管理部门依照法定职权予以取缔;依照刑法关于非法经营罪的规定,依法追究刑事责任;尚不够刑事处罚的,没收出版物、违法所得和从事违法活动的专用工具、设备,违法所得5万元以上的,并处违法所得5倍以上10倍以下的罚款,没有违法所得或者违法所得不足5万元的,并处25万元以下的罚款;侵犯他人合法权益的,依法承担民事责任。

第六十二条　有下列行为之一,触犯刑律的,依照刑法有关规定,依法追究刑事责任;尚不够刑事处罚的,由出版行政主管部门责令限期停业整顿,没收出版物、违法所得,违法经营额1万元以上的,并处违法经营额5倍以上10倍以下的罚款;违法经营额不足1万元的,可以处5万元以下的罚款;情节严重的,由原发证机关吊销许可证:

(一)出版、进口含有本条例第二十五条、第二十六条禁止内容的出版物的;

(二)明知或者应知出版物含有本条例第二十五条、第二十六条禁止内容而印刷或者复制、发行的;

(三)明知或者应知他人出版含有本条例第二十五条、第二十六条禁止内容的出版物而向其出售或者以其他形式转让本出版单位的名称、书号、刊号、版号、版面,或者出租本单位的名称、刊号的。

第六十三条　有下列行为之一的,由出版行政主管部门责令停止违法行为,没收出版物、违法所得,违法经营额1万元以上的,并处违法经营额5倍以上10倍以下的罚款,违法经营额不足1万元的,并处5万元以下的罚款;情节严重的,视情形限制开展相关生产经营活动、责令限期停业整顿,或者由原发证机关降低相关资质等级直至吊销许可证:

(一)进口、印刷或者复制、发行国务院出版行政主管部门禁止进口的出版物的;

(二)印刷或者复制走私的境外出版物的;

发行进口出版物未从本条例规定的出版物进口经营单位进货的,由出版行政主管部门责令停止违法行为,没收出版物、违法所得,违法所得5万元以上的,并处违法所得5倍以上10倍以下的罚款,没有违法所得或者违法所得不足5万元的,并处25万元以下的罚款;情节严重的,视情形限制开展相关生产经营活动、责令限期停业整顿,或者由原发证机关降低相关资质等级直至吊销许可证。

第六十四条　走私出版物的,依照刑法关于走私罪的规定,依法追究刑事责任;尚不够刑事处罚的,由海关依照海关法的规定给予行政处罚。

第六十五条　有下列行为之一的,由出版行政主管部门没收出版物、违法所得,违法所得5万元以上的,并处违法所得5倍以上10倍以下的罚款,没有违法所得或者违法所得不足5万元的,并处25万元以下的罚款;情节严重的,视情形限制开展相关生产经营活动、责令限期停业整顿,或者由原发证机关降低相关资质等级直至吊销许可证：

（一）出版单位委托未取得出版物印刷或者复制许可的单位印刷或者复制出版物的；

（二）印刷或者复制单位未取得印刷或者复制许可而印刷或者复制出版物的；

（三）印刷或者复制单位接受非出版单位和个人的委托印刷或者复制出版物的；

（四）印刷或者复制单位未履行法定手续印刷或者复制境外出版物的，印刷或者复制的境外出版物没有全部运输出境的；

（五）印刷或者复制单位、发行单位或者个体工商户印刷或者复制、发行未署出版单位名称的出版物的；

有下列行为之一的，由出版行政主管部门没收出版物、违法所得，违法经营额1万元以上的，并处违法经营额5倍以上10倍以下的罚款，违法经营额不足1万元的，并处5万元以下的罚款；情节严重的，视情形限制开展相关生产经营活动、责令限期停业整顿，或者由原发证机关降低相关资质等级直至吊销许可证：

（一）印刷或者复制单位、发行单位或者个体工商户印刷或者复制、发行伪造、假冒出版单位名称或者报纸、期刊名称的出版物的；

（二）出版、印刷、发行单位出版、印刷、发行未经依法审定的中学小学教科书，或者非依照本条例规定确定的单位从事中学小学教科书的出版、发行业务的。

第六十六条 出版单位有下列行为之一的，由出版行政主管部门责令停止违法行为，给予警告，没收违法经营的出版物、违法所得，违法所得5万元以上的，并处违法所得5倍以上10倍以下的罚款，没有违法所得或者违法所得不足5万元的，并处25万元以下的罚款；情节严重的，视情形限制开展相关生产经营活动、责令限期停业整顿，或者由原发证机关降低相关资质等级直至吊销

许可证:

(一)出售或者以其他形式转让本出版单位的名称、书号、刊号、版号、版面,或者出租本单位的名称、刊号的;

(二)利用出版活动谋取其他不正当利益的。

第六十七条 有下列行为之一的,由出版行政主管部门责令改正,给予警告;情节严重的,责令限期停业整顿或者由原发证机关吊销许可证:

(一)出版单位变更名称、主办单位或者其主管机关、业务范围,合并或者分立,出版新的报纸、期刊,或者报纸、期刊改变名称,以及出版单位变更其他事项,未依照本条例的规定到出版行政主管部门办理审批、变更登记手续的;

(二)出版单位未将其年度出版计划和涉及国家安全、社会安定等方面的重大选题备案的;

(三)出版单位未依照本条例的规定送交出版物的样本的;

(四)印刷或者复制单位未依照本条例的规定留存备查的材料的;

(五)出版进口经营单位未将其进口的出版物目录报送备案的;

(六)出版单位擅自中止出版活动超过180日的;

(七)出版物发行单位、出版物进口经营单位未依照本条例的规定办理变更审批手续的;

(八)出版物质量不符合有关规定和标准的。

第六十八条 未经批准,举办境外出版物展览的,由出版行政主管部门责令停止违法行为,没收出版物、违法所得;情节严重的,责令限期停业整顿或者由原发证机关吊销许可证。

第六十九条 印刷或者复制、批发、零售、出租、散发含有本条例第二十五条、第二十六条禁止内容的出版物或者其他非法出版物的,当事人对非法出版物的来源作出说明、指认,经查证属实的,没收出版物、违法所得,可以减轻或者免除其他行政处罚。

第七十条　单位违反本条例被处以吊销许可证行政处罚的,其法定代表人或者主要负责人自许可证被吊销之日起10年内不得担任出版、印刷或者复制、进口、发行单位的法定代表人或者主要负责人。

出版从业人员违反本条例规定,情节严重的,由原发证机关吊销其资格证书。

第七十一条　依照本条例的规定实施罚款的行政处罚,应当依照有关法律、行政法规的规定,实行罚款决定与罚款收缴分离;收缴的罚款必须全部上缴国库。

本条例所称违法所得,是指实施违法行为扣除成本后的获利数额,没有成本或者成本难以计算的,实施违法行为所取得的款项即为违法所得。

第九章　附　　则

第七十二条　行政法规对音像制品和电子出版物的出版、复制、进口、发行另有规定的,适用其规定。

接受境外机构或者个人赠送出版物的管理办法、订户订购境外出版物的管理办法、网络出版审批和管理办法,由国务院出版行政主管部门根据本条例的原则另行制定。

第七十三条　本条例自2002年2月1日起施行。1997年1月2日国务院发布的《出版管理条例》同时废止。

音像制品管理条例[①]

(2001年12月25日中华人民共和国国务院令第341号公布)

第一章 总 则

第一条 为了加强音像制品的管理,促进音像业的健康发展和繁荣,丰富人民群众的文化生活,促进社会主义物质文明和精神文明建设,制定本条例。

第二条 本条例适用于录有内容的录音带、录像带、唱片、激光唱盘和激光视盘等音像制品的出版、制作、复制、进口、批发、零售、出租等活动。

音像制品用于广播电视播放的,适用广播电视法律、行政法规。

第三条 出版、制作、复制、进口、批发、零售、出租音像制品,应当遵守宪法和有关法律、法规,坚持为人民服务和为社会主义服务的方向,传播有益于经济发展和社会进步的思想、道德、科学技术和文化知识。

音像制品禁止载有下列内容:

(一)反对宪法确定的基本原则的;

(二)危害国家统一、主权和领土完整的;

---

① 本文件有过修订,此处所载为据2024年12月6日中华人民共和国国务院令第797号《国务院关于修改和废止部分行政法规的决定》修订的版本。

(三)泄露国家秘密、危害国家安全或者损害国家荣誉和利益的；

(四)煽动民族仇恨、民族歧视,破坏民族团结,或者侵害民族风俗、习惯的；

(五)宣扬邪教、迷信的；

(六)扰乱社会秩序,破坏社会稳定的；

(七)宣扬淫秽、赌博、暴力或者教唆犯罪的；

(八)侮辱或者诽谤他人,侵害他人合法权益的；

(九)危害社会公德或者民族优秀文化传统的；

(十)有法律、行政法规和国家规定禁止的其他内容的。

第四条 国务院出版行政主管部门负责全国音像制品的出版、制作、复制、进口、批发、零售和出租的监督管理工作；国务院其他有关行政部门按照国务院规定的职责分工,负责有关的音像制品经营活动的监督管理工作。

县级以上地方人民政府负责出版管理的行政主管部门(以下简称出版行政主管部门)负责本行政区域内音像制品的出版、制作、复制、进口、批发、零售和出租的监督管理工作；县级以上地方人民政府其他有关行政部门在各自的职责范围内负责有关的音像制品经营活动的监督管理工作。

第五条 国家对出版、制作、复制、进口、批发、零售音像制品,实行许可制度；未经许可,任何单位和个人不得从事音像制品的出版、制作、复制、进口、批发、零售等活动。

依照本条例发放的许可证和批准文件,不得出租、出借、出售或者以其他任何形式转让。

第六条 国务院出版行政主管部门负责制定音像业的发展规划,确定全国音像出版单位、音像复制单位的总量、布局和结构。

第七条 音像制品经营活动的监督管理部门及其工作人员不得从事或者变相从事音像制品经营活动,并不得参与或者变相参与音像制品经营单位的经营活动。

第二章 出　　版

第八条　设立音像出版单位,应当具备下列条件:

(一)有音像出版单位的名称、章程;

(二)有符合国务院出版行政主管部门认定的主办单位及其主管机关;

(三)有确定的业务范围;

(四)有适应业务范围需要的组织机构和符合国家规定的资格条件的音像出版专业人员;

(五)有适应业务范围需要的资金、设备和工作场所;

(六)法律、行政法规规定的其他条件。

审批设立音像出版单位,除依照前款所列条件外,还应当符合音像出版单位总量、布局和结构的规划。

第九条　申请设立音像出版单位,由所在地省、自治区、直辖市人民政府出版行政主管部门审核同意后,报国务院出版行政主管部门审批。国务院出版行政主管部门应当自受理申请之日起60日内作出批准或者不批准的决定,并通知申请人。批准的,发给《音像制品出版许可证》,由申请人持《音像制品出版许可证》到工商行政管理部门登记,依法领取营业执照;不批准的,应当说明理由。

申请书应当载明下列内容:

(一)音像出版单位的名称、地址;

(二)音像出版单位的主办单位及其主管机关的名称、地址;

(三)音像出版单位的法定代表人或者主要负责人的姓名、住址、资格证明文件;

(四)音像出版单位的资金来源和数额。

第十条　音像出版单位变更名称、主办单位或者其主管机关、业务范围,或者兼并其他音像出版单位,或者因合并、分立而设立新的音像出版单位的,应当依照本条例第九条的规定办理审批手续,并到原登记的工商行政管理部门办理相应的登记手续。

音像出版单位变更地址、法定代表人或者主要负责人,或者终止出版经营活动的,应当到原登记的工商行政管理部门办理变更登记或者注销登记,并向国务院出版行政主管部门备案。

第十一条 音像出版单位的年度出版计划和涉及国家安全、社会安定等方面的重大选题,应当经所在地省、自治区、直辖市人民政府出版行政主管部门审核后报国务院出版行政主管部门备案;重大选题音像制品未在出版前报备案的,不得出版。

第十二条 音像出版单位应当在其出版的音像制品及其包装的明显位置,标明出版单位的名称、地址和音像制品的版号、出版时间、著作权人等事项;出版进口的音像制品,还应当标明进口批准文号。

音像出版单位应当按照国家有关规定向国家图书馆、中国版本图书馆和国务院出版行政主管部门免费送交样本。

第十三条 音像出版单位不得向任何单位或者个人出租、出借、出售或者以其他任何形式转让本单位的名称,不得向任何单位或者个人出售或者以其他形式转让本单位的版号。

第十四条 任何单位和个人不得以购买、租用、借用、擅自使用音像出版单位的名称或者购买、伪造版号等形式从事音像制品出版活动。

图书出版社、报社、期刊社、电子出版物出版社,不得出版非配合本版出版物的音像制品;但是,可以按照国务院出版行政主管部门的规定,出版配合本版出版物的音像制品,并参照音像出版单位享有权利、承担义务。

第十五条 音像出版单位可以与香港特别行政区、澳门特别行政区、台湾地区或者外国的组织、个人合作制作音像制品。具体办法由国务院出版行政主管部门制定。

第十六条 音像出版单位实行编辑责任制度,保证音像制品的内容符合本条例的规定。

第十七条 音像出版单位以外的单位设立的独立从事音像制品制作业务的单位(以下简称音像制作单位)申请从事音像制品制作业务,由所在地省、自治区、直辖市人民政府出版行政主管部门审批。省、自治区、直辖市人民政府出版行政主管部门应当自受理申请之日起60日内作出批准或者不批准的决定,并通知申请人。批准的,发给《音像制品制作许可证》;不批准的,应当说明理由。广播、电视节目制作经营单位的设立,依照有关法律、行政法规的规定办理。

申请书应当载明下列内容:

(一)音像制作单位的名称、地址;

(二)音像制作单位的法定代表人或者主要负责人的姓名、住址、资格证明文件;

(三)音像制作单位的资金来源和数额。

审批从事音像制品制作业务申请,除依照前款所列条件外,还应当兼顾音像制作单位总量、布局和结构。

第十八条 音像制作单位变更名称、业务范围,或者兼并其他音像制作单位,或者因合并、分立而设立新的音像制作单位的,应当依照本条例第十七条的规定办理审批手续。

音像制作单位变更地址、法定代表人或者主要负责人,或者终止制作经营活动的,应当向所在地省、自治区、直辖市人民政府出版行政主管部门备案。

第十九条 音像出版单位不得委托未取得《音像制品制作许可证》的单位制作音像制品。

音像制作单位接受委托制作音像制品的,应当按照国家有关规定,与委托的出版单位订立制作委托合同;验证委托的出版单位的《音像制品出版许可证》或者本版出版物的证明及由委托的出版单位盖章的音像制品制作委托书。

音像制作单位不得出版、复制、批发、零售音像制品。

第三章 复 制

第二十条 申请从事音像制品复制业务应当具备下列条件：

（一）有音像复制单位的名称、章程；

（二）有确定的业务范围；

（三）有适应业务范围需要的组织机构和人员；

（四）有适应业务范围需要的资金、设备和复制场所；

（五）法律、行政法规规定的其他条件。

审批从事音像制品复制业务申请，除依照前款所列条件外，还应当符合音像复制单位总量、布局和结构的规划。

第二十一条 申请从事音像制品复制业务，由所在地省、自治区、直辖市人民政府出版行政主管部门审批。省、自治区、直辖市人民政府出版行政主管部门应当自受理申请之日起20日内作出批准或者不批准的决定，并通知申请人。批准的，发给《复制经营许可证》；不批准的，应当说明理由。

申请书应当载明下列内容：

（一）音像复制单位的名称、地址；

（二）音像复制单位的法定代表人或者主要负责人的姓名、住址；

（三）音像复制单位的资金来源和数额。

第二十二条 音像复制单位变更业务范围，或者兼并其他音像复制单位，或者因合并、分立而设立新的音像复制单位的，应当依照本条例第二十一条的规定办理审批手续。

音像复制单位变更名称、地址、法定代表人或者主要负责人，或者终止复制经营活动的，应当向所在地省、自治区、直辖市人民政府出版行政主管部门备案。

第二十三条 音像复制单位接受委托复制音像制品的,应当按照国家有关规定,与委托的出版单位订立复制委托合同;验证委托的出版单位的《音像制品出版许可证》、营业执照副本、盖章的音像制品复制委托书以及出版单位取得的授权书;接受委托复制的音像制品属于非卖品的,应当验证委托单位的身份证明和委托单位出具的音像制品非卖品复制委托书。

音像复制单位应当自完成音像制品复制之日起2年内,保存委托合同和所复制的音像制品的样本以及验证的有关证明文件的副本,以备查验。

第二十四条 音像复制单位不得接受非音像出版单位或者个人的委托复制经营性的音像制品;不得自行复制音像制品;不得批发、零售音像制品。

第二十五条 从事光盘复制的音像复制单位复制光盘,必须使用蚀刻有国务院出版行政主管部门核发的激光数码储存片来源识别码的注塑模具。

第二十六条 音像复制单位接受委托复制境外音像制品的,应当经省、自治区、直辖市人民政府出版行政主管部门批准,并持著作权人的授权书依法到著作权行政管理部门登记;复制的音像制品应当全部运输出境,不得在境内发行。

第四章 进　　口

第二十七条 音像制品成品进口业务由国务院出版行政主管部门批准的音像制品成品进口经营单位经营;未经批准,任何单位或者个人不得经营音像制品成品进口业务。

第二十八条 进口用于出版的音像制品,以及进口用于批发、零售、出租等的音像制品成品,应当报国务院出版行政主管部门进行内容审查。

国务院出版行政主管部门应当自收到音像制品内容审查申请书之日起30日内作出批准或者不批准的决定,并通知申请人。批准的,发给批准文件;不批准的,应当说明理由。

进口用于出版的音像制品的单位、音像制品成品进口经营单位应当持国务院出版行政主管部门的批准文件到海关办理进口手续。

第二十九条　进口用于出版的音像制品,其著作权事项应当向国务院著作权行政管理部门登记。

第三十条　进口供研究、教学参考的音像制品,应当委托音像制品成品进口经营单位依照本条例第二十八条的规定办理。

进口用于展览、展示的音像制品,经国务院出版行政主管部门批准后,到海关办理临时进口手续。

依照本条规定进口的音像制品,不得进行经营性复制、批发、零售、出租和放映。

第五章　批发、零售和出租

第三十一条　申请从事音像制品批发、零售业务,应当具备下列条件:

(一)有音像制品批发、零售单位的名称、章程;

(二)有确定的业务范围;

(三)有适应业务范围需要的组织机构和人员;

(四)有适应业务范围需要的资金和场所;

(五)法律、行政法规规定的其他条件。

第三十二条　申请从事音像制品批发业务,应当报所在地省、自治区、直辖市人民政府出版行政主管部门审批。申请从事音像制品零售业务,应当报县级地方人民政府出版行政主管部门审批。

出版行政主管部门应当自受理申请书之日起30日内作出批准或者不批准的决定,并通知申请人。批准的,应当发给《出版物经营许可证》;不批准的,应当说明理由。

《出版物经营许可证》应当注明音像制品经营活动的种类。

第三十三条 音像制品批发、零售单位变更名称、业务范围,或者兼并其他音像制品批发、零售单位,或者因合并、分立而设立新的音像制品批发、零售单位的,应当依照本条例第三十二条的规定办理审批手续。

音像制品批发、零售单位变更地址、法定代表人或者主要负责人或者终止经营活动,从事音像制品零售经营活动的个体工商户变更业务范围、地址或者终止经营活动的,应当向原批准的出版行政主管部门备案。

第三十四条 音像出版单位可以按照国家有关规定,批发、零售本单位出版的音像制品。从事非本单位出版的音像制品的批发、零售业务的,应当依照本条例第三十二条的规定办理审批手续。

第三十五条 国家允许设立从事音像制品发行业务的外商投资企业。

第三十六条 音像制品批发单位和从事音像制品零售、出租等业务的单位或者个体工商户,不得经营非音像出版单位出版的音像制品或者非音像复制单位复制的音像制品,不得经营未经国务院出版行政主管部门批准进口的音像制品,不得经营侵犯他人著作权的音像制品。

第六章 罚 则

第三十七条 出版行政主管部门或者其他有关行政部门及其工作人员,利用职务上的便利收受他人财物或者其他好处,批准不符合法定条件的申请人取得许可证、批准文件,或者不履行监督职责,或者发现违法行为不予查处,造成严重后果的,对负有责任的主管人员和其他直接责任人员依法给予降级直至开除的处分;构成犯罪的,依照刑法关于受贿罪、滥用职权罪、玩忽职守罪或者其他罪的规定,依法追究刑事责任。

第三十八条 音像制品经营活动的监督管理部门的工作人员从事或者变相从事音像制品经营活动的,参与或者变相参与音像制品经营单位的经营活动的,依法给予撤职或者开除的处分。

音像制品经营活动的监督管理部门有前款所列行为的,对负有责任的主管人员和其他直接责任人员依照前款规定处罚。

第三十九条 未经批准,擅自设立音像制品出版、进口单位,擅自从事音像制品出版、制作、复制业务或者进口、批发、零售经营活动的,由出版行政主管部门、工商行政管理部门依照法定职权予以取缔;依照刑法关于非法经营罪的规定,依法追究刑事责任;尚不够刑事处罚的,没收违法经营的音像制品和违法所得以及进行违法活动的专用工具、设备,违法所得5万元以上的,并处违法所得5倍以上10倍以下的罚款,没有违法所得或者违法所得不足5万元的,并处25万元以下的罚款。

第四十条 出版含有本条例第三条第二款禁止内容的音像制品,或者制作、复制、批发、零售、出租、放映明知或者应知含有本条例第三条第二款禁止内容的音像制品的,依照刑法有关规定,依法追究刑事责任;尚不够刑事处罚的,由出版行政主管部门、公安部门依据各自职权责令停业整顿,没收违法经营的音像制品和违法所得;违法经营额1万元以上的,并处违法经营额5倍以上10倍以下的罚款;违法经营额不足1万元的,可以处5万元以下的罚款;情节严重的,并由原发证机关吊销许可证。

第四十一条 走私音像制品的,依照刑法关于走私罪的规定,依法追究刑事责任;尚不够刑事处罚的,由海关依法给予行政处罚。

第四十二条 有下列行为之一的,由出版行政主管部门责令停止违法行为,给予警告,没收违法经营的音像制品和违法所得,违法所得5万元以上的,并处违法所得5倍以上10倍以下的罚款,没有违法所得或者违法所得不足5万元的,并处25万元以下的罚款;情节严重的,视情形限制开展相关生产经营活动、责令停业整顿,或者由原发证机关降低相关资质等级直至吊销许可证:

(一)音像出版单位向其他单位、个人出租、出借、出售或者以其他任何形式转让本单位的名称,出售或者以其他形式转让本单位的版号的;

(二)音像出版单位委托未取得《音像制品制作许可证》的单位制作音像制品,或者委托未取得《复制经营许可证》的单位复制音像制品的;

(三)音像出版单位出版未经国务院出版行政主管部门批准擅自进口的音像制品的;

(四)音像制作单位、音像复制单位未依照本条例的规定验证音像出版单位的委托书、有关证明的;

(五)音像复制单位擅自复制他人的音像制品,或者接受非音像出版单位、个人的委托复制经营性的音像制品,或者自行复制音像制品的。

第四十三条 音像出版单位违反国家有关规定与香港特别行政区、澳门特别行政区、台湾地区或者外国的组织、个人合作制作音像制品,音像复制单位违反国家有关规定接受委托复制境外音像制品,未经省、自治区、直辖市人民政府出版行政主管部门审核同意,或者未将复制的境外音像制品全部运输出境的,由省、自治区、直辖市人民政府出版行政主管部门责令改正,没收违法经营的音像制品和违法所得,违法所得5万元以上的,并处违法所得5倍以上10倍以下的罚款,没有违法所得或者违法所得不足5万元的,并处25万元以下的罚款;情节严重的,视情形限制开展相关生产经营活动、责令停业整顿,或者由原发证机关降低相关资质等级直至吊销许可证。

第四十四条 有下列行为之一的,由出版行政主管部门责令改正,给予警告;情节严重的,并责令停业整顿或者由原发证机关吊销许可证:

(一)音像出版单位未将其年度出版计划和涉及国家安全、社会安定等方面的重大选题报国务院出版行政主管部门备案的;

(二)音像制品出版、制作、复制、批发、零售单位变更名称、地址、法定代表人或者主要负责人、业务范围等,未依照本条例规定办理审批、备案手续的;

(三)音像出版单位未在其出版的音像制品及其包装的明显位置标明本条例规定的内容的;

(四)音像出版单位未依照本条例的规定送交样本的;

(五)音像复制单位未依照本条例的规定留存备查的材料的;

(六)从事光盘复制的音像复制单位复制光盘,使用未蚀刻国务院出版行政主管部门核发的激光数码储存片来源识别码的注塑模具的。

第四十五条 有下列行为之一的,由出版行政主管部门责令停止违法行为,给予警告,没收违法经营的音像制品和违法所得,违法所得5万元以上的,并处违法所得5倍以上10倍以下的罚款,没有违法所得或者违法所得不足5万元的,并处25万元以下的罚款;情节严重的,视情形限制开展相关生产经营活动、责令停业整顿,或者由原发证机关降低相关资质等级直至吊销许可证:

(一)批发、零售、出租、放映非音像出版单位出版的音像制品或者非音像复制单位复制的音像制品的;

(二)批发、零售、出租或者放映未经国务院出版行政主管部门批准进口的音像制品的;

(三)批发、零售、出租、放映供研究、教学参考或者用于展览、展示的进口音像制品的。

第四十六条 单位违反本条例的规定,被处以吊销许可证行政处罚的,其法定代表人或者主要负责人自许可证被吊销之日起10年内不得担任音像制品出版、制作、复制、进口、批发、零售单位的法定代表人或者主要负责人。

从事音像制品零售业务的个体工商户违反本条例的规定,被处以吊销许可证行政处罚的,自许可证被吊销之日起10年内不得从事音像制品零售业务。

第四十七条 依照本条例的规定实施罚款的行政处罚,应当依照有关法律、行政法规的规定,实行罚款决定与罚款收缴分离;收缴的罚款必须全部上缴国库。

本条例所称违法所得,是指实施违法行为扣除成本后的获利数额,没有成本或者成本难以计算的,实施违法行为所取得的款项即为违法所得。

第七章 附 则

第四十八条 除本条例第三十五条外,电子出版物的出版、制作、复制、进口、批发、零售等活动适用本条例。

第四十九条 依照本条例发放许可证,除按照法定标准收取成本费外,不得收取其他任何费用。

第五十条 本条例自2002年2月1日起施行。1994年8月25日国务院发布的《音像制品管理条例》同时废止。

印刷业管理条例[①]

(2001年8月2日中华人民共和国国务院令第315号公布)

第一章 总 则

第一条 为了加强印刷业管理,维护印刷业经营者的合法权益和社会公共利益,促进社会主义精神文明和物质文明建设,制定本条例。

第二条 本条例适用于出版物、包装装潢印刷品和其他印刷品的印刷经营活动。

本条例所称出版物,包括报纸、期刊、书籍、地图、年画、图片、挂历、画册及音像制品、电子出版物的装帧封面等。

本条例所称包装装潢印刷品,包括商标标识、广告宣传品及作为产品包装装潢的纸、金属、塑料等的印刷品。

本条例所称其他印刷品,包括文件、资料、图表、票证、证件、名片等。

本条例所称印刷经营活动,包括经营性的排版、制版、印刷、装订、复印、影印、打印等活动。

第三条 印刷业经营者必须遵守有关法律、法规和规章,讲求社会效益。

禁止印刷含有反动、淫秽、迷信内容和国家明令禁止印刷的其

---

① 本文件有过修订,此处所载为据2024年12月6日中华人民共和国国务院令第797号《国务院关于修改和废止部分行政法规的决定》修订的版本。

他内容的出版物、包装装潢印刷品和其他印刷品。

第四条 国务院出版行政部门主管全国的印刷业监督管理工作。县级以上地方各级人民政府负责出版管理的行政部门(以下简称出版行政部门)负责本行政区域内的印刷业监督管理工作。

县级以上各级人民政府公安部门、工商行政管理部门及其他有关部门在各自的职责范围内,负责有关的印刷业监督管理工作。

第五条 印刷业经营者应当建立、健全承印验证制度、承印登记制度、印刷品保管制度、印刷品交付制度、印刷活动残次品销毁制度等。具体办法由国务院出版行政部门制定。

印刷业经营者在印刷经营活动中发现违法犯罪行为,应当及时向公安部门或者出版行政部门报告。

第六条 印刷行业的社会团体按照其章程,在出版行政部门的指导下,实行自律管理。

第七条 印刷企业应当定期向出版行政部门报送年度报告。出版行政部门应当依法及时将年度报告中的有关内容向社会公示。

第二章 印刷企业的设立

第八条 国家实行印刷经营许可制度。未依照本条例规定取得印刷经营许可证的,任何单位和个人不得从事印刷经营活动。

第九条 企业从事印刷经营活动,应当具备下列条件:

(一)有企业的名称、章程;

(二)有确定的业务范围;

(三)有适应业务范围需要的生产经营场所和必要的资金、设备等生产经营条件;

(四)有适应业务范围需要的组织机构和人员;

(五)有关法律、行政法规规定的其他条件。

审批从事印刷经营活动申请,除依照前款规定外,还应当符合国家有关印刷企业总量、结构和布局的规划。

第十条 企业申请从事出版物印刷经营活动,应当持营业执照向所在地省、自治区、直辖市人民政府出版行政部门提出申请,经审核批准的,发给印刷经营许可证。

企业申请从事包装装潢印刷品和其他印刷品印刷经营活动,应当持营业执照向所在地设区的市级人民政府出版行政部门提出申请,经审核批准的,发给印刷经营许可证。

个人不得从事出版物、包装装潢印刷品印刷经营活动;个人从事其他印刷品印刷经营活动的,依照本条第二款的规定办理审批手续。

第十一条 出版行政部门应当自收到依据本条例第十条提出的申请之日起60日内作出批准或者不批准的决定。批准申请的,应当发给印刷经营许可证;不批准申请的,应当通知申请人并说明理由。

印刷经营许可证应当注明印刷企业所从事的印刷经营活动的种类。

印刷经营许可证不得出售、出租、出借或者以其他形式转让。

第十二条 印刷业经营者申请兼营或者变更从事出版物、包装装潢印刷品或者其他印刷品印刷经营活动,或者兼并其他印刷业经营者,或者因合并、分立而设立新的印刷业经营者,应当依照本条例第十条的规定办理手续。

印刷业经营者变更名称、法定代表人或者负责人、住所或者经营场所等主要登记事项,或者终止印刷经营活动,应当报原批准设立的出版行政部门备案。

第十三条 出版行政部门应当按照国家社会信用信息平台建设的总体要求,与公安部门、工商行政管理部门或者其他有关部门实现对印刷企业信息的互联共享。

第十四条　国家允许外国投资者与中国投资者共同投资设立从事出版物印刷经营活动的企业,允许设立从事包装装潢印刷品和其他印刷品印刷经营活动的外商投资企业。

第十五条　单位内部设立印刷厂(所),必须向所在地县级以上地方人民政府出版行政部门办理登记手续;单位内部设立的印刷厂(所)印刷涉及国家秘密的印件的,还应当向保密工作部门办理登记手续。

单位内部设立的印刷厂(所)不得从事印刷经营活动;从事印刷经营活动的,必须依照本章的规定办理手续。

第三章　出版物的印刷

第十六条　国家鼓励从事出版物印刷经营活动的企业及时印刷体现国内外新的优秀文化成果的出版物,重视印刷传统文化精品和有价值的学术著作。

第十七条　从事出版物印刷经营活动的企业不得印刷国家明令禁止出版的出版物和非出版单位出版的出版物。

第十八条　印刷出版物的,委托印刷单位和印刷企业应当按照国家有关规定签订印刷合同。

第十九条　印刷企业接受出版单位委托印刷图书、期刊的,必须验证并收存出版单位盖章的印刷委托书,并在印刷前报出版单位所在地省、自治区、直辖市人民政府出版行政部门备案;印刷企业接受所在地省、自治区、直辖市以外的出版单位的委托印刷图书、期刊的,印刷委托书还必须事先报印刷企业所在地省、自治区、直辖市人民政府出版行政部门备案。印刷委托书由国务院出版行政部门规定统一格式,由省、自治区、直辖市人民政府出版行政部门统一印制。

印刷企业接受出版单位委托印刷报纸的,必须验证报纸出版许可证；接受出版单位的委托印刷报纸、期刊的增版、增刊的，还必须验证主管的出版行政部门批准出版增版、增刊的文件。

第二十条 印刷企业接受委托印刷内部资料性出版物的，必须验证县级以上地方人民政府出版行政部门核发的准印证。

印刷企业接受委托印刷宗教内容的内部资料性出版物的，必须验证省、自治区、直辖市人民政府宗教事务管理部门的批准文件和省、自治区、直辖市人民政府出版行政部门核发的准印证。

出版行政部门应当自收到印刷内部资料性出版物或者印刷宗教内容的内部资料性出版物的申请之日起30日内作出是否核发准印证的决定，并通知申请人；逾期不作出决定的，视为同意印刷。

第二十一条 印刷企业接受委托印刷境外的出版物的，必须持有关著作权的合法证明文件，经省、自治区、直辖市人民政府出版行政部门批准；印刷的境外出版物必须全部运输出境，不得在境内发行、散发。

第二十二条 委托印刷单位必须按照国家有关规定在委托印刷的出版物上刊载出版单位的名称、地址，书号、刊号或者版号，出版日期或者刊期，接受委托印刷出版物的企业的真实名称和地址，以及其他有关事项。

印刷企业应当自完成出版物的印刷之日起2年内，留存一份接受委托印刷的出版物样本备查。

第二十三条 印刷企业不得盗印出版物，不得销售、擅自加印或者接受第三人委托加印受委托印刷的出版物，不得将接受委托印刷的出版物纸型及印刷底片等出售、出租、出借或者以其他形式转让给其他单位或者个人。

第二十四条 印刷企业不得征订、销售出版物，不得假冒或者盗用他人名义印刷、销售出版物。

第四章　包装装潢印刷品的印刷

第二十五条　从事包装装潢印刷品印刷的企业不得印刷假冒、伪造的注册商标标识，不得印刷容易对消费者产生误导的广告宣传品和作为产品包装装潢的印刷品。

第二十六条　印刷企业接受委托印刷注册商标标识的，应当验证商标注册人所在地县级工商行政管理部门签章的《商标注册证》复印件，并核查委托人提供的注册商标图样；接受注册商标被许可使用人委托，印刷注册商标标识的，印刷企业还应当验证注册商标使用许可合同。印刷企业应当保存其验证、核查的工商行政管理部门签章的《商标注册证》复印件、注册商标图样、注册商标使用许可合同复印件2年，以备查验。

国家对注册商标标识的印刷另有规定的，印刷企业还应当遵守其规定。

第二十七条　印刷企业接受委托印刷广告宣传品、作为产品包装装潢的印刷品的，应当验证委托印刷单位的营业执照或者个人的居民身份证；接受广告经营者的委托印刷广告宣传品的，还应当验证广告经营资格证明。

第二十八条　印刷企业接受委托印刷包装装潢印刷品的，应当将印刷品的成品、半成品、废品和印板、纸型、底片、原稿等全部交付委托印刷单位或者个人，不得擅自留存。

第二十九条　印刷企业接受委托印刷境外包装装潢印刷品的，必须事先向所在地省、自治区、直辖市人民政府出版行政部门备案；印刷的包装装潢印刷品必须全部运输出境，不得在境内销售。

第五章　其他印刷品的印刷

第三十条　印刷标有密级的文件、资料、图表等,按照国家有关法律、法规或者规章的规定办理。

第三十一条　印刷布告、通告、重大活动工作证、通行证、在社会上流通使用的票证的,委托印刷单位必须向印刷企业出具主管部门的证明。印刷企业必须验证主管部门的证明,并保存主管部门的证明副本2年,以备查验;并且不得再委托他人印刷上述印刷品。

印刷机关、团体、部队、企业事业单位内部使用的有价票证或者无价票证,或者印刷有单位名称的介绍信、工作证、会员证、出入证、学位证书、学历证书或者其他学业证书等专用证件的,委托印刷单位必须出具委托印刷证明。印刷企业必须验证委托印刷证明。

印刷企业对前两款印件不得保留样本、样张;确因业务参考需要保留样本、样张的,应当征得委托印刷单位同意,在所保留印件上加盖"样本"、"样张"戳记,并妥善保管,不得丢失。

第三十二条　印刷企业接受委托印刷宗教用品的,必须验证省、自治区、直辖市人民政府宗教事务管理部门的批准文件和省、自治区、直辖市人民政府出版行政部门核发的准印证;省、自治区、直辖市人民政府出版行政部门应当自收到印刷宗教用品的申请之日起10日内作出是否核发准印证的决定,并通知申请人;逾期不作出决定的,视为同意印刷。

第三十三条　从事其他印刷品印刷经营活动的个人不得印刷标有密级的文件、资料、图表等,不得印刷布告、通告、重大活动工作证、通行证、在社会上流通使用的票证,不得印刷机关、团体、部队、企业事业单位内部使用的有价或者无价票证,不得印刷有单位名称的介绍信、工作证、会员证、出入证、学位证书、学历证书或者其他学业证书等专用证件,不得印刷宗教用品。

第三十四条 接受委托印刷境外其他印刷品的,必须事先向所在地省、自治区、直辖市人民政府出版行政部门备案;印刷的其他印刷品必须全部运输出境,不得在境内销售。

第三十五条 印刷企业和从事其他印刷品印刷经营活动的个人不得盗印他人的其他印刷品,不得销售、擅自加印或者接受第三人委托加印委托印刷的其他印刷品,不得将委托印刷的其他印刷品的纸型及印刷底片等出售、出租、出借或者以其他形式转让给其他单位或者个人。

第六章 罚 则

第三十六条 违反本条例规定,擅自设立从事出版物印刷经营活动的企业或者擅自从事印刷经营活动的,由出版行政部门、工商行政管理部门依据法定职权予以取缔,没收印刷品和违法所得以及进行违法活动的专用工具、设备,违法所得5万元以上的,并处违法所得5倍以上10倍以下的罚款,没有违法所得或者违法所得不足5万元的,并处25万元以下的罚款;构成犯罪的,依法追究刑事责任。

单位内部设立的印刷厂(所)未依照本条例第二章的规定办理手续,从事印刷经营活动的,依照前款的规定处罚。

第三十七条 印刷业经营者违反本条例规定,有下列行为之一的,由县级以上地方人民政府出版行政部门责令停止违法行为,限制开展相关生产经营活动或者责令停业整顿,没收印刷品和违法所得,违法所得5万元以上的,并处违法所得5倍以上10倍以下的罚款,没有违法所得或者违法所得不足5万元的,并处25万元以下的罚款;情节严重的,由原发证机关降低相关资质等级直至

吊销许可证;构成犯罪的,依法追究刑事责任:

(一)未取得出版行政部门的许可,擅自兼营或者变更从事出版物、包装装潢印刷品或者其他印刷品印刷经营活动,或者擅自兼并其他印刷业经营者的;

(二)因合并、分立而设立新的印刷业经营者,未依照本条例的规定办理手续的;

(三)出售、出租、出借或者以其他形式转让印刷经营许可证的。

第三十八条 印刷业经营者印刷明知或者应知含有本条例第三条规定禁止印刷内容的出版物、包装装潢印刷品或者其他印刷品的,或者印刷国家明令禁止出版的出版物或者非出版单位出版的出版物的,由县级以上地方人民政府出版行政部门、公安部门依据法定职权责令停业整顿,没收印刷品和违法所得,违法经营额 1 万元以上的,并处违法经营额 5 倍以上 10 倍以下的罚款;违法经营额不足 1 万元的,并处 1 万元以上 5 万元以下的罚款;情节严重的,由原发证机关吊销许可证;构成犯罪的,依法追究刑事责任。

第三十九条 印刷业经营者有下列行为之一的,由县级以上地方人民政府出版行政部门、公安部门依据法定职权责令改正,给予警告;情节严重的,责令停业整顿或者由原发证机关吊销许可证:

(一)没有建立承印验证制度、承印登记制度、印刷品保管制度、印刷品交付制度、印刷活动残次品销毁制度等的;

(二)在印刷经营活动中发现违法犯罪行为没有及时向公安部门或者出版行政部门报告的;

(三)变更名称、法定代表人或者负责人、住所或者经营场所等主要登记事项,或者终止印刷经营活动,不向原批准设立的出版行政部门备案的;

(四)未依照本条例的规定留存备查的材料的。

单位内部设立印刷厂（所）违反本条例的规定，没有向所在地县级以上地方人民政府出版行政部门、保密工作部门办理登记手续的，由县级以上地方人民政府出版行政部门、保密工作部门依据法定职权责令改正，给予警告；情节严重的，责令停业整顿。

第四十条 从事出版物印刷经营活动的企业有下列行为之一的，由县级以上地方人民政府出版行政部门给予警告，没收违法所得，违法所得5万元以上的，并处违法所得5倍以上10倍以下的罚款，没有违法所得或者违法所得不足5万元的，并处25万元以下的罚款；情节严重的，视情形限制开展相关生产经营活动、责令停业整顿，或者由原发证机关降低相关资质等级直至吊销许可证；构成犯罪的，依法追究刑事责任：

（一）接受他人委托印刷出版物，未依照本条例的规定验证印刷委托书、有关证明或者准印证，或者未将印刷委托书报出版行政部门备案的；

（二）征订、销售出版物的；

（三）未经批准，接受委托印刷境外出版物的，或者未将印刷的境外出版物全部运输出境的。

从事出版物印刷经营活动的企业有下列行为之一的，由县级以上地方人民政府出版行政部门给予警告，没收违法所得，违法经营额1万元以上的，并处违法经营额5倍以上10倍以下的罚款，违法经营额不足1万元的，并处1万元以上5万元以下的罚款；情节严重的，视情形限制开展相关生产经营活动、责令停业整顿，或者由原发证机关降低相关资质等级直至吊销许可证；构成犯罪的，依法追究刑事责任：

（一）假冒或者盗用他人名义，印刷出版物的；

（二）盗印他人出版物的；

（三）非法加印或者销售受委托印刷的出版物的；

（四）擅自将出版单位委托印刷的出版物纸型及印刷底片等

出售、出租、出借或者以其他形式转让的。

第四十一条 从事包装装潢印刷品印刷经营活动的企业有下列行为之一的,由县级以上地方人民政府出版行政部门给予警告,没收违法所得,违法所得5万元以上的,并处违法所得5倍以上10倍以下的罚款,没有违法所得或者违法所得不足5万元的,并处25万元以下的罚款;情节严重的,视情形限制开展相关生产经营活动、责令停业整顿,或者由原发证机关降低相关资质等级直至吊销许可证;构成犯罪的,依法追究刑事责任:

(一)接受委托印刷注册商标标识,未依照本条例的规定验证、核查工商行政管理部门签章的《商标注册证》复印件、注册商标图样或者注册商标使用许可合同复印件的;

(二)接受委托印刷广告宣传品、作为产品包装装潢的印刷品,未依照本条例的规定验证委托印刷单位的营业执照或者个人的居民身份证的,或者接受广告经营者的委托印刷广告宣传品,未验证广告经营资格证明的;

(三)盗印他人包装装潢印刷品的;

(四)接受委托印刷境外包装装潢印刷品未依照本条例的规定向出版行政部门备案的,或者未将印刷的境外包装装潢印刷品全部运输出境的。

印刷企业接受委托印刷注册商标标识、广告宣传品,违反国家有关注册商标、广告印刷管理规定的,由工商行政管理部门给予警告,没收印刷品和违法所得,违法所得5万元以上的,并处违法所得5倍以上10倍以下的罚款,没有违法所得或者违法所得不足5万元的,并处25万元以下的罚款。

第四十二条 从事其他印刷品印刷经营活动的企业和个人有下列行为之一的,由县级以上地方人民政府出版行政部门给予警告,没收印刷品和违法所得,违法所得5万元以上的,并处违法所得5倍以上10倍以下的罚款,没有违法所得或者违法所得不足5

万元的,并处 25 万元以下的罚款;情节严重的,视情形限制开展相关生产经营活动、责令停业整顿,或者由原发证机关降低相关资质等级直至吊销许可证;构成犯罪的,依法追究刑事责任:

(一)接受委托印刷其他印刷品,未依照本条例的规定验证有关证明的;

(二)擅自将接受委托印刷的其他印刷品再委托他人印刷的;

(三)将委托印刷的其他印刷品的纸型及印刷底片出售、出租、出借或者以其他形式转让的;

(四)非法加印或者销售委托印刷的其他印刷品的;

(五)接受委托印刷境外其他印刷品未依照本条例的规定向出版行政部门备案的,或者未将印刷的境外其他印刷品全部运输出境的;

(六)从事其他印刷品印刷经营活动的个人超范围经营的。

伪造、变造学位证书、学历证书等国家机关公文、证件或者企业事业单位、人民团体公文、证件的,或者盗印他人的其他印刷品的,由县级以上地方人民政府出版行政部门给予警告,没收印刷品和违法所得,违法经营额 1 万元以上的,并处违法经营额 5 倍以上 10 倍以下的罚款,违法经营额不足 1 万元的,并处 1 万元以上 5 万元以下的罚款;情节严重的,视情形限制开展相关生产经营活动、责令停业整顿,或者由原发证机关降低相关资质等级直至吊销许可证;构成犯罪的,依法追究刑事责任。

第四十三条 有下列行为之一的,由出版行政部门给予警告,没收印刷品和违法所得,违法经营额 1 万元以上的,并处违法经营额 5 倍以上 10 倍以下的罚款;违法经营额不足 1 万元的,并处 1 万元以上 5 万元以下的罚款;情节严重的,责令停业整顿或者吊销印刷经营许可证;构成犯罪的,依法追究刑事责任:

(一)印刷布告、通告、重大活动工作证、通行证、在社会上流通使用的票证,印刷企业没有验证主管部门的证明的,或者再委托

他人印刷上述印刷品的;

(二)印刷业经营者伪造、变造学位证书、学历证书等国家机关公文、证件或者企业事业单位、人民团体公文、证件的。

印刷布告、通告、重大活动工作证、通行证、在社会上流通使用的票证,委托印刷单位没有取得主管部门证明的,由县级以上人民政府出版行政部门处以 500 元以上 5000 元以下的罚款。

第四十四条 印刷业经营者违反本条例规定,有下列行为之一的,由县级以上地方人民政府出版行政部门责令改正,给予警告;情节严重的,责令停业整顿或者由原发证机关吊销许可证:

(一)从事包装装潢印刷品印刷经营活动的企业擅自留存委托印刷的包装装潢印刷品的成品、半成品、废品和印板、纸型、印刷底片、原稿等的;

(二)从事其他印刷品印刷经营活动的企业和个人擅自保留其他印刷品的样本、样张的,或者在所保留的样本、样张上未加盖"样本"、"样张"戳记的。

第四十五条 印刷企业被处以吊销许可证行政处罚的,其法定代表人或者负责人自许可证被吊销之日起 10 年内不得担任印刷企业的法定代表人或者负责人。

从事其他印刷品印刷经营活动的个人被处以吊销许可证行政处罚的,自许可证被吊销之日起 10 年内不得从事印刷经营活动。

第四十六条 依照本条例的规定实施罚款的行政处罚,应当依照有关法律、行政法规的规定,实行罚款决定与罚款收缴分离;收缴的罚款必须全部上缴国库。

本条例所称违法所得,是指实施违法行为扣除成本后的获利数额,没有成本或者成本难以计算的,实施违法行为所取得的款项即为违法所得。

第四十七条 出版行政部门、工商行政管理部门或者其他有关部门违反本条例规定,擅自批准不符合法定条件的申请人取得许可证、批准文件,或者不履行监督职责,或者发现违法行为不予查处,造成严重后果的,对负责的主管人员和其他直接责任人员给予降级或者撤职的处分;构成犯罪的,依法追究刑事责任。

第七章　附　　则

第四十八条　本条例施行前已经依法设立的印刷企业,应当自本条例施行之日起180日内,到出版行政部门换领《印刷经营许可证》。

依据本条例发放许可证,除按照法定标准收取成本费外,不得收取其他任何费用。

第四十九条　本条例自公布之日起施行。1997年3月8日国务院发布的《印刷业管理条例》同时废止。

中华人民共和国著作权法实施条例[①]

(2002年8月2日中华人民共和国国务院令第359号公布)

第一条 根据《中华人民共和国著作权法》(以下简称著作权法),制定本条例。

第二条 著作权法所称作品,是指文学、艺术和科学领域内具有独创性并能以某种有形形式复制的智力成果。

第三条 著作权法所称创作,是指直接产生文学、艺术和科学作品的智力活动。

为他人创作进行组织工作,提供咨询意见、物质条件,或者进行其他辅助工作,均不视为创作。

第四条 著作权法和本条例中下列作品的含义:

(一)文字作品,是指小说、诗词、散文、论文等以文字形式表现的作品;

(二)口述作品,是指即兴的演说、授课、法庭辩论等以口头语言形式表现的作品;

(三)音乐作品,是指歌曲、交响乐等能够演唱或者演奏的带词或者不带词的作品;

(四)戏剧作品,是指话剧、歌剧、地方戏等供舞台演出的作品;

(五)曲艺作品,是指相声、快书、大鼓、评书等以说唱为主要

[①] 本文件有过修订,此处所载为据2013年1月30日《国务院关于修改〈中华人民共和国著作权法实施条例〉的决定》修订的版本。

形式表演的作品；

（六）舞蹈作品，是指通过连续的动作、姿势、表情等表现思想情感的作品；

（七）杂技艺术作品，是指杂技、魔术、马戏等通过形体动作和技巧表现的作品；

（八）美术作品，是指绘画、书法、雕塑等以线条、色彩或者其他方式构成的有审美意义的平面或者立体的造型艺术作品；

（九）建筑作品，是指以建筑物或者构筑物形式表现的有审美意义的作品；

（十）摄影作品，是指借助器械在感光材料或者其他介质上记录客观物体形象的艺术作品；

（十一）电影作品和以类似摄制电影的方法创作的作品，是指摄制在一定介质上，由一系列有伴音或者无伴音的画面组成，并且借助适当装置放映或者以其他方式传播的作品；

（十二）图形作品，是指为施工、生产绘制的工程设计图、产品设计图，以及反映地理现象、说明事物原理或者结构的地图、示意图等作品；

（十三）模型作品，是指为展示、试验或者观测等用途，根据物体的形状和结构，按照一定比例制成的立体作品。

第五条 著作权法和本条例中下列用语的含义：

（一）时事新闻，是指通过报纸、期刊、广播电台、电视台等媒体报道的单纯事实消息；

（二）录音制品，是指任何对表演的声音和其他声音的录制品；

（三）录像制品，是指电影作品和以类似摄制电影的方法创作的作品以外的任何有伴音或者无伴音的连续相关形象、图像的录制品；

（四）录音制作者，是指录音制品的首次制作人；

（五）录像制作者,是指录像制品的首次制作人;

（六）表演者,是指演员、演出单位或者其他表演文学、艺术作品的人。

第六条　著作权自作品创作完成之日起产生。

第七条　著作权法第二条第三款规定的首先在中国境内出版的外国人、无国籍人的作品,其著作权自首次出版之日起受保护。

第八条　外国人、无国籍人的作品在中国境外首先出版后,30日内在中国境内出版的,视为该作品同时在中国境内出版。

第九条　合作作品不可以分割使用的,其著作权由各合作作者共同享有,通过协商一致行使;不能协商一致,又无正当理由的,任何一方不得阻止他方行使除转让以外的其他权利,但是所得收益应当合理分配给所有合作作者。

第十条　著作权人许可他人将其作品摄制成电影作品和以类似摄制电影的方法创作的作品的,视为已同意对其作品进行必要的改动,但是这种改动不得歪曲篡改原作品。

第十一条　著作权法第十六条第一款关于职务作品的规定中的"工作任务",是指公民在该法人或者该组织中应当履行的职责。

著作权法第十六条第二款关于职务作品的规定中的"物质技术条件",是指该法人或者该组织为公民完成创作专门提供的资金、设备或者资料。

第十二条　职务作品完成两年内,经单位同意,作者许可第三人以与单位使用的相同方式使用作品所获报酬,由作者与单位按约定的比例分配。

作品完成两年的期限,自作者向单位交付作品之日起计算。

第十三条　作者身份不明的作品,由作品原件的所有人行使除署名权以外的著作权。作者身份确定后,由作者或者其继承人行使著作权。

第十四条　合作作者之一死亡后,其对合作作品享有的著作权法第十条第一款第五项至第十七项规定的权利无人继承又无人受遗赠的,由其他合作作者享有。

第十五条　作者死亡后,其著作权中的署名权、修改权和保护作品完整权由作者的继承人或者受遗赠人保护。

著作权无人继承又无人受遗赠的,其署名权、修改权和保护作品完整权由著作权行政管理部门保护。

第十六条　国家享有著作权的作品的使用,由国务院著作权行政管理部门管理。

第十七条　作者生前未发表的作品,如果作者未明确表示不发表,作者死亡后50年内,其发表权可由继承人或者受遗赠人行使;没有继承人又无人受遗赠的,由作品原件的所有人行使。

第十八条　作者身份不明的作品,其著作权法第十条第一款第五项至第十七项规定的权利的保护期截止于作品首次发表后第50年的12月31日。作者身份确定后,适用著作权法第二十一条的规定。

第十九条　使用他人作品的,应当指明作者姓名、作品名称;但是,当事人另有约定或者由于作品使用方式的特性无法指明的除外。

第二十条　著作权法所称已经发表的作品,是指著作权人自行或者许可他人公之于众的作品。

第二十一条　依照著作权法有关规定,使用可以不经著作权人许可的已经发表的作品的,不得影响该作品的正常使用,也不得不合理地损害著作权人的合法利益。

第二十二条　依照著作权法第二十三条、第三十三条第二款、第四十条第三款的规定使用作品的付酬标准,由国务院著作权行政管理部门会同国务院价格主管部门制定、公布。

第二十三条　使用他人作品应当同著作权人订立许可使用合

同,许可使用的权利是专有使用权的,应当采取书面形式,但是报社、期刊社刊登作品除外。

第二十四条 著作权法第二十四条规定的专有使用权的内容由合同约定,合同没有约定或者约定不明的,视为被许可人有权排除包括著作权人在内的任何人以同样的方式使用作品;除合同另有约定外,被许可人许可第三人行使同一权利,必须取得著作权人的许可。

第二十五条 与著作权人订立专有许可使用合同、转让合同的,可以向著作权行政管理部门备案。

第二十六条 著作权法和本条例所称与著作权有关的权益,是指出版者对其出版的图书和期刊的版式设计享有的权利,表演者对其表演享有的权利,录音录像制作者对其制作的录音录像制品享有的权利,广播电台、电视台对其播放的广播、电视节目享有的权利。

第二十七条 出版者、表演者、录音录像制作者、广播电台、电视台行使权利,不得损害被使用作品和原作品著作权人的权利。

第二十八条 图书出版合同中约定图书出版者享有专有出版权但没有明确其具体内容的,视为图书出版者享有在合同有效期限内和在合同约定的地域范围内以同种文字的原版、修订版出版图书的专有权利。

第二十九条 著作权人寄给图书出版者的两份订单在6个月内未能得到履行,视为著作权法第三十二条所称图书脱销。

第三十条 著作权人依照著作权法第三十三条第二款声明不得转载、摘编其作品的,应当在报纸、期刊刊登该作品时附带声明。

第三十一条 著作权人依照著作权法第四十条第三款声明不得对其作品制作录音制品的,应当在该作品合法录制为录音制品时声明。

第三十二条 依照著作权法第二十三条、第三十三条第二款、

第四十条第三款的规定,使用他人作品的,应当自使用该作品之日起2个月内向著作权人支付报酬。

第三十三条 外国人、无国籍人在中国境内的表演,受著作权法保护。

外国人、无国籍人根据中国参加的国际条约对其表演享有的权利,受著作权法保护。

第三十四条 外国人、无国籍人在中国境内制作、发行的录音制品,受著作权法保护。

外国人、无国籍人根据中国参加的国际条约对其制作、发行的录音制品享有的权利,受著作权法保护。

第三十五条 外国的广播电台、电视台根据中国参加的国际条约对其播放的广播、电视节目享有的权利,受著作权法保护。

第三十六条 有著作权法第四十八条所列侵权行为,同时损害社会公共利益,非法经营额5万元以上的,著作权行政管理部门可处非法经营额1倍以上5倍以下的罚款;没有非法经营额或者非法经营额5万元以下的,著作权行政管理部门根据情节轻重,可处25万元以下的罚款。

第三十七条 有著作权法第四十八条所列侵权行为,同时损害社会公共利益的,由地方人民政府著作权行政管理部门负责查处。

国务院著作权行政管理部门可以查处在全国有重大影响的侵权行为。

第三十八条 本条例自2002年9月15日起施行。1991年5月24日国务院批准、1991年5月30日国家版权局发布的《中华人民共和国著作权法实施条例》同时废止。

著作权集体管理条例[①]

(2004年12月28日中华人民共和国国务院令第429号公布)

第一章 总 则

第一条 为了规范著作权集体管理活动,便于著作权人和与著作权有关的权利人(以下简称权利人)行使权利和使用者使用作品,根据《中华人民共和国著作权法》(以下简称著作权法)制定本条例。

第二条 本条例所称著作权集体管理,是指著作权集体管理组织经权利人授权,集中行使权利人的有关权利并以自己的名义进行的下列活动:

(一)与使用者订立著作权或者与著作权有关的权利许可使用合同(以下简称许可使用合同);

(二)向使用者收取使用费;

(三)向权利人转付使用费;

(四)进行涉及著作权或者与著作权有关的权利的诉讼、仲裁等。

第三条 本条例所称著作权集体管理组织,是指为权利人的利益依法设立,根据权利人授权、对权利人的著作权或者与著作权有关的权利进行集体管理的社会团体。

---

① 本文件有过修订,此处所载为据2013年12月7日中华人民共和国国务院令第645号《国务院关于修改部分行政法规的决定》修订的版本。

著作权集体管理组织应当依照有关社会团体登记管理的行政法规和本条例的规定进行登记并开展活动。

第四条 著作权法规定的表演权、放映权、广播权、出租权、信息网络传播权、复制权等权利人自己难以有效行使的权利,可以由著作权集体管理组织进行集体管理。

第五条 国务院著作权管理部门主管全国的著作权集体管理工作。

第六条 除依照本条例规定设立的著作权集体管理组织外,任何组织和个人不得从事著作权集体管理活动。

第二章 著作权集体管理组织的设立

第七条 依法享有著作权或者与著作权有关的权利的中国公民、法人或者其他组织,可以发起设立著作权集体管理组织。

设立著作权集体管理组织,应当具备下列条件:

(一)发起设立著作权集体管理组织的权利人不少于50人;

(二)不与已经依法登记的著作权集体管理组织的业务范围交叉、重合;

(三)能在全国范围代表相关权利人的利益;

(四)有著作权集体管理组织的章程草案、使用费收取标准草案和向权利人转付使用费的办法(以下简称使用费转付办法)草案。

第八条 著作权集体管理组织章程应当载明下列事项:

(一)名称、住所;

(二)设立宗旨;

(三)业务范围;

(四)组织机构及其职权;

(五)会员大会的最低人数;

（六）理事会的职责及理事会负责人的条件和产生、罢免的程序；

（七）管理费提取、使用办法；

（八）会员加入、退出著作权集体管理组织的条件、程序；

（九）章程的修改程序；

（十）著作权集体管理组织终止的条件、程序和终止后资产的处理。

第九条 申请设立著作权集体管理组织，应当向国务院著作权管理部门提交证明符合本条例第七条规定的条件的材料。国务院著作权管理部门应当自收到材料之日起60日内，作出批准或者不予批准的决定。批准的，发给著作权集体管理许可证；不予批准的，应当说明理由。

第十条 申请人应当自国务院著作权管理部门发给著作权集体管理许可证之日起30日内，依照有关社会团体登记管理的行政法规到国务院民政部门办理登记手续。

第十一条 依法登记的著作权集体管理组织，应当自国务院民政部门发给登记证书之日起30日内，将其登记证书副本报国务院著作权管理部门备案；国务院著作权管理部门应当将报备的登记证书副本以及著作权集体管理组织章程、使用费收取标准、使用费转付办法予以公告。

第十二条 著作权集体管理组织设立分支机构，应当经国务院著作权管理部门批准，并依照有关社会团体登记管理的行政法规到国务院民政部门办理登记手续。经依法登记的，应当将分支机构的登记证书副本报国务院著作权管理部门备案，由国务院著作权管理部门予以公告。

第十三条 著作权集体管理组织应当根据下列因素制定使用费收取标准：

（一）使用作品、录音录像制品等的时间、方式和地域范围；

(二)权利的种类;
(三)订立许可使用合同和收取使用费工作的繁简程度。

第十四条 著作权集体管理组织应当根据权利人的作品或者录音录像制品等使用情况制定使用费转付办法。

第十五条 著作权集体管理组织修改章程,应当依法经国务院民政部门核准后,由国务院著作权管理部门予以公告。

第十六条 著作权集体管理组织被依法撤销登记的,自被撤销登记之日起不得再进行著作权集体管理业务活动。

第三章 著作权集体管理组织的机构

第十七条 著作权集体管理组织会员大会(以下简称会员大会)为著作权集体管理组织的权力机构。

会员大会由理事会依照本条例规定负责召集。理事会应当于会员大会召开60日以前将会议的时间、地点和拟审议事项予以公告;出席会员大会的会员,应当于会议召开30日以前报名。报名出席会员大会的会员少于章程规定的最低人数时,理事会应当将会员大会报名情况予以公告,会员可以于会议召开5日以前补充报名,并由全部报名出席会员大会的会员举行会员大会。

会员大会行使下列职权:
(一)制定和修改章程;
(二)制定和修改使用费收取标准;
(三)制定和修改使用费转付办法;
(四)选举和罢免理事;
(五)审议批准理事会的工作报告和财务报告;
(六)制定内部管理制度;
(七)决定使用费转付方案和著作权集体管理组织提取管理费的比例;

(八)决定其他重大事项。

会员大会每年召开一次;经百分之十以上会员或者理事会提议,可以召开临时会员大会。会员大会作出决定,应当经出席会议的会员过半数表决通过。

第十八条 著作权集体管理组织设立理事会,对会员大会负责,执行会员大会决定。理事会成员不得少于9人。

理事会任期为4年,任期届满应当进行换届选举。因特殊情况可以提前或者延期换届,但是换届延期不得超过1年。

第四章 著作权集体管理活动

第十九条 权利人可以与著作权集体管理组织以书面形式订立著作权集体管理合同,授权该组织对其依法享有的著作权或者与著作权有关的权利进行管理。权利人符合章程规定加入条件的,著作权集体管理组织应当与其订立著作权集体管理合同,不得拒绝。

权利人与著作权集体管理组织订立著作权集体管理合同并按照章程规定履行相应手续后,即成为该著作权集体管理组织的会员。

第二十条 权利人与著作权集体管理组织订立著作权集体管理合同后,不得在合同约定期限内自己行使或者许可他人行使合同约定的由著作权集体管理组织行使的权利。

第二十一条 权利人可以依照章程规定的程序,退出著作权集体管理组织,终止著作权集体管理合同。但是,著作权集体管理组织已经与他人订立许可使用合同的,该合同在期限届满前继续有效;该合同有效期内,权利人有权获得相应的使用费并可以查阅有关业务材料。

第二十二条 外国人、无国籍人可以通过与中国的著作权集体管理组织订立相互代表协议的境外同类组织,授权中国的著作权集体管理组织管理其依法在中国境内享有的著作权或者与著作权有关的权利。

前款所称相互代表协议,是指中国的著作权集体管理组织与境外的同类组织相互授权对方在其所在国家或者地区进行集体管理活动的协议。

著作权集体管理组织与境外同类组织订立的相互代表协议应当报国务院著作权管理部门备案,由国务院著作权管理部门予以公告。

第二十三条 著作权集体管理组织许可他人使用其管理的作品、录音录像制品等,应当与使用者以书面形式订立许可使用合同。

著作权集体管理组织不得与使用者订立专有许可使用合同。

使用者以合理的条件要求与著作权集体管理组织订立许可使用合同,著作权集体管理组织不得拒绝。

许可使用合同的期限不得超过2年;合同期限届满可以续订。

第二十四条 著作权集体管理组织应当建立权利信息查询系统,供权利人和使用者查询。权利信息查询系统应当包括著作权集体管理组织管理的权利种类和作品、录音录像制品等的名称、权利人姓名或者名称、授权管理的期限。

权利人和使用者对著作权集体管理组织管理的权利的信息进行咨询时,该组织应当予以答复。

第二十五条 除著作权法第二十三条、第三十三条第二款、第四十条第三款、第四十三条第二款和第四十四条规定应当支付的使用费外,著作权集体管理组织应当根据国务院著作权管理部门公告的使用费收取标准,与使用者约定收取使用费的具体数额。

第二十六条 两个或者两个以上著作权集体管理组织就同一使用方式向同一使用者收取使用费,可以事先协商确定由其中一个著作权集体管理组织统一收取。统一收取的使用费在有关著作权集体管理组织之间经协商分配。

第二十七条 使用者向著作权集体管理组织支付使用费时，应当提供其使用的作品、录音录像制品等的名称、权利人姓名或者名称和使用的方式、数量、时间等有关使用情况；许可使用合同另有约定的除外。

使用者提供的有关使用情况涉及该使用者商业秘密的，著作权集体管理组织负有保密义务。

第二十八条 著作权集体管理组织可以从收取的使用费中提取一定比例作为管理费，用于维持其正常的业务活动。

著作权集体管理组织提取管理费的比例应当随着使用费收入的增加而逐步降低。

第二十九条 著作权集体管理组织收取的使用费，在提取管理费后，应当全部转付给权利人，不得挪作他用。

著作权集体管理组织转付使用费，应当编制使用费转付记录。使用费转付记录应当载明使用费总额、管理费数额、权利人姓名或者名称、作品或者录音录像制品等的名称、有关使用情况、向各权利人转付使用费的具体数额等事项，并应当保存10年以上。

第五章 对著作权集体管理组织的监督

第三十条 著作权集体管理组织应当依法建立财务、会计制度和资产管理制度，并按照国家有关规定设置会计账簿。

第三十一条 著作权集体管理组织的资产使用和财务管理受国务院著作权管理部门和民政部门的监督。

著作权集体管理组织应当在每个会计年度结束时制作财务会计报告，委托会计师事务所依法进行审计，并公布审计结果。

第三十二条 著作权集体管理组织应当对下列事项进行记

录,供权利人和使用者查阅:

(一)作品许可使用情况;

(二)使用费收取和转付情况;

(三)管理费提取和使用情况。

权利人有权查阅、复制著作权集体管理组织的财务报告、工作报告和其他业务材料;著作权集体管理组织应当提供便利。

第三十三条 权利人认为著作权集体管理组织有下列情形之一的,可以向国务院著作权管理部门检举:

(一)权利人符合章程规定的加入条件要求加入著作权集体管理组织,或者会员依照章程规定的程序要求退出著作权集体管理组织,著作权集体管理组织拒绝的;

(二)著作权集体管理组织不按照规定收取、转付使用费,或者不按照规定提取、使用管理费的;

(三)权利人要求查阅本条例第三十二条规定的记录、业务材料,著作权集体管理组织拒绝提供的。

第三十四条 使用者认为著作权集体管理组织有下列情形之一的,可以向国务院著作权管理部门检举:

(一)著作权集体管理组织违反本条例第二十三条规定拒绝与使用者订立许可使用合同的;

(二)著作权集体管理组织未根据公告的使用费收取标准约定收取使用费的具体数额的;

(三)使用者要求查阅本条例第三十二条规定的记录,著作权集体管理组织拒绝提供的。

第三十五条 权利人和使用者以外的公民、法人或者其他组织认为著作权集体管理组织有违反本条例规定的行为的,可以向国务院著作权管理部门举报。

第三十六条 国务院著作权管理部门应当自接到检举、举报之日起60日内以检举、举报事项进行调查并依法处理。

第三十七条　国务院著作权管理部门可以采取下列方式对著作权集体管理组织进行监督,并应当对监督活动作出记录:

(一)检查著作权集体管理组织的业务活动是否符合本条例及其章程的规定;

(二)核查著作权集体管理组织的会计账簿、年度预算和决算报告及其他有关业务材料;

(三)派员列席著作权集体管理组织的会员大会、理事会等重要会议。

第三十八条　著作权集体管理组织应当依法接受国务院民政部门和其他有关部门的监督。

第六章　法　律　责　任

第三十九条　著作权集体管理组织有下列情形之一的,由国务院著作权管理部门责令限期改正:

(一)违反本条例第二十二条规定,未将与境外同类组织订立的相互代表协议报国务院著作权管理部门备案的;

(二)违反本条例第二十四条规定,未建立权利信息查询系统的;

(三)未根据公告的使用费收取标准约定收取使用费的具体数额的。

著作权集体管理组织超出业务范围管理权利人的权利的,由国务院著作权管理部门责令限期改正,其与使用者订立的许可使用合同无效;给权利人、使用者造成损害的,依法承担民事责任。

第四十条　著作权集体管理组织有下列情形之一的,由国务院著作权管理部门责令限期改正;逾期不改正的,责令会员大会或者理事会根据本条例规定的权限罢免或者解聘直接负责的主管人员:

(一)违反本条例第十九条规定拒绝与权利人订立著作权集

体管理合同的,或者违反本条例第二十一条的规定拒绝会员退出该组织的要求的;

(二)违反本条例第二十三条规定,拒绝与使用者订立许可使用合同的;

(三)违反本条例第二十八条规定提取管理费的;

(四)违反本条例第二十九条规定转付使用费的;

(五)拒绝提供或者提供虚假的会计账簿、年度预算和决算报告或者其他有关业务材料的。

第四十一条 著作权集体管理组织自国务院民政部门发给登记证书之日起超过6个月无正当理由未开展著作权集体管理活动,或者连续中止著作权集体管理活动6个月以上的,由国务院著作权管理部门吊销其著作权集体管理许可证,并由国务院民政部门撤销登记。

第四十二条 著作权集体管理组织从事营利性经营活动的,由工商行政管理部门依法予以取缔,没收违法所得;构成犯罪的,依法追究刑事责任。

第四十三条 违反本条例第二十七条的规定,使用者能够提供有关使用情况而拒绝提供,或者在提供有关使用情况时弄虚作假的,由国务院著作权管理部门责令改正;著作权集体管理组织可以中止许可使用合同。

第四十四条 擅自设立著作权集体管理组织或者分支机构,或者擅自从事著作权集体管理活动的,由国务院著作权管理部门或者民政部门依照职责分工予以取缔,没收违法所得;构成犯罪的,依法追究刑事责任。

第四十五条 依照本条例规定从事著作权集体管理组织审批和监督工作的国家行政机关工作人员玩忽职守、滥用职权、徇私舞弊,构成犯罪的,依法追究刑事责任;尚不构成犯罪的,依法给予行政处分。

第七章 附 则

第四十六条 本条例施行前已经设立的著作权集体管理组织,应当自本条例生效之日起3个月内,将其章程、使用费收取标准、使用费转付办法及其他有关材料报国务院著作权管理部门审核,并将其与境外同类组织订立的相互代表协议报国务院著作权管理部门备案。

第四十七条 依照著作权法第二十三条、第三十三条第二款、第四十条第三款的规定使用他人作品,未能依照《中华人民共和国著作权法实施条例》第三十二条的规定向权利人支付使用费的,应当将使用费连同邮资以及使用作品的有关情况送交管理相关权利的著作权集体管理组织,由该著作权集体管理组织将使用费转付给权利人。

负责转付使用费的著作权集体管理组织应当建立作品使用情况查询系统,供权利人、使用者查询。

负责转付使用费的著作权集体管理组织可以从其收到的使用费中提取管理费,管理费按照会员大会决定的该集体管理组织管理费的比例减半提取。除管理费外,该著作权集体管理组织不得从其收到的使用费中提取其他任何费用。

第四十八条 本条例自2005年3月1日起施行。

计算机软件保护条例[①]

(2001年12月20日中华人民共和国国务院令第339号公布)

第一章 总 则

第一条 为了保护计算机软件著作权人的权益,调整计算机软件在开发、传播和使用中发生的利益关系,鼓励计算机软件的开发与应用,促进软件产业和国民经济信息化的发展,根据《中华人民共和国著作权法》,制定本条例。

第二条 本条例所称计算机软件(以下简称软件),是指计算机程序及其有关文档。

第三条 本条例下列用语的含义:

(一)计算机程序,是指为了得到某种结果而可以由计算机等具有信息处理能力的装置执行的代码化指令序列,或者可以被自动转换成代码化指令序列的符号化指令序列或者符号化语句序列。同一计算机程序的源程序和目标程序为同一作品。

(二)文档,是指用来描述程序的内容、组成、设计、功能规格、开发情况、测试结果及使用方法的文字资料和图表等,如程序设计说明书、流程图、用户手册等。

(三)软件开发者,是指实际组织开发、直接进行开发,并对开发完成的软件承担责任的法人或者其他组织;或者依靠自己具有

[①] 本文件有过修订,此处所载为据2013年1月30日《国务院关于修改〈计算机软件保护条例〉的决定》修订的版本。

的条件独立完成软件开发,并对软件承担责任的自然人。

(四)软件著作权人,是指依照本条例的规定,对软件享有著作权的自然人、法人或者其他组织。

第四条 受本条例保护的软件必须由开发者独立开发,并已固定在某种有形物体上。

第五条 中国公民、法人或者其他组织对其所开发的软件,不论是否发表,依照本条例享有著作权。

外国人、无国籍人的软件首先在中国境内发行的,依照本条例享有著作权。

外国人、无国籍人的软件,依照其开发者所属国或者经常居住地国同中国签订的协议或者依照中国参加的国际条约享有的著作权,受本条例保护。

第六条 本条例对软件著作权的保护不延及开发软件所用的思想、处理过程、操作方法或者数学概念等。

第七条 软件著作权人可以向国务院著作权行政管理部门认定的软件登记机构办理登记。软件登记机构发放的登记证明文件是登记事项的初步证明。

办理软件登记应当缴纳费用。软件登记的收费标准由国务院著作权行政管理部门会同国务院价格主管部门规定。

第二章　软件著作权

第八条 软件著作权人享有下列各项权利:
(一)发表权,即决定软件是否公之于众的权利;
(二)署名权,即表明开发者身份,在软件上署名的权利;
(三)修改权,即对软件进行增补、删节,或者改变指令、语句顺序的权利;
(四)复制权,即将软件制作一份或者多份的权利;

（五）发行权，即以出售或者赠与方式向公众提供软件的原件或者复制件的权利；

（六）出租权，即有偿许可他人临时使用软件的权利，但是软件不是出租的主要标的的除外；

（七）信息网络传播权，即以有线或者无线方式向公众提供软件，使公众可以在其个人选定的时间和地点获得软件的权利；

（八）翻译权，即将原软件从一种自然语言文字转换成另一种自然语言文字的权利；

（九）应当由软件著作权人享有的其他权利。

软件著作权人可以许可他人行使其软件著作权，并有权获得报酬。

软件著作权人可以全部或者部分转让其软件著作权，并有权获得报酬。

第九条 软件著作权属于软件开发者，本条例另有规定的除外。

如无相反证明，在软件上署名的自然人、法人或者其他组织为开发者。

第十条 由两个以上的自然人、法人或者其他组织合作开发的软件，其著作权的归属由合作开发者签订书面合同约定。无书面合同或者合同未作明确约定，合作开发的软件可以分割使用的，开发者对各自开发的部分可以单独享有著作权；但是，行使著作权时，不得扩展到合作开发的软件整体的著作权。合作开发的软件不能分割使用的，其著作权由各合作开发者共同享有，通过协商一致行使；不能协商一致，又无正当理由的，任何一方不得阻止他方行使除转让权以外的其他权利，但是所得收益应当合理分配给所有合作开发者。

第十一条 接受他人委托开发的软件，其著作权的归属由委托人与受托人签订书面合同约定；无书面合同或者合同未作明确约定的,其著作权由受托人享有。

第十二条　由国家机关下达任务开发的软件,著作权的归属与行使由项目任务书或者合同规定;项目任务书或者合同中未作明确规定的,软件著作权由接受任务的法人或者其他组织享有。

第十三条　自然人在法人或者其他组织中任职期间所开发的软件有下列情形之一的,该软件著作权由该法人或者其他组织享有,该法人或者其他组织可以对开发软件的自然人进行奖励:

(一)针对本职工作中明确指定的开发目标所开发的软件;

(二)开发的软件是从事本职工作活动所预见的结果或者自然的结果;

(三)主要使用了法人或者其他组织的资金、专用设备、未公开的专门信息等物质技术条件所开发并由法人或者其他组织承担责任的软件。

第十四条　软件著作权自软件开发完成之日起产生。

自然人的软件著作权,保护期为自然人终生及其死亡后50年,截止于自然人死亡后第50年的12月31日;软件是合作开发的,截止于最后死亡的自然人死亡后第50年的12月31日。

法人或者其他组织的软件著作权,保护期为50年,截止于软件首次发表后第50年的12月31日,但软件自开发完成之日起50年内未发表的,本条例不再保护。

第十五条　软件著作权属于自然人的,该自然人死亡后,在软件著作权的保护期内,软件著作权的继承人可以依照《中华人民共和国继承法》的有关规定,继承本条例第八条规定的除署名权以外的其他权利。

软件著作权属于法人或者其他组织的,法人或者其他组织变更、终止后,其著作权在本条例规定的保护期内由承受其权利义务的法人或者其他组织享有;没有承受其权利义务的法人或者其他组织的,由国家享有。

第十六条 软件的合法复制品所有人享有下列权利：

（一）根据使用的需要把该软件装入计算机等具有信息处理能力的装置内；

（二）为了防止复制品损坏而制作备份复制品。这些备份复制品不得通过任何方式提供给他人使用，并在所有人丧失该合法复制品的所有权时，负责将备份复制品销毁；

（三）为了把该软件用于实际的计算机应用环境或者改进其功能、性能而进行必要的修改；但是，除合同另有约定外，未经该软件著作权人许可，不得向任何第三方提供修改后的软件。

第十七条 为了学习和研究软件内含的设计思想和原理，通过安装、显示、传输或者存储软件等方式使用软件的，可以不经软件著作权人许可，不向其支付报酬。

第三章　软件著作权的许可使用和转让

第十八条 许可他人行使软件著作权的，应当订立许可使用合同。

许可使用合同中软件著作权人未明确许可的权利，被许可人不得行使。

第十九条 许可他人专有行使软件著作权的，当事人应当订立书面合同。

没有订立书面合同或者合同中未明确约定为专有许可的，被许可行使的权利应当视为非专有权利。

第二十条 转让软件著作权的，当事人应当订立书面合同。

第二十一条 订立许可他人专有行使软件著作权的许可合同，或者订立转让软件著作权合同，可以向国务院著作权行政管理部门认定的软件登记机构登记。

第二十二条 中国公民、法人或者其他组织向外国人许可或者转让软件著作权的,应当遵守《中华人民共和国技术进出口管理条例》的有关规定。

第四章 法律责任

第二十三条 除《中华人民共和国著作权法》或者本条例另有规定外,有下列侵权行为的,应当根据情况,承担停止侵害、消除影响、赔礼道歉、赔偿损失等民事责任:

(一)未经软件著作权人许可,发表或者登记其软件的;

(二)将他人软件作为自己的软件发表或者登记的;

(三)未经合作者许可,将与他人合作开发的软件作为自己单独完成的软件发表或者登记的;

(四)在他人软件上署名或者更改他人软件上的署名的;

(五)未经软件著作权人许可,修改、翻译其软件的;

(六)其他侵犯软件著作权的行为。

第二十四条 除《中华人民共和国著作权法》、本条例或者其他法律、行政法规另有规定外,未经软件著作权人许可,有下列侵权行为的,应当根据情况,承担停止侵害、消除影响、赔礼道歉、赔偿损失等民事责任;同时损害社会公共利益的,由著作权行政管理部门责令停止侵权行为,没收违法所得,没收、销毁侵权复制品,可以并处罚款;情节严重的,著作权行政管理部门并可以没收主要用于制作侵权复制品的材料、工具、设备等;触犯刑律的,依照刑法关于侵犯著作权罪、销售侵权复制品罪的规定,依法追究刑事责任:

(一)复制或者部分复制著作权人的软件的;

(二)向公众发行、出租、通过信息网络传播著作权人的软件的;

(三)故意避开或者破坏著作权人为保护其软件著作权而采取的技术措施的;

(四)故意删除或者改变软件权利管理电子信息的;

(五)转让或者许可他人行使著作权人的软件著作权的。

有前款第一项或者第二项行为的,可以并处每件100元或者货值金额1倍以上5倍以下的罚款;有前款第三项、第四项或者第五项行为的,可以并处20万元以下的罚款。

第二十五条 侵犯软件著作权的赔偿数额,依照《中华人民共和国著作权法》第四十九条的规定确定。

第二十六条 软件著作权人有证据证明他人正在实施或者即将实施侵犯其权利的行为,如不及时制止,将会使其合法权益受到难以弥补的损害的,可以依照《中华人民共和国著作权法》第五十条的规定,在提起诉讼前向人民法院申请采取责令停止有关行为和财产保全的措施。

第二十七条 为了制止侵权行为,在证据可能灭失或者以后难以取得的情况下,软件著作权人可以依照《中华人民共和国著作权法》第五十一条的规定,在提起诉讼前向人民法院申请保全证据。

第二十八条 软件复制品的出版者、制作者不能证明其出版、制作有合法授权的,或者软件复制品的发行者、出租者不能证明其发行、出租的复制品有合法来源的,应当承担法律责任。

第二十九条 软件开发者开发的软件,由于可供选用的表达方式有限而与已经存在的软件相似的,不构成对已经存在的软件的著作权的侵犯。

第三十条 软件的复制品持有人不知道也没有合理理由应当知道该软件是侵权复制品的,不承担赔偿责任;但是,应当停止使用、销毁该侵权复制品。如果停止使用并销毁该侵权复制品将给复制品使用人造成重大损失的,复制品使用人可以在向软件著作权人支付合理费用后继续使用。

第三十一条 软件著作权侵权纠纷可以调解。

软件著作权合同纠纷可以依据合同中的仲裁条款或者事后达成的书面仲裁协议,向仲裁机构申请仲裁。

当事人没有在合同中订立仲裁条款,事后又没有书面仲裁协议的,可以直接向人民法院提起诉讼。

第五章 附 则

第三十二条 本条例施行前发生的侵权行为,依照侵权行为发生时的国家有关规定处理。

第三十三条 本条例自2002年1月1日起施行。1991年6月4日国务院发布的《计算机软件保护条例》同时废止。

信息网络传播权保护条例[①]

(2006年5月18日中华人民共和国国务院令第468号公布)

第一条 为保护著作权人、表演者、录音录像制作者(以下统称权利人)的信息网络传播权,鼓励有益于社会主义精神文明、物质文明建设的作品的创作和传播,根据《中华人民共和国著作权法》(以下简称著作权法),制定本条例。

第二条 权利人享有的信息网络传播权受著作权法和本条例保护。除法律、行政法规另有规定的外,任何组织或者个人将他人的作品、表演、录音录像制品通过信息网络向公众提供,应当取得权利人许可,并支付报酬。

第三条 依法禁止提供的作品、表演、录音录像制品,不受本条例保护。

权利人行使信息网络传播权,不得违反宪法和法律、行政法规,不得损害公共利益。

第四条 为了保护信息网络传播权,权利人可以采取技术措施。

任何组织或者个人不得故意避开或者破坏技术措施,不得故意制造、进口或者向公众提供主要用于避开或者破坏技术措施的装置或者部件,不得故意为他人避开或者破坏技术措施提供技术服务。但是,法律、行政法规规定可以避开的除外。

[①] 此处所载为据2013年1月30日《国务院关于修改〈信息网络传播权保护条例〉的决定》修订的版本。

第五条 未经权利人许可,任何组织或者个人不得进行下列行为:

(一)故意删除或者改变通过信息网络向公众提供的作品、表演、录音录像制品的权利管理电子信息,但由于技术上的原因无法避免删除或者改变的除外;

(二)通过信息网络向公众提供明知或者应知未经权利人许可被删除或者改变权利管理电子信息的作品、表演、录音录像制品。

第六条 通过信息网络提供他人作品,属于下列情形的,可以不经著作权人许可,不向其支付报酬:

(一)为介绍、评论某一作品或者说明某一问题,在向公众提供的作品中适当引用已经发表的作品;

(二)为报道时事新闻,在向公众提供的作品中不可避免地再现或者引用已经发表的作品;

(三)为学校课堂教学或者科学研究,向少数教学、科研人员提供少量已经发表的作品;

(四)国家机关为执行公务,在合理范围内向公众提供已经发表的作品;

(五)将中国公民、法人或者其他组织已经发表的、以汉语言文字创作的作品翻译成的少数民族语言文字作品,向中国境内少数民族提供;

(六)不以营利为目的,以盲人能够感知的独特方式向盲人提供已经发表的文字作品;

(七)向公众提供在信息网络上已经发表的关于政治、经济问题的时事性文章;

(八)向公众提供在公众集会上发表的讲话。

第七条 图书馆、档案馆、纪念馆、博物馆、美术馆等可以不经著作权人许可,通过信息网络向本馆馆舍内服务对象提供本馆收藏的合法出版的数字作品和依法为陈列或者保存版本的需要以数字化形式复制的作品,不向其支付报酬,但不得直接或者间接获得经济利益。当事人另有约定的除外。

前款规定的为陈列或者保存版本需要以数字化形式复制的作品,应当是已经损毁或者濒临损毁、丢失或者失窃,或者其存储格式已经过时,并且在市场上无法购买或者只能以明显高于标定的价格购买的作品。

第八条 为通过信息网络实施九年制义务教育或者国家教育规划,可以不经著作权人许可,使用其已经发表作品的片断或者短小的文字作品、音乐作品或者单幅的美术作品、摄影作品制作课件,由制作课件或者依法取得课件的远程教育机构通过信息网络向注册学生提供,但应当向著作权人支付报酬。

第九条 为扶助贫困,通过信息网络向农村地区的公众免费提供中国公民、法人或者其他组织已经发表的种植养殖、防病治病、防灾减灾等与扶助贫困有关的作品和适应基本文化需求的作品,网络服务提供者应当在提供前公告拟提供的作品及其作者、拟支付报酬的标准。自公告之日起 30 日内,著作权人不同意提供的,网络服务提供者不得提供其作品;自公告之日起满 30 日,著作权人没有异议的,网络服务提供者可以提供其作品,并按照公告的标准向著作权人支付报酬。网络服务提供者提供著作权人的作品后,著作权人不同意提供的,网络服务提供者应当立即删除著作权人的作品,并按照公告的标准向著作权人支付提供作品期间的报酬。

依照前款规定提供作品的,不得直接或者间接获得经济利益。

第十条 依照本条例规定不经著作权人许可、通过信息网络向公众提供其作品的,还应当遵守下列规定:

(一)除本条例第六条第一项至第六项、第七条规定的情形外,不得提供作者事先声明不许提供的作品;

（二）指明作品的名称和作者的姓名（名称）；

（三）依照本条例规定支付报酬；

（四）采取技术措施，防止本条例第七条、第八条、第九条规定的服务对象以外的其他人获得著作权人的作品，并防止本条例第七条规定的服务对象的复制行为对著作权人利益造成实质性损害；

（五）不得侵犯著作权人依法享有的其他权利。

第十一条 通过信息网络提供他人表演、录音录像制品的，应当遵守本条例第六条至第十条的规定。

第十二条 属于下列情形的，可以避开技术措施，但不得向他人提供避开技术措施的技术、装置或者部件，不得侵犯权利人依法享有的其他权利：

（一）为学校课堂教学或者科学研究，通过信息网络向少数教学、科研人员提供已经发表的作品、表演、录音录像制品，而该作品、表演、录音录像制品只能通过信息网络获取；

（二）不以营利为目的，通过信息网络以盲人能够感知的独特方式向盲人提供已经发表的文字作品，而该作品只能通过信息网络获取；

（三）国家机关依照行政、司法程序执行公务；

（四）在信息网络上对计算机及其系统或者网络的安全性能进行测试。

第十三条 著作权行政管理部门为了查处侵犯信息网络传播权的行为，可以要求网络服务提供者提供涉嫌侵权的服务对象的姓名（名称）、联系方式、网络地址等资料。

第十四条 对提供信息存储空间或者提供搜索、链接服务的网络服务提供者，权利人认为其服务所涉及的作品、表演、录音录像制品，侵犯自己的信息网络传播权或者被删除、改变了自己的权利管理电子信息的，可以向该网络服务提供者提交书面通知，要求

网络服务提供者删除该作品、表演、录音录像制品,或者断开与该作品、表演、录音录像制品的链接。通知书应当包含下列内容:

(一)权利人的姓名(名称)、联系方式和地址;

(二)要求删除或者断开链接的侵权作品、表演、录音录像制品的名称和网络地址;

(三)构成侵权的初步证明材料。

权利人应当对通知书的真实性负责。

第十五条 网络服务提供者接到权利人的通知书后,应当立即删除涉嫌侵权的作品、表演、录音录像制品,或者断开与涉嫌侵权的作品、表演、录音录像制品的链接,并同时将通知书转送提供作品、表演、录音录像制品的服务对象;服务对象网络地址不明、无法转送的,应当将通知书的内容同时在信息网络上公告。

第十六条 服务对象接到网络服务提供者转送的通知书后,认为其提供的作品、表演、录音录像制品未侵犯他人权利的,可以向网络服务提供者提交书面说明,要求恢复被删除的作品、表演、录音录像制品,或者恢复与被断开的作品、表演、录音录像制品的链接。书面说明应当包含下列内容:

(一)服务对象的姓名(名称)、联系方式和地址;

(二)要求恢复的作品、表演、录音录像制品的名称和网络地址;

(三)不构成侵权的初步证明材料。

服务对象应当对书面说明的真实性负责。

第十七条 网络服务提供者接到服务对象的书面说明后,应当立即恢复被删除的作品、表演、录音录像制品,或者可以恢复与被断开的作品、表演、录音录像制品的链接,同时将服务对象的书面说明转送权利人。权利人不得再通知网络服务提供者删除该作品、表演、录音录像制品,或者断开与该作品、表演、录音录像制品的链接。

第十八条 违反本条例规定,有下列侵权行为之一的,根据情况承担停止侵害、消除影响、赔礼道歉、赔偿损失等民事责任;同时损害公共利益的,可以由著作权行政管理部门责令停止侵权行为,没收违法所得,非法经营额5万元以上的,可处非法经营额1倍以上5倍以下的罚款;没有非法经营额或者非法经营额5万元以下的,根据情节轻重,可处25万元以下的罚款;情节严重的,著作权行政管理部门可以没收主要用于提供网络服务的计算机等设备;构成犯罪的,依法追究刑事责任:

(一)通过信息网络擅自向公众提供他人的作品、表演、录音录像制品的;

(二)故意避开或者破坏技术措施的;

(三)故意删除或者改变通过信息网络向公众提供的作品、表演、录音录像制品的权利管理电子信息,或者通过信息网络向公众提供明知或者应知未经权利人许可而被删除或者改变权利管理电子信息的作品、表演、录音录像制品的;

(四)为扶助贫困通过信息网络向农村地区提供作品、表演、录音录像制品超过规定范围,或者未按照公告的标准支付报酬,或者在权利人不同意提供其作品、表演、录音录像制品后未立即删除的;

(五)通过信息网络提供他人的作品、表演、录音录像制品,未指明作品、表演、录音录像制品的名称或者作者、表演者、录音录像制作者的姓名(名称),或者未支付报酬,或者未依照本条例规定采取技术措施防止服务对象以外的其他人获得他人的作品、表演、录音录像制品,或者未防止服务对象的复制行为对权利人利益造成实质性损害的。

第十九条 违反本条例规定,有下列行为之一的,由著作权行政管理部门予以警告,没收违法所得,没收主要用于避开、破坏技术措施的装置或者部件;情节严重的,可以没收主要用于提供网络服务的计算机等设备;非法经营额 5 万元以上的,可处非法经营额 1 倍以上 5 倍以下的罚款;没有非法经营额或者非法经营额 5 万元以下的,根据情节轻重,可处 25 万元以下的罚款;构成犯罪的,依法追究刑事责任:

(一)故意制造、进口或者向他人提供主要用于避开、破坏技术措施的装置或者部件,或者故意为他人避开或者破坏技术措施提供技术服务的;

(二)通过信息网络提供他人的作品、表演、录音录像制品,获得经济利益的;

(三)为扶助贫困通过信息网络向农村地区提供作品、表演、录音录像制品,未在提供前公告作品、表演、录音录像制品的名称和作者、表演者、录音录像制作者的姓名(名称)以及报酬标准的。

第二十条　网络服务提供者根据服务对象的指令提供网络自动接入服务,或者对服务对象提供的作品、表演、录音录像制品提供自动传输服务,并具备下列条件的,不承担赔偿责任:

(一)未选择并且未改变所传输的作品、表演、录音录像制品;

(二)向指定的服务对象提供该作品、表演、录音录像制品,并防止指定的服务对象以外的其他人获得。

第二十一条　网络服务提供者为提高网络传输效率,自动存储从其他网络服务提供者获得的作品、表演、录音录像制品,根据技术安排自动向服务对象提供,并具备下列条件的,不承担赔偿责任:

(一)未改变自动存储的作品、表演、录音录像制品;

(二)不影响提供作品、表演、录音录像制品的原网络服务提供者掌握服务对象获取该作品、表演、录音录像制品的情况;

(三)在原网络服务提供者修改、删除或者屏蔽该作品、表演、录音录像制品时,根据技术安排自动予以修改、删除或者屏蔽。

第二十二条　网络服务提供者为服务对象提供信息存储空

间,供服务对象通过信息网络向公众提供作品、表演、录音录像制品,并具备下列条件的,不承担赔偿责任:

(一)明确标示该信息存储空间是为服务对象所提供,并公开网络服务提供者的名称、联系人、网络地址;

(二)未改变服务对象所提供的作品、表演、录音录像制品;

(三)不知道也没有合理的理由应当知道服务对象提供的作品、表演、录音录像制品侵权;

(四)未从服务对象提供作品、表演、录音录像制品中直接获得经济利益;

(五)在接到权利人的通知书后,根据本条例规定删除权利人认为侵权的作品、表演、录音录像制品。

第二十三条 网络服务提供者为服务对象提供搜索或者链接服务,在接到权利人的通知书后,根据本条例规定断开与侵权的作品、表演、录音录像制品的链接的,不承担赔偿责任;但是,明知或者应知所链接的作品、表演、录音录像制品侵权的,应当承担共同侵权责任。

第二十四条 因权利人的通知导致网络服务提供者错误删除作品、表演、录音录像制品,或者错误断开与作品、表演、录音录像制品的链接,给服务对象造成损失的,权利人应当承担赔偿责任。

第二十五条 网络服务提供者无正当理由拒绝提供或者拖延提供涉嫌侵权的服务对象的姓名(名称)、联系方式、网络地址等资料的,由著作权行政管理部门予以警告;情节严重的,没收主要用于提供网络服务的计算机等设备。

第二十六条 本条例下列用语的含义:

信息网络传播权,是指以有线或者无线方式向公众提供作品、表演或者录音录像制品,使公众可以在其个人选定的时间和地点获得作品、表演或者录音录像制品的权利。

技术措施,是指用于防止、限制未经权利人许可浏览、欣赏作品、表演、录音录像制品的或者通过信息网络向公众提供作品、表演、录音录像制品的有效技术、装置或者部件。

权利管理电子信息,是指说明作品及其作者、表演及其表演者、录音录像制品及其制作者的信息,作品、表演、录音录像制品权利人的信息和使用条件的信息,以及表示上述信息的数字或者代码。

第二十七条 本条例自2006年7月1日起施行。

互联网信息服务管理办法[①]

(2000年9月25日中华人民共和国国务院令第292号公布)

第一条 为了规范互联网信息服务活动,促进互联网信息服务健康有序发展,制定本办法。

第二条 在中华人民共和国境内从事互联网信息服务活动,必须遵守本办法。

本办法所称互联网信息服务,是指通过互联网向上网用户提供信息的服务活动。

第三条 互联网信息服务分为经营性和非经营性两类。

经营性互联网信息服务,是指通过互联网向上网用户有偿提供信息或者网页制作等服务活动。

非经营性互联网信息服务,是指通过互联网向上网用户无偿提供具有公开性、共享性信息的服务活动。

第四条 国家对经营性互联网信息服务实行许可制度;对非经营性互联网信息服务实行备案制度。

未取得许可或者未履行备案手续的,不得从事互联网信息服务。

第五条 从事新闻、出版、教育、医疗保健、药品和医疗器械等互联网信息服务,依照法律、行政法规以及国家有关规定须经有关主管部门审核同意,在申请经营许可或者履行备案手续前,应当依法经有关主管部门审核同意。

---

① 本办法有过修订,此处所载为据2011年1月8日中华人民共和国国务院令588号《国务院关于废止和修改部分行政法规的决定》修订的版本。

第六条 从事经营性互联网信息服务,除应当符合《中华人民共和国电信条例》规定的要求外,还应当具备下列条件:

(一)有业务发展计划及相关技术方案;

(二)有健全的网络与信息安全保障措施,包括网站安全保障措施、信息安全保密管理制度、用户信息安全管理制度;

(三)服务项目属于本办法第五条规定范围的,已取得有关主管部门同意的文件。

第七条 从事经营性互联网信息服务,应当向省、自治区、直辖市电信管理机构或者国务院信息产业主管部门申请办理互联网信息服务增值电信业务经营许可证(以下简称经营许可证)。

省、自治区、直辖市电信管理机构或者国务院信息产业主管部门应当自收到申请之日起60日内审查完毕,作出批准或者不予批准的决定。予以批准的,颁发经营许可证;不予批准的,应当书面通知申请人并说明理由。

申请人取得经营许可证后,应当持经营许可证向企业登记机关办理登记手续。

第八条 从事非经营性互联网信息服务,应当向省、自治区、直辖市电信管理机构或者国务院信息产业主管部门办理备案手续。办理备案时,应当提交下列材料:

(一)主办单位和网站负责人的基本情况;

(二)网站网址和服务项目;

(三)服务项目属于本办法第五条规定范围的,已取得有关主管部门的同意文件。

省、自治区、直辖市电信管理机构对备案材料齐全的,应当予以备案并编号。

第九条 从事互联网信息服务,拟开办电子公告服务的,应当在申请经营性互联网信息服务许可或者办理非经营性互联网信息服务备案时,按照国家有关规定提出专项申请或者专项备案。

第十条　省、自治区、直辖市电信管理机构和国务院信息产业主管部门应当公布取得经营许可证或者已履行备案手续的互联网信息服务提供者名单。

第十一条　互联网信息服务提供者应当按照经许可或者备案的项目提供服务，不得超出经许可或者备案的项目提供服务。

非经营性互联网信息服务提供者不得从事有偿服务。

互联网信息服务提供者变更服务项目、网站网址等事项的，应当提前30日向原审核、发证或者备案机关办理变更手续。

第十二条　互联网信息服务提供者应当在其网站主页的显著位置标明其经营许可证编号或者备案编号。

第十三条　互联网信息服务提供者应当向上网用户提供良好的服务，并保证所提供的信息内容合法。

第十四条　从事新闻、出版以及电子公告等服务项目的互联网信息服务提供者，应当记录提供的信息内容及其发布时间、互联网地址或者域名；互联网接入服务提供者应当记录上网用户的上网时间、用户帐号、互联网地址或者域名、主叫电话号码等信息。

互联网信息服务提供者和互联网接入服务提供者的记录备份应当保存60日，并在国家有关机关依法查询时，予以提供。

第十五条　互联网信息服务提供者不得制作、复制、发布、传播含有下列内容的信息：

（一）反对宪法所确定的基本原则的；

（二）危害国家安全，泄露国家秘密，颠覆国家政权，破坏国家统一的；

（三）损害国家荣誉和利益的；

（四）煽动民族仇恨、民族歧视，破坏民族团结的；

（五）破坏国家宗教政策，宣扬邪教和封建迷信的；

（六）散布谣言，扰乱社会秩序，破坏社会稳定的；

（七）散布淫秽、色情、赌博、暴力、凶杀、恐怖或者教唆犯

罪的;

(八)侮辱或者诽谤他人,侵害他人合法权益的;

(九)含有法律、行政法规禁止的其他内容的。

第十六条 互联网信息服务提供者发现其网站传输的信息明显属于本办法第十五条所列内容之一的,应当立即停止传输,保存有关记录,并向国家有关机关报告。

第十七条 经营性互联网信息服务提供者申请在境内境外上市或者同外商合资、合作,应当事先经国务院信息产业主管部门审查同意;其中,外商投资的比例应当符合有关法律、行政法规的规定。

第十八条 国务院信息产业主管部门和省、自治区、直辖市电信管理机构,依法对互联网信息服务实施监督管理。

新闻、出版、教育、卫生、药品监督管理、工商行政管理和公安、国家安全等有关主管部门,在各自职责范围内依法对互联网信息内容实施监督管理。

第十九条 违反本办法的规定,未取得经营许可证,擅自从事经营性互联网信息服务,或者超出许可的项目提供服务的,由省、自治区、直辖市电信管理机构责令限期改正,有违法所得的,没收违法所得,处违法所得3倍以上5倍以下的罚款;没有违法所得或者违法所得不足5万元的,处10万元以上100万元以下的罚款;情节严重的,责令关闭网站。

违反本办法的规定,未履行备案手续,擅自从事非经营性互联网信息服务,或者超出备案的项目提供服务的,由省、自治区、直辖市电信管理机构责令限期改正;拒不改正的,责令关闭网站。

第二十条 制作、复制、发布、传播本办法第十五条所列内容之一的信息,构成犯罪的,依法追究刑事责任;尚不构成犯罪的,由公安机关、国家安全机关依照《中华人民共和国治安管理处罚法》、《计算机信息网络国际联网安全保护管理办法》等有关法律、行政法规的规定予以处罚;对经营性互联网信息服务提供者,并由发证机关责令停业整顿直至吊销经营许可证,通知企业登记机关;对非经营性互联网信息服务提供者,并由备案机关责令暂时关闭网站直至关闭网站。

第二十一条　未履行本办法第十四条规定的义务的,由省、自治区、直辖市电信管理机构责令改正;情节严重的,责令停业整顿或者暂时关闭网站。

第二十二条　违反本办法的规定,未在其网站主页上标明其经营许可证编号或者备案编号的,由省、自治区、直辖市电信管理机构责令改正,处5000元以上5万元以下的罚款。

第二十三条　违反本办法第十六条规定的义务的,由省、自治区、直辖市电信管理机构责令改正;情节严重的,对经营性互联网信息服务提供者,并由发证机关吊销经营许可证,对非经营性互联网信息服务提供者,并由备案机关责令关闭网站。

第二十四条　互联网信息服务提供者在其业务活动中,违反其他法律、法规的,由新闻、出版、教育、卫生、药品监督管理和工商行政管理等有关主管部门依照有关法律、法规的规定处罚。

第二十五条　电信管理机构和其他有关主管部门及其工作人员,玩忽职守、滥用职权、徇私舞弊,疏于对互联网信息服务的监督管理,造成严重后果,构成犯罪的,依法追究刑事责任;尚不构成犯罪的,对直接负责的主管人员和其他直接责任人员依法给予降级、撤职直至开除的行政处分。

第二十六条　在本办法公布前从事互联网信息服务的,应当自本办法公布之日起60日内依照本办法的有关规定补办有关手续。

第二十七条　本办法自公布之日起施行。

《未成年人网络保护条例》部分条款

(2023年10月16日中华人民共和国国务院令第766号公布 2024年1月1日起施行)

第一章 总 则

第一条 为了营造有利于未成年人身心健康的网络环境,保障未成年人合法权益,根据《中华人民共和国未成年人保护法》、《中华人民共和国网络安全法》、《中华人民共和国个人信息保护法》等法律,制定本条例。

第二条 未成年人网络保护工作应当坚持中国共产党的领导,坚持以社会主义核心价值观为引领,坚持最有利于未成年人的原则,适应未成年人身心健康发展和网络空间的规律和特点,实行社会共治。

第三条 国家网信部门负责统筹协调未成年人网络保护工作,并依据职责做好未成年人网络保护工作。

国家新闻出版、电影部门和国务院教育、电信、公安、民政、文化和旅游、卫生健康、市场监督管理、广播电视等有关部门依据各自职责做好未成年人网络保护工作。

县级以上地方人民政府及其有关部门依据各自职责做好未成年人网络保护工作。

第六条 网络产品和服务提供者、个人信息处理者、智能终端产品制造者和销售者应当遵守法律、行政法规和国家有关规定,尊重社会公德,遵守商业道德,诚实信用,履行未成年人网络保护义务,承担社会责任。

第七条　网络产品和服务提供者、个人信息处理者、智能终端产品制造者和销售者应当接受政府和社会的监督,配合有关部门依法实施涉及未成年人网络保护工作的监督检查,建立便捷、合理、有效的投诉、举报渠道,通过显著方式公布投诉、举报途径和方法,及时受理并处理公众投诉、举报。

第八条　任何组织和个人发现违反本条例规定的,可以向网信、新闻出版、电影、教育、电信、公安、民政、文化和旅游、卫生健康、市场监督管理、广播电视等有关部门投诉、举报。收到投诉、举报的部门应当及时依法作出处理;不属于本部门职责的,应当及时移送有权处理的部门。

第九条　网络相关行业组织应当加强行业自律,制定未成年人网络保护相关行业规范,指导会员履行未成年人网络保护义务,加强对未成年人的网络保护。

第二章　网络素养促进

第十八条　国家鼓励和支持研发、生产和使用专门以未成年人为服务对象、适应未成年人身心健康发展规律和特点的网络保护软件、智能终端产品和未成年人模式、未成年人专区等网络技术、产品、服务,加强网络无障碍环境建设和改造,促进未成年人开阔眼界、陶冶情操、提高素质。

第十九条　未成年人网络保护软件、专门供未成年人使用的智能终端产品应当具有有效识别违法信息和可能影响未成年人身心健康的信息、保护未成年人个人信息权益、预防未成年人沉迷网络、便于监护人履行监护职责等功能。

国家网信部门会同国务院有关部门根据未成年人网络保护工作的需要,明确未成年人网络保护软件、专门供未成年人使用的智能终端产品的相关技术标准或者要求,指导监督网络相关行业组织按照有关技术标准和要求对未成年人网络保护软件、专门供未成年人使用的智能终端产品的使用效果进行评估。

智能终端产品制造者应当在产品出厂前安装未成年人网络保护软件,或者采用显著方式告知用户安装渠道和方法。智能终端产品销售者在产品销售前应当采用显著方式告知用户安装未成年人网络保护软件的情况以及安装渠道和方法。

未成年人的监护人应当合理使用并指导未成年人使用网络保护软件、智能终端产品等,创造良好的网络使用家庭环境。

第三章　网络信息内容规范

第二十一条　国家鼓励和支持制作、复制、发布、传播弘扬社会主义核心价值观和社会主义先进文化、革命文化、中华优秀传统文化,铸牢中华民族共同体意识,培养未成年人家国情怀和良好品德,引导未成年人养成良好生活习惯和行为习惯等的网络信息,营造有利于未成年人健康成长的清朗网络空间和良好网络生态。

第二十二条　任何组织和个人不得制作、复制、发布、传播含有宣扬淫秽、色情、暴力、邪教、迷信、赌博、引诱自残自杀、恐怖主义、分裂主义、极端主义等危害未成年人身心健康内容的网络信息。

任何组织和个人不得制作、复制、发布、传播或者持有有关未成年人的淫秽色情网络信息。

第二十三条　网络产品和服务中含有可能引发或者诱导未成年人模仿不安全行为、实施违反社会公德行为、产生极端情绪、养成不良嗜好等可能影响未成年人身心健康的信息的,制作、复制、发布、传播该信息的组织和个人应当在信息展示前予以显著提示。

国家网信部门会同国家新闻出版、电影部门和国务院教育、电信、公安、文化和旅游、广播电视等部门,在前款规定基础上确定可能影响未成年人身心健康的信息的具体种类、范围、判断标准和提示办法。

第二十四条 任何组织和个人不得在专门以未成年人为服务对象的网络产品和服务中制作、复制、发布、传播本条例第二十三条第一款规定的可能影响未成年人身心健康的信息。

网络产品和服务提供者不得在首页首屏、弹窗、热搜等处于产品或者服务醒目位置、易引起用户关注的重点环节呈现本条例第二十三条第一款规定的可能影响未成年人身心健康的信息。

网络产品和服务提供者不得通过自动化决策方式向未成年人进行商业营销。

第二十五条 任何组织和个人不得向未成年人发送、推送或者诱骗、强迫未成年人接触含有危害或者可能影响未成年人身心健康内容的网络信息。

第二十六条 任何组织和个人不得通过网络以文字、图片、音视频等形式,对未成年人实施侮辱、诽谤、威胁或者恶意损害形象等网络欺凌行为。

网络产品和服务提供者应当建立健全网络欺凌行为的预警预防、识别监测和处置机制,设置便利未成年人及其监护人保存遭受网络欺凌记录、行使通知权利的功能、渠道,提供便利未成年人设置屏蔽陌生用户、本人发布信息可见范围、禁止转载或者评论本人发布信息、禁止向本人发送信息等网络欺凌信息防护选项。

网络产品和服务提供者应当建立健全网络欺凌信息特征库,优化相关算法模型,采用人工智能、大数据等技术手段和人工审核相结合的方式加强对网络欺凌信息的识别监测。

第二十七条 任何组织和个人不得通过网络以文字、图片、音视频等形式,组织、教唆、胁迫、引诱、欺骗、帮助未成年人实施违法犯罪行为。

第二十八条 以未成年人为服务对象的在线教育网络产品和

服务提供者,应当按照法律、行政法规和国家有关规定,根据不同年龄阶段未成年人身心发展特点和认知能力提供相应的产品和服务。

第二十九条 网络产品和服务提供者应当加强对用户发布信息的管理,采取有效措施防止制作、复制、发布、传播违反本条例第二十二条、第二十四条、第二十五条、第二十六条第一款、第二十七条规定的信息,发现违反上述条款规定的信息的,应当立即停止传输相关信息,采取删除、屏蔽、断开链接等处置措施,防止信息扩散,保存有关记录,向网信、公安等部门报告,并对制作、复制、发布、传播上述信息的用户采取警示、限制功能、暂停服务、关闭账号等处置措施。

网络产品和服务提供者发现用户发布、传播本条例第二十三条第一款规定的信息未予显著提示的,应当作出提示或者通知用户予以提示;未作出提示的,不得传输该信息。

第三十条 国家网信、新闻出版、电影部门和国务院教育、电信、公安、文化和旅游、广播电视等部门发现违反本条例第二十二条、第二十四条、第二十五条、第二十六条第一款、第二十七条规定的信息的,或者发现本条例第二十三条第一款规定的信息未予显著提示的,应当要求网络产品和服务提供者按照本条例第二十九条的规定予以处理;对来源于境外的上述信息,应当依法通知有关机构采取技术措施和其他必要措施阻断传播。

第五章　网络沉迷防治

第四十二条 网络产品和服务提供者应当建立健全防沉迷制度,不得向未成年人提供诱导其沉迷的产品和服务,及时修改可能造成未成年人沉迷的内容、功能和规则,并每年向社会公布防沉迷工作情况,接受社会监督。

第四十三条　网络游戏、网络直播、网络音视频、网络社交等网络服务提供者应当针对不同年龄阶段未成年人使用其服务的特点，坚持融合、友好、实用、有效的原则，设置未成年人模式，在使用时段、时长、功能和内容等方面按照国家有关规定和标准提供相应的服务，并以醒目便捷的方式为监护人履行监护职责提供时间管理、权限管理、消费管理等功能。

第四十四条　网络游戏、网络直播、网络音视频、网络社交等网络服务提供者应当采取措施，合理限制不同年龄阶段未成年人在使用其服务中的单次消费数额和单日累计消费数额，不得向未成年人提供与其民事行为能力不符的付费服务。

第四十五条　网络游戏、网络直播、网络音视频、网络社交等网络服务提供者应当采取措施，防范和抵制流量至上等不良价值倾向，不得设置以应援集资、投票打榜、刷量控评等为主题的网络社区、群组、话题，不得诱导未成年人参与应援集资、投票打榜、刷量控评等网络活动，并预防和制止其用户诱导未成年人实施上述行为。

第四十六条　网络游戏服务提供者应当通过统一的未成年人网络游戏电子身份认证系统等必要手段验证未成年人用户真实身份信息。

网络产品和服务提供者不得为未成年人提供游戏账号租售服务。

第四十七条　网络游戏服务提供者应当建立、完善预防未成年人沉迷网络的游戏规则，避免未成年人接触可能影响其身心健康的游戏内容或者游戏功能。

网络游戏服务提供者应当落实适龄提示要求，根据不同年龄阶段未成年人身心发展特点和认知能力，通过评估游戏产品的类型、内容与功能等要素，对游戏产品进行分类，明确游戏产品适合的未成年人用户年龄阶段，并在用户下载、注册、登录界面等位置予以显著提示。

第四十八条 新闻出版、教育、卫生健康、文化和旅游、广播电视、网信等部门应当定期开展预防未成年人沉迷网络的宣传教育,监督检查网络产品和服务提供者履行预防未成年人沉迷网络义务的情况,指导家庭、学校、社会组织互相配合,采取科学、合理的方式对未成年人沉迷网络进行预防和干预。

国家新闻出版部门牵头组织开展未成年人沉迷网络游戏防治工作,会同有关部门制定关于向未成年人提供网络游戏服务的时段、时长、消费上限等管理规定。

卫生健康、教育等部门依据各自职责指导有关医疗卫生机构、高等学校等,开展未成年人沉迷网络所致精神障碍和心理行为问题的基础研究和筛查评估、诊断、预防、干预等应用研究。

第六章 法律责任

第五十三条 违反本条例第七条、第十九条第三款、第三十八条第二款规定的,由网信、新闻出版、电影、教育、电信、公安、民政、文化和旅游、市场监督管理、广播电视等部门依据各自职责责令改正;拒不改正或者情节严重的,处5万元以上50万元以下罚款,对直接负责的主管人员和其他直接责任人员处1万元以上10万元以下罚款。

第五十四条 违反本条例第二十条第一款规定的,由网信、新闻出版、电信、公安、文化和旅游、广播电视等部门依据各自职责令改正,给予警告,没收违法所得;拒不改正的,并处100万元以下罚款,对直接负责的主管人员和其他直接责任人员处1万元以上10万元以下罚款。

违反本条例第二十条第一款第一项和第五项规定,情节严重的,由省级以上网信、新闻出版、电信、公安、文化和旅游、广播电视等部门依据各自职责责令改正,没收违法所得,并处5000万元以下或者上一年度营业额百分之五以下罚款,并可以责令暂停相关业务或者停业整顿,通报有关部门依法吊销相关业务许可证或者吊销营业执照;对直接负责的主管人员和其他直接责任人员处10万元以上100万元以下罚款,并可以决定禁止其在一定期限内担任相关企业的董事、监事、高级管理人员和未成年人保护负责人。

第五十五条 违反本条例第二十四条、第二十五条规定的,由网信、新闻出版、电影、电信、公安、文化和旅游、市场监督管理、广播电视等部门依据各自职责责令限期改正,给予警告,没收违法所得,可以并处10万元以下罚款;拒不改正或者情节严重的,责令暂停相关业务、停产停业或者吊销相关业务许可证、吊销营业执照,违法所得100万元以上的,并处违法所得1倍以上10倍以下罚款,没有违法所得或者违法所得不足100万元的,并处10万元以上100万元以下罚款。

第五十六条 违反本条例第二十六条第二款和第三款、第二十八条、第二十九条第一款、第三十一条第二款、第三十六条、第三十八条第一款、第四十二条至第四十五条、第四十六条第二款、第四十七条规定的,由网信、新闻出版、电影、教育、电信、公安、文化和旅游、广播电视等部门依据各自职责责令改正,给予警告,没收违法所得,违法所得100万元以上的,并处违法所得1倍以上10倍以下罚款,没有违法所得或者违法所得不足100万元的,并处10万元以上100万元以下罚款,对直接负责的主管人员和其他直接责任人员处1万元以上10万元以下罚款;拒不改正或者情节严重的,并可以责令暂停相关业务、停业整顿、关闭网站、吊销相关业务许可证或者吊销营业执照。

《宗教事务条例》部分条款

(2004年11月30日中华人民共和国国务院令第426号公布　2017年6月14日国务院第176次常务会议修订通过)

第四十五条　宗教团体、宗教院校和寺观教堂按照国家有关规定可以编印、发送宗教内部资料性出版物。出版公开发行的宗教出版物,按照国家出版管理的规定办理。

涉及宗教内容的出版物,应当符合国家出版管理的规定,并不得含有下列内容:

(一)破坏信教公民与不信教公民和睦相处的;
(二)破坏不同宗教之间和睦以及宗教内部和睦的;
(三)歧视、侮辱信教公民或者不信教公民的;
(四)宣扬宗教极端主义的;
(五)违背宗教的独立自主自办原则的。

第四十八条　互联网宗教信息服务的内容应当符合有关法律、法规、规章和宗教事务管理的相关规定。

互联网宗教信息服务的内容,不得违反本条例第四十五条第二款的规定。

第六十八条　涉及宗教内容的出版物或者互联网宗教信息服务有本条例第四十五条第二款禁止内容的,由有关部门对相关责任单位及人员依法给予行政处罚;构成犯罪的,依法追究刑事责任。

《地图管理条例》部分条款

(2015年11月26日中华人民共和国国务院令第664号公布)

第一章 总 则

第一条 为了加强地图管理,维护国家主权、安全和利益,促进地理信息产业健康发展,为经济建设、社会发展和人民生活服务,根据《中华人民共和国测绘法》,制定本条例。

第二条 在中华人民共和国境内从事向社会公开的地图的编制、审核、出版和互联网地图服务以及监督检查活动,应当遵守本条例。

第三条 地图工作应当遵循维护国家主权、保障地理信息安全、方便群众生活的原则。

地图的编制、审核、出版和互联网地图服务应当遵守有关保密法律、法规的规定。

第六条 国家鼓励编制和出版符合标准和规定的各类地图产品,支持地理信息科学技术创新和产业发展,加快地理信息产业结构调整和优化升级,促进地理信息深层次应用。

第三章 地图审核

第十五条 国家实行地图审核制度。

向社会公开的地图,应当报送有审核权的测绘地理信息行政主管部门审核。但是,景区图、街区图、地铁线路图等内容简单的地图除外。

地图审核不得收取费用。

第十六条 出版地图的,由出版单位送审;展示或者登载不属于出版物的地图的,由展示者或者登载者送审;进口不属于出版物的地图或者附着地图图形的产品的,由进口者送审;进口属于出版物的地图,依照《出版管理条例》的有关规定执行;出口不属于出版物的地图或者附着地图图形的产品的,由出口者送审;生产附着地图图形的产品的,由生产者送审。

送审应当提交以下材料:

(一)地图审核申请表;

(二)需要审核的地图样图或者样品;

(三)地图编制单位的测绘资质证书。

进口不属于出版物的地图和附着地图图形的产品的,仅需提交前款第一项、第二项规定的材料。利用涉及国家秘密的测绘成果编制地图的,还应当提交保密技术处理证明。

第十七条 国务院测绘地理信息行政主管部门负责下列地图的审核:

(一)全国地图以及主要表现地为两个以上省、自治区、直辖市行政区域的地图;

(二)香港特别行政区地图、澳门特别行政区地图以及台湾地区地图;

(三)世界地图以及主要表现地为国外的地图;

(四)历史地图。

第十八条 省、自治区、直辖市人民政府测绘地理信息行政主管部门负责审核主要表现地在本行政区域范围内的地图。其中,主要表现地在设区的市行政区域范围内不涉及国界线的地图,由设区的市级人民政府测绘地理信息行政主管部门负责审核。

第十九条 有审核权的测绘地理信息行政主管部门应当自受理地图审核申请之日起20个工作日内,作出审核决定。

时事宣传地图、时效性要求较高的图书和报刊等插附地图的,应当自受理地图审核申请之日起7个工作日内,作出审核决定。

应急保障等特殊情况需要使用地图的,应当即送即审。

第二十条 涉及专业内容的地图,应当依照国务院测绘地理信息行政主管部门会同有关部门制定的审核依据进行审核。没有明确审核依据的,由有审核权的测绘地理信息行政主管部门征求有关部门的意见,有关部门应当自收到征求意见材料之日起20个工作日内提出意见。征求意见时间不计算在地图审核的期限内。

世界地图、历史地图、时事宣传地图没有明确审核依据的,由国务院测绘地理信息行政主管部门商外交部进行审核。

第二十一条 送审地图符合下列规定的,由有审核权的测绘地理信息行政主管部门核发地图审核批准文件,并注明审图号:

(一)符合国家有关地图编制标准,完整表示中华人民共和国疆域;

(二)国界、边界、历史疆界、行政区域界线或者范围、重要地理信息数据、地名等符合国家有关地图内容表示的规定;

(三)不含有地图上不得表示的内容。

地图审核批准文件和审图号应当在有审核权的测绘地理信息行政主管部门网站或者其他新闻媒体上及时公告。

第二十二条 经审核批准的地图,应当在地图或者附着地图图形的产品的适当位置显著标注审图号。其中,属于出版物的,应当在版权页标注审图号。

第二十三条 全国性中小学教学地图,由国务院教育行政部门会同国务院测绘地理信息行政主管部门、外交部组织审定;地方性中小学教学地图,由省、自治区、直辖市人民政府教育行政部门会同省、自治区、直辖市人民政府测绘地理信息行政主管部门组织审定。

  第二十四条 任何单位和个人不得出版、展示、登载、销售、进口、出口不符合国家有关标准和规定的地图，不得携带、寄递不符合国家有关标准和规定的地图进出境。

  进口、出口地图的，应当向海关提交地图审核批准文件和审图号。

  第二十五条 经审核批准的地图，送审者应当按照有关规定向有审核权的测绘地理信息行政主管部门免费送交样本。

第四章　地图出版

  第二十六条 县级以上人民政府出版行政主管部门应当加强对地图出版活动的监督管理，依法对地图出版违法行为进行查处。

  第二十七条 出版单位从事地图出版活动的，应当具有国务院出版行政主管部门审核批准的地图出版业务范围，并依照《出版管理条例》的有关规定办理审批手续。

  第二十八条 出版单位根据需要，可以在出版物中插附经审核批准的地图。

  第二十九条 任何出版单位不得出版未经审定的中小学教学地图。

  第三十条 出版单位出版地图，应当按照国家有关规定向国家图书馆、中国版本图书馆和国务院出版行政主管部门免费送交样本。

  第三十一条 地图著作权的保护，依照有关著作权法律、法规的规定执行。

第五章　互联网地图服务

第三十二条　国家鼓励和支持互联网地图服务单位开展地理信息开发利用和增值服务。

县级以上人民政府应当加强对互联网地图服务行业的政策扶持和监督管理。

第三十三条　互联网地图服务单位向公众提供地理位置定位、地理信息上传标注和地图数据库开发等服务的,应当依法取得相应的测绘资质证书。

互联网地图服务单位从事互联网地图出版活动的,应当经国务院出版行政主管部门依法审核批准。

第三十四条　互联网地图服务单位应当将存放地图数据的服务器设在中华人民共和国境内,并制定互联网地图数据安全管理制度和保障措施。

县级以上人民政府测绘地理信息行政主管部门应当会同有关部门加强对互联网地图数据安全的监督管理。

第三十五条　互联网地图服务单位收集、使用用户个人信息的,应当明示收集、使用信息的目的、方式和范围,并经用户同意。

互联网地图服务单位需要收集、使用用户个人信息的,应当公开收集、使用规则,不得泄露、篡改、出售或者非法向他人提供用户的个人信息。

互联网地图服务单位应当采取技术措施和其他必要措施,防止用户的个人信息泄露、丢失。

第三十六条　互联网地图服务单位用于提供服务的地图数据库及其他数据库不得存储、记录含有按照国家有关规定在地图上不得表示的内容。互联网地图服务单位发现其网站传输的地图信息含有不得表示的内容的,应当立即停止传输,保存有关记录,并向县级以上人民政府测绘地理信息行政主管部门、出版行政主管部门、网络安全和信息化主管部门等有关部门报告。

第三十七条 任何单位和个人不得通过互联网上传标注含有按照国家有关规定在地图上不得表示的内容。

第三十八条 互联网地图服务单位应当使用经依法审核批准的地图,加强对互联网地图新增内容的核查校对,并按照国家有关规定向国务院测绘地理信息行政主管部门或者省、自治区、直辖市测绘地理信息行政主管部门备案。

第三十九条 互联网地图服务单位对在工作中获取的涉及国家秘密、商业秘密的信息,应当保密。

第四十条 互联网地图服务单位应当加强行业自律,推进行业信用体系建设,提高服务水平。

第四十一条 从事互联网地图服务活动,适用本章的规定;本章没有规定的,适用本条例其他有关规定。

法规汇编编辑出版管理规定[1]

(1990年7月29日中华人民共和国国务院令第63号公布)

第一条 为了加强对法规汇编编辑出版工作的管理,提高法规汇编编辑出版质量,维护社会主义法制的统一和尊严,制定本规定。

第二条 本规定所称法规汇编,是指将依照法定程序发布的法律、行政法规、国务院部门规章(下称部门规章)、地方性法规和地方政府规章,按照一定的顺序或者分类汇编成册的公开出版物。

第三条 除法律、行政法规另有规定外,编辑出版法规汇编(包括法规选编、类编、大全等)应当遵守本规定。

依照本规定第四条编辑出版的法规汇编,是国家出版的法规汇编正式版本。

第四条 编辑法规汇编,遵守下列分工:

(一)法律汇编由全国人民代表大会常务委员会法制工作委员会编辑;

(二)行政法规汇编由司法部编辑;

(三)军事法规汇编由中央军事委员会法制局编辑;

(四)部门规章汇编由国务院各部门依照该部门职责范围编辑;

(五)地方性法规和地方政府规章汇编,由具有地方性法规和地方政府规章制定权的地方各级人民代表大会常务委员会和地方

---

[1] 本文件有过修订,此处所载为据2019年3月2日中华人民共和国国务院令第709号《国务院关于修改部分行政法规的决定》修订的版本。

各级人民政府指定的机构编辑。

全国人民代表大会常务委员会法制工作委员会和司法部可以编辑法律、行政法规、部门规章、地方性法规和地方政府规章的综合性法规汇编；中央军事委员会法制局可以编辑有关军事方面的法律、法规、条令汇编；国务院各部门可以依照本部门职责范围编辑专业性的法律、行政法规和部门规章汇编；具有地方性法规和地方政府规章制定权的地方各级人民代表大会常务委员会和地方各级人民政府可以编辑本地区制定的地方性法规和地方政府规章汇编。

第五条 根据工作、学习、教学、研究需要，有关机关、团体、企业事业组织可以自行或者委托精通法律的专业人员编印供内部使用的法规汇集；需要正式出版的，应当经出版行政管理部门核准。

除前款规定外，个人不得编辑法规汇编。

第六条 编辑法规汇编，应当做到：

（一）选材准确。收入法规汇编的法规必须准确无误，如果收入废止或者失效的法规，必须注明；现行法规汇编不得收入废止或者失效的法规。

（二）内容完整。收入法规汇编的法规名称、批准或者发布机关、批准或者发布日期、施行日期、章节条款等内容应当全部编入，不得随意删减或者改动。

（三）编排科学。法规汇编应当按照一定的分类或者顺序排列，有利于各项工作的开展。

第七条 出版法规汇编，国家出版行政管理部门根据出版专业分工规定的原则，依照下列分工予以审核批准：

（一）法律汇编由全国人民代表大会常务委员会法制工作委员会选择的中央一级出版社出版；

（二）行政法规汇编由司法部选择的中央一级出版社出版；

（三）军事法规汇编由中央军事委员会法制局选择的中央一

级出版社出版；

（四）部门规章汇编由国务院各部门选择的中央一级出版社出版；

（五）地方性法规和地方政府规章汇编由具有地方性法规和地方政府规章制定权的地方各级人民代表大会常务委员会和地方各级人民政府选择的中央一级出版社或者地方出版社出版。

第八条 国家出版的民族文版和外文版的法律汇编，由全国人民代表大会常务委员会法制工作委员会组织或者协助审定。

国家出版的民族文版和外文版的行政法规汇编，由司法部组织或者协助审定。

第九条 符合第七条规定的出版社应当制定法规汇编的出版选题计划，分别报有权编辑法规汇编的机关和出版行政管理部门备案。

第十条 按照本规定第四条编辑的法规汇编，可以在汇编封面上加印国徽；按照本规定第五条第一款编印的法规汇集，不得在汇集封面上加印国徽。

第十一条 出版法规汇编，必须保证印制质量。质量标准要符合国家有关规定。

第十二条 法规汇编的发行，由新华书店负责，各地新华书店应当认真做好征订工作。

有条件的出版社也可以代办部分征订工作。

第十三条 违反本规定，擅自出版法规汇编的，根据不同情况出版行政管理部门或者工商行政管理部门依照职权划分可以给予当事人下列行政处罚：

（一）警告；

（二）停止出售；

（三）没收或者销毁；

（四）没收非法收入；

(五)罚款;
(六)停业整顿;
(七)撤销出版社登记;
(八)吊销营业执照。

第十四条 当事人对出版行政管理部门或者工商行政管理部门的处罚决定不服的,可以在收到处罚通知书之日起十五日内,向上一级出版行政管理部门或者工商行政管理部门申请复议。对复议决定仍然不服的,可以自收到复议决定通知书之日起十五日内向人民法院提起诉讼。当事人也可以自收到处罚通知书之日起十五日内,直接向人民法院提起诉讼。逾期不申请复议也不提起诉讼又不履行处罚决定的,作出处罚决定的机关可以申请人民法院强制执行。

第十五条 与境外出版机构合作出版法规汇编事宜,参照本规定办理。

第十六条 法规文件信息化处理的开发、应用,参照本规定管理。

第十七条 本规定自发布之日起施行。

中共中央办公厅、国务院办公厅关于对编辑出版集中介绍党政领导干部情况出版物加强管理的通知

(1997年4月12日)

近年来,集中介绍党政领导干部,尤其是中央管理干部情况的出版物较多较滥。这些出版物所涉及的内容,有的属国家秘密不得泄露,有的属内部事项不宜对外公开,有的不准确甚至是错误的,已在社会上造成了不良影响。为了切实加强对这类出版物的管理,经党中央、国务院领导同志同意,现就有关问题通知如下:

一、严禁擅自将介绍党政领导干部的工作简历、职务任免时间、职责范围、家庭情况及个人兴趣爱好等资料集中编辑出版。

二、不准将登载在各类出版物(包括国外及港、澳、台地区出版物)上的有关党政领导干部的资料汇编出版。

三、以出版为目的提供党政领导干部的有关资料,须按干部管理权限进行审批,并经有关保密部门保密审查;未经审批和保密审查,任何单位及个人(包括党政领导干部本人和家属)均不得提供。

四、确因工作需要,编辑出版党政领导干部的名录、年鉴、年谱、年表及机构的组织序列等出版物(包括图书、期刊、音像制品及电子出版物),出版单位应按国务院颁发的《出版管理条例》和新闻出版署制定的重大选题备案程序办理有关手续。

五、编辑出版集中介绍党政领导干部情况出版物的出版社由新闻出版署限定。

六、各级党委(党组)要加强对这项工作的领导,出版管理部

门要加强对这类出版物的管理。对违反上述规定,擅自提供资料的,有关部门要追究当事人、有关单位负责人的责任;对擅自编辑出版的,由新闻出版管理部门对出版单位进行行政处罚,同时追究当事人、编辑出版单位主要负责人的责任;对泄漏国家秘密的,由保密部门会同有关部门依法追究当事人、有关单位负责人的责任。

七、本通知所列"党政领导干部",系指中央、国家机关和地方各级党政机关县、处级以上(含县、处级)领导干部。编辑出版介绍工会、共青团、妇联等人民团体领导干部情况出版物的管理,参照本通知的有关规定执行。关于编辑出版介绍军队领导干部情况出版物的管理问题,由解放军总政治部作出相应规定。

中共中央办公厅关于严格执行编辑出版党和国家主要领导同志讲话选编和研究著作有关规定的通知

(1998年12月28日)

最近,有关部门陆续向中央报来要求编辑出版党和国家主要领导同志的讲话选编,编辑出版研究党和国家主要领导同志思想、生平著作的请示。编辑出版这类选编和研究著作,是一项十分严肃的工作,《中共中央批转中央宣传部、中央文献研究室〈关于毛、周、刘、朱和现任中央常委著作的出版、发表及审核办法的请示报告〉的通知》(中发〔1982〕33号)等有关文件对此曾作过明确规定。这些规定仍然有效,必须继续严格执行。为了确保编辑出版党和国家主要领导同志讲话选编、研究他们思想生平的著作的权威性、严肃性,经中央领导同志同意,现重申并提出如下要求:

一、凡已收入中央文件、中办文件和《中办通报》的现任中央政治局常委同志未公开发表过的讲话,需要公开发表的,须由中央办公厅报中央批准。未经批准,任何部门和单位都不得自行发表。

二、公开或内部出版现任中央政治局常委同志的讲话选编、论述摘编、专题文集以及各种摄影画册、音像制品和电子出版物等,统一由中央文献研究室或中央指定的其他单位负责编辑,经中央办公厅报中央批准,其他任何部门、单位和个人不得进行编辑。经批准出版的现任中央政治局常委同志的讲话选编、论述摘编和专题文集,一律由人民出版社和中央文献出版社按既定的分工范围出版,其他出版社不得出版。

三、研究现任中央政治局常委同志思想、生平的专著、文集,一般不出版;特殊情况需要出版的,由出版社按重大选题备案制度向新闻出版署申报;新闻出版署向有关部门提出意见后报中央批准,并指定有关出版社出版。

四、为了使党中央的精神能够及时、准确、系统地传达到各级党组织和全体党员,经中央批准,《中共中央办公厅通讯》将于1999年1月创刊,系统刊载可供内部阅读的中央文件、中办文件和中央政治局常委同志的讲话。

《关于推进新时代古籍工作的意见》部分条款

(2022年4月中旬,中共中央办公厅、国务院办公厅发布)

一、总体要求

1. **指导思想**。以习近平新时代中国特色社会主义思想为指导,深入贯彻党的十九大和十九届历次全会精神,坚持中国特色社会主义文化发展道路,把马克思主义基本原理同中国具体实际相结合、同中华优秀传统文化相结合,深入推进中华优秀传统文化创造性转化、创新性发展,加强古籍抢救保护、整理研究和出版利用,促进古籍事业发展,为实现中华民族伟大复兴提供精神力量。

2. **工作原则**。坚持和加强党的全面领导,健全党委领导、部门分工负责、社会协同推进的工作体制机制,把党的领导贯彻到古籍工作的全过程、各方面。坚持正确方向,以社会主义核心价值观为引领,把中华优秀传统文化的精神标识和具有当代价值、世界意义的文化精髓提炼出来、展示出来。坚持统筹布局,加强顶层设计和规划部署,确保古籍工作协调衔接、一体推进。坚持社会效益优先,提高古籍工作质量,始终把社会效益放在首位,实现社会效益和经济效益相统一。坚持守正创新,古为今用、推陈出新,服务当代、面向未来,进一步激发古籍事业发展活力。

3. **主要目标**。古籍工作体制机制更加完善,标准规范体系基本健全,工作水平有效提升,古籍保护传承、开发利用成效显著,人才队伍发展壮大,古籍工作在传承和弘扬中华优秀传统文化中的地位更为凸显、作用更加突出,古籍事业繁荣发展。

二、完善古籍工作体系

4. 加强古籍工作领导体制建设。全国古籍整理出版规划领导小组履行全国古籍工作统筹协调职责，负责制定实施国家古籍工作中长期规划，统筹抢救保护、整理研究、编辑出版以及古籍数字化、古籍普及推广、古籍人才培养等工作，推进古籍重大项目，组织古籍工作督查考评。健全全国古籍整理出版规划领导小组工作机制，加强古籍专项工作议事协调，更好发挥全国古籍整理出版规划领导小组办公室职能作用。各地要结合实际完善古籍工作体制机制，加强省级古籍工作的统一领导和组织协调。

5. 强化古籍工作部门职责。各有关部门要高度重视古籍工作，切实履行古籍工作职责。中央宣传部发挥在全国古籍工作中的牵头作用，发挥国家版本馆在中华古籍版本传承发展工作中的重要作用。文化和旅游部、教育部、国家民委以及相关专业古籍出版单位承担其职责范围内的古籍保护、整理研究、编辑出版等工作，发挥古籍工作主阵地作用。文物、中医药、宗教、法律、农业、林草、水利、社会科学、科学技术、档案、方志、古地图等工作主管部门加强本领域古籍工作。根据地域分布、资源特色、专业优势，加强全国范围内古籍存藏保护、整理研究、编辑出版的优化布局和组织协调。加强省级古籍保护中心、少数民族古籍整理研究部门等古籍工作专业机构建设。

6. 汇聚古籍行业发展合力。统筹事业和产业两种形态、公益和市场两种资源、国有和民营两种力量、国内和国外两个市场，推动形成古籍行业发展新局面。把握古籍事业发展规律，加强古籍工作各环节衔接配合，促进抢救保护、整理研究、出版利用共同发展。加强有关行业协会、学术团体和智库建设，鼓励社会各界积极参与古籍事业，营造全社会共同关心支持古籍工作的良好氛围。

三、提升古籍工作质量

8. 提升古籍整理研究和编辑出版能力。根据不同类型古籍的具体情况,有针对性地做好整理研究和编辑出版,防止低水平重复。加强传世文献系统性整理出版,推进基础古籍深度整理出版,加快出土文献整理研究成果出版利用。推进古籍文献通代断代集成性整理出版,推动少数民族文字古籍文献整理研究和译介出版。深化古籍整理基础理论研究,总结在长期实践中形成的古籍整理理论和方法,完善我国古籍整理研究和出版范式,构建古籍整理出版理论研究体系。

9. 加强古籍工作科学化规范化管理。编制实施国家古籍工作中长期规划,建立健全多层次规划体系,做好古籍分类分级保护和分类分层次整理出版。完善古籍项目立项、成果出版的同行推荐和专家评审制度,加强对古籍工作专项经费和有关文化、科研、出版基金资助古籍项目的统筹协调,健全古籍项目绩效评估制度。加强古籍工作标准体系建设,制定修订相关国家标准,完善古籍保护、修复、整理、出版、数字化等工作规范,健全古籍公共服务、出版物、网络服务等质量检查制度。

四、加快古籍资源转化利用

10. **挖掘古籍时代价值**。将古籍工作融入国家发展大局,注重国家重大战略实施中的古籍保护传承和转化利用。系统整理蕴含中华优秀传统文化核心思想理念、中华传统美德、中华人文精神的古籍文献,为治国理政提供有益借鉴。围绕铸牢中华民族共同体意识,深入整理反映各民族交往交流交融历史的古籍文献,挖掘弘扬蕴含其中的民族团结进步思想,引导各族群众树立正确的中华民族历史观。深度整理研究古代科技典籍,传承科学文化,服务科技创新。梳理挖掘古典医籍精华,推动中医药传承创新发展,增进人民健康福祉。传承中华农耕文明优秀成果,服务乡村振兴。

12. **推进古籍数字化**。建立健全国家古籍数字化工作指导协调机制,统筹实施国家古籍数字化工程。积极对接国家文化大数据体系,加强古籍数据流通和协同管理,实现古籍数字化资源汇聚共享。支持古籍数字化重点单位做强做优,加强古籍数字化资源管理和开放共享。统筹古籍数字化版本资源建设与服务,推进古籍专业数据库开发与利用。积极开展古籍文本结构化、知识体系化、利用智能化的研究和实践,加速推动古籍整理利用转型升级。

13. **做好古籍普及传播**。加大古籍宣传推广力度,多渠道、多媒介、立体化做好古籍大众化传播。持续推进古籍进校园工作,将中华优秀传统文化教育贯穿国民教育始终。提高古籍普及出版质量,做好经典古籍精选精注精译精评。积极倡导古籍阅读,开展经典古籍优秀版本推荐。加强古籍题材音视频节目制作推介,提供优质融媒体服务。支持各级各类古籍存藏机构和整理出版单位开展古籍专题展览展示,鼓励古籍文创产品开发推广。加强古籍工作对外交流合作,充分利用海外文化平台开展古籍对外宣传推广活动,加大展示展销力度,推动古籍图书对外版权输出,做好中华优秀典籍翻译出版工作。

五、强化古籍工作保障

14. **加强组织领导**。各级党委和政府要充分认识推进新时代古籍工作的重要意义,将古籍工作纳入经济社会发展规划,加强组织领导和工作部署。各级党委宣传部门要加强统筹指导,整合资源力量,形成工作合力。各有关部门和单位要按照职责分工,细化目标任务,采取有力措施抓好工作落实。

新闻出版保密规定

(国家保密局　中央对外宣传小组　新闻出版署　广播电影电视部　1992年6月13日)

第一章　总　　则

第一条　为在新闻出版工作中保守国家秘密,根据《中华人民共和国保守国家秘密法》第二十条,制定本规定。

第二条　本规定适用于报刊、新闻电讯、书籍、地图、图文资料、声像制品的出版和发行以及广播节目、电视节目、电影的制作和播放。

第三条　新闻出版的保密工作,坚持贯彻既保守国家秘密又有利于新闻出版工作正常进行的方针。

第四条　新闻出版单位及其采编人员和提供信息单位及其有关人员应当加强联系,协调配合,执行保密法规,遵守保密制度,共同做好新闻出版的保密工作。

第二章　保密制度

第五条　新闻出版单位和提供信息的单位,应当根据国家保密法规,建立健全新闻出版保密审查制度。

第六条　新闻出版保密审查实行自审与送审相结合的制度。

第七条　新闻出版单位和提供信息的单位,对拟公开出版、报道的信息,应当按照有关的保密规定进行自审;对是否涉及国家秘密界限不清的信息,应当送交有关主管部门或其上级机关、单位审定。

第八条 新闻出版单位及其采编人员需向有关部门反映或通报的涉及国家秘密的信息,应当通过内部途径进行,并对反映或通报的信息按照有关规定作出国家秘密的标志。

第九条 被采访单位、被采访人向新闻出版单位的采编人员提供有关信息时,对其中确因工作需要而又涉及国家秘密的事项,应当事先按照有关规定的程序批准,并向采编人员申明;新闻出版单位及其采编人员对被采访单位、被采访人申明属于国家秘密的事项,不得公开报道、出版。

对涉及国家秘密但确需公开报道、出版的信息,新闻出版单位应当向有关主管部门建议解密或者采取删节、改编、隐去等保密措施,并经有关主管部门审定。

第十条 新闻出版单位采访涉及国家秘密的会议或其他活动,应当经主办单位批准。主办单位应当验明采访人员的工作身份,指明哪些内容不得公开报道、出版,并对拟公开报道、出版的内容进行审定。

第十一条 为了防止泄露国家秘密又利于新闻出版工作的正常进行,中央国家机关各部门和其他有关单位,应当根据各自业务工作的性质,加强与新闻出版单位的联系,建立提供信息的正常渠道,健全新闻发布制度,适时通报宣传口径。

第十二条 有关机关、单位应当指定有权代表本机关、单位的审稿机构和审稿人,负责对新闻出版单位送审的稿件是否涉及国家秘密进行审定。对是否涉及国家秘密界限不清的内容,应当报请上级机关、单位审定;涉及其他单位工作中国家秘密的,应当负责征求有关单位的意见。

第十三条 有关机关、单位审定送审的稿件时,应当满足新闻出版单位提出的审定时限的要求,遇有特殊情况不能在所要求的时限内完成审定的,应当及时向送审稿件的新闻出版单位说明,并共同商量解决办法。

第十四条　个人拟向新闻出版单位提供公开报道、出版的信息,凡涉及本系统、本单位业务工作的或对是否涉及国家秘密界限不清的,应当事先经本单位或其上级机关、单位审定。

第十五条　个人拟向境外新闻出版机构提供报道、出版涉及国家政治、经济、外交、科技、军事方面内容的,应当事先经过本单位或其上级机关、单位审定。向境外投寄稿件,应当按照国家有关规定办理。

第三章　泄密的查处

第十六条　国家工作人员或其他公民发现国家秘密被非法报道、出版时,应当及时报告有关机关、单位或保密工作部门。

泄密事件所涉及的新闻出版单位和有关单位,应当主动联系,共同采取补救措施。

第十七条　新闻出版活动中发生的泄密事件,由有关责任单位负责及时调查;责任暂时不清的,由有关保密工作部门决定自行调查或者指定有关单位调查。

第十八条　对泄露国家秘密的责任单位、责任人,应当按照有关法律和规定严肃处理。

第十九条　新闻出版工作中因泄密问题需要对出版物停发、停办或者收缴以及由此造成的经济损失,应当按照有关主管部门的规定处理。

新闻出版单位及其采编人员和提供信息的单位及其有关人员因泄露国家秘密所获得的非法收入,应当依法没收并上缴国家财政。

第四章　附　　则

第二十条　新闻出版工作中,各有关单位因有关信息是否属于国家秘密问题发生争执的,由保密工作部门会同有关主管部门依据保密法规确定。

第二十一条　本规定所称的"信息"可以语言、文字、符号、图表、图像等形式表现。

第二十二条　本规定由国家保密局负责解释。

第二十三条　本规定自 1992 年 10 月 1 日起施行。

科学技术保密规定

(2015年11月16日中华人民共和国科学技术部、国家保密局令第16号公布)

第一章 总 则

第一条 为保障国家科学技术秘密安全,促进科学技术事业发展,根据《中华人民共和国保守国家秘密法》《中华人民共和国科学技术进步法》和《中华人民共和国保守国家秘密法实施条例》,制定本规定。

第二条 本规定所称国家科学技术秘密,是指科学技术规划、计划、项目及成果中,关系国家安全和利益,依照法定程序确定,在一定时间内只限一定范围的人员知悉的事项。

第三条 涉及国家科学技术秘密的国家机关、单位(以下简称机关、单位)以及个人开展保守国家科学技术秘密的工作(以下简称科学技术保密工作),适用本规定。

第四条 科学技术保密工作坚持积极防范、突出重点、依法管理的方针,既保障国家科学技术秘密安全,又促进科学技术发展。

第五条 科学技术保密工作应当与科学技术管理工作相结合,同步规划、部署、落实、检查、总结和考核,实行全程管理。

第六条 国家科学技术行政管理部门管理全国的科学技术保密工作。省、自治区、直辖市科学技术行政管理部门管理本行政区域的科学技术保密工作。

中央国家机关在其职责范围内,管理或者指导本行业、本系统的科学技术保密工作。

第七条 国家保密行政管理部门依法对全国的科学技术保密工作进行指导、监督和检查。县级以上地方各级保密行政管理部门依法对本行政区域的科学技术保密工作进行指导、监督和检查。

第八条 机关、单位应当实行科学技术保密工作责任制,健全科学技术保密管理制度,完善科学技术保密防护措施,开展科学技术保密宣传教育,加强科学技术保密检查。

第二章 国家科学技术秘密的范围和密级

第九条 关系国家安全和利益,泄露后可能造成下列后果之一的科学技术事项,应当确定为国家科学技术秘密:

(一)削弱国家防御和治安能力;

(二)降低国家科学技术国际竞争力;

(三)制约国民经济和社会长远发展;

(四)损害国家声誉、权益和对外关系。

国家科学技术秘密及其密级的具体范围(以下简称国家科学技术保密事项范围),由国家保密行政管理部门会同国家科学技术行政管理部门另行制定。

第十条 国家科学技术秘密的密级分为绝密、机密和秘密三级。国家科学技术秘密密级应当根据泄露后可能对国家安全和利益造成的损害程度确定。

除泄露后会给国家安全和利益带来特别严重损害的外,科学技术原则上不确定为绝密级国家科学技术秘密。

第十一条 有下列情形之一的科学技术事项,不得确定为国家科学技术秘密:

(一)国内外已经公开;

(二)难以采取有效措施控制知悉范围;

(三)无国际竞争力且不涉及国家防御和治安能力;

（四）已经流传或者受自然条件制约的传统工艺。

第三章　国家科学技术秘密的确定、变更和解除

第十二条　中央国家机关、省级机关及其授权的机关、单位可以确定绝密级、机密级和秘密级国家科学技术秘密；设区的市、自治州一级的机关及其授权的机关、单位可以确定机密级、秘密级国家科学技术秘密。

第十三条　国家科学技术秘密定密授权应当符合国家秘密定密管理的有关规定。中央国家机关作出的国家科学技术秘密定密授权，应当向国家科学技术行政管理部门和国家保密行政管理部门备案。省级机关，设区的市、自治州一级的机关作出的国家科学技术秘密定密授权，应当向省、自治区、直辖市科学技术行政管理部门和保密行政管理部门备案。

第十四条　机关、单位负责人及其指定的人员为国家科学技术秘密的定密责任人，负责本机关、本单位的国家科学技术秘密确定、变更和解除工作。

第十五条　机关、单位和个人产生需要确定为国家科学技术秘密的科学技术事项时，应当先行采取保密措施，并依照下列途径进行定密：

（一）属于本规定第十二条规定的机关、单位，根据定密权限自行定密。

（二）不属于本规定第十二条规定的机关、单位，向有相应定密权限的上级机关、单位提请定密；没有上级机关、单位的，向有相应定密权限的业务主管部门提请定密；没有业务主管部门的，向所在省、自治区、直辖市科学技术行政管理部门提请定密。

（三）个人完成的符合本规定第九条规定的科学技术成果，应

当经过评价、检测并确定成熟、可靠后,向所在省、自治区、直辖市科学技术行政管理部门提请定密。

第十六条 实行市场准入管理的技术或者实行市场准入管理的产品涉及的科学技术事项需要确定为国家科学技术秘密的,向批准准入的国务院有关主管部门提请定密。

第十七条 机关、单位在科学技术管理的以下环节,应当及时做好定密工作:

(一)编制科学技术规划;

(二)制定科学技术计划;

(三)科学技术项目立项;

(四)科学技术成果评价与鉴定;

(五)科学技术项目验收。

第十八条 确定国家科学技术秘密,应当同时确定其名称、密级、保密期限、保密要点和知悉范围。

第十九条 国家科学技术秘密保密要点是指必须确保安全的核心事项或者信息,主要涉及以下内容:

(一)不宜公开的国家科学技术发展战略、方针、政策、专项计划;

(二)涉密项目研制目标、路线和过程;

(三)敏感领域资源、物种、物品、数据和信息;

(四)关键技术诀窍、参数和工艺;

(五)科学技术成果涉密应用方向;

(六)其他泄露后会损害国家安全和利益的核心信息。

第二十条 国家科学技术秘密有下列情形之一的,应当及时变更密级、保密期限或者知悉范围:

(一)定密时所依据的法律法规或者国家科学技术保密事项范围已经发生变化的;

(二)泄露后对国家安全和利益的损害程度会发生明显变

化的。

国家科学技术秘密的变更,由原定密机关、单位决定,也可由其上级机关、单位决定。

第二十一条 国家科学技术秘密的具体保密期限届满、解密时间已到或者符合解密条件的,自行解密。出现下列情形之一时,应当提前解密:

(一)已经扩散且无法采取补救措施的;

(二)法律法规或者国家科学技术保密事项范围调整后,不再属于国家科学技术秘密的;

(三)公开后不会损害国家安全和利益的。

提前解密由原定密机关、单位决定,也可由其上级机关、单位决定。

第二十二条 国家科学技术秘密需要延长保密期限的,应当在原保密期限届满前作出决定并书面通知原知悉范围内的机关、单位或者人员。延长保密期限由原定密机关、单位决定,也可由其上级机关、单位决定。

第二十三条 国家科学技术秘密确定、变更和解除应当进行备案:

(一)省、自治区、直辖市科学技术行政管理部门和中央国家机关有关部门每年12月31日前将本行政区域或者本部门当年确定、变更和解除的国家科学技术秘密情况报国家科学技术行政管理部门备案;

(二)其他机关、单位确定、变更和解除的国家科学技术秘密,应当在确定、变更、解除后20个工作日内报同级政府科学技术行政管理部门备案。

第二十四条 科学技术行政管理部门发现机关、单位国家科学技术秘密确定、变更和解除不当的,应当及时通知其纠正。

第二十五条 机关、单位对已定密事项是否属于国家科学技术秘密或者属于何种密级有不同意见的,按照国家有关保密规定解决。

第四章　国家科学技术秘密保密管理

第二十六条　国家科学技术行政管理部门管理全国的科学技术保密工作。主要职责如下:
(一)制定或者会同有关部门制定科学技术保密规章制度;
(二)指导和管理国家科学技术秘密定密工作;
(三)按规定审查涉外国家科学技术秘密事项;
(四)检查全国科学技术保密工作,协助国家保密行政管理部门查处泄露国家科学技术秘密案件;
(五)组织开展科学技术保密宣传教育和培训;
(六)表彰全国科学技术保密工作先进集体和个人。
国家科学技术行政管理部门设立国家科技保密办公室,负责国家科学技术保密管理的日常工作。

第二十七条　省、自治区、直辖市科学技术行政管理部门和中央国家机关有关部门,应当设立或者指定专门机构管理科学技术保密工作。主要职责如下:
(一)贯彻执行国家科学技术保密工作方针、政策,制定本行政区域、本部门或者本系统的科学技术保密规章制度;
(二)指导和管理本行政区域、本部门或者本系统的国家科学技术秘密定密工作;
(三)按规定审查涉外国家科学技术秘密事项;
(四)监督检查本行政区域、本部门或者本系统的科学技术保密工作,协助保密行政管理部门查处泄露国家科学技术秘密案件;
(五)组织开展本行政区域、本部门或者本系统科学技术保密宣传教育和培训;

（六）表彰本行政区域、本部门或者本系统的科学技术保密工作先进集体和个人。

第二十八条 机关、单位管理本机关、本单位的科学技术保密工作。主要职责如下：

（一）建立健全科学技术保密管理制度；

（二）设立或者指定专门机构管理科学技术保密工作；

（三）依法开展国家科学技术秘密定密工作，管理涉密科学技术活动、项目及成果；

（四）确定涉及国家科学技术秘密的人员（以下简称涉密人员），并加强对涉密人员的保密宣传、教育培训和监督管理；

（五）加强计算机及信息系统、涉密载体和涉密会议活动保密管理，严格对外科学技术交流合作和信息公开保密审查；

（六）发生资产重组、单位变更等影响国家科学技术秘密管理的事项时，及时向上级机关或者业务主管部门报告。

第二十九条 涉密人员应当遵守以下保密要求：

（一）严格执行国家科学技术保密法律法规和规章以及本机关、本单位科学技术保密制度；

（二）接受科学技术保密教育培训和监督检查；

（三）产生涉密科学技术事项时，先行采取保密措施，按规定提请定密，并及时向本机关、本单位科学技术保密管理机构报告；

（四）参加对外科学技术交流合作与涉外商务活动前向本机关、本单位科学技术保密管理机构报告；

（五）发表论文、申请专利、参加学术交流等公开行为前按规定履行保密审查手续；

（六）发现国家科学技术秘密正在泄露或者可能泄露时，立即采取补救措施，并向本机关、本单位科学技术保密管理机构报告；

（七）离岗离职时，与机关、单位签订保密协议，接受脱密期保密管理，严格保守国家科学技术秘密。

第三十条 机关、单位和个人在下列科学技术合作与交流活动中,不得涉及国家科学技术秘密:

(一)进行公开的科学技术讲学、进修、考察、合作研究等活动;

(二)利用互联网及其他公共信息网络、广播、电影、电视以及公开发行的报刊、书籍、图文资料和声像制品进行宣传、报道或者发表论文;

(三)进行公开的科学技术展览和展示等活动。

第三十一条 机关、单位和个人应当加强国家科学技术秘密信息保密管理,存储、处理国家科学技术秘密信息应当符合国家保密规定。任何机关、单位和个人不得有下列行为:

(一)非法获取、持有、复制、记录、存储国家科学技术秘密信息;

(二)使用非涉密计算机、非涉密存储设备存储、处理国家科学技术秘密;

(三)在互联网及其他公共信息网络或者未采取保密措施的有线和无线通信中传递国家科学技术秘密信息;

(四)通过普通邮政、快递等无保密措施的渠道传递国家科学技术秘密信息;

(五)在私人交往和通信中涉及国家科学技术秘密信息;

(六)其他违反国家保密规定的行为。

第三十二条 对外科学技术交流与合作中需要提供国家科学技术秘密的,应当经过批准,并与对方签订保密协议。绝密级国家科学技术秘密原则上不得对外提供,确需提供的,应当经中央国家机关有关主管部门同意后,报国家科学技术行政管理部门批准;机密级国家科学技术秘密对外提供应当报中央国家机关有关主管部门批准;秘密级国家科学技术秘密对外提供应当报中央国家机关有关主管部门或者省、自治区、直辖市人民政府有关主管部门批准。

有关主管部门批准对外提供国家科学技术秘密的,应当在10个工作日内向同级政府科学技术行政管理部门备案。

第三十三条 机关、单位开展涉密科学技术活动的,应当指定专人负责保密工作、明确保密纪律和要求,并加强以下方面保密管理:

(一)研究、制定涉密科学技术规划应当制定保密工作方案,签订保密责任书;

(二)组织实施涉密科学技术计划应当制定保密制度;

(三)举办涉密科学技术会议或者组织开展涉密科学技术展览、展示应当采取必要的保密管理措施,在符合保密要求的场所进行;

(四)涉密科学技术活动进行公开宣传报道前应当进行保密审查。

第三十四条 涉密科学技术项目应当按照以下要求加强保密管理:

(一)涉密科学技术项目在指南发布、项目申报、专家评审、立项批复、项目实施、结题验收、成果评价、转化应用及科学技术奖励各个环节应当建立保密制度;

(二)涉密科学技术项目下达单位与承担单位、承担单位与项目负责人、项目负责人与参研人员之间应当签订保密责任书;

(三)涉密科学技术项目的文件、资料及其他载体应当指定专人负责管理并建立台账;

(四)涉密科学技术项目进行对外科学技术交流与合作、宣传展示、发表论文、申请专利等,承担单位应当提前进行保密审查;

(五)涉密科学技术项目原则上不得聘用境外人员,确需聘用境外人员的,承担单位应当按规定报批。

第三十五条 涉密科学技术成果应当按以下要求加强保密

管理：

（一）涉密科学技术成果在境内转让或者推广应用，应当报原定密机关、单位批准，并与受让方签订保密协议；

（二）涉密科学技术成果向境外出口，利用涉密科学技术成果在境外开办企业，在境内与外资、外企合作，应当按照本规定第三十二条规定报有关主管部门批准。

第三十六条　机关、单位应当按照国家规定，做好国家科学技术秘密档案归档和保密管理工作。

第三十七条　机关、单位应当为科学技术保密工作提供经费、人员和其他必要的保障条件。国家科学技术行政管理部门，省、自治区、直辖市科学技术行政管理部门应当将科学技术保密工作经费纳入部门预算。

第三十八条　机关、单位应当保障涉密人员正当合法权益。对参与国家科学技术秘密研制的科技人员，有关机关、单位不得因其成果不宜公开发表、交流、推广而影响其评奖、表彰和职称评定。

对确因保密原因不能在公开刊物上发表的论文，有关机关、单位应当对论文的实际水平给予客观、公正评价。

第三十九条　国家科学技术秘密申请知识产权保护应当遵守以下规定：

（一）绝密级国家科学技术秘密不得申请普通专利或者保密专利；

（二）机密级、秘密级国家科学技术秘密经原定密机关、单位批准可申请保密专利；

（三）机密级、秘密级国家科学技术秘密申请普通专利或者由保密专利转为普通专利的，应当先行办理解密手续。

第四十条　机关、单位对在科学技术保密工作方面作出贡献、成绩突出的集体和个人，应当给予表彰；对于违反科学技术保密规定的，给予批评教育；对于情节严重，给国家安全和利益造成损害的,应当依照有关法律、法规给予有关责任人员处分,构成犯罪的,依法追究刑事责任。

第五章 附 则

第四十一条 涉及国防科学技术的保密管理,按有关部门规定执行。

第四十二条 本规定由科学技术部和国家保密局负责解释。

第四十三条 本规定自公布之日起施行,1995 年颁布的《科学技术保密规定》(国家科学技术委员会、国家保密局令第 20 号)同时废止。

关于在出版行业开展岗位培训实施持证上岗制度的规定

(新闻出版署 中共中央宣传部 国家教育委员会 人事部 1995年12月25日 新出联〔1995〕第28号)

一、开展岗位培训、实施持证上岗制度的意义和目的

出版行业是我国宣传思想领域的重要阵地,担负着为实现党的总任务、总目标提供精神动力、智力支持、思想保证和良好的舆论环境的重要任务。出版工作非常重要,它关系到繁荣社会主义科学文化,提高国民素质和教育年轻一代健康成长。为促进出版事业的繁荣,推动整个出版业的发展从以规模数量增长为主要特征的阶段向以优质高效为主要特征的阶段转移,提高出版队伍的整体素质是一个重要条件,其中,提高各级领导干部的素质尤其重要。根据中共中央、国务院颁发的《中国教育改革和发展纲要》,中共中央办公厅、国务院办公厅转发的新闻出版署党组《关于进一步加强和改进出版工作的报告》及国家教育委员会、劳动部、人事部、国家经济体制改革委员会、全国总工会印发的《关于开展岗位培训若干问题的意见》等文件精神,结合出版行业的实际情况,制定本规定。

二、开展岗位培训、实施持证上岗制度的基本内容

出版行业开展岗位培训、实施持证上岗制度,是按照出版行业的岗位规范和培训要求,对出版单位主要岗位的工作人员进行培训,使受培训者按相应教学计划学完规定的全部课程并考核合格,取得该岗位《岗位培训合格证书》,持该证书上岗(在岗)。取得《岗位培训合格证书》是上岗任职的必备条件之一(不等于已全面具备了该岗位的任职资格)。各级组织在聘任或任命出版单位各主要岗位职务时,应从已取得该岗位《岗位培训合格证书》的人员中选拔,或派送拟任命人员参加岗位培训并取得相应《岗位培训合格证书》。

三、岗位培训工作的实施

1. 开展岗位培训的指导思想

在出版行业开展岗位培训,是对从事出版工作的干部按岗位需要进行的以提高政治素质和履行岗位职责必备的工作能力、业务知识为目的的定向培训。岗位培训要以邓小平建设有中国特色社会主义理论和党的基本路线为指导,要从出版事业的发展和岗位工作的需要出发,坚持学以致用、按需施教、注重实效的原则。要注重能力培养,加强行为规范和职业道德教育,使参加培训的人员通过学习,提高政治素质、理论水平和工作能力,达到相应岗位规范的要求。

2. 岗位培训的对象和进度

从现在起,用3年或更长一些时间将出版社(含音像、电子出版单位,下同)社长、总编辑、编辑室主任、期刊主编、书刊定点印刷企业(含持有书刊印刷许可证的印刷企业和音像复制单位,下同)厂长(经理)、新华书店省、地(市)、县店经理(含外文书店、古旧书店以及其他一级书刊批发单位经理)培训一遍(以上人员均包括副职)。

与此同时,用5年或更长一些时间,将出版行业其他主要岗位在职人员轮训一遍。

3. 岗位培训的组织管理

出版行业的岗位培训由新闻出版署和省(区、市)新闻出版局两级组织实施。

——新闻出版署组织制定和颁发出版行业岗位规范、培训要求,制定和颁发指导性教学计划和教学大纲;组织编写培训教材;

制定岗位培训教学单位的资格认定标准和教学质量检查评估标准;制定全行业岗位培训规划和年度计划;对全行业岗位培训进行指导和监督。

——新闻出版署委托署教育培训中心负责组织全国出版社社长、总编辑,中央部门在京出版社编辑室主任,中央部门在京期刊和全国重点期刊主编,国家级书刊定点印刷企业厂长,新华书店省级店、外文书店、古旧书店和其他一级书刊批发单位经理的培训。

——各省(区、市)新闻出版局负责制定本地区岗位培训计划,建立培训基地,检查认定培训教学单位,组织在本地区的出版社编辑室主任、期刊主编、省级书刊定点印刷企业厂长、新华书店地(市)和县店经理及出版行业其他主要岗位人员的培训,并对全地区出版行业岗位培训工作进行指导和检查。

——各出版单位和其主管部门应重视此项工作,按计划组织有关人员参加相应岗位培训班学习,对学员学习予以关心并实施检查。

4.《岗位培训合格证书》的颁发

承担岗位培训的教学单位要严格按照教学计划和教学大纲的要求授课和考核。参加岗位培训的人员学完教学计划规定的全部课程并考核合格后,由新闻出版署或省(区、市)新闻出版局认定的教学单位颁发相应的《岗位培训合格证书》。

《岗位培训合格证书》由新闻出版署统一印制、编号、登记,由新闻出版署或省(区、市)新闻出版局验印。

四、持证上岗制度的施行

从1997年开始,凡新任出版社社长、总编辑、编辑室主任,期刊主编,书刊定点印刷企业厂长,新华书店省、地(市)、县店经理应先经培训并取得相应《岗位培训合格证书》后上岗工作。

从1999年开始,凡未经过岗位培训或培训后未取得相应《岗位培训合格证书》的人员不得在上述8个岗位上工作,已在岗人员原则上应从岗位上撤下来。

从现在起用5年或更长一些时间在出版行业其他主要岗位逐步开展岗位培训,实施持证上岗制度。

五、开展岗位培训、实施持证上岗制度的保证措施

1. 建立有关制度

——要把岗位培训与干部的选拔、考核和使用结合起来,岗位培训的考核成绩应记入本人档案,作为上岗(在岗)、转岗、晋升和评聘专业技术职称的必备条件或依据之一。

——要把开展岗位培训,实施持证上岗制度的工作纳入出版单位负责人(企业承包人)的任期目标,作为考核的重要内容之一。

——要把开展岗位培训和实施持证上岗制度的情况作为出版单位年检考核内容之一,凡在规定期限内未达到要求的出版单位,其年检不予通过,并视其情况给予相应处罚。

2. 加强对岗位培训工作和实施持证上岗制度的领导

开展岗位培训和实施持证上岗制度,是提高出版队伍整体素质、促进出版事业健康发展的一项战略措施,各级领导应高度重视。各省(区、市)新闻出版局、各出版单位及其主管部门均应将此项工作列入本部门、本单位工作计划。要有一名主要领导负责岗位培训工作,确定专门的机构和人员组织完成,对此项工作搞得好的应予表彰和奖励。各级出版行政机关和出版单位及其主管部门要严格按期实施持证上岗制度。

新闻出版署要对各地、各单位开展岗位培训和实施持证上岗制度的工作进行指导、监督和检查。

各级党委宣传部、教育行政部门和人事行政部门应积极支持、指导和帮助出版行业岗位培训工作的开展和持证上岗制度的实施。

3.增加经费投入

各级出版行政机关和出版单位及其主管部门要加强岗位培训经费的投入,并争取逐年有较大的增长,为全面开展岗位培训工作创造必要的条件,不断提高培训质量。

承担岗位培训的教学单位,不应以营利为目的,有关收费标准应严格按有关规定执行。

六、本规定由新闻出版署负责解释

本规定自公布之日起实施。

新闻出版行业领导岗位持证上岗实施办法

(新闻出版总署 2002年6月13日 新出办〔2002〕717号)

第一条 为了贯彻落实中共中央办公厅、国务院办公厅转发的《中共中央宣传部、国家广电总局、新闻出版总署关于深化新闻出版广播影视业改革的若干意见》和新闻出版署、中共中央宣传部、国家教委、人事部《关于在出版行业开展岗位培训实施持证上岗制度的规定》,加强新闻出版单位领导岗位持证上岗工作的管理,制定本实施办法(以下简称办法)。

第二条 按本办法规定实施持证上岗的领导岗位是:

1. 出版社(含图书、音像、电子出版单位,下同)社长、总编辑。
2. 期刊社主编。
3. 新华书店省、地(市)、县市店经理(含外文书店、古旧书店以及一级书刊批发单位经理,下同)。
4. 国家级、省级书刊印刷定点企业厂长(经理)。
5. 音像复制单位的法定代表人或主要负责人。
6. 报社社长、总编辑。

(上述岗位均包括副职,下同)

第三条 本办法所称持证上岗,是指第二条所列岗位人员在经主管机关(部门或单位)批准任职时,须持新闻出版总署统一印制的《岗位培训合格证书》上岗。

第四条 新闻出版总署主管全国新闻出版行业的持证上岗工作,负责对全国新闻出版行业需要持证上岗的岗位及持证上岗要求和时间等作出规定。

省、自治区、直辖市新闻出版局根据新闻出版总署的要求，负责本省（区、市）新闻出版单位领导岗位持证上岗实施工作，并主管本省（区、市）新闻出版单位其他岗位持证上岗工作。

中央和国家机关有关部委、人民团体新闻出版主管部门协助新闻出版总署做好本系统新闻出版单位领导岗位持证上岗管理工作。

第五条 《岗位培训合格证书》由新闻出版总署统一印制并用印，分别由新闻出版总署和各省、自治区、直辖市新闻出版局指定的培训机构颁发，在全国新闻出版行业有效。

第六条 《岗位培训合格证书》通过岗位培训取得。本办法第二条规定岗位的在职或拟任职人员，要在当年内（或任职后半年内）按规定参加由新闻出版总署或各省、自治区、直辖市新闻出版局组织或指定培训机构举办的相应岗位的岗位培训班，学完规定的全部课程，并经考试、考核合格者，即可获得《岗位培训合格证书》。

岗位培训班由新闻出版总署或各省、自治区、直辖市新闻出版局指定的培训机构按年度定期举办。

第七条 《岗位培训合格证书》有效期为五年，持有《岗位培训合格证书》的人员，要在有效期满后的第一年内，按本办法第六条要求参加岗位培训，并重新取得《岗位培训合格证书》。

第八条 持有《岗位培训合格证书》的人员，调离原单位，但不改变任职岗位性质的，其《岗位培训合格证书》继续有效。脱离原岗位工作，并改变岗位性质三年以下，又回原岗位工作的，其《岗位培训合格证书》要经新闻出版管理机关核验，方可有效。脱离原岗位工作并改变岗位性质三年以上的，其《岗位培训合格证书》自行失效。

第九条 新闻出版单位要根据新闻出版总署或各省、自治区、直辖市新闻出版局的规定，定期向上述新闻出版管理机关书面报告本单位领导持证上岗情况。

第十条 从2002年起,新闻出版管理机关要将本办法第二条所列人员持证上岗情况列入新闻出版单位年检内容。年检内容包括:1.单位领导持证上岗率达不到80%的(非本单位原因除外),新闻出版单位年检主管机关将视不同情况给予警告;2.单位领导持证上岗率达不到50%的,暂缓年检。对受到警告、暂缓年检的出版单位,要在新闻出版单位年检主管机关规定的时间内,达到持证上岗要求。

第十一条 任何单位和个人不得伪造、涂改、出借、转让《岗位培训合格证书》。《岗位培训合格证书》如有遗失,须由本人提出书面申请,经本单位确认,方可由新闻出版总署或省、自治区、直辖市新闻出版局指定的培训机构按本办法第六条规定审核补发。

第十二条 本办法第二条规定之外的其他岗位的持证上岗工作,在条件具备时,各省、自治区、直辖市新闻出版局可参照本办法作出具体规定。

第十三条 本办法发布之前,已取得《岗位培训合格证书》的人员,其持证上岗按本办法执行。

第十四条 中国人民解放军所属出版单位持证上岗实施办法,由解放军总政治部另行规定。

第十五条 本办法由新闻出版总署负责解释。

出版专业技术人员职业资格管理规定

(2008年2月21日中华人民共和国新闻出版总署令第37号公布)

第一章 总 则

第一条 为了规范出版专业职业资格管理,提高出版从业人员的整体素质,加强出版专业技术队伍建设,根据国务院《出版管理条例》、《音像制品管理条例》、《国务院对确需保留的行政审批项目设定行政许可的决定》和国家对职业资格管理的有关制度,制定本规定。

第二条 国家对在报纸、期刊、图书、音像、电子、网络出版单位从事出版专业技术工作的人员实行职业资格制度,对职业资格实行登记注册管理。

本规定所称出版专业技术人员包括在图书、非新闻性期刊、音像、电子、网络出版单位内承担内容加工整理、装帧和版式设计等工作的编辑人员和校对人员,以及在报纸、新闻性期刊出版单位从事校对工作的专业技术人员。

第三条 出版专业技术人员职业资格分为初级、中级和高级。初级、中级职业资格通过全国出版专业技术人员职业资格考试取得,高级职业资格通过考试、按规定评审取得。

第四条 凡在出版单位从事出版专业技术工作的人员,必须在到岗2年内取得出版专业职业资格证书,并按本规定办理登记手续;否则,不得继续从事出版专业技术工作。

在出版单位担任责任编辑的人员必须在到岗前取得中级以上

出版专业职业资格,并办理注册手续,领取责任编辑证书。

本规定所称责任编辑是指在出版单位为保证出版物的质量符合出版要求,专门负责对拟出版的作品内容进行全面审核和加工整理并在出版物上署名的编辑人员。

第五条 在出版单位担任社长、总编辑、主编、编辑室主任(均含副职)职务的人员,除应具备国家规定的任职条件外,还必须具有中级以上出版专业职业资格并履行登记、注册手续。

第六条 新闻出版总署负责全国出版单位出版专业技术人员职业资格的监督管理工作和中央在京出版单位出版专业技术人员职业资格登记注册工作。省、自治区、直辖市新闻出版行政部门负责本行政区域内的出版专业技术人员职业资格登记注册及管理工作。

第七条 出版专业技术人员应按照规定参加继续教育。

继续教育的具体内容,由新闻出版总署另行规定。

第二章 职业资格登记

第八条 已取得出版专业技术人员职业资格证书的人员应当在取得证书后3个月内申请职业资格登记;未能及时登记的,在按规定参加继续教育的情况下,可以保留其5年内申请职业资格登记的资格。

第九条 职业资格首次登记,应提供以下材料:

(一)出版专业职业资格证书原件;

(二)身份证复印件;

(三)职业资格登记申请表。

第十条 职业资格登记材料由申请人所在出版单位统一报送。中央在京出版单位申报材料由新闻出版总署受理,其他出版单位申报材料由所在地省、自治区、直辖市新闻出版行政部门受理。登记部门应在受理后20日内办理职业资格登记手续。

第十一条 职业资格登记有效期3年,每3年续展登记一次。续展登记时,由申请人所在出版单位于有效期满前30日内申请办理续展登记手续;如有特殊情况,登记有效期可适当延长,但最长不超过3个月,逾期仍不办理续展登记手续的,原登记自动失效。

职业资格登记失效后,按规定参加继续教育的,可以保留其5年内申请职业资格续展登记的资格。

已按规定办理责任编辑注册手续并取得责任编辑证书的人员,无须办理续展登记。

第十二条 职业资格续展登记,需提供以下材料:

(一)出版专业职业资格证书原件;

(二)职业资格续展登记申请表;

(三)近3年继续教育证明。

第十三条 已登记的出版专业技术人员变更出版单位或取得高一级职业资格的,应在3个月内按本规定第九条、第十条申请变更登记。

第三章 责任编辑注册

第十四条 在出版单位拟担任责任编辑的人员,应首先进行职业资格登记,然后申请责任编辑注册,取得责任编辑证书后,方可从事责任编辑工作。

责任编辑注册申请可与职业资格登记申请同时提出。

第十五条 申请责任编辑注册的人员应具备与责任编辑岗位相适应的政治素质、业务能力和职业道德;出版单位应对拟申请责任编辑注册人员的上述情况进行审核。

第十六条 责任编辑首次注册应当提交以下材料:

(一)中级以上出版专业职业资格证书原件;

（二）身份证复印件；

（三）责任编辑注册申请表；

（四）继续教育证明材料。

第十七条 责任编辑注册材料由申请人所在出版单位统一报送。中央在京出版单位注册材料由新闻出版总署受理，其他出版单位注册材料由所在地省、自治区、直辖市新闻出版行政部门受理。注册部门应在受理后20日内办理责任编辑注册手续，为同意注册者颁发责任编辑证书。

第十八条 责任编辑注册有效期3年，每3年续展注册一次。续展注册时，由申请人所在出版单位于有效期满前30日内申请办理续展注册手续；如有特殊情况，注册有效期可适当延长，但最长不超过3个月，逾期仍不办理续展注册手续的，原注册自动失效。

责任编辑注册失效后，按规定参加继续教育的，可以保留其5年内申请责任编辑续展注册的资格。

第十九条 申请责任编辑续展注册，应提交以下材料：

（一）责任编辑证书原件；

（二）责任编辑续展注册申请表；

（三）近3年继续教育证明材料。

第二十条 有下列情况之一者，不予续展注册，注销责任编辑证书：

（一）有本规定第二十五条所列情形之一，情节严重的；

（二）连续2次年度考核达不到岗位职责要求的；

（三）新闻出版总署认定不予续展注册的其他情形的。

第二十一条 被注销责任编辑证书的人员，3年内不得申请责任编辑注册。

第二十二条 已注册的责任编辑变更出版单位或取得高一级职业资格的，应在3个月内按本规定第十六条、第十七条申请变更注册。

第二十三条　责任编辑调离出版单位并不再从事责任编辑工作的，由原所在的出版单位收回责任编辑证书，并交原注册机构统一销毁。

第二十四条　新闻出版总署定期向社会公布取得责任编辑证书的人员姓名、所在单位、证书编号等信息，接受社会监督。

第四章　法　律　责　任

第二十五条　责任编辑有下列情形之一的，由新闻出版总署或者省、自治区、直辖市新闻出版行政部门给予警告；情节严重的，注销其责任编辑证书：

（一）有参与买卖书号、刊号、版号等违反出版法规行为的；

（二）担任责任编辑的出版物出现内容质量、编校质量等违法问题的。

第二十六条　出版专业技术人员因违反出版法规被追究刑事责任的，由新闻出版总署或者省、自治区、直辖市新闻出版行政部门取消其出版专业职业资格，注销其出版专业职业资格登记和责任编辑注册，不得继续从事出版专业技术工作，并不得申请参加出版专业职业资格考试。

第二十七条　出版单位有下列情形之一的，由新闻出版总署或者省、自治区、直辖市新闻出版行政部门给予警告，可以根据情节并处3万元以下罚款：

（一）聘用未取得责任编辑证书的人员从事责任编辑工作的；

（二）未按本规定履行出版专业技术人员登记注册手续的。

第二十八条　对出版单位作出行政处罚，新闻出版总署或者省、自治区、直辖市新闻出版行政部门可以告知其主办单位和主管单位，可以向社会公布。

第五章 附 则

第二十九条 责任编辑证书由新闻出版总署统一印制。

第三十条 中国人民解放军和中国人民武装警察部队系统出版单位出版专业技术人员的职业资格管理工作，由中国人民解放军总政治部宣传部新闻出版局参照本规定执行，并将登记注册信息报新闻出版总署备案。

第三十一条 已取得其他行业高级职称并在出版单位从事出版专业技术工作的人员，可以按照规定申请《专业技术职务资格证书》(编辑专业高级职称证书)的职称转评。

第三十二条 在报纸、新闻性期刊出版单位从事采编工作人员的职业资格管理办法另行制定。

在出版单位从事少数民族语言文字编辑、校对工作的出版专业技术人员职业资格管理办法另行制定。

第三十三条 本规定自 2008 年 6 月 1 日起施行，新闻出版总署 2002 年 6 月 3 日颁布的《出版专业技术人员职业资格管理暂行规定》同时废止。

关于深化出版专业技术人员职称制度改革的指导意见

(人力资源社会保障部 国家新闻出版署 2021年1月28日 人社部发〔2021〕10号)

各省、自治区、直辖市及新疆生产建设兵团人力资源社会保障厅(局)、新闻出版局,中央和国家机关各部委、各直属机构人事部门,中央军委政治工作部宣传局,各中央企业人事部门,中央各重点出版集团:

出版专业技术人员是我国专业技术人才队伍的重要组成部分,是促进出版业健康繁荣发展的重要力量。为贯彻落实中共中央办公厅、国务院办公厅印发的《关于深化职称制度改革的意见》,现就深化出版专业技术人员职称制度改革提出如下指导意见。

一、总体要求

(一)指导思想

以习近平新时代中国特色社会主义思想为指导,全面贯彻落实党的十九大和十九届二中、三中、四中、五中全会精神,认真落实党中央、国务院决策部署,坚持党管人才、党管出版原则,遵循出版专业技术人员成长规律,健全完善符合出版专业技术人员职业特点的职称制度,培养造就政治过硬、本领高强、求实创新、能打胜仗的出版专业技术人员队伍,为推动出版业持续健康繁荣发展、建设社会主义文化强国提供人才支撑。

(二)基本原则

1.坚持服务发展。围绕新时代出版业发展和人才队伍建设需求,充分发挥人才评价"指挥棒"和风向标作用,着力提升出版专业技术人员政治素质、专业能力和职业素养,激发出版专业技术人员创新创造创业活力,推动出版业创新发展和优化升级。

2. 坚持遵循规律。遵循出版专业技术人员成长规律和职业特点,建立科学合理的评价体系,引导出版专业技术人员坚持马克思主义新闻出版观,坚持"二为"方向和"双百"方针,坚持创造性转化、创新性发展,坚持以社会主义核心价值观为引领,促进满足人民文化需求和增强人民精神力量相统一,提供更加丰富优质的出版产品和服务。

3. 坚持科学评价。以品德、能力、业绩、贡献为导向,科学设置职称评价标准,克服唯学历、唯资历、唯论文、唯奖项的倾向,建立科学公正的评价体系和评审机制,鼓励出版专业技术人员深耕专业,让作出贡献的人才有成就感和获得感。

4. 坚持以用为本。围绕用好用活人才,创新人才评价机制,促进出版学科学位教育、职业资格制度和职称制度相衔接,促进职称制度与选人用人制度相衔接,把人才培养、评价与使用紧密结合起来,更好地促进出版专业技术人员职业发展。

二、主要内容

通过健全制度体系、完善评价标准、创新评价机制、促进与人才培养使用相结合、优化管理服务等措施,形成设置合理、评价科学、管理规范、服务全面的出版专业技术人员职称制度。

(一)健全制度体系

1. 统一职称名称。出版专业技术人员职称设初级、中级、高级,初级只设助理级,高级分设副高级和正高级。初级、中级、副高级、正高级的名称分别为助理编辑、编辑、副编审、编审。原技术设计员、助理技术编辑、三级校对、二级校对对应助理编辑,原技术编辑、一级校对对应编辑。

2. 实现职称制度与职业资格制度有效衔接。健全完善出版专业技术人员职业资格考试制度,并与职称制度实现有效衔接。通过出版专业技术人员职业资格考试取得的初级、中级职业资格,即对应相应层级的职称,并作为申报高一级职称的条件。

3. 出版专业技术人员各层级职称分别与事业单位专业技术岗位等级相对应。正高级对应专业技术岗位一至四级,副高级对应专业技术岗位五至七级,中级对应专业技术岗位八至十级,初级对应专业技术岗位十一至十三级。

(二)完善评价标准

1. 坚持德才兼备,以德为先。出版专业技术人员必须认真学习贯彻习近平新时代中国特色社会主义思想,贯彻党的出版方针,坚持正确出版导向,坚持内容质量第一,牢记出版工作职责使命。坚持把思想政治素质放在职称评价的首位,全面考察出版专业技术人员的政治立场、职业道德和从业操守。完善诚信承诺和失信惩戒机制,对通过弄虚作假、暗箱操作等违纪违规行为取得的职称,一律予以撤销。

2. 注重评价能力和业绩。注重评价出版专业技术人员的能力素质和工作业绩,引导出版专业技术人员全面掌握出版理论知识,熟练运用业务技能,有效提升选题策划、编辑校对、设计制作等实践能力。将出版专业技术人员的选题策划报告、审稿校对意见、设计制作方案和项目等代表性成果作为职称评审的重要内容,注重成果的质量、贡献和影响力。

3. 实行国家标准、地区标准和单位标准相结合。人力资源社会保障部、国家新闻出版署负责制定《出版专业技术人员职称评价基本标准》(附后)。各地区人力资源社会保障部门会同新闻出版管理部门可结合本地区实际情况,制定地区标准。具有自主评审权的用人单位可结合本单位实际,制定单位标准。地区标准和单位标准不得低于国家标准。

(三)创新评价机制

1. 丰富评价方式。出版专业技术人员初级、中级实行以考代评的方式,不再进行相应的职称评审或认定。初级、中级考试由全国统一组织、统一科目、统一大纲。人力资源社会保障部会同国家新闻出版署可以单独划定从事少数民族语言文字出版工作的出版专业技术人员考试合格标准。副高级和正高级一般采取评审方式。职称评审坚持同行评议,综合采用个人述职、面试答辩、业绩展示等多种形式,确保客观公正。

2. 健全评审制度。按照专业化组建、同行评议和业内认可的原则,遴选政治立场坚定、能力业绩突出的一线优秀资深出版专业技术人员和高等院校、科研机构、行业协会声望较高的专家学者等担任评审专家,组建职称评审委员会。积极吸收从事融合出版、版权运营等业务的优秀资深人员和专家学者参加。严格落实评审委员会核准备案制度。国务院有关部门和中央出版单位成立的高级职称评审委员会报人力资源社会保障部核准备案,其他高级职称评审委员会报省级以上人力资源社会保障部门核准备案。

3. 畅通评价渠道。进一步打破户籍、地域、身份等制约,畅通各类出版专业技术人员职称申报渠道。对主要从事融合出版、版权运营等业务的人员,出版单位应积极创造条件,新闻出版管理部门应考虑融合出版、版权运营等业务的特点,支持鼓励其参加考试或评审。从事与出版物策划、数字出版相关的非公有制经济组织、社会组织的出版专业技术人员可按属地原则参加考试或评审。出版企事业单位中经批准离岗创业或兼职的专业技术人员,3年内可在原单位按规定正常申报职称,其创业或兼职期间相关工作业绩可作为职称评审的依据。

4. 建立绿色通道。对在出版工作中作出重大贡献或者急需紧缺的出版专业技术人员,可适当放宽学历、资历、年限等条件限制,直接申报评审高级职称。对长期在艰苦边远地区和少数民族地区从事出版工作的专业技术人员,以及在其他地区从事少数民族语言文字出版工作的专业技术人员,重点考察其实际工作业绩,适当放宽学历和科研能力要求。

(四)促进职称制度与人才培养使用相结合

1.与人才培养制度有效衔接。充分发挥职称制度对提高人才培养质量的导向作用,紧密结合出版行业人才需求和职业标准,建立健全与职称制度相衔接的出版学科学位教育制度,加快培育出版专业人才。推进职称制度与出版专业技术人员继续教育制度相衔接,引导出版专业技术人员更新知识、拓展技能,全面提升专业胜任能力。

2.与用人制度有效衔接。出版单位应当结合用人需求,根据职称评价结果合理使用出版专业技术人员,实现职称评价结果与出版专业技术人员聘用、考核、晋升等用人制度紧密结合、有效衔接。全面实行岗位管理、专业技术人才学术技术水平与岗位职责密切相关的事业单位,一般应在岗位结构比例内开展职称评审。不实行事业单位岗位管理的单位,可根据工作需要,择优聘任具有相应职称的出版专业技术人员从事相关工作。健全完善出版专业技术人员考核制度,加强聘后管理,在岗位聘用中实现人员能上能下。

(五)优化管理服务

1.下放评审权限。发挥用人主体在职称评审中的主导作用,科学界定、合理下放职称评审权限,逐步将高级职称评审权下放到符合条件的出版单位、行业社会组织或市地。自主评审单位组建的高级职称评审委员会应当按照管理权限报省级以上人力资源社会保障部门核准备案。

2.加强监督管理。建立健全职称评审公开制度,实行政策公开、标准公开、程序公开、结果公开,接受社会和群众监督。建立健全职称评审回避制度、公示制度和随机抽查、巡查制度,建立复查、投诉机制,强化对评审全过程的监督管理。加强对自主评审工作的监管,对于不能正确行使评审权、不能确保评审质量的评审单位,暂停其自主评审工作直至收回评审权,并追究责任。

3. 优化评审服务。加强职称评审信息化建设,探索实行网上申报、审核、评审、公示等一体化服务。合理确定申报职称所需材料种类和内容,减少各类申报表格和纸质证明材料,简化申报手续和审核环节。

三、组织实施

(一)加强组织领导。深化出版专业技术人员职称制度改革是分类推进职称制度改革的重要内容,各地区、各有关部门要充分认识改革的重大意义,高度重视改革工作。各级人力资源社会保障部门会同新闻出版管理部门负责职称政策制定、组织实施和监督检查等工作。各有关部门要密切配合,建立有效工作机制,确保改革工作顺利实施。

(二)稳步有序推进。各地区、各有关部门要根据本指导意见精神,紧密结合实际,切实抓好改革的贯彻落实。在推进改革过程中,要深入开展调查研究,细化工作措施,完善工作预案,妥善做好新旧政策衔接工作。在改革中要认真总结经验,及时解决改革中出现的新情况、新问题,妥善处理改革、发展和稳定的关系。

(三)抓好宣传引导。各地区、各有关部门要深入细致做好政策解读、舆论宣传和思想政治工作,充分调动广大出版专业技术人员的积极性,引导出版专业技术人员积极参与职称制度改革,营造有利于出版专业技术人员职称制度改革的良好氛围。

本指导意见适用于经国家出版主管部门依法批准设立的报纸、期刊、图书、音像、电子、网络等出版单位中,从事出版专业工作的出版专业技术人员。从事与出版物策划、数字出版相关的非公有制经济组织、社会组织的出版专业技术人员参照执行。

军队可以参照本意见制定出版专业技术人员职称评价具体

办法。

附件:出版专业技术人员职称评价基本标准

2021年1月28日

附件：出版专业技术人员职称评价基本标准

一、遵守中华人民共和国宪法和法律法规，坚持中国共产党的领导，拥护党的基本理论、基本路线和基本方略，忠于党的出版事业。

二、坚持党性原则，坚持马克思主义新闻出版观，坚持以人民为中心的工作导向，认真履行出版工作职责使命。

三、具备良好的思想政治素质和职业道德、敬业精神，作风端正。

四、热爱出版工作，具备相应的出版专业知识和业务技能，认真履行岗位职责，按照规定参加继续教育。

五、出版专业技术人员参加各层级职称评价，除必须达到上述标准条件外，还应分别具备以下条件：

（一）助理编辑

1. 具有基本的马克思主义理论水平，基本掌握出版专业基础理论和专业知识。

2. 了解出版工作规律，基本具备从事出版选题策划、编辑校对、设计制作等工作的能力，能够胜任出版专业基础性工作。

3. 具备大学专科及以上学历。

（二）编辑

1. 具有一定的马克思主义理论水平，掌握出版专业基础理论和专业知识，有一定的出版学术水平。

2. 熟悉出版工作规律，有一定的出版选题策划、编辑校对、设计制作等实践经验，能够独立开展某一方面的出版专业工作，能基本解决工作中的疑难问题，基本能创造性地开展工作。

3. 能够指导初级出版专业技术人员开展工作。

4. 具备博士学位；或具备硕士学位，从事出版专业工作满1

年;或具备双学士学位、第二学士学位或研究生班毕业,从事出版专业工作满2年;或具备大学本科学历或学士学位,从事出版专业工作满4年;或具备大学专科学历,从事出版专业工作满5年。

(三)副编审

1. 具有相当的马克思主义理论水平,全面掌握出版专业理论和专业知识,有一定的出版学术造诣。

2. 全面掌握出版工作规律,有较深厚扎实的出版选题策划、编辑校对、设计制作等实践功底,出版工作经验比较丰富,能解决工作中的疑难问题,能够创造性地开展工作,工作业绩显著,参与出版了为社会所认可的、有一定影响力的出版物,或参与开展了有一定行业影响力的出版工程项目等。

3. 是出版专业领域的业务骨干,具有指导、培养中级及以下出版专业技术人员的能力。

4. 取得一定的出版相关理论研究成果,或主持完成出版相关行业标准、研究课题、调研报告等。

5. 具备博士学位,从事出版专业工作满2年;或具备大学本科及以上学历或学士及以上学位,取得编辑职称后,从事出版专业工作满5年。

(四)编审

1. 具有较高的马克思主义理论水平,系统掌握出版专业理论和专业知识,有较高的出版学术造诣。

2. 系统掌握出版工作规律,有深厚扎实的出版选题策划、编辑校对、设计制作等实践功底,出版工作经验丰富,能解决工作中的重大疑难问题,在出版工作方面有重大创新,工作业绩卓著,在出版界有一定影响,主持出版了为社会所认可的、有较大影响力的出版物,或主持开展了有较大行业影响力的出版工程项目等。

3. 是出版专业领域的业务带头人,具有指导、培养副高级及以下出版专业技术人员的能力。

4.取得重大出版相关理论研究成果,或其他创造性出版相关研究成果,推动出版业发展。

5.具备大学本科及以上学历或学士及以上学位,取得副编审职称后,从事出版专业工作满5年。

不具备上述规定的学历、年限等要求,业绩突出、作出重要贡献的,可破格申报,具体办法由各地区、各有关部门和单位另行制定。

出版专业技术人员继续教育规定

(国家新闻出版署 人力资源社会保障部 2020年9月24日 国新出发〔2020〕18号)

第一章 总 则

第一条 为规范出版专业技术人员继续教育工作,保障出版专业技术人员继续教育权益,不断提高出版专业技术人员素质能力,根据《出版管理条例》《干部教育培训工作条例》《专业技术人员继续教育规定》等,结合出版工作实际,制定本规定。

第二条 在出版单位从事出版专业技术工作,包括出版物选题策划、内容编辑加工和校对、装帧和版式设计、信息资源集成开发、编务印制和质量管理、版权运营、出版物营销等专业技术人员继续教育,适用本规定。

第三条 出版专业技术人员继续教育是建设高素质专业化出版专业人才队伍的基础性战略性工作,必须坚持以习近平新时代中国特色社会主义思想为指导,紧紧围绕新时代宣传思想工作举旗帜、聚民心、育新人、兴文化、展形象的使命任务,不断增强脚力、眼力、脑力、笔力,打造政治过硬、本领高强、求实创新、能打胜仗的出版专业技术人员队伍,为推动出版业持续繁荣发展提供人才保证和智力支持。

第四条 出版专业技术人员继续教育工作应当遵循下列原则:

(一)服务大局,按需施教。紧紧围绕出版事业发展需要和出版专业技术人员从业要求,深入开展马克思主义出版观教育,把政治能力建设贯穿继续教育全过程,引导出版专业技术人员不断提高政治本领,不断增强政治敏锐性和政治鉴别力,增强"四个意识",坚定"四个自信",做到"两个维护"。

(二)提高能力,注重质量。遵循人才成长发展规律,不断深化专业能力建设,把继续教育的普遍性要求与出版专业人才的特殊需要结合起来,提高继续教育质量,增强教育培训针对性,引导出版专业技术人员更新知识、拓展技能,加强职业道德建设,全面提升专业胜任能力。

(三)改革创新,注重实效。统筹继续教育资源,创新方式方法,建立兼容、开放、共享、规范的继续教育培训体系,坚持分级分类组织,形成政府部门规划指导、社会力量积极参与、出版单位支持配合的出版专业技术人员继续教育新格局。

第五条 出版专业技术人员享有参加继续教育的权利和接受继续教育的义务。出版单位应当依照法律、行政法规和国家有关规定提取和使用职工教育经费,为本单位出版专业技术人员参加继续教育提供保障和支持。出版专业技术人员经所在单位同意,脱产或半脱产参加继续教育活动的,所在单位应当按照国家有关规定,保障工资、福利等待遇。

第六条 出版专业技术人员应当自从事出版工作的下一年度开始参加继续教育。

第二章 管理体制

第七条 出版专业技术人员继续教育实行统筹规划、分级负责、分类指导的管理体制。

第八条 国家新闻出版署和人力资源社会保障部负责对全国出版专业技术人员继续教育工作进行综合管理和统筹协调,制定全国出版专业技术人员继续教育政策,监督指导全国出版专业技术人员继续教育工作的组织实施。

第九条 各省级新闻出版主管部门、人力资源社会保障部门,共同负责本地区出版专业技术人员继续教育工作的综合管理和组织实施。

其他机关、企业、事业单位以及社会团体等在各自职责范围内依法做好出版专业技术人员继续教育的规划、管理和实施工作。

第三章 内容与形式

第十条 出版专业技术人员继续教育内容包括公需科目和专业科目。

公需科目包括出版专业技术人员应当普遍掌握的政治理论、法律法规、职业道德等基本知识。要把学习贯彻习近平新时代中国特色社会主义思想作为首要任务,坚持及时学、系统学、深入学,引导出版专业技术人员系统掌握科学体系、精髓要义和实践要求,真正做到学懂弄通做实。

专业科目包括出版专业技术人员必须具备并应当掌握的出版政策法规、编辑业务知识,编校技能和质量要求,装帧和版式设计、信息资源集成开发、版权运营管理等专业知识,以及与行业发展相关的新知识、新技术、新技能。

国家新闻出版署会同人力资源社会保障部根据出版专业技术人员不同岗位、类别和层次,统筹规划继续教育课程和教材体系建设,定期发布继续教育公需科目指南、专业科目指南,对继续教育内容进行指导。

第十一条 出版专业技术人员可以选择参加继续教育的形式。具体形式有:

(一)参加省级及以上新闻出版主管部门、人力资源社会保障部门及其公布的继续教育机构组织的面授、网络远程等继续教育活动；

（二）参加国家教育行政主管部门承认的本科及以上相关专业学历(学位)教育；

（三）承担省级及以上新闻出版主管部门或相关行业协会的出版类研究课题，或承担国家级科研基金项目；

（四）在拥有国内统一连续出版物号、经国家新闻出版主管部门认定的学术期刊上发表出版类或与工作相关的学术论文，公开出版与工作职责相关的学术著作、译著和整理的古籍图书；

（五）担任省级及以上新闻出版主管部门或相关行业协会举办的培训班、学术会议、专题讲座等授课(报告)人；

（六）参加全国出版专业技术人员职业资格考试及命题、审题、阅卷工作；

（七）参加所在单位或相关专业机构组织的与本单位出版范围相关的专业类培训；

（八）参加省级及以上新闻出版主管部门组织的出版物质量审读、评审工作；

（九）参加省级及以上新闻出版主管部门组织举办的编校大赛获得优秀以上等次；

（十）省级及以上新闻出版主管部门、人力资源社会保障部门认可的其他继续教育方式。

第十二条 出版专业技术人员继续教育要根据出版工作特点，综合运用讲授式、研讨式、案例式等教学方法，积极探索适应信息化发展趋势的网络培训有效方式，统筹推进线上线下相结合的培训模式，充分运用"学习强国"学习平台优质资源，不断深化新知识、新技术、新技能等的培训。

第四章　学时管理

第十三条　出版专业技术人员参加继续教育的时间每年累计不少于90学时。其中,专业科目学时一般不少于总学时的三分之二。

出版专业技术人员参加继续教育取得的学时,在全国范围内当年度有效,不得结转或顺延至下一年度。

第十四条　出版专业技术人员参加本规定第十一条规定形式的继续教育,其学时计算标准如下:

(一)参加省级及以上新闻出版主管部门、人力资源社会保障部门及其公布的继续教育机构组织的面授培训,每天按8学时计算;参加网络远程培训,按实际学时计算,每年最多不超过40学时。

(二)参加国家教育行政主管部门承认的本科及以上相关专业学历(学位)教育,获得学历(学位)当年度折算为40学时。

(三)独立承担省级及以上新闻出版主管部门或相关行业协会的出版类研究课题,或独立承担国家级科研基金项目,课题结项的,当年度每项折算为40学时;与他人合作完成的,主持人每项折算为30学时,参与人每人每项折算为10学时。

(四)独立公开发表出版类或与工作相关的学术论文,每篇折算为10学时;与他人合作发表的,每人每篇折算为5学时。每年最多折算为20学时。

(五)独立公开出版与工作职责相关的学术著作、译著和整理的古籍图书,每本折算为30学时;与他人合作出版的,第一作者每本折算为20学时,其他作者每人每本折算为10学时。每年最多折算为40学时。

(六)担任省级及以上新闻出版主管部门或相关行业协会举办的培训班、学术会议、专题讲座等授课(报告)人,按实际授课

(报告)时间的6倍计算学时。

（七）参加全国出版专业技术人员职业资格考试,每通过一科,下一年度折算为30学时。

（八）参加全国出版专业技术人员职业资格考试命题、审题、阅卷,省级及以上新闻出版主管部门组织的出版物质量审读、评审工作,或在编校大赛中获得优秀以上等次,折算为30学时。

（九）参加所在单位或相关专业机构组织的与本单位出版范围相关的专业类培训,每年最多折算为30学时。

第十五条 出版专业技术人员参加继续教育情况实行学时登记管理。

出版单位应当对本单位出版专业技术人员参加继续教育的种类、内容、时间和考试考核结果等情况进行记录,及时登录有关网站提交继续教育情况,完成学时审核登记的初审。

省级新闻出版主管部门负责本地区出版专业技术人员继续教育学时审核登记的复审。

国家新闻出版署负责全国出版专业技术人员继续教育学时审核登记的终审,以及中央在京出版单位出版专业技术人员继续教育学时审核登记的复审。

省级新闻出版主管部门每年将本地区出版专业技术人员继续教育审核情况送同级人力资源社会保障部门备案。

第十六条 出版专业技术人员继续教育学时登记采用以下方式:

（一）参加全国出版专业技术人员职业资格考试,或参加省级及以上新闻出版主管部门、人力资源社会保障部门及其公布的继续教育机构组织的培训,由省级及以上新闻出版主管部门根据继续教育机构或所在单位报送的继续教育信息,办理继续教育事项登记;

（二）参加除第一项以外其他形式的继续教育,应当在当年度登录国家新闻出版主管部门指定网站,按要求上传相关证明材料,申请办理继续教育事项登记。

第十七条 出版专业技术人员由于伤、病、孕等特殊原因无法在当年度完成继续教育学时的,可由所在单位提供证明,经省级及以上新闻出版主管部门审核确认后,应参加继续教育的学时顺延至下一年度合并完成。省级及以上新闻出版主管部门应当在下一年度的继续教育合格证书中予以注明。

第五章 继续教育机构

第十八条 国家新闻出版署、人力资源社会保障部指导加强出版专业技术人员继续教育机构建设,推动构建分工明确、优势互补、布局合理、开放有序的继续教育培训体系。鼓励并引导行业协会、高等院校、科研院所等具备培训条件的社会办学单位参与出版专业技术人员继续教育工作。

第十九条 国家新闻出版署以适当方式向社会公布承办出版专业技术人员继续教育的机构及其培训范围、教学内容、收费项目和标准等。继续教育机构应当认真组织实施出版专业技术人员继续教育教学计划,根据考核结果如实出具出版专业技术人员参加继续教育证明。

第二十条 继续教育机构要突出政治引领,以提升思想政治素质和职业素养、创新创造能力为重点,建立健全继续教育培训内容更新机制。

第二十一条 继续教育机构要建立健全符合出版工作特点和出版专业技术人员成长成才规律的师资准入和退出机制。建立完备的继续教育师资库,严把政治关、质量关、纪律关,建设高素质高水平专业化的出版专业技术人员继续教育师资队伍。

第二十二条 继续教育机构要把旗帜鲜明讲政治贯穿教学管

理全过程,严格执行有关学员、师资管理规定,严肃讲坛纪律,加强学风建设。

第二十三条 各级新闻出版主管部门、人力资源社会保障部门直接举办的继续教育活动,应当突出公益性,不得收取费用。鼓励和支持出版企事业单位、高等院校和社会团体等举办公益性继续教育活动。

第二十四条 继续教育机构不得采取虚假、欺诈等不正当手段招揽生源,不得以继续教育名义组织旅游或与培训无关的高消费活动,不得以继续教育名义乱收费或只收费不培训,以及从事其他有关政策法规明令禁止的行为。

第六章 考核与监督

第二十五条 出版单位应当建立本单位出版专业技术人员继续教育与使用、晋升相衔接的激励机制,把出版专业技术人员参加继续教育情况作为出版专业技术人员考核评价、岗位聘用的重要依据。

第二十六条 出版专业技术人员参加继续教育情况,应当作为聘任专业技术职务或者申报评定上一级职称的重要条件,作为出版专业技术人员职业资格登记注册(续展)的必要条件。

第二十七条 省级及以上新闻出版主管部门、人力资源社会保障部门应当依法对出版专业技术人员继续教育机构、出版单位执行本规定的情况进行监督。

第二十八条 省级及以上新闻出版主管部门、人力资源社会保障部门应当定期组织或委托第三方评估机构对本地区出版专业技术人员继续教育机构进行教学质量评估,评估结果作为评价继续教育机构办学质量的重要标准和承担下一年度继续教育任务的重要依据。

第二十九条 出版专业技术人员未按本规定第十一条、十三条规定参加继续教育,无正当理由不参加继续教育或者在学习培训期间违反学习纪律和管理制度的,出版单位可视情给予批评教育、不予报销或者要求退还培训费用等。

第三十条 出版单位违反本规定的,由省级及以上新闻出版主管部门或人力资源社会保障部门责令改正。

第三十一条 出版专业技术人员存在继续教育学时造假等情形的,由省级及以上新闻出版主管部门或人力资源社会保障部门通报所在单位,暂停或暂缓职业资格登记注册(续展)。

第三十二条 继续教育机构违反本规定的,由省级及以上新闻出版主管部门或人力资源社会保障部门责令改正,并依法依规进行处理。

第七章 附 则

第三十三条 各省级新闻出版主管部门要加强对民营书业从业人员继续教育的政策指导,统筹协调优质培训资源共建共享,组织开展多层次、有针对性的专业学习和技能培训,健全完善民营书业从业人员继续教育培训机制,探索推进民营书业从业人员继续教育学时登记等工作。各民营书业企业要积极为所属从业人员参加继续教育创造便利条件。

第三十四条 中国人民解放军和中国人民武装警察部队所属出版单位出版专业技术人员继续教育工作,参照本规定执行。

第三十五条 本规定自 2021 年 1 月 1 日起施行,由国家新闻出版署、人力资源社会保障部负责解释。原新闻出版总署印发的《出版专业技术人员继续教育暂行规定》(新出政发〔2010〕10 号)同时废止,其他出版专业技术人员继续教育相关规定与本规定不一致的,以本规定为准。

出版专业技术人员
职业资格考试暂行规定

(人事部　新闻出版总署　2001年8月7日　人发〔2001〕86号)

第一条　为加强出版专业技术队伍建设,提高出版专业技术队伍的整体素质,规范出版物市场的管理,保证出版物的质量,根据国务院《出版管理条例》和《音像制品管理条例》的有关精神及职业资格证书制度的有关规定,制定本暂行规定。

第二条　本规定适用于在图书、期刊、音像、电子等出版单位(包括出版社、期刊社)中从事编辑、出版、校对、发行等专业技术工作的人员。

第三条　国家对出版专业技术人员实行职业资格制度,纳入全国专业技术人员职业资格制度的统一规划。

第四条　出版专业技术人员职业资格(以下简称"出版专业资格")实行全国统一考试制度,由国家统一组织、统一时间、统一大纲、统一试题、统一标准、统一证书。

出版专业实行职业资格考试制度后,不再进行该专业相应级别专业技术职务任职资格的评审工作。

第五条　出版专业资格实行一考多用原则。通过出版专业资格考试并获得该专业相应级别职业资格证书的专业技术人员,表明其已具备出版专业相应岗位职业资格和担任相应级别出版专业职务的水平和能力。用人单位可根据工作需要,从获得出版专业资格证书的人员中择优聘任。

第六条　出版专业资格分为:初级资格、中级资格和高级资格。

（一）取得初级资格，作为从事出版专业岗位工作的上岗证，可以根据《出版专业人员职务试行条例》有关规定，聘任助理编辑（助理技术编辑或二级校对）职务。

（二）取得中级资格，作为出版专业某些关键岗位工作的必备条件，可以根据《出版专业人员职务试行条例》有关规定聘任编辑（技术编辑或一级校对）职务。

（三）高级资格（编审、副编审）实行考试与评审相结合的评价制度，具体办法另行规定。

第七条 报名参加出版专业资格考试的人员，必须遵守中华人民共和国宪法和各项法律，认真贯彻执行党和国家有关宣传出版工作的方针、政策，热爱出版工作，恪守职业道德。

第八条 报名参加出版专业初级资格考试的人员，除具备本规定第七条所列基本条件外，还必须具备下列条件之一：

（一）取得大学专科以上学历。

（二）本规定发布之日前，已受聘担任技术设计员或三级校对专业技术职务。

第九条 报名参加出版专业中级资格考试的人员，除具备本规定第七条所列的基本条件外，还必须具备下列条件之一：

（一）取得大学专科学历，从事出版专业工作满5年。

（二）取得大学本科学历，从事出版专业工作满4年。

（三）取得双学士学位或研究生班毕业，从事出版专业工作满2年。

（四）取得硕士学位，从事出版专业工作满1年。

（五）取得博士学位。

（六）本规定发布之日前，按国家统一规定已受聘担任助理编辑、助理技术编辑、二级校对专业技术职务满4年。

（七）本规定发布之日前，受聘担任非出版专业中级专业技术职务,从事出版专业技术岗位工作满1年。

第十条 出版专业资格考试工作由人事部和新闻出版总署共同负责。

新闻出版总署负责拟定考试科目、考试大纲、考试题目,编写考试用书,研究并建立考试题库,组织或授权组织考前培训等有关工作。

人事部负责审定考试科目、考试大纲和试题,会同新闻出版总署对考试进行检查、监督和指导,确定合格标准。

第十一条 出版专业资格考试合格者,由各省、自治区、直辖市人事(职改)部门颁发人事部统一印制,人事部、新闻出版总署共同用印的《中华人民共和国出版专业技术人员职业资格证书》。该证书在全国范围有效。

第十二条 出版专业职业资格证书实行定期登记制度。资格证书每3年登记1次。持证者应按国家规定到新闻出版总署指定的机构办理登记手续。

第十三条 有下列情形之一者,不得申请参加出版专业资格考试:

(一)不具有完全民事行为能力。

(二)违犯出版法规受到严厉惩处。

(三)有刑事犯罪记录。

第十四条 有下列情形之一者,由新闻出版行政主管部门吊销其专业技术资格,由发证机关收回其职业资格证书,2年内不得再参加出版专业资格考试:

(一)伪造学历和出版专业工作资历证明。

(二)考试期间有违纪行为。

(三)国务院新闻出版和人事行政主管部门规定的其他情形。

第十五条 新闻出版总署将对通过考试取得出版专业职业资格证书人员的职责、权利、义务及管理做出明确规定。

第十六条 国家将对出版专业某些重要的专业技术岗位实行执业准入制度,具体办法另行规定。

第十七条 本规定由人事部、新闻出版总署按职责分工负责解释。

第十八条 本规定自发布之日起施行。

专业技术人员资格考试违纪违规行为处理规定

(2017年2月16日中华人民共和国人力资源和社会保障部令第31号公布)

第一章 总 则

第一条 为加强专业技术人员资格考试工作管理,保证考试的公平、公正,规范对违纪违规行为的认定与处理,维护应试人员和考试工作人员合法权益,根据有关法律、行政法规制定本规定。

第二条 专业技术人员资格考试中违纪违规行为的认定和处理,适用本规定。

第三条 本规定所称专业技术人员资格考试,是指由人力资源社会保障部或者由其会同有关行政部门确定,在全国范围内统一举行的准入类职业资格考试、水平评价类职业资格考试以及与职称相关的考试。

本规定所称应试人员,是指根据专业技术人员资格考试有关规定参加考试的人员。

本规定所称考试工作人员,是指参与考试管理和服务工作的人员,包括命(审)题(卷)、监考、主考、巡考、考试系统操作、评卷等人员和考试主管部门及考试机构的有关工作人员。

本规定所称考试主管部门,是指各级人力资源社会保障行政部门、有关行政主管部门以及依据法律、行政法规规定具有考试管理职能的行业协会或者学会等。

本规定所称考试机构,是指经政府及其有关部门批准的各级具有专业技术人员资格考试工作职能的单位。

第四条 认定与处理违纪违规行为,应当事实清楚、证据确凿、程序规范、适用规定准确。

第五条 人力资源社会保障部负责全国专业技术人员资格考试工作的综合管理与监督。

各级考试主管部门、考试机构或者有关部门按照考试管理权限依据本规定对应试人员、考试工作人员的违纪违规行为进行认定与处理。其中,造成重大社会影响的严重违纪违规行为,由省级考试主管部门会同省级考试机构或者由省级考试机构进行认定与处理,并将处理情况报告人力资源社会保障部和相应行业的考试主管部门。

第二章 应试人员违纪违规行为处理

第六条 应试人员在考试过程中有下列违纪违规行为之一的,给予其当次该科目考试成绩无效的处理:

(一)携带通讯工具、规定以外的电子用品或者与考试内容相关的资料进入座位,经提醒仍不改正的;

(二)经提醒仍不按规定书写、填涂本人身份和考试信息的;

(三)在试卷、答题纸、答题卡规定以外位置标注本人信息或者其他特殊标记的;

(四)未在规定座位参加考试,或者未经考试工作人员允许擅自离开座位或者考场,经提醒仍不改正的;

(五)未用规定的纸、笔作答,或者试卷前后作答笔迹不一致的;

(六)在考试开始信号发出前答题,或者在考试结束信号发出后继续答题的;

(七)将试卷、答题卡、答题纸带出考场的;

（八）故意损坏试卷、答题纸、答题卡、电子化系统设施的；

（九）未按规定使用考试系统，经提醒仍不改正的；

（十）其他应当给予当次该科目考试成绩无效处理的违纪违规行为。

第七条 应试人员在考试过程中有下列严重违纪违规行为之一的，给予其当次全部科目考试成绩无效的处理，并将其违纪违规行为记入专业技术人员资格考试诚信档案库，记录期限为5年：

（一）抄袭、协助他人抄袭试题答案或者与考试内容相关资料的；

（二）互相传递试卷、答题纸、答题卡、草稿纸等的；

（三）持伪造证件参加考试的；

（四）本人离开考场后，在考试结束前，传播考试试题及答案的；

（五）使用禁止带入考场的通讯工具、规定以外的电子用品的；

（六）其他应当给予当次全部科目考试成绩无效处理的严重违纪违规行为。

第八条 应试人员在考试过程中有下列特别严重违纪违规行为之一的，给予其当次全部科目考试成绩无效的处理，并将其违纪违规行为记入专业技术人员资格考试诚信档案库，长期记录：

（一）串通作弊或者参与有组织作弊的；

（二）代替他人或者让他人代替自己参加考试的；

（三）其他情节特别严重、影响恶劣的违纪违规行为。

第九条 应试人员应当自觉维护考试工作场所秩序，服从考试工作人员管理，有下列行为之一的，终止其继续参加考试，并责令离开考场；情节严重的，按照本规定第七条、第八条的规定处理；违反《中华人民共和国治安管理处罚法》等法律法规的，交由公安机关依法处理；构成犯罪的，依法追究刑事责任：

(一)故意扰乱考点、考场等考试工作场所秩序的；
(二)拒绝、妨碍考试工作人员履行管理职责的；
(三)威胁、侮辱、诽谤、诬陷工作人员或者其他应试人员的；
(四)其他扰乱考试管理秩序的行为。

第十条 应试人员有提供虚假证明材料或者以其他不正当手段取得相应资格证书或者成绩证明等严重违纪违规行为的，由证书签发机构宣布证书或者成绩证明无效，并按照本规定第七条处理。

第十一条 在阅卷过程中发现应试人员之间同一科目作答内容雷同，并经阅卷专家组确认的，由考试机构或者考试主管部门给予其当次该科目考试成绩无效的处理。作答内容雷同的具体认定方法和标准，由省级以上考试机构确定。

应试人员之间同一科目作答内容雷同，并有其他相关证据证明其违纪违规行为成立的，视具体情形按照本规定第七条、第八条处理。

第十二条 专业技术人员资格考试诚信档案库由人力资源社会保障部统一建立，管理办法另行制定。

考试诚信档案库纳入全国信用信息共享平台，向用人单位及社会提供查询，相关记录作为专业技术人员职业资格证书核发和注册、职称评定的重要参考。考试机构可以视情况向社会公布考试诚信档案库记录相关信息，并通知当事人所在单位。

第三章 考试工作人员违纪违规行为处理

第十三条 考试工作人员有下列情形之一的，停止其继续参加当年及下一年度考试工作，并由考试机构、考试主管部门或者建议有关部门给予处分：

(一)不严格掌握报名条件的；

(二)擅自提前考试开始时间、推迟考试结束时间及缩短考试时间的;

(三)擅自为应试人员调换考场或者座位的;

(四)提示或者暗示应试人员答卷的;

(五)未准确记录考场情况及违纪违规行为,并造成一定影响的;

(六)未认真履行职责,造成考场秩序混乱或者所负责考场出现雷同试卷的;

(七)未执行回避制度的;

(八)其他一般违纪违规行为。

第十四条 考试工作人员有下列情形之一的,由考试机构、考试主管部门或者建议有关部门将其调离考试工作岗位,不得再从事考试工作,并给予相应处分:

(一)因命(审)题(卷)发生错误,造成严重后果的;

(二)以不正当手段协助他人取得考试资格或者取得相应证书的;

(三)因失职造成应试人员未能如期参加考试,或者使考试工作遭受重大损失的;

(四)擅自将试卷、试题信息、答题纸、答题卡、草稿纸等带出考场或者传给他人的;

(五)故意损坏试卷、试题载体、答题纸、答题卡的;

(六)窃取、擅自更改、编造或者虚报考试数据、信息的;

(七)泄露考务实施工作中应当保密信息的;

(八)在评阅卷工作中,擅自更改评分标准或者不按评分标准进行评卷的;

(九)因评卷工作失职,造成卷面成绩错误,后果严重的;

(十)指使或者纵容他人作弊,或者参与考场内外串通作弊的;

(十一)监管不严,使考场出现大面积作弊现象的;

(十二)擅自拆启未开考试卷、试题载体、答题纸等或者考试后已密封的试卷、试题载体、答题纸、答题卡等的;

(十三)利用考试工作之便,以权谋私或者打击报复应试人员的;

(十四)其他严重违纪违规行为。

第十五条 考试工作人员违反《中华人民共和国保守国家秘密法》及有关规定,造成在保密期限内的考试试题、试卷及相关材料内容泄露、丢失的,由相关部门视情节轻重,分别给予责任人和有关负责人处分;构成犯罪的,依法追究刑事责任。

第四章 处理程序

第十六条 对应试人员违纪违规行为被当场发现的,考试工作人员应当予以制止。对于被认定为违纪违规的,要收集、保存相应证据材料,如实记录违纪违规事实和现场处理情况,当场告知其记录内容,并要求本人签字;对于拒绝签字或者恶意损坏证据材料的,由2名考试工作人员如实记录其拒签或者恶意损坏证据材料的情况。违纪违规记录经考点负责人签字认定后,报送考试机构或者考试主管部门。

第十七条 对应试人员违纪违规行为作出处理决定前,应当告知应试人员拟作出的处理决定及相关事实、理由和依据,并告知应试人员依法享有陈述和申辩的权利。作出处理决定的考试机构或者考试主管部门对应试人员提出的事实、理由和证据,应当进行复核。

对应试人员违纪违规行为作出处理决定的,由考试机构或者考试主管部门制作考试违纪违规行为处理决定书,依法送达被处理的应试人员。

第十八条 被处理的应试人员对处理决定不服的,可以依法申请行政复议或者提起行政诉讼。

第十九条 考试工作人员因违纪违规行为受到处分不服的,可以依法申请复核或者提出申诉。

第五章 附 则

第二十条 本规定自2017年4月1日起施行。人力资源社会保障部2011年3月15日发布的《专业技术人员资格考试违纪违规行为处理规定》(人力资源和社会保障部令第12号)同时废止。

本规定施行前发生的违纪违规行为,在本规定施行后尚未作出处理决定的,按照本规定处理;在本规定施行前发生的行为按本规定属于违纪违规行为,但按原规定不属于违纪违规行为的,不得作为违纪违规行为处理。

网络出版服务管理规定

(2016年2月4日国家新闻出版广电总局、中华人民共和国工业和信息化部令第5号公布)

第一章 总 则

第一条 为了规范网络出版服务秩序,促进网络出版服务业健康有序发展,根据《出版管理条例》、《互联网信息服务管理办法》及相关法律法规,制定本规定。

第二条 在中华人民共和国境内从事网络出版服务,适用本规定。

本规定所称网络出版服务,是指通过信息网络向公众提供网络出版物。

本规定所称网络出版物,是指通过信息网络向公众提供的,具有编辑、制作、加工等出版特征的数字化作品,范围主要包括:

(一)文学、艺术、科学等领域内具有知识性、思想性的文字、图片、地图、游戏、动漫、音视频读物等原创数字化作品;

(二)与已出版的图书、报纸、期刊、音像制品、电子出版物等内容相一致的数字化作品;

(三)将上述作品通过选择、编排、汇集等方式形成的网络文献数据库等数字化作品;

(四)国家新闻出版广电总局认定的其他类型的数字化作品。

网络出版服务的具体业务分类另行制定。

第三条 从事网络出版服务,应当遵守宪法和有关法律、法规,坚持为人民服务、为社会主义服务的方向,坚持社会主义先进文化的前进方向,弘扬社会主义核心价值观,传播和积累一切有益于提高民族素质、推动经济发展、促进社会进步的思想道德、科学技术和文化知识,满足人民群众日益增长的精神文化需要。

第四条 国家新闻出版广电总局作为网络出版服务的行业主管部门,负责全国网络出版服务的前置审批和监督管理工作。工业和信息化部作为互联网行业主管部门,依据职责对全国网络出版服务实施相应的监督管理。

地方人民政府各级出版行政主管部门和各省级电信主管部门依据各自职责对本行政区域内网络出版服务及接入服务实施相应的监督管理工作并做好配合工作。

第五条 出版行政主管部门根据已经取得的违法嫌疑证据或者举报,对涉嫌违法从事网络出版服务的行为进行查处时,可以检查与涉嫌违法行为有关的物品和经营场所;对有证据证明是与违法行为有关的物品,可以查封或者扣押。

第六条 国家鼓励图书、音像、电子、报纸、期刊出版单位从事网络出版服务,加快与新媒体的融合发展。

国家鼓励组建网络出版服务行业协会,按照章程,在出版行政主管部门的指导下制定行业自律规范,倡导网络文明,传播健康有益内容,抵制不良有害内容。

第二章 网络出版服务许可

第七条 从事网络出版服务,必须依法经过出版行政主管部门批准,取得《网络出版服务许可证》。

第八条 图书、音像、电子、报纸、期刊出版单位从事网络出版服务,应当具备以下条件:

(一)有确定的从事网络出版业务的网站域名、智能终端应用程序等出版平台;

（二）有确定的网络出版服务范围；

（三）有从事网络出版服务所需的必要的技术设备，相关服务器和存储设备必须存放在中华人民共和国境内。

第九条 其他单位从事网络出版服务，除第八条所列条件外，还应当具备以下条件：

（一）有确定的、不与其他出版单位相重复的，从事网络出版服务主体的名称及章程；

（二）有符合国家规定的法定代表人和主要负责人，法定代表人必须是在境内长久居住的具有完全行为能力的中国公民，法定代表人和主要负责人至少1人应当具有中级以上出版专业技术人员职业资格；

（三）除法定代表人和主要负责人外，有适应网络出版服务范围需要的8名以上具有国家新闻出版广电总局认可的出版及相关专业技术职业资格的专职编辑出版人员，其中具有中级以上职业资格的人员不得少于3名；

（四）有从事网络出版服务所需的内容审校制度；

（五）有固定的工作场所；

（六）法律、行政法规和国家新闻出版广电总局规定的其他条件。

第十条 中外合资经营、中外合作经营和外资经营的单位不得从事网络出版服务。

网络出版服务单位与境内中外合资经营、中外合作经营、外资经营企业或境外组织及个人进行网络出版服务业务的项目合作，应当事前报国家新闻出版广电总局审批。

第十一条 申请从事网络出版服务，应当向所在地省、自治区、直辖市出版行政主管部门提出申请，经审核同意后，报国家新闻出版广电总局审批。国家新闻出版广电总局应当自受理申请之日起60日内，作出批准或者不予批准的决定。不批准的，应当说明理由。

第十二条　从事网络出版服务的申报材料,应该包括下列内容:

(一)《网络出版服务许可证申请表》;

(二)单位章程及资本来源性质证明;

(三)网络出版服务可行性分析报告,包括资金使用、产品规划、技术条件、设备配备、机构设置、人员配备、市场分析、风险评估、版权保护措施等;

(四)法定代表人和主要负责人的简历、住址、身份证明文件;

(五)编辑出版等相关专业技术人员的国家认可的职业资格证明和主要从业经历及培训证明;

(六)工作场所使用证明;

(七)网站域名注册证明、相关服务器存放在中华人民共和国境内的承诺。

本规定第八条所列单位从事网络出版服务的,仅提交前款(一)、(六)、(七)项规定的材料。

第十三条　设立网络出版服务单位的申请者应自收到批准决定之日起30日内办理注册登记手续:

(一)持批准文件到所在地省、自治区、直辖市出版行政主管部门领取并填写《网络出版服务许可登记表》;

(二)省、自治区、直辖市出版行政主管部门对《网络出版服务许可登记表》审核无误后,在10日内向申请者发放《网络出版服务许可证》;

(三)《网络出版服务许可登记表》一式三份,由申请者和省、自治区、直辖市出版行政主管部门各存一份,另一份由省、自治区、直辖市出版行政主管部门在15日内报送国家新闻出版广电总局备案。

第十四条　《网络出版服务许可证》有效期为5年。有效期届满,需继续从事网络出版服务活动的,应于有效期届满60日前按本规定第十一条的程序提出申请。出版行政主管部门应当在该许可有效期届满前作出是否准予延续的决定。批准的,换发《网络出版服务许可证》。

第十五条　网络出版服务经批准后,申请者应持批准文件、《网络出版服务许可证》到所在地省、自治区、直辖市电信主管部门办理相关手续。

第十六条　网络出版服务单位变更《网络出版服务许可证》许可登记事项、资本结构,合并或者分立,设立分支机构的,应依据本规定第十一条办理审批手续,并应持批准文件到所在地省、自治区、直辖市电信主管部门办理相关手续。

第十七条　网络出版服务单位中止网络出版服务的,应当向所在地省、自治区、直辖市出版行政主管部门备案,并说明理由和期限;网络出版服务单位中止网络出版服务不得超过180日。

网络出版服务单位终止网络出版服务的,应当自终止网络出版服务之日起30日内,向所在地省、自治区、直辖市出版行政主管部门办理注销手续后到省、自治区、直辖市电信主管部门办理相关手续。省、自治区、直辖市出版行政主管部门将相关信息报国家新闻出版广电总局备案。

第十八条　网络出版服务单位自登记之日起满180日未开展网络出版服务的,由原登记的出版行政主管部门注销登记,并报国家新闻出版广电总局备案。同时,通报相关省、自治区、直辖市电信主管部门。

因不可抗力或者其他正当理由发生上述所列情形的,网络出版服务单位可以向原登记的出版行政主管部门申请延期。

第十九条　网络出版服务单位应当在其网站首页上标明出版行政主管部门核发的《网络出版服务许可证》编号。

互联网相关服务提供者在为网络出版服务单位提供人工干预

搜索排名、广告、推广等服务时,应当查验服务对象的《网络出版服务许可证》及业务范围。

第二十条 网络出版服务单位应当按照批准的业务范围从事网络出版服务,不得超出批准的业务范围从事网络出版服务。

第二十一条 网络出版服务单位不得转借、出租、出卖《网络出版服务许可证》或以任何形式转让网络出版服务许可。

网络出版服务单位允许其他网络信息服务提供者以其名义提供网络出版服务,属于前款所称禁止行为。

第二十二条 网络出版服务单位实行特殊管理股制度,具体办法由国家新闻出版广电总局另行制定。

第三章 网络出版服务管理

第二十三条 网络出版服务单位实行编辑责任制度,保障网络出版物内容合法。

网络出版服务单位实行出版物内容审核责任制度、责任编辑制度、责任校对制度等管理制度,保障网络出版物出版质量。

在网络上出版其他出版单位已在境内合法出版的作品且不改变原出版物内容的,须在网络出版物的相应页面显著标明原出版单位名称以及书号、刊号、网络出版物号或者网址信息。

第二十四条 网络出版物不得含有以下内容:

(一)反对宪法确定的基本原则的;

(二)危害国家统一、主权和领土完整的;

(三)泄露国家秘密、危害国家安全或者损害国家荣誉和利益的;

(四)煽动民族仇恨、民族歧视,破坏民族团结,或者侵害民族风俗、习惯的;

(五)宣扬邪教、迷信的;

（六）散布谣言，扰乱社会秩序，破坏社会稳定的；
（七）宣扬淫秽、色情、赌博、暴力或者教唆犯罪的；
（八）侮辱或者诽谤他人，侵害他人合法权益的；
（九）危害社会公德或者民族优秀文化传统的；
（十）有法律、行政法规和国家规定禁止的其他内容的。

第二十五条　为保护未成年人合法权益，网络出版物不得含有诱发未成年人模仿违反社会公德和违法犯罪行为的内容，不得含有恐怖、残酷等妨害未成年人身心健康的内容，不得含有披露未成年人个人隐私的内容。

第二十六条　网络出版服务单位出版涉及国家安全、社会安定等方面重大选题的内容，应当按照国家新闻出版广电总局有关重大选题备案管理的规定办理备案手续。未经备案的重大选题内容，不得出版。

第二十七条　网络游戏上网出版前，必须向所在地省、自治区、直辖市出版行政主管部门提出申请，经审核同意后，报国家新闻出版广电总局审批。

第二十八条　网络出版物的内容不真实或不公正，致使公民、法人或者其他组织合法权益受到侵害的，相关网络出版服务单位应当停止侵权，公开更正，消除影响，并依法承担其他民事责任。

第二十九条　国家对网络出版物实行标识管理，具体办法由国家新闻出版广电总局另行制定。

第三十条　网络出版物必须符合国家的有关规定和标准要求，保证出版物质量。

网络出版物使用语言文字，必须符合国家法律规定和有关标准规范。

第三十一条　网络出版服务单位应当按照国家有关规定或技术标准，配备应用必要的设备和系统，建立健全各项管理制度，保障信息安全、内容合法，并为出版行政主管部门依法履行监督管理职责提供技术支持。

第三十二条 网络出版服务单位在网络上提供境外出版物,应当取得著作权合法授权。其中,出版境外著作权人授权的网络游戏,须按本规定第二十七条办理审批手续。

第三十三条 网络出版服务单位发现其出版的网络出版物含有本规定第二十四条、第二十五条所列内容的,应当立即删除,保存有关记录,并向所在地县级以上出版行政主管部门报告。

第三十四条 网络出版服务单位应记录所出版作品的内容及其时间、网址或者域名,记录应当保存60日,并在国家有关部门依法查询时,予以提供。

第三十五条 网络出版服务单位须遵守国家统计规定,依法向出版行政主管部门报送统计资料。

第四章 监督管理

第三十六条 网络出版服务的监督管理实行属地管理原则。

各地出版行政主管部门应当加强对本行政区域内的网络出版服务单位及其出版活动的日常监督管理,履行下列职责:

(一)对网络出版服务单位进行行业监管,对网络出版服务单位违反本规定的情况进行查处并报告上级出版行政主管部门;

(二)对网络出版服务进行监管,对违反本规定的行为进行查处并报告上级出版行政主管部门;

(三)对网络出版物内容和质量进行监管,定期组织内容审读和质量检查,并将结果向上级出版行政主管部门报告;

(四)对网络出版从业人员进行管理,定期组织岗位、业务培训和考核;

(五)配合上级出版行政主管部门、协调相关部门、指导下级出版行政主管部门开展工作。

第三十七条 出版行政主管部门应当加强监管队伍和机构建设,采取必要的技术手段对网络出版服务进行管理。出版行政主管部门依法履行监督检查等执法职责时,网络出版服务单位应当予以配合,不得拒绝、阻挠。

各省、自治区、直辖市出版行政主管部门应当定期将本行政区域内的网络出版服务监督管理情况向国家新闻出版广电总局提交书面报告。

第三十八条 网络出版服务单位实行年度核验制度,年度核验每年进行一次。省、自治区、直辖市出版行政主管部门负责对本行政区域内的网络出版服务单位实施年度核验并将有关情况报国家新闻出版广电总局备案。年度核验内容包括网络出版服务单位的设立条件、登记项目、出版经营情况、出版质量、遵守法律规范、内部管理情况等。

第三十九条 年度核验按照以下程序进行:

(一)网络出版服务单位提交年度自检报告,内容包括:本年度政策法律执行情况,奖惩情况,网站出版、管理、运营绩效情况,网络出版物目录,对年度核验期内的违法违规行为的整改情况,编辑出版人员培训管理情况等;并填写由国家新闻出版广电总局统一印制的《网络出版服务年度核验登记表》,与年度自检报告一并报所在地省、自治区、直辖市出版行政主管部门;

(二)省、自治区、直辖市出版行政主管部门对本行政区域内的网络出版服务单位的设立条件、登记项目、开展业务及执行法规等情况进行全面审核,并在收到网络出版服务单位的年度自检报告和《网络出版服务年度核验登记表》等年度核验材料的 45 日内完成全面审核查验工作。对符合年度核验要求的网络出版服务单位予以登记,并在其《网络出版服务许可证》上加盖年度核验章;

(三)省、自治区、直辖市出版行政主管部门应于完成全面审核查验工作的 15 日内将年度核验情况及有关书面材料报国家新闻出版广电总局备案。

第四十条 有下列情形之一的,暂缓年度核验:

(一)正在停业整顿的;

(二)违反出版法规规章,应予处罚的;

(三)未按要求执行出版行政主管部门相关管理规定的;

(四)内部管理混乱,无正当理由未开展实质性网络出版服务活动的;

(五)存在侵犯著作权等其他违法嫌疑需要进一步核查的。

暂缓年度核验的期限由省、自治区、直辖市出版行政主管部门确定,报国家新闻出版广电总局备案,最长不得超过180日。暂缓年度核验期间,须停止网络出版服务。

暂缓核验期满,按本规定重新办理年度核验手续。

第四十一条 已经不具备本规定第八条、第九条规定条件的,责令限期改正;逾期仍未改正的,不予通过年度核验,由国家新闻出版广电总局撤销《网络出版服务许可证》,所在地省、自治区、直辖市出版行政主管部门注销登记,并通知当地电信主管部门依法处理。

第四十二条 省、自治区、直辖市出版行政主管部门可根据实际情况,对本行政区域内的年度核验事项进行调整,相关情况报国家新闻出版广电总局备案。

第四十三条 省、自治区、直辖市出版行政主管部门可以向社会公布年度核验结果。

第四十四条 从事网络出版服务的编辑出版等相关专业技术人员及其负责人应当符合国家关于编辑出版等相关专业技术人员职业资格管理的有关规定。

网络出版服务单位的法定代表人或主要负责人应按照有关规定参加出版行政主管部门组织的岗位培训,并取得国家新闻出版广电总局统一印制的《岗位培训合格证书》。未按规定参加岗位培训或培训后未取得《岗位培训合格证书》的,不得继续担任法定代表人或主要负责人。

第五章　保障与奖励

第四十五条　国家制定有关政策,保障、促进网络出版服务业的发展与繁荣。鼓励宣传科学真理、传播先进文化、倡导科学精神、塑造美好心灵、弘扬社会正气等有助于形成先进网络文化的网络出版服务,推动健康文化、优秀文化产品的数字化、网络化传播。

网络出版服务单位依法从事网络出版服务,任何组织和个人不得干扰、阻止和破坏。

第四十六条　国家支持、鼓励下列优秀的、重点的网络出版物的出版：

（一）对阐述、传播宪法确定的基本原则有重大作用的；

（二）对弘扬社会主义核心价值观,进行爱国主义、集体主义、社会主义和民族团结教育以及弘扬社会公德、职业道德、家庭美德、个人品德有重要意义的；

（三）对弘扬民族优秀文化,促进国际文化交流有重大作用的；

（四）具有自主知识产权和优秀文化内涵的；

（五）对推进文化创新,及时反映国内外新的科学文化成果有重大贡献的；

（六）对促进公共文化服务有重大作用的；

（七）专门以未成年人为对象、内容健康的或者其他有利于未成年人健康成长的；

（八）其他具有重要思想价值、科学价值或者文化艺术价值的。

第四十七条　对为发展、繁荣网络出版服务业作出重要贡献的单位和个人,按照国家有关规定给予奖励。

第四十八条 国家保护网络出版物著作权人的合法权益。网络出版服务单位应当遵守《中华人民共和国著作权法》、《信息网络传播权保护条例》、《计算机软件保护条例》等著作权法律法规。

第四十九条 对非法干扰、阻止和破坏网络出版物出版的行为,出版行政主管部门及其他有关部门,应当及时采取措施,予以制止。

第六章 法律责任

第五十条 网络出版服务单位违反本规定的,出版行政主管部门可以采取下列行政措施:

(一)下达警示通知书;

(二)通报批评、责令改正;

(三)责令公开检讨;

(四)责令删除违法内容。

警示通知书由国家新闻出版广电总局制定统一格式,由出版行政主管部门下达给相关网络出版服务单位。

本条所列的行政措施可以并用。

第五十一条 未经批准,擅自从事网络出版服务,或者擅自上网出版网络游戏(含境外著作权人授权的网络游戏),根据《出版管理条例》第六十一条、《互联网信息服务管理办法》第十九条的规定,由出版行政主管部门、工商行政管理部门依照法定职权予以取缔,并由所在地省级电信主管部门依据有关部门的通知,按照《互联网信息服务管理办法》第十九条的规定给予责令关闭网站等处罚;已经触犯刑法的,依法追究刑事责任;尚不够刑事处罚的,删除全部相关网络出版物,没收违法所得和从事违法出版活动的主要设备、专用工具,违法经营额 1 万元以上的,并处违法经营额 5

倍以上 10 倍以下的罚款;违法经营额不足 1 万元的,可以处 5 万元以下的罚款;侵犯他人合法权益的,依法承担民事责任。

第五十二条　出版、传播含有本规定第二十四条、第二十五条禁止内容的网络出版物的,根据《出版管理条例》第六十二条、《互联网信息服务管理办法》第二十条的规定,由出版行政主管部门责令删除相关内容并限期改正,没收违法所得,违法经营额 1 万元以上的,并处违法经营额 5 倍以上 10 倍以下罚款;违法经营额不足 1 万元的,可以处 5 万元以下罚款;情节严重的,责令限期停业整顿或者由国家新闻出版广电总局吊销《网络出版服务许可证》,由电信主管部门依据出版行政主管部门的通知吊销其电信业务经营许可或者责令关闭网站;构成犯罪的,依法追究刑事责任。

为从事本条第一款行为的网络出版服务单位提供人工干预搜索排名、广告、推广等相关服务的,由出版行政主管部门责令其停止提供相关服务。

第五十三条　违反本规定第二十一条的,根据《出版管理条例》第六十六条的规定,由出版行政主管部门责令停止违法行为,给予警告,没收违法所得,违法经营额 1 万元以上的,并处违法经营额 5 倍以上 10 倍以下的罚款;违法经营额不足 1 万元的,可以处 5 万元以下的罚款;情节严重的,责令限期停业整顿或者由国家新闻出版广电总局吊销《网络出版服务许可证》。

第五十四条　有下列行为之一的,根据《出版管理条例》第六十七条的规定,由出版行政主管部门责令改正,给予警告;情节严重的,责令限期停业整顿或者由国家新闻出版广电总局吊销《网络出版服务许可证》:

(一)网络出版服务单位变更《网络出版服务许可证》登记事项、资本结构,超出批准的服务范围从事网络出版服务,合并或者分立,设立分支机构,未依据本规定办理审批手续的;

(二)网络出版服务单位未按规定出版涉及重大选题出版物

的；

(三)网络出版服务单位擅自中止网络出版服务超过180日的；

(四)网络出版物质量不符合有关规定和标准的。

第五十五条 违反本规定第三十四条的,根据《互联网信息服务管理办法》第二十一条的规定,由省级电信主管部门责令改正;情节严重的,责令停业整顿或者暂时关闭网站。

第五十六条 网络出版服务单位未依法向出版行政主管部门报送统计资料的,依据《新闻出版统计管理办法》处罚。

第五十七条 网络出版服务单位违反本规定第二章规定,以欺骗或者贿赂等不正当手段取得许可的,由国家新闻出版广电总局撤销其相应许可。

第五十八条 有下列行为之一的,由出版行政主管部门责令改正,予以警告,并处3万元以下罚款：

(一)违反本规定第十条,擅自与境内外中外合资经营、中外合作经营和外资经营的企业进行涉及网络出版服务业务的合作的；

(二)违反本规定第十九条,未标明有关许可信息或者未核验有关网站的《网络出版服务许可证》的；

(三)违反本规定第二十三条,未按规定实行编辑责任制度等管理制度的；

(四)违反本规定第三十一条,未按规定或标准配备应用有关系统、设备或未健全有关管理制度的；

(五)未按本规定要求参加年度核验的；

(六)违反本规定第四十四条,网络出版服务单位的法定代表人或主要负责人未取得《岗位培训合格证书》的；

(七)违反出版行政主管部门关于网络出版其他管理规定的。

第五十九条 网络出版服务单位违反本规定被处以吊销许可

证行政处罚的,其法定代表人或者主要负责人自许可证被吊销之日起10年内不得担任网络出版服务单位的法定代表人或者主要负责人。

从事网络出版服务的编辑出版等相关专业技术人员及其负责人违反本规定,情节严重的,由原发证机关吊销其资格证书。

第七章 附　　则

第六十条　本规定所称出版物内容审核责任制度、责任编辑制度、责任校对制度等管理制度,参照《图书质量保障体系》的有关规定执行。

第六十一条　本规定自2016年3月10日起施行。原国家新闻出版总署、信息产业部2002年6月27日颁布的《互联网出版管理暂行规定》同时废止。

互联网著作权行政保护办法

(2005年4月29日国家版权局、信息产业部令2005年第5号公布)

第一条 为了加强互联网信息服务活动中信息网络传播权的行政保护,规范行政执法行为,根据《中华人民共和国著作权法》及有关法律、行政法规,制定本办法。

第二条 本办法适用于互联网信息服务活动中根据互联网内容提供者的指令,通过互联网自动提供作品、录音录像制品等内容的上载、存储、链接或搜索等功能,且对存储或传输的内容不进行任何编辑、修改或选择的行为。

互联网信息服务活动中直接提供互联网内容的行为,适用著作权法。

本办法所称"互联网内容提供者"是指在互联网上发布相关内容的上网用户。

第三条 各级著作权行政管理部门依照法律、行政法规和本办法对互联网信息服务活动中的信息网络传播权实施行政保护。国务院信息产业主管部门和各省、自治区、直辖市电信管理机构依法配合相关工作。

第四条 著作权行政管理部门对侵犯互联网信息服务活动中的信息网络传播权的行为实施行政处罚,适用《著作权行政处罚实施办法》。

侵犯互联网信息服务活动中的信息网络传播权的行为由侵权行为实施地的著作权行政管理部门管辖。侵权行为实施地包括提供本办法第二条所列的互联网信息服务活动的服务器等设备所在地。

第五条 著作权人发现互联网传播的内容侵犯其著作权,向互联网信息服务提供者或者其委托的其他机构(以下统称"互联网信息服务提供者")发出通知后,互联网信息服务提供者应当立即采取措施移除相关内容,并保留著作权人的通知6个月。

第六条 互联网信息服务提供者收到著作权人的通知后,应当记录提供的信息内容及其发布的时间、互联网地址或者域名。互联网接入服务提供者应当记录互联网内容提供者的接入时间、用户账号、互联网地址或者域名、主叫电话号码等信息。

前款所称记录应当保存60日,并在著作权行政管理部门查询时予以提供。

第七条 互联网信息服务提供者根据著作权人的通知移除相关内容的,互联网内容提供者可以向互联网信息服务提供者和著作权人一并发出说明被移除内容不侵犯著作权的反通知。反通知发出后,互联网信息服务提供者即可恢复被移除的内容,且对该恢复行为不承担行政法律责任。

第八条 著作权人的通知应当包含以下内容:
(一)涉嫌侵权内容所侵犯的著作权权属证明;
(二)明确的身份证明、住址、联系方式;
(三)涉嫌侵权内容在信息网络上的位置;
(四)侵犯著作权的相关证据;
(五)通知内容的真实性声明。

第九条 互联网内容提供者的反通知应当包含以下内容:
(一)明确的身份证明、住址、联系方式;
(二)被移除内容的合法性证明;
(三)被移除内容在互联网上的位置;
(四)反通知内容的真实性声明。

第十条 著作权人的通知和互联网内容提供者的反通知应当

采取书面形式。

著作权人的通知和互联网内容提供者的反通知不具备本办法第八条、第九条所规定内容的,视为未发出。

第十一条 互联网信息服务提供者明知互联网内容提供者通过互联网实施侵犯他人著作权的行为,或者虽不明知,但接到著作权人通知后未采取措施移除相关内容,同时损害社会公共利益的,著作权行政管理部门可以根据《中华人民共和国著作权法》第四十七条的规定责令停止侵权行为,并给予下列行政处罚:

(一)没收违法所得。

(二)处以非法经营额3倍以下的罚款;非法经营额难以计算的,可以处10万元以下的罚款。

第十二条 没有证据表明互联网信息服务提供者明知侵权事实存在的,或者互联网信息服务提供者接到著作权人通知后,采取措施移除相关内容的,不承担行政法律责任。

第十三条 著作权行政管理部门在查处侵犯互联网信息服务活动中的信息网络传播权案件时,可以按照《著作权行政处罚实施办法》第十二条规定要求著作权人提交必备材料,以及向互联网信息服务提供者发出的通知和该互联网信息服务提供者未采取措施移除相关内容的证明。

第十四条 互联网信息服务提供者有本办法第十一条规定的情形,且经著作权行政管理部门依法认定专门从事盗版活动,或有其他严重情节的,国务院信息产业主管部门或者省、自治区、直辖市电信管理机构依据相关法律、行政法规的规定处理;互联网接入服务提供者应当依据国务院信息产业主管部门或者省、自治区、直辖市电信管理机构的通知,配合实施相应的处理措施。

第十五条 互联网信息服务提供者未履行本办法第六条规定的义务,由国务院信息产业主管部门或者省、自治区、直辖市电信管理机构予以警告,可以并处三万元以下罚款。

第十六条 著作权行政管理部门在查处侵犯互联网信息服务活动中的信息网络传播权案件过程中,发现互联网信息服务提供者的行为涉嫌构成犯罪的,应当依照国务院《行政执法机关移送涉嫌犯罪案件的规定》将案件移送司法部门,依法追究刑事责任。

第十七条 表演者、录音录像制作者等与著作权有关的权利人通过互联网向公众传播其表演或者录音录像制品的权利的行政保护适用本办法。

第十八条 本办法由国家版权局和信息产业部负责解释。

第十九条 本办法自 2005 年 5 月 30 日起施行。

使用文字作品支付报酬办法

(2014年9月23日国家版权局、中华人民共和国国家发展和改革委员会令第11号公布)

第一条 为保护文字作品著作权人的著作权,规范使用文字作品的行为,促进文字作品的创作与传播,根据《中华人民共和国著作权法》及相关行政法规,制定本办法。

第二条 除法律、行政法规另有规定外,使用文字作品支付报酬由当事人约定;当事人没有约定或者约定不明的,适用本办法。

第三条 以纸介质出版方式使用文字作品支付报酬可以选择版税、基本稿酬加印数稿酬或者一次性付酬等方式。

版税,是指使用者以图书定价×实际销售数或者印数×版税率的方式向著作权人支付的报酬。

基本稿酬,是指使用者按作品的字数,以千字为单位向著作权人支付的报酬。

印数稿酬,是指使用者根据图书的印数,以千册为单位按基本稿酬的一定比例向著作权人支付的报酬。

一次性付酬,是指使用者根据作品的质量、篇幅、作者的知名度、影响力以及使用方式、使用范围和授权期限等因素,一次性向著作权人支付的报酬。

第四条 版税率标准和计算方法:

(一)原创作品:3%~10%

(二)演绎作品:1%~7%

采用版税方式支付报酬的,著作权人可以与使用者在合同中约定,在交付作品时或者签订合同时由使用者向著作权人预付首次实际印数或者最低保底发行数的版税。

首次出版发行数不足千册的,按千册支付版税,但在下次结算版税时对已经支付版税部分不再重复支付。

第五条 基本稿酬标准和计算方法:

(一)原创作品:每千字 80~300 元,注释部分参照该标准执行。

(二)演绎作品:

1. 改编:每千字 20~100 元。

2. 汇编:每千字 10~20 元。

3. 翻译:每千字 50~200 元。

支付基本稿酬以千字为单位,不足千字部分按千字计算。

支付报酬的字数按实有正文计算,即以排印的版面每行字数乘全部实有的行数计算。占行题目或者末尾排不足一行的,按一行计算。

诗词每十行按一千字计算,作品不足十行的按十行计算。

辞书类作品按双栏排版的版面折合的字数计算。

第六条 印数稿酬标准和计算方法:

每印一千册,按基本稿酬的 1% 支付。不足一千册的,按一千册计算。

作品重印时只支付印数稿酬,不再支付基本稿酬。

采用基本稿酬加印数稿酬的付酬方式的,著作权人可以与使用者在合同中约定,在交付作品时由使用者支付基本稿酬的 30%~50%。除非合同另有约定,作品一经使用,使用者应当在 6 个月内付清全部报酬。作品重印的,应在重印后 6 个月内付清印数稿酬。

第七条 一次性付酬的,可以参照本办法第五条规定的基本稿酬标准及其计算方法。

第八条 使用演绎作品,除合同另有约定或者原作品已进入公有领域外,使用者还应当取得原作品著作权人的许可并支付报酬。

第九条　使用者未与著作权人签订书面合同，或者签订了书面合同但未约定付酬方式和标准，与著作权人发生争议的，应当按本办法第四条、第五条规定的付酬标准的上限分别计算报酬，以较高者向著作权人支付，并不得以出版物抵作报酬。

第十条　著作权人许可使用者通过转授权方式在境外出版作品，但对支付报酬没有约定或约定不明的，使用者应当将所得报酬扣除合理成本后的70%支付给著作权人。

第十一条　报刊刊载作品只适用一次性付酬方式。

第十二条　报刊刊载未发表的作品，除合同另有约定外，应当自刊载后1个月内按每千字不低于100元的标准向著作权人支付报酬。

报刊刊载未发表的作品，不足五百字的按千字作半计算；超过五百字不足千字的按千字计算。

第十三条　报刊依照《中华人民共和国著作权法》的相关规定转载、摘编其他报刊已发表的作品，应当自报刊出版之日起2个月内，按每千字100元的付酬标准向著作权人支付报酬，不足五百字的按千字作半计算，超过五百字不足千字的按千字计算。

报刊出版者未按前款规定向著作权人支付报酬的，应当将报酬连同邮资以及转载、摘编作品的有关情况送交中国文字著作权协会代为收转。中国文字著作权协会收到相关报酬后，应当按相关规定及时向著作权人转付，并编制报酬收转记录。

报刊出版者按前款规定将相关报酬转交给中国文字著作权协会后，对著作权人不再承担支付报酬的义务。

第十四条　以纸介质出版方式之外的其他方式使用文字作品，除合同另有约定外，使用者应当参照本办法规定的付酬标准和付酬方式付酬。

在数字或者网络环境下使用文字作品，除合同另有约定外，使用者可以参照本办法规定的付酬标准和付酬方式付酬。

第十五条 教科书法定许可使用文字作品适用《教科书法定许可使用作品支付报酬办法》。

第十六条 本办法由国家版权局会同国家发展和改革委员会负责解释。

第十七条 本办法自 2014 年 11 月 1 日起施行。国家版权局 1999 年 4 月 5 日发布的《出版文字作品报酬规定》同时废止。

教科书法定许可使用作品支付报酬办法

(2013年10月22日国家版权局、中华人民共和国国家发展和改革委员会令第10号公布)

第一条 为保护文学、艺术和科学作品作者的著作权，规范编写出版教科书使用已发表作品的行为，根据《中华人民共和国著作权法》、《中华人民共和国著作权法实施条例》及《著作权集体管理条例》，制定本办法。

第二条 本办法适用于使用已发表作品编写出版九年制义务教育和国家教育规划教科书的行为。本办法所称教科书不包括教学参考书和教学辅导材料。

本办法所称九年制义务教育教科书和国家教育规划教科书，是指为实施义务教育、高中阶段教育、职业教育、高等教育、民族教育、特殊教育，保证基本的教学标准，或者为达到国家对某一领域、某一方面教育教学的要求，根据国务院教育行政部门或者省级人民政府教育行政部门制定的课程方案、专业教学指导方案而编写出版的教科书。

第三条 在教科书中汇编已经发表的作品片断或者短小的文字作品、音乐作品或者单幅的美术作品、摄影作品，除作者事先声明不许使用的外，可以不经著作权人许可，但应当支付报酬，指明作者姓名、作品名称，并且不得侵犯著作权人依法享有的其他权利。

作品片断或者短小的文字作品，是指九年制义务教育教科书中使用的单篇不超过2000字的文字作品，或者国家教育规划（不含九年制义务教育）教科书中使用的单篇不超过3000字的文字作品。

短小的音乐作品,是指九年制义务教育和国家教育规划教科书中使用的单篇不超过 5 页面或时长不超过 5 分钟的单声部音乐作品,或者乘相应倍数的多声部音乐作品。

第四条 教科书汇编者支付报酬的标准如下:

(一)文字作品:每千字 300 元,不足千字的按千字计算;

(二)音乐作品:每首 300 元;

(三)美术作品、摄影作品:每幅 200 元,用于封面或者封底的,每幅 400 元;

(四)在与音乐教科书配套的录音制品教科书中使用的已有录音制品:每首 50 元。

支付报酬的字数按实有正文计算,即以排印的版面每行字数乘全部实有的行数计算。占行题目或者末尾排印不足一行的,按一行计算。

诗词每十行按一千字计算;不足十行的按十行计算。

非汉字的文字作品,按照相同版面同等字号汉字数付酬标准的 80% 计酬。

第五条 使用改编作品编写出版教科书,按照本办法第四条的规定确定报酬后,由改编作品的作者和原作品的作者协商分配,协商不成的,应当等额分配。

使用的作品有两个或者两个以上作者的,应当等额分配该作品的报酬,作者另有约定的除外。

第六条 教科书出版发行存续期间,教科书汇编者应当按照本办法每年向著作权人支付一次报酬。

报酬自教科书出版之日起 2 个月内向著作权人支付。

教科书汇编者未按照前款规定向著作权人支付报酬,应当在每学期开学第一个月内将其应当支付的报酬连同邮资以及使用作品的有关情况交给相关的著作权集体管理组织。教科书汇编者支付的报酬到账后，著作权集体管理组织应当及时按相关规定向著作权人转付，并及时在其网站上公告教科书汇编者使用作品的有关情况。

著作权集体管理组织收转报酬，应当编制报酬收转记录。

使用作品的有关情况包括使用作品的名称、作者（包括原作者和改编者）姓名、作品字数、出版时间等。

第七条 教科书出版后，著作权人要求教科书汇编者提供样书的，教科书汇编者应当向著作权人提供。

教科书汇编者按照本办法通过著作权集体管理组织转付报酬的，可以将样书交给相关的著作权集体管理组织，由其转交给著作权人。

转交样书产生的费用由教科书汇编者承担。

第八条 教科书汇编者按照本办法第六条第三款规定将相应报酬转交给著作权集体管理组织后，对著作权人不再承担支付报酬的义务。

第九条 教科书汇编者未按照本办法规定支付报酬的，应当承担停止侵权、消除影响、赔礼道歉、赔偿损失等民事责任。

第十条 教科书汇编者向录音制作者支付报酬，适用本办法第六条、第八条和第九条规定。

第十一条 本办法自2013年12月1日起施行。本办法施行前发布的其他有关规定与本办法不一致的，以本办法为准。

关于规范网络转载版权秩序的通知

(国版办发〔2015〕3号)

为贯彻落实中共中央办公厅、国务院办公厅印发的《关于推动传统媒体和新兴媒体融合发展的指导意见》，鼓励报刊单位和互联网媒体合法、诚信经营，推动建立健全版权合作机制，规范网络转载版权秩序，根据《中华人民共和国著作权法》、《中华人民共和国著作权法实施条例》、《信息网络传播权保护条例》有关规定，现就规范网络转载版权秩序有关事项通知如下：

一、互联网媒体转载他人作品，应当遵守著作权法律法规的相关规定，必须经过著作权人许可并支付报酬，并应当指明作者姓名、作品名称及作品来源。法律、法规另有规定的除外。

互联网媒体依照前款规定转载他人作品，不得侵犯著作权人依法享有的其他权益。

二、报刊单位之间相互转载已经刊登的作品，适用《著作权法》第三十三条第二款的规定，即作品刊登后，除著作权人声明不得转载、摘编的外，其他报刊可以转载或者作为文摘、资料刊登，但应当按照规定向著作权人支付报酬。

报刊单位与互联网媒体、互联网媒体之间相互转载已经发表的作品，不适用前款规定，应当经过著作权人许可并支付报酬。

三、互联网媒体转载他人作品，不得对作品内容进行实质性修改；对标题和内容做文字性修改和删节的，不得歪曲篡改标题和作品的原意。

四、《著作权法》第五条所称时事新闻，是指通过报纸、期刊、广播电台、电视台等媒体报道的单纯事实消息，该单纯事实消息不受著作权法保护。凡包含了著作权人独创性劳动的消息、通讯、特写、报道等作品均不属于单纯事实消息，互联网媒体进行转载时，必须经过著作权人许可并支付报酬。

五、报刊单位可以就通过约稿、投稿等方式获得的作品与著作权人订立许可使用合同，明确约定许可使用的权利种类、许可使用的权利是专有使用权或者非专有使用权、许可使用的地域范围和期间、付酬标准和办法、违约责任以及双方认为需要约定的其他内容。双方约定权利由报刊单位行使的，互联网媒体转载该作品，应当经过报刊单位许可并支付报酬。

六、报刊单位可以与其职工通过合同就职工为完成报刊单位工作任务所创作作品的著作权归属进行约定。合同约定著作权由报刊单位享有的，报刊单位可以通过发布版权声明的方式，明确报刊单位刊登作品的权属关系，互联网媒体转载此类作品，应当经过报刊单位许可并支付报酬。

七、报刊单位和互联网媒体应当建立健全本单位版权管理制度。建立本单位及本单位职工享有著作权的作品信息库，载明作品权属信息，对许可他人使用的作品应载明授权方式、授权期限等相关信息。建立经许可使用的他人作品信息库，载明权利来源、授权方式、授权期限等相关信息。

八、报刊单位与互联网媒体、互联网媒体之间应当通过签订版权许可协议等方式建立网络转载版权合作机制，加强对转载作品的版权审核，共同探索合理的授权价格体系，进一步完善作品的授权交易机制。

九、各级版权行政管理部门要加大对互联网媒体的版权监管力度，支持行业组织在推动版权保护、版权交易、自律维权等方面发挥积极作用，严厉打击未经许可转载、非法传播他人作品的侵权盗版行为。

国家版权局办公厅
2015 年 4 月 17 日

关于加强网络文学作品版权管理的通知

(国版办函〔2016〕42号)

为加强网络文学作品版权管理,进一步规范网络文学作品版权秩序,根据《中华人民共和国著作权法》《信息网络传播权保护条例》等法律、法规,现就有关事项通知如下:

一、任何组织或者个人通过信息网络传播文学作品,以及为用户通过信息网络传播文学作品提供相关网络服务,应当遵守著作权法律、法规,尊重权利人的合法权利,维护网络文学作品版权秩序。

二、通过信息网络提供文学作品以及提供相关网络服务的网络服务商,应当加强版权监督管理,建立健全侵权作品处理机制,依法履行保护网络文学作品版权的义务。

三、通过信息网络提供文学作品的网络服务商,应当依法履行传播文学作品的版权审查和注意义务,除法律、法规另有规定外,未经权利人许可,不得传播其文学作品。

四、通过信息网络提供文学作品的网络服务商,应当建立版权投诉机制,积极受理权利人投诉,及时依法处理权利人的合法诉求。

五、提供搜索引擎、浏览器、论坛、网盘、应用程序商店以及贴吧、微博、微信等服务的网络服务商,未经权利人许可,不得提供或者利用技术手段变相提供文学作品;不得为用户传播未经权利人许可的文学作品提供便利。

六、提供搜索引擎、浏览器、论坛、网盘、应用程序商店以及贴吧、微博、微信等服务的网络服务商,应当在其服务平台的显著位置载明权利人通知、投诉的方式，及时受理权利人通知、投诉，并在接到权利人通知、投诉24小时内删除侵权作品、断开相关链接。

七、提供搜索引擎、浏览器等服务的网络服务商，不得通过定向搜索或者链接，以及编辑、聚合等方式传播未经权利人许可的文学作品。

八、提供贴吧、论坛、应用程序商店等服务的网络服务商，应当审核并保存吧主、版主、应用程序开发者等的姓名、账号、网络地址、联系方式等信息。

九、提供对以文学作品或者作者命名的贴吧、论坛等服务的网络服务商，应当责成吧主、版主等确认用户提供的文学作品系权利人本人提供，或者已经取得权利人许可。

十、提供信息存储空间服务的网盘服务商，应当遵守国家版权局《关于规范网盘服务版权秩序的通知》，主动屏蔽、删除侵权文学作品，防止用户上传、存储并分享侵权文学作品。

十一、国家版权局建立网络文学作品版权监管"黑白名单制度"，适时公布文学作品侵权盗版网络服务商"黑名单"、网络文学作品重点监管"白名单"。

十二、各级版权行政机关应当加强网络文学作品版权执法监管力度，依法查处网络文学作品侵权盗版行为，保障网络文学作品版权秩序。

十三、本通知自印发之日起实施。

国家版权局办公厅

2016年11月4日

图书出版管理规定[①]

(2008年2月21日中华人民共和国新闻出版总署令第36号公布)

第一章 总 则

第一条 为了规范图书出版,加强对图书出版的监督管理,促进图书出版的发展和繁荣,根据国务院《出版管理条例》及相关法律法规,制定本规定。

第二条 在中华人民共和国境内从事图书出版,适用本规定。

本规定所称图书,是指书籍、地图、年画、图片、画册,以及含有文字、图画内容的年历、月历、日历,以及由新闻出版总署认定的其他内容载体形式。

第三条 图书出版必须坚持为人民服务、为社会主义服务的方向,坚持马克思列宁主义、毛泽东思想、邓小平理论和"三个代表"重要思想,坚持科学发展观,坚持正确的舆论导向和出版方向,坚持把社会效益放在首位、社会效益和经济效益相统一的原则,传播和积累有益于提高民族素质、推动经济发展、促进社会和谐与进步的科学技术和文化知识,弘扬民族优秀文化,促进国际文化交流,丰富人民群众的精神文化生活。

第四条 新闻出版总署负责全国图书出版的监督管理工作,建立健全监督管理制度,制定并实施全国图书出版总量、结构、布

[①] 此处所载为据2015年8月28日国家新闻出版广电总局令第3号《关于修改部分规章和规范性文件的决定》修订的版本。

局的规划。

省、自治区、直辖市新闻出版行政部门负责本行政区域内图书出版的监督管理工作。

第五条 图书出版单位依法从事图书的编辑、出版等活动。

图书出版单位合法的出版活动受法律保护，任何组织和个人不得非法干扰、阻止、破坏。

第六条 新闻出版总署对为发展、繁荣我国图书出版事业作出重要贡献的图书出版单位及个人给予奖励，并评选奖励优秀图书。

第七条 图书出版行业的社会团体按照其章程，在新闻出版行政部门的指导下，实行自律管理。

第二章 图书出版单位的设立

第八条 图书由依法设立的图书出版单位出版。设立图书出版单位须经新闻出版总署批准，取得图书出版许可证。

本规定所称图书出版单位，是指依照国家有关法规设立，经新闻出版总署批准并履行登记注册手续的图书出版法人实体。

第九条 设立图书出版单位，应当具备下列条件：

（一）有图书出版单位的名称、章程；

（二）有符合新闻出版总署认定条件的主办单位、主管单位；

（三）有确定的图书出版业务范围；

（四）有30万元以上的注册资本；

（五）有适应图书出版需要的组织机构和符合国家规定资格条件的编辑出版专业人员；

（六）有确定的法定代表人或者主要负责人，该法定代表人或者主要负责人必须是在境内长久居住的具有完全行为能力的中国公民；

（七）有与主办单位在同一省级行政区域的固定工作场所；

(八)法律、行政法规规定的其他条件。

设立图书出版单位,除前款所列条件外,还应当符合国家关于图书出版单位总量、结构、布局的规划。

第十条 中央在京单位设立图书出版单位,由主办单位提出申请,经主管单位审核同意后,由主办单位报新闻出版总署审批。

中国人民解放军和中国人民武装警察部队系统设立图书出版单位,由主办单位提出申请,经中国人民解放军总政治部宣传部新闻出版局审核同意后,报新闻出版总署审批。

其他单位设立图书出版单位,经主管单位审核同意后,由主办单位向所在地省、自治区、直辖市新闻出版行政部门提出申请,省、自治区、直辖市新闻出版行政部门审核同意后,报新闻出版总署审批。

第十一条 申请设立图书出版单位,须提交以下材料:

(一)按要求填写的设立图书出版单位申请表;

(二)主管单位、主办单位的有关资质证明材料;

(三)拟任图书出版单位法定代表人或者主要负责人简历、身份证明文件;

(四)编辑出版人员的出版专业职业资格证书;

(五)注册资本数额、来源及性质证明;

(六)图书出版单位的章程;

(七)工作场所使用证明;

(八)设立图书出版单位的可行性论证报告。

第十二条 新闻出版总署应当自收到设立图书出版单位申请之日起90日内,作出批准或者不批准的决定,并直接或者由省、自治区、直辖市新闻出版行政部门书面通知主办单位;不批准的,应当说明理由。

第十三条 申请设立图书出版单位的主办单位应当自收到新闻出版总署批准文件之日起60日内办理如下注册登记手续:

（一）持批准文件到所在地省、自治区、直辖市新闻出版行政部门领取图书出版单位登记表，经主管单位审核签章后，报所在地省、自治区、直辖市新闻出版行政部门；

（二）图书出版单位登记表一式五份，图书出版单位，主办单位，主管单位及省、自治区、直辖市新闻出版行政部门各存一份，另一份由省、自治区、直辖市新闻出版行政部门在收到之日起15日内，报送新闻出版总署备案；

（三）新闻出版总署对图书出版单位登记表审核后，在10日内通过中国标准书号中心分配其出版者号并通知省、自治区、直辖市新闻出版行政部门；

（四）省、自治区、直辖市新闻出版行政部门对图书出版单位登记表审核后，在10日内向主办单位发放图书出版许可证；

（五）图书出版单位持图书出版许可证到工商行政管理部门办理登记手续，依法领取营业执照。

第十四条 图书出版单位的主办单位自收到新闻出版总署批准文件之日起60日内未办理注册登记手续，批准文件自行失效，登记机关不再受理登记，图书出版单位的主办单位须将有关批准文件缴回新闻出版总署。

图书出版单位自登记之日起满180日未从事图书出版的，由原登记的新闻出版行政部门注销登记，收回图书出版许可证，并报新闻出版总署备案。

因不可抗力或者其他正当理由发生前款所列情形的，图书出版单位可以向原登记的新闻出版行政部门申请延期。

第十五条 图书出版单位应当具备法人条件，经核准登记后，取得法人资格，以其全部法人财产独立承担民事责任。

第十六条 图书出版单位变更名称、主办单位或者主管单位、业务范围，合并或者分立，改变资本结构，依照本规定第九条至第十三条的规定办理审批、登记手续。

图书出版单位除前款所列变更事项外的其他事项的变更,应当经其主办单位和主管单位审查同意后,向所在地省、自治区、直辖市新闻出版行政部门申请变更登记,由省、自治区、直辖市新闻出版行政部门报新闻出版总署备案。

第十七条　图书出版单位终止图书出版的,由主办单位提出申请并经主管单位同意后,由主办单位向所在地省、自治区、直辖市新闻出版行政部门办理注销登记,并由省、自治区、直辖市新闻出版行政部门报新闻出版总署备案。

第十八条　组建图书出版集团,参照本规定第十条办理。

第三章　图书的出版

第十九条　任何图书不得含有《出版管理条例》和其他有关法律、法规以及国家规定禁止的内容。

第二十条　图书出版实行编辑责任制度,保障图书内容符合国家法律规定。

第二十一条　出版辞书、地图、中小学教科书等类别的图书,实行资格准入制度,出版单位须按照新闻出版总署批准的业务范围出版。具体办法由新闻出版总署另行规定。

第二十二条　图书出版实行重大选题备案制度。涉及国家安全、社会安定等方面的重大选题,涉及重大革命题材和重大历史题材的选题,应当按照新闻出版总署有关选题备案管理的规定办理备案手续。未经备案的重大选题,不得出版。

第二十三条　图书出版实行年度出版计划备案制度。图书出版单位的年度出版计划,须经省、自治区、直辖市新闻出版行政部门审核后报新闻出版总署备案。

第二十四条　图书出版单位实行选题论证制度、图书稿件三审责任制度、责任编辑制度、责任校对制度、图书重版前审读制度、稿件及图书资料归档制度等管理制度,保障图书出版质量。

第二十五条 图书使用语言文字须符合国家语言文字法律规定。

图书出版质量须符合国家标准、行业标准和新闻出版总署关于图书出版质量的管理规定。

第二十六条 图书使用中国标准书号或者全国统一书号、图书条码以及图书在版编目数据须符合有关标准和规定。

第二十七条 图书出版单位不得向任何单位或者个人出售或者以其他形式转让本单位的名称、中国标准书号或者全国统一书号。

第二十八条 图书出版单位不得以一个中国标准书号或者全国统一书号出版多种图书,不得以中国标准书号或者全国统一书号出版期刊。中国标准书号使用管理办法由新闻出版总署另行规定。

第二十九条 图书出版单位租型出版图书、合作出版图书、出版自费图书须按照新闻出版总署的有关规定执行。

第三十条 图书出版单位与境外出版机构在境内开展合作出版,在合作出版的图书上双方共同署名,须经新闻出版总署批准。

第三十一条 图书出版单位须按照国家有关规定在其出版的图书上载明图书版本记录事项。

第三十二条 图书出版单位应当委托依法设立的出版物印刷单位印刷图书,并按照国家规定使用印刷委托书。

第三十三条 图书出版单位须遵守国家统计规定,依法向新闻出版行政部门报送统计资料。

第三十四条 图书出版单位在图书出版30日内,应当按照国家有关规定向国家图书馆、中国版本图书馆、新闻出版总署免费送交样书。

第四章 监督管理

第三十五条 图书出版的监督管理实行属地原则。

省、自治区、直辖市新闻出版行政部门依法对本行政区域内的图书出版进行监督管理,负责本行政区域内图书出版单位的审核登记、年度核验及其出版图书的审读、质量评估等管理工作。

第三十六条 图书出版管理实行审读制度、质量保障管理制度、出版单位分级管理制度、出版单位年度核验制度和出版从业人员职业资格管理制度。

第三十七条 新闻出版总署负责全国图书审读工作。省、自治区、直辖市新闻出版行政部门负责对本行政区域内出版的图书进行审读,并定期向新闻出版总署提交审读报告。

第三十八条 新闻出版行政部门可以根据新闻出版总署《图书质量管理规定》等规定,对图书质量进行检查,并予以奖惩。

第三十九条 新闻出版总署制定图书出版单位等级评估办法,对图书出版单位进行评估,并实行分级管理。

第四十条 图书出版单位实行年度核验制度,年度核验每两年进行一次。

年度核验按照以下程序进行:

(一)图书出版单位提出年度自查报告,填写由新闻出版总署统一印制的图书出版年度核验表,经图书出版单位的主办单位、主管单位审核盖章后,在规定时间内报所在地省、自治区、直辖市新闻出版行政部门;

(二)省、自治区、直辖市新闻出版行政部门在收到图书出版单位自查报告、图书出版年度核验表等年度核验材料30日内予以审核查验、出具审核意见,报送新闻出版总署;

(三)新闻出版总署在收到省、自治区、直辖市新闻出版行政部门报送的图书出版单位年度核验材料和审核意见60日内作出是否予以通过年度核验的批复；

（四）图书出版单位持新闻出版总署予以通过年度核验的批复文件、图书出版许可证副本等相关材料，到所在地省、自治区、直辖市新闻出版行政部门办理登记手续。

第四十一条　图书出版单位有下列情形之一的，暂缓年度核验：

（一）正在限期停业整顿的；

（二）经审核发现有违法情况应予处罚的；

（三）主管单位、主办单位未认真履行管理责任，导致图书出版管理混乱的；

（四）所报年度核验自查报告内容严重失实的；

（五）存在其他违法嫌疑需要进一步核查的。

暂缓年度核验的期限为6个月。在暂缓年度核验期间，图书出版单位除教科书、在印图书可继续出版外，其他图书出版一律停止。缓验期满，按照本规定重新办理年度核验手续。

第四十二条　图书出版单位有下列情形之一的，不予通过年度核验：

（一）出版导向严重违反管理规定并未及时纠正的；

（二）违法行为被查处后拒不改正或者在整改期满后没有明显效果的；

（三）图书出版质量长期达不到规定标准的；

（四）经营恶化已经资不抵债的；

（五）已经不具备本规定第九条规定条件的；

（六）暂缓登记期满，仍未符合年度核验基本条件的；

（七）不按规定参加年度核验，经催告仍未参加的；

（八）存在其他严重违法行为的。

对不予通过年度核验的图书出版单位，由新闻出版总署撤销图书出版许可证,所在地省、自治区、直辖市新闻出版行政部门注销登记。

第四十三条 年度核验结果,新闻出版总署和省、自治区、直辖市新闻出版行政部门可以向社会公布。

第四十四条 图书出版从业人员,应具备国家规定的出版职业资格条件。

第四十五条 图书出版单位的社长、总编辑须符合国家规定的任职资格和条件。

图书出版单位的社长、总编辑须参加新闻出版行政部门组织的岗位培训,取得岗位培训合格证书后才能上岗。

第五章 法 律 责 任

第四十六条 图书出版单位违反本规定的,新闻出版总署或者省、自治区、直辖市新闻出版行政部门可以采取下列行政措施:

(一)下达警示通知书;

(二)通报批评;

(三)责令公开检讨;

(四)责令改正;

(五)核减中国标准书号数量;

(六)责令停止印制、发行图书;

(七)责令收回图书;

(八)责成主办单位、主管单位监督图书出版单位整改。

警示通知书由新闻出版总署制定统一格式,由新闻出版总署或者省、自治区、直辖市新闻出版行政部门下达给违法的图书出版单位,并抄送违法图书出版单位的主办单位及其主管单位。

本条所列行政措施可以并用。

第四十七条 未经批准,擅自设立图书出版单位,或者擅自从事图书出版业务,假冒、伪造图书出版单位名称出版图书的,依照《出版管理条例》第五十五条处罚。

第四十八条 图书出版单位出版含有《出版管理条例》和其他有关法律、法规以及国家规定禁止内容图书的,由新闻出版总署或者省、自治区、直辖市新闻出版行政部门依照《出版管理条例》第五十六条处罚。

第四十九条 图书出版单位违反本规定第二十七条的,由新闻出版总署或者省、自治区、直辖市新闻出版行政部门依照《出版管理条例》第六十条处罚。

第五十条 图书出版单位有下列行为之一的,由新闻出版总署或者省、自治区、直辖市新闻出版行政部门依照《出版管理条例》第六十一条处罚:

(一)变更名称、主办单位或者主管单位、业务范围,合并或分立,改变资本结构,未依法办理审批手续的;

(二)未按规定将其年度出版计划备案的;

(三)未按规定履行重大选题备案的;

(四)未按规定送交样书的。

第五十一条 图书出版单位有下列行为之一的,由新闻出版总署或省、自治区、直辖市新闻出版行政部门给予警告,并处3万元以下罚款:

(一)未按规定使用中国标准书号或者全国统一书号、图书条码、图书在版编目数据的;

(二)图书出版单位违反本规定第二十八条的;

(三)图书出版单位擅自在境内与境外出版机构开展合作出版,在合作出版的图书上双方共同署名的;

(四)未按规定载明图书版本记录事项的;

(五)图书出版单位委托非依法设立的出版物印刷单位印刷图书的,或者未按照国家规定使用印刷委托书的。

第五十二条 图书出版单位租型出版图书、合作出版图书、出版自费图书，违反新闻出版总署有关规定的，由新闻出版总署或者省、自治区、直辖市新闻出版行政部门给予警告，并处 3 万元以下罚款。

第五十三条 图书出版单位出版质量不合格的图书，依据新闻出版总署《图书质量管理规定》处罚。

第五十四条 图书出版单位未依法向新闻出版行政部门报送统计资料的，依据新闻出版总署、国家统计局联合颁布的《新闻出版统计管理办法》处罚。

第五十五条 对图书出版单位作出行政处罚，新闻出版行政部门应告知其主办单位和主管单位，可以通过媒体向社会公布。

对图书出版单位作出行政处罚，新闻出版行政部门可以建议其主办单位或者主管单位对直接责任人和主要负责人予以行政处分或者调离岗位。

第六章 附 则

第五十六条 本规定自 2008 年 5 月 1 日起施行。

自本规定施行起，此前新闻出版行政部门对图书出版的其他规定，凡与本规定不一致的，以本规定为准。

书号实名申领管理办法(试行)

(新闻出版总署 2009年1月7日 新出出版〔2009〕33号)

第一章 总 则

第一条 为进一步转变政府职能,创新管理机制,完善图书出版管理,促进我国图书业的繁荣发展,根据《出版管理条例》等有关规定,决定实行书号实名申领办法。

第二条 书号管理办法的改革和书号实名申领工作,要全面贯彻落实科学发展观,坚持正确的出版导向;要有利于出版业的繁荣发展,有利于多出好书,不断满足人民群众日益增长的文化需求;要有利于进一步提高出版管理工作效率和服务水平,有利于宏观调控,资源整合,逐步实现书号、条码、CIP等出版基本信息的统一,为行业发展服务;要有利于切实规范出版行为,有效打击侵权盗版活动,坚决禁止买卖书号、"一号多用"行为。

第三条 书号实名申领实行属地管理和谁主管谁负责的原则,明确出版单位主管和主办单位的管理责任,完善新闻出版总署,各省、自治区、直辖市新闻出版行政部门,中央出版单位主管部门和出版单位分级管理办法,形成职责明确、运行规范的书号管理体系。

第四条 书号实名申领是指出版单位在图书出版活动中按书稿实名申领书号,有关部门见稿给号,一书一号。

本办法所称书号是指中国标准书号。

第二章　分级管理

第五条　新闻出版总署负责全国出版单位书号实名申领工作。

第六条　各省、自治区、直辖市新闻出版行政部门负责本行政区域内出版单位的书号实名申领、发放及相应的管理工作。

第七条　中央在京出版单位主管部门所辖出版单位达到一定数量并有专门机构和专职人员从事出版单位管理的，由新闻出版总署委托其负责所辖出版单位的书号实名申领工作；其他中央在京出版单位的书号实名申领工作在主管部门指导下，由新闻出版总署条码中心在技术层面负责书号的实名申领工作。

第八条　出版单位须按照出版法规，对所申报的书稿内容、书稿质量及其出版活动严格把关，承担相应责任。

（一）出版单位在按规定完成书稿"三审"程序后，方可进行书号实名申领。

（二）涉及党和国家领导人等重大题材作品和涉及国家安全、社会安定等方面的重大选题，要严格执行重大革命和重大历史题材作品管理办法和图书重大选题备案办法，在履行重大选题备案手续后方可进行书号实名申领。

（三）出版单位不得向任何单位或者个人出售或者以其他形式转让本单位的书号。

第三章　申领程序

第九条　书号实名申领通过基于互联网的计算机系统（书号实名申领信息系统）实现，书号实名申领工作涉及的部门、单位应依据工作流程和职能通过该系统进行相关工作。

第十条　出版单位已完成"三审"的书稿可随时通过网络进

行书号实名申领。申领书号信息要完整、真实、准确。书稿出版后要向有关部门及时报送有关出版物信息，并按规定向出版行政部门送缴样本。

第十一条 各省、自治区、直辖市出版行政部门（或负责中央出版单位书号实名申领工作的有关部门）应对所辖出版单位的申请在7个工作日内通过书号实名申领信息系统予以办理。

第十二条 新闻出版总署出版管理司负责对书号实名申领工作进行管理、监督，发现问题及时纠正。

第十三条 新闻出版总署条码中心负责通过计算机信息系统进行书号编制和条码配发工作，对书号实名申领信息系统及出版物信息数据进行维护，保障其安全、稳定运行，并在条码制作、发放等方面探索与书号实名申领相适应的工作模式。

第四章 罚 则

第十四条 出版单位书号实名申领有下列行为之一的，由新闻出版总署或省、自治区、直辖市新闻出版行政部门责令改正，给予警告：

（一）提供虚假出版信息的；

（二）不按《中国标准书号》标准使用书号的；

（三）书稿出版后不及时报送出版物信息的。

第十五条 出版单位出售或者以其他形式转让本单位书号的，按《出版管理条例》第六十条和《图书出版管理规定》进行处罚。

图书质量保障体系

(1997年6月26日中华人民共和国新闻出版署令第8号公布)

第一章 总 则

第一条 依据国务院颁布的《出版管理条例》,建立和实施严格、有效、可操作的图书质量保障体系,是实现图书出版从扩大规模数量为主向提高质量效益为主的转变,提高图书出版整体水平,繁荣社会主义出版事业的重要措施。

第二条 建立和实施图书质量保障体系的指导思想:以马克思列宁主义、毛泽东思想和邓小平建设有中国特色社会主义理论为指导,坚持党的基本路线和基本方针,以建立适应社会主义市场经济体制,符合社会主义精神文明建设要求,体现出版工作自身规律的出版体制为目的,坚持为人民服务、为社会主义服务的方向,坚持百花齐放、百家争鸣的方针,坚持精神文明重在建设,繁荣出版重在质量的思想,把能否提高图书质量当作衡量出版工作是否健康发展、检验出版改革成功与否的重要标志。提高认识,强化管理,使出版事业朝着健康、有序、优质、高效的方向发展。

第三条 实施图书质量保障体系的基本原则:图书质量保障体系是一项系统工程,要有严密的组织,需要各出版社、出版社的主管部门、各级出版行政部门以及社会各界的共同参与,形成网络;要有科学、严格、有效的机制,根据图书生产、销售和管理的规律,分部门、分阶段、分层次组织实施,分清任务,明确责任,提高管理和运行水平;要有称职的队伍,各单位要制定计划,对各级、各类的出版从业人员,特别是从事编辑工作和出版行政管理工作人员,进行考核和培训,提高思想、政策、职业道德、专业技术水平。

第四条 加强图书出版法制建设。加强图书出版的法制建设,是图书质量保障体系正常、有效实施的根本保证。国务院颁布的《出版管理条例》是出版行业的重要法规,也是图书质量保障体系依法实施的保证。各级出版行政部门要依据《出版管理条例》,做到依法管理,对违反《出版管理条例》和《图书质量保障体系》的行为,要依据相应的法规和规定,坚决予以查处,以维护社会主义出版法规和规定的权威性和严肃性。各省、自治区、直辖市新闻出版局、出版社主管部门和出版社在认真执行《出版管理条例》和《图书质量保障体系》的同时,还可根据这些法规和规定,制定本地区、本部门和出版社内部的管理规定、制度,提高图书出版管理水平。

第二章 编辑出版责任机制

第一节 前期保障机制

第五条 坚持按专业分工出书制度。按专业分工出书对于发挥出版社的专业人才、资源优势和特点,为本行业、本部门、本地区服务,提高图书质量,形成出版特色,具有重要作用。各出版社必须严格按照新闻出版署核定的出书范围和有关规定执行。

第六条 加强选题策划工作。

(一)图书质量的提高,首先取决于选题的优化,优化的第一步要搞好选题的策划工作。

(二)策划是出版工作的重要环节,出版社的全体编辑人员应认真履行编辑职责,积极参与选题的策划工作。

(三)出版社编辑人员在策划选题时,要注意广泛收集、积累、研究与本社出书范围有关的信息,注意加强与有关学术、科研、教学、创作等部门和专家、学者的联系,倾听他们的意见,提高策划水平。

第七条 坚持选题论证制度。选题质量的优劣,直接影响图书质量,也影响出版社的整体出版水平。出版社要对选题进行多方面的考察,既要从微观上论证选题的可行性,又要从宏观上考虑各类选题的合理结构,为此要注意以下三点:

(一)选题论证应当坚持以马克思列宁主义、毛泽东思想,邓小平同志建设有中国特色社会主义理论为指导,坚持党的基本路线,贯彻"为人民服务、为社会主义服务、为全党全国工作大局服务"和"百花齐放、百家争鸣"的方针,始终以社会效益为最高准则,在此前提下,注意经济效益,力争做到"两个效益"的最佳结合。使选题论证结果符合质量第一的原则,符合控制总量、优化结构、提高质量、增进效益的总体要求。

(二)要加强调研工作,充分运用各方面的信息资源和群体的知识资源,进行深入的调查研究,研究有关的学术、学科发展状况,了解读者的需求,掌握图书市场的供求情况,使选题的确定建立在准确、可靠、科学的基础上。

(三)坚持民主和集中相结合的论证方法。召开选题论证会议,论证时,人人平等,各抒己见,重科学分析,有理有据,力争取得一致意见。在意见不一致的情况下,由社长或总编辑决定。

第二节 中期保障机制

第八条 坚持稿件三审责任制度。审稿是编辑工作的中心环节,是一种从出版专业角度,对书稿进行科学分析判断的理性活动。因此,在选题获得批准后,要做好编前准备工作,加强与作者的联系。稿件交来后,要切实做好初审、复审和终审工作,三个环节缺一不可。三审环节中,任何两个环节的审稿工作不能同时由一人担任。在三审过程中,始终要注意政治性和政策性问题,同时切实检查稿件的科学性、艺术性和知识性问题。

(一)初审,应由具有编辑职称或具备一定条件的助理编辑人员担任(一般为责任编辑),在审读全部稿件的基础上,主要负责从专业的角度对稿件的社会价值和文化学术价值进行审查,把好政治关、知识关、文字关。要写出初审报告,并对稿件提出取舍意见和修改建议。

(二)复审,应由具有正、副编审职称的编辑室主任一级的人员担任。复审应审读全部稿件,并对稿件质量及初审报告提出复审意见,作出总的评价,并解决初审中提出的问题。

(三)终审,应由具有正、副编审职称的社长、总编辑(副社长、副总编辑)或由社长、总编辑指定的具有正、副编审职称的人员担任(非社长、总编辑终审的书稿意见,要经过社长、总编辑审核),根据初、复审意见,主要负责对稿件的内容,包括思想政治倾向、学术质量、社会效果、是否符合党和国家的政策规定等方面作出评价。如果选题涉及国家安全、社会安定等方面内容,属于应当由主管部门转报国务院出版行政部门备案的重大选题,或初审和复审意见不一致的,终审者应通读稿件,在此基础上,对稿件能否采用作出决定。

第九条 坚持责任编辑制度。图书的责任编辑由出版社指定,一般由初审者担任。除负责初审工作外,还要负责稿件的编辑加工整理和付印样的通读工作,使稿件的内容更完善,体例更严谨,材料更准确,语言文字更通达,逻辑更严密,消除一般技术性差错,防止出现原则性错误;并负责对编辑、设计、排版、校对、印刷等出版环节的质量进行监督。为保证图书质量,也可根据稿件情况,适当增加责任编辑人数。

第十条 坚持责任设计编辑制度和设计方案三级审核制度。图书的整体设计,包括图书外部装帧设计和内文版式设计。设计质量是图书整体质量的重要组成部分。提高图书的整体设计质量,是提高图书质量的重要方面。出版社每出一种书,都要指定一名具有相应专业职称的编辑为责任设计编辑,主要负责提出图书的整体设计方案、具体设计或对委托他人设计的方案和设计的成品质量进行把关。图书的整体设计也要严格执行责任设计编辑、编辑室主任、社长或总编辑(副社长或副总编辑)三级审核制度。

第十一条 坚持责任校对制度和"三校一读"制度。

专业校对是出版流程中不可缺少的环节,直接影响图书的质量。出版社应配备足够的具有专业技术职称的专职校对人员,负责专业校对工作。出版社每出一种书,都要指定一名具有专业技术职称的专职校对人员为责任校对,负责校样的文字技术整理工作,监督检查各校次的质量,并负责付印样的通读工作。一般图书的专业校对应不低于三个校次,重点图书、工具书等,应相应增加校次。终校必须由本社有中级以上专业技术职称的专职校对人员担任。聘请的社外校对人员,必须具有相应的专业技术职称和丰富的校对经验。对采用现代排版技术的图书,还要通读付印软片或软片样。

第十二条 坚持印刷质量标准和《委托书》制度。出版社印制图书必须到有"书报刊印刷许可证"的印装厂印制。印装厂承接图书印刷业务时,必须查验出版社开具的全国统一的由新闻出版署监制的《委托书》,否则,不得承印。印制时必须严格按照国家技术监督部门和出版行政部门制定的有关书刊印刷标准和书刊印刷产品质量监督管理规定执行。

第十三条 坚持图书书名页使用标准。图书书名页是图书正文之前载有完整书名信息的书页,包括主书名页和附书名页。主书名页应载有完整的书名、著作责任说明、版权说明、图书在版编目数据、版本记录等内容;附书名页应载有多卷书、丛书、翻译书等有关书名信息。图书书名页是图书不可缺少的部分,具有重要信息价值。出版社出版的图书必须严格按照国家的有关标准执行。

第十四条 坚持中国标准书号和图书条码使用标准。中国标准书号是目前国际通用的一种科学合理的图书编码系统。条码技术是国际上通行的一种主要的信息标识技术,图书使用条码技术,有利于图书信息在销售中的广泛、快捷地传播、使用。出版社必须严格按照国家标准和有关规定,正确使用中国标准书号和条码技术。

第三节 后期保障机制

第十五条 坚持图书成批装订前的样书检查制度。印装厂在每种书封面和内文印刷完毕、未成批装订前,必须先装订10本样书,送出版社查验。出版社负责联系印制的业务人员、责任编辑、责任校对及主管社领导,应从总体上对装订样书的质量进行审核,如发现问题,立即通知印装厂,封存待装订的印成品并进行处理;如无问题,要正式具文通知印装厂开始装订。出版社应在接到样书后3日内通知印装厂。印装厂在未接到出版社的通知前,不得擅自将待装订的印成品装订出厂。

第十六条 坚持出书后的评审制度。出版社要成立图书质量评审委员会。评审委员会由具有高级职称的在职或离职的编辑以及社会上的专家学者组成,定期对本社新出版的图书的质量进行认真的审读、评议。出版社根据评议结果,奖优罚劣,并对质量有问题的图书,根据有关规定,进行相应处理。

第十七条 坚持图书征订广告审核制度。出版社法人代表应对本版图书的广告质量负全部责任。出版、发行单位为推销图书印制的征订单和广告,必须事先报出版社审核,经出版社法人指定的部门负责人和责任编辑审核同意并出具书面意见后,才可印制、散发。

第十八条 坚持图书样本缴送制度。出版社每新出一种图书,应在出书后一个月内,按规定分别向新闻出版署、中宣部出版局、中国版本图书馆、北京图书馆缴送样书一册(套)备查。

第十九条 坚持图书重版前审读制度。图书重版有利于扩大图书的社会效益和经济效益,因此,更需要对图书内容质量严格把关。出版社出版的新书首次重版前,必须组织具有高级职称的编辑人员(含具有高级职称的离退休者)对图书内容和质量重新进行审读,写出书面审读意见,由社长或总编辑核定。

第二十条 坚持稿件及图书质量资料归档制度。出版社应将稿件连同图书出版合同、稿件审读意见、稿费通知单、印刷委托书、排印单、样书等一起归档。同时,还必须把图书出版过程中每一环节的质量情况以及读者和学术界对图书质量的意见,书评和各种奖励或处罚情况,采用表格形式记录在案并归档,便于对图书质量整体情况进行分析研究,提高图书出版质量的管理水平。

第二十一条 坚持出版社与作者和读者联系制度。出版社要保持同作者和读者长期、紧密的联系,依靠作者,并在可能的条件下为作者的创作、研究提供必要条件;同时,倾听作者和读者对图书质量的意见,及时改进工作。

第三章　出版管理宏观调控机制

第一节　预报机制

第二十二条 坚持年度选题计划审批和备案制度。各省、自治区、直辖市新闻出版局和出版社的主管部门负有对所辖、所属出版社选题计划的审批责任,必须按有关法规、规定严格把关;同时要送交本省(自治区、直辖市)党委宣传部门备案。经省(自治区、直辖市)新闻出版局和出版社主管部门批准的各出版社的选题计划,必须报新闻出版署备案。新闻出版署可对导向、总量、结构和趋势等问题提出指导性意见,对不符合国家法规、规定的选题进行调整或通知撤销。

第二十三条 坚持重大选题备案制度。对涉及政治、军事、安全、外交、宗教、民族等敏感问题的重大选题和其他需宏观调控的重大选题,必须按照国务院《出版管理条例》和国务院出版行政部门的有关规定履行备案手续。凡列入备案范围内的重大选题,出版社在出版之前,必须报新闻出版署备案,未申报备案或报来后未得到备案答复的,一律不得出版。重大选题备案的一般程序是:先由出版社写出申请报告和对稿件的审读意见(写明没有把握要请示的问题),连同稿件一并报主管部门;主管部门经审读稿件后如认为有出版价值,再正式向新闻出版署申报备案,申报时,应当填写备案登记表并提交下列材料:

(一)备案的报告;

(二)稿件;

(三)出版社的上级主管部门的具体审读意见。

上述备案材料不齐备时,新闻出版署负责备案的部门不予受理。新闻出版署受理备案之后,按照有关规定予以答复。

第二十四条 坚持对全国发排新书目的审核制度。《全国发排新书半月报》是国家出版行政部门及时了解出版信息,掌握出版动态的重要资料。各出版社要按时、认真报送发排新书目,以便于国家出版行政部门审核研究,对倾向性问题,及时发现,及时解决。

第二节 引 导 机 制

第二十五条 坚持出版通气会制度。由中宣部和新闻出版署主持的出版通气会,定期召开,由有关部委、省委宣传部、省(自治区、直辖市)新闻出版局负责同志参加,主要贯彻中央和国务院的新精神,通报出版工作的新情况、新问题,及时对全国的出版工作提出指导意见。

第二十六条 坚持出版法规强化培训制度。针对出版工作中发生的值得注意的新问题,中宣部、新闻出版署召集有关出版社及其党政主管部门的负责人,举办强化培训班,学习出版法规,分析研究问题,制定整改措施。

第二十七条 坚持舆论引导制度。出版行政部门应充分发挥各种新闻传播媒体的宣传引导作用,围绕提高图书质量,通报政策、沟通信息、交流经验、评荐好书、批评坏书。

第二十八条 坚持制定和实施中长期出版规划制度,加强对制定年度选题计划的指导。制订规划的目的是抓导向、抓质量,促进图书出版整体质量的提高,推动出版事业长期、稳定地发展。新闻出版署主要做好国家五年重点图书出版规划、重要门类的选题出版规划以及国家重点出版工程的制定工作。各省、自治区、直辖市新闻出版局和出版社的主管部门也要根据地区、部门的特点和需要,制订好地方和部门出版规划。规划务求精当、突出重点、体现导向。搞好年度选题计划对于提高图书质量十分关键。新闻出版署一般于本年度末对下一年度制定选题计划的指导思想和重点内容提出原则意见。各省、自治区、直辖市新闻出版局和出版社主管部门可结合本地区、本部门实际提出具体实施意见。

第二十九条 坚持出版基金保障制度。在社会主义市场经济条件下,各省、自治区、直辖市新闻出版局和出版社的主管部门以及各出版社要创造条件,面向社会,多渠道筹集资金,建立多层次、多形式的出版基金,发挥经济政策的引导和调控作用,扶持优秀图书的出版。同时要制定科学、可行的基金管理和使用办法。

第三节 约束机制

第三十条 坚持出版社年检登记制度。出版社年检实行"一年一自检,两年一统检",即每年出版社结合总结工作,自我检查;每两年由新闻出版署组织全国出版社统一检查。统一年检是在学习和总结的基础上,先由出版社进行自查,提出改进工作的措施,写出总结报告,经主管部门审核并提出意见后,报新闻出版署核验批准。经新闻出版署批准合格者,可以办理换证登记手续。不合格者,给予暂缓登记处分,停止其出版业务。暂缓登记期自发文之日起六个月。六个月内,经整改仍达不到年检登记基本条件者,取消其出版社登记资格及出版者前缀号。

第三十一条　坚持书号使用总量宏观调控制度。合理控制书号使用总量,有利于优化选题、调整结构、提高质量,保证重点图书、学术著作的出版,也有利于出版资源的合理配置。各省、自治区、直辖市新闻出版局、出版社主管部门和出版社必须严格执行新闻出版署制定的有关对书号使用总量进行宏观调控的规定。

第三十二条　坚持图书跨省印制审批制度。凡跨省印制的图书,由出版社持印制《委托书》到所在地省、自治区、直辖市新闻出版局办理出省印制手续,再到承印厂所在省(自治区、直辖市)新闻出版局办理进省印制手续。《委托书》必须由两省(自治区、直辖市)新闻出版局分别审核批准,否则承印厂不得承接。

第三十三条　坚持图书售前送审制度。加强对批发、零售样书的售前审核,是有效控制图书负面影响的重要手段之一。图书市场管理部门要严格按照有关规定加强对批发、零售样书的售前审核,不论是批发市场还是零售市场(摊点),凡进场(摊点)销售的图书必须报经当地图书市场管理部门审核,未经报审批准,不得批发、零售;擅自批发、进货销售者,应根据有关规定,给予行政处罚。同时,图书市场管理部门要严格依法办事,提高工作效率。

第四节　监　督　机　制

第三十四条　坚持随机抽样审读制度。各级出版行政部门要有重点、有目的、有针对性地组织有经验、有水平的审读人员,对所辖地区出版社出版的和市场上销售的图书内容进行随机抽样审读,对优秀图书要向读者大力推荐;对有问题的图书要及时处理并向上报告;对倾向性问题要及时向上汇报,向下打招呼。

第三十五条 坚持图书出版定期综合分析制度。各省、自治区、直辖市新闻出版局要对本地区各出版社出版的图书进行跟踪了解,每半年对已出版的图书做一次综合性分析(包括重点书审读情况,出书结构、特点、趋势、问题等),写出书面报告,报新闻出版署。

第三十六条 坚持图书编校、印装质量检查制度。编校、印装质量是图书整体质量的重要组成部分,对图书的社会效益和经济效益产生重要影响。坚持经常性地对图书编校、印装质量进行检查,有利于提高图书的整体质量。各出版社和主管部门要根据国家制定的图书质量管理规定,每年至少分别进行两次图书编校、印装质量检查。新闻出版署也将每年不定期对部分图书进行抽样检查。对不合格的图书或不合格图书的比例超过规定标准的出版社,按有关规定进行处罚。

第三十七条 坚持图书市场的动态监测制度。巩固和完善图书市场动态监测网络,有利于图书市场朝着健康、有序的方向发展,各地图书市场管理部门要密切配合,做到信息准确,反映灵敏,措施有力。

第五节 奖惩机制

第三十八条 坚持优秀图书奖励制度。奖励优秀图书,有利于调动广大出版工作者的积极性,有利于向广大读者推荐优秀图书,从而促进图书质量的提高。各级出版行政部门和出版社,应严格执行中央和国务院有关图书评奖的规定,并认真做好优秀图书评奖工作。特别是中央宣传部精神文明建设"五个一工程"的"一本好书奖"和新闻出版署主办的国家级政府奖"国家图书奖"及中国出版工作者协会组织的"中国图书奖"的评选工作。同时,各省、自治区、直辖市新闻出版局和有关部门也可根据有关规定开展地区和部门内的优秀图书评奖活动,并使之制度化。

第三十九条　坚持优秀编辑出版人员表彰制度。编辑队伍是提高图书质量的主力军。新闻出版署、人事部每五年评选一次"出版系统先进集体、先进工作者(劳动模范)";中国出版工作者协会每两年评选一次"百佳出版工作者",每五年评选一次"韬奋奖"。各级出版行政部门要分层次、分门类定期做好编辑出版人员的表彰工作,充分调动编辑出版人员的积极性,鼓励他们不断提高自身的思想和业务水平。

第四十条　坚持优秀和良好出版社表彰制度。在全国出版社年检的基础上,评选出优秀出版社和良好出版社,予以表彰,对鼓励出版社坚持正确出版方向,提高图书质量,办出特色具有重要意义。每次全国统一年检结束后,评选出良好出版社,然后在良好出版社中,评选出优秀出版社。对受到表彰后出现问题的出版社,一经查实,立即取消其荣誉称号。

第四十一条　坚持对违规出版社和责任人的处罚制度。本着依法管理,有法必依,违法必究的原则,对出版违反国家法律、法规和出版行政管理规定的图书的出版社和责任人要严肃处理。各级出版行政部门要切实负起责任,除对违规图书根据定性作出处理外,对出版社则根据所犯错误的性质,依据有关法规和规定作出行政处罚,处罚包括:批评、警告、没收利润、罚款、停止某一编辑室业务、停止某一类图书出版权、全社停业整顿、吊销社号;对因渎职导致出版坏书,出版社被停业整顿或被吊销社号的,出版社有关责任人必须调离出版业务岗位,有关领导者不得再担任出版社领导职务。对构成犯罪的,要依法追究刑事责任。

第六节　责　任　机　制

第四十二条　坚持分级管理责任制度。各级出版行政部门,肩负着党和政府赋予的重要管理职责,应尽职尽责,做好管理工作。一旦出现问题,涉及哪一级,就追究哪一级部门的领导责任。坚决杜绝那种日常管理不负责任,出了问题推卸责任的现象。

第四十三条　坚持主管、主办单位负责制。主管、主办单位对所属出版社负有直接领导责任,必须切实承担起管理的职责。要指定部门,并配备合格的管理人员,既要指导、监督所属出版社自觉按照党和国家的方针、政策,多出好书,同时也要为出版社出好书提供必要的条件。

第四十四条　坚持出版社业务人员持证上岗制度。出版行政部门应根据国家制定的有关出版从业人员(包括出版社负责人、编辑、校对等)资格认定标准和业绩考核办法,定期、分层次、分类别对出版社的业务人员进行资格认定和业绩考核,考核前先培训,合格者,持证上岗;不合格者,要下岗再培训,经再培训考核仍不合格者,调离业务岗位。

第四章　社会监督机制

第四十五条　坚持出版行业协会监督制度。出版行业协会是出版行政部门的有力补充。中国出版工作者协会、中国编辑学会、中国书刊业发行协会、中国印刷技术协会以及其他专业协会和各地相应的团体,都应根据各自的特点建立和完善行规行约,从保护会员合法权益和履行应尽义务的角度,在图书质量保障方面,做好自我约束和调研、咨询、协调、监督工作,形成网络。

第四十六条　坚持社会团体监督制度。各种群众团体、学术组织集中了社会各方面的人才,代表着社会上广大群众的利益,反映各阶层群众的呼声。出版行政部门,出版社主管部门和出版社要紧紧依靠他们,同他们建立固定的联系渠道,主动征求、随时听取他们对提高图书质量的意见、建议,不断改进工作。

第四十七条 坚持读者投诉反馈制度。广大读者既是对图书质量进行社会监督的主要力量,也是出版行政部门搞好宏观调控的社会基础。出版行政部门要充分重视和发挥读者的监督作用,认真对待读者对图书质量问题的投诉,本着实事求是、真诚负责的态度,对质量不合格的图书,要按有关规定坚决处理。出版社有义务解决读者投诉提出的问题并予以回复,使读者满意。

第四十八条 坚持社会舆论监督制度。出版行政部门和出版社对社会各界人士通过各种媒介对图书质量发表的意见要予以高度重视,充分发挥社会舆论的监督作用,对维护良好的出版秩序,依法进行出版行政管理具有重要意义。特别是在社会主义市场经济条件下,有利于抵制部门和地方保护主义对图书质量保障体系的干扰,防止出版行政部门在行使管理职权时,有法不依、滥用职权,甚至执法犯法。

第五章 附 则

第四十九条 本体系由新闻出版署制定并负责解释。各省、自治区、直辖市新闻出版局、出版社的主管部门和出版社可根据本体系的有关原则,制定本地区、本部门和本社的具体实施细则,并报新闻出版署备案。

第五十条 本体系自发布之日起生效。

图书质量管理规定

（2004年12月24日中华人民共和国新闻出版总署令第26号公布）

第一条 为建立健全图书质量管理机制，规范图书出版秩序，促进图书出版业的繁荣和发展，保护消费者的合法权益，根据《中华人民共和国产品质量法》和国务院《出版管理条例》，制定本规定。

第二条 本规定适用于依法设立的图书出版单位出版的图书的质量管理。

出版时间超过十年且无再版或者重印的图书，不适用本规定。

第三条 图书质量包括内容、编校、设计、印制四项，分为合格、不合格两个等级。

内容、编校、设计、印制四项均合格的图书，其质量属合格。内容、编校、设计、印制四项中有一项不合格的图书，其质量属不合格。

第四条 符合《出版管理条例》第二十六、二十七条规定的图书，其内容质量属合格。

不符合《出版管理条例》第二十六、二十七条规定的图书，其内容质量属不合格。

第五条 差错率不超过万分之一的图书，其编校质量属合格。

差错率超过万分之一的图书，其编校质量属不合格。

图书编校质量差错的判定以国家正式颁布的法律法规、国家标准和相关行业制定的行业标准为依据。图书编校质量差错率的计算按照本规定附件《图书编校质量差错率计算方法》执行。

第六条 图书的整体设计和封面(包括封一、封二、封三、封底、勒口、护封、封套、书脊)、扉页、插图等设计均符合国家有关技术标准和规定,其设计质量属合格。

图书的整体设计和封面(包括封一、封二、封三、封底、勒口、护封、封套、书脊)、扉页、插图等设计中有一项不符合国家有关技术标准和规定的,其设计质量属不合格。

第七条 符合中华人民共和国出版行业标准《印刷产品质量评价和分等导则》(CY/T 2—1999)规定的图书,其印制质量属合格。

不符合中华人民共和国出版行业标准《印刷产品质量评价和分等导则》(CY/T 2—1999)规定的图书,其印制质量属不合格。

第八条 新闻出版总署负责全国图书质量管理工作,依照本规定实施图书质量检查,并向社会及时公布检查结果。

第九条 各省、自治区、直辖市新闻出版行政部门负责本行政区域内的图书质量管理工作,依照本规定实施图书质量检查,并向社会及时公布检查结果。

第十条 图书出版单位的主办单位和主管机关应当履行其主办、主管职能,尽其责任,协助新闻出版行政部门实施图书质量管理,对不合格图书提出处理意见。

第十一条 图书出版单位应当设立图书质量管理机构,制定图书质量管理制度,保证图书质量合格。

第十二条 新闻出版行政部门对图书质量实施的检查包括:图书的正文、封面(包括封一、封二、封三、封底、勒口、护封、封套、书脊)、扉页、版权页、前言(或序)、后记(或跋)、目录、插图及其文字说明等。正文部分的抽查必须内容(或页码)连续且不少于10万字,全书字数不足10万字的必须检查全书。

第十三条 新闻出版行政部门实施图书质量检查,须将审读记录和检查结果书面通知出版单位。出版单位如有异议,可以在接到通知后15日内提出申辩意见,请求复检。对复检结论仍有异议的,可以向上一级新闻出版行政部门请求裁定。

第十四条 对在图书质量检查中被认定为成绩突出的出版单位和个人,新闻出版行政部门给予表扬或者奖励。

第十五条 对图书内容违反《出版管理条例》第二十六、二十七条规定的,根据《出版管理条例》第五十六条实施处罚。

第十六条 对出版编校质量不合格图书的出版单位,由省级以上新闻出版行政部门予以警告,可以根据情节并处3万元以下罚款。

第十七条 经检查属编校质量不合格的图书,差错率在万分之一以上万分之五以下的,出版单位必须自检查结果公布之日起30天内全部收回,改正重印后可以继续发行;差错率在万分之五以上的,出版单位必须自检查结果公布之日起30天内全部收回。

出版单位违反本规定继续发行编校质量不合格图书的,由省级以上新闻出版行政部门按照《中华人民共和国产品质量法》第五十条的规定处理。

第十八条 对于印制质量不合格的图书,出版单位必须及时予以收回、调换。

出版单位违反本规定继续发行印制质量不合格图书的,由省级以上新闻出版行政部门按照《中华人民共和国产品质量法》第五十条的规定处理。

第十九条 一年内造成三种以上图书不合格或者连续两年造成图书不合格的直接责任者,由省、自治区、直辖市新闻出版行政部门注销其出版专业技术人员职业资格,三年之内不得从事出版编辑工作。

第二十条 本规定自2005年3月1日起实施。新闻出版署于1997年3月3日公布的《图书质量管理规定》同时停止执行。

附件:图书编校质量差错率计算方法

一、图书编校差错率

图书编校差错率,是指一本图书的编校差错数占全书总字数的比率,用万分比表示。实际鉴定时,可以依据抽查结果对全书进行认定。如检查的总字数为10万,检查后发现两个差错,则其差错率为0.2/10000。

二、图书总字数的计算方法

图书总字数的计算方法,一律以该书的版面字数为准,即:总字数=每行字数×每面行数×总面数。

1. 除环衬等空白面不计字数外,凡连续编排页码的正文、目录、辅文等,不论是否排字,均按一面满版计算字数。分栏排版的图书,各栏之间的空白也计算版面字数。

2. 书眉(或中缝)和单排的页码、边码作为行数或每行字数计入正文,一并计算字数。

3. 索引、附录等字号有变化时,分别按实际版面计算字数。

4. 用小号字排版的脚注文字超过5行不足10行的,该面按正文满版字数加15%计算;超过10行的,该面按注文满版计算字数。用小号字排版的夹注文字,可采用折合行数的方法,比照脚注文字进行计算。

5. 封一、封二、封三、封底、护封、封套、扉页,除空白面不计以外,每面按正文满版字数的50%计算;版权页、书脊、有文字的勒口,各按正文的一面满版计算。

6. 正文中的插图、表格,按正文的版面字数计算;插图占一面的,按正文满版字数的20%计算字数。

7. 以图片为主的图书,有文字说明的版面,按满版字数的50%计算;没有文字说明的版面,按满版字数的20%计算。

8.乐谱类图书、地图类图书,按满版字数全额计算。

9.外文图书、少数民族文字图书,拼音图书的拼音部分,以对应字号的中文满版字数加30%计算。

三、图书编校差错的计算方法

1.文字差错的计算标准

(1)封底、勒口、版权页、正文、目录、出版说明(或凡例)、前言(或序)、后记(或跋)、注释、索引、图表、附录、参考文献等中的一般性错字、别字、多字、漏字、倒字,每处计1个差错。前后颠倒字,可以用一个校对符号改正的,每处计1个差错。书眉(或中缝)中的差错,每处计1个差错;同样性质的差错重复出现,全书按一面差错基数加1倍计算。阿拉伯数字、罗马数字差错,无论几位数,都计1个差错。

(2)同一错字重复出现,每面计1个差错,全书最多计4个差错。每处多、漏2~5个字,计2个差错,5个字以上计4个差错。

(3)封一、扉页上的文字差错,每处计2个差错;相关文字不一致,有一项计1个差错。

(4)知识性、逻辑性、语法性差错,每处计2个差错。

(5)外文、少数民族文字、国际音标,以一个单词为单位,无论其中几处有错,计1个差错。汉语拼音不符合《汉语拼音方案》和《汉语拼音正词法基本规则》(GB/T 16159—1996)规定的,以一个对应的汉字或词组为单位,计1个差错。

(6)字母大小写和正斜体、黑白体误用,不同文种字母混用的(如把英文字母 N 错为俄文字母 И),字母与其他符号混用的(如把汉字的〇错为英文字母 O),每处计0.5个差错;同一差错在全书超过3处,计1.5个差错。

(7)简化字、繁体字混用,每处计0.5个差错;同一差错在全书超过3个,计1.5个差错。

(8)工具书的科技条目、科技类教材、学习辅导书和其他科技图书,使用计量单位不符合国家标准《量和单位》(GB 3100—3102—1993)的中文名称的、使用科技术语不符合全国科学技术名词审定委员会公布的规范词的,每处计 1 个差错;同一差错多次出现,每面只计 1 个差错,同一错误全书最多计 3 个差错。

(9)阿拉伯数字与汉语数字用法不符合《出版物上数字用法的规定》(GB/T 15835—1995)的,每处计 0.1 个差错。全书最多计 1 个差错。

2. 标点符号和其他符号差错的计算标准

(1)标点符号的一般错用、漏用、多用,每处计 0.1 个差错。

(2)小数点误为中圆点,或中圆点误为小数点的,以及冒号误为比号,或比号误为冒号的,每处计 0.1 个差错。专名线、着重点的错位、多、漏,每处计 0.1 个差错。

(3)破折号误为一字线、半字线,每处计 0.1 个差错。标点符号误在行首、行末的,每处计 0.1 个差错。

(4)外文复合词、外文单词按音节转行,漏排连接号的,每处计 0.1 个差错;同样差错在每面超过 3 个,计 0.3 个差错,全书最多计 1 个差错。

(5)法定计量单位和符号,科学技术各学科中的科学符号、乐谱符号等差错,每处计 0.5 个差错;同样差错同一面内不重复计算,全书最多计 1.5 个差错。

(6)图序、表序、公式序等标注差错,每处计 0.1 个差错;全书超过 3 处,计 1 个差错。

3. 格式差错的计算标准

(1)影响文意,不合版式要求的另页、另面、另段、另行、接排、空行,需要空行、空格而未空的,每处计 0.1 个差错。

(2)字体错、字号错或字体、字号同时错,每处计 0.1 个差错;同一面内不重复计算,全书最多计 1 个差错。

(3)同一面上几个同级标题的位置、转行格式不统一且影响理解的,计0.1个差错;需要空格而未空格的,每处计0.1个差错。

(4)阿拉伯数字、外文缩写词转行的,外文单词未按音节转行的,每处计0.1个差错。

(5)图、表的位置错,每处计1个差错。图、表的内容与说明文字不符,每处计2个差错。

(6)书眉单双页位置互错,每处计0.1个差错,全书最多计1个差错。

(7)正文注码与注文注码不符,每处计0.1个差错。

报纸期刊质量管理规定

(国家新闻出版署 2020年5月28日 国新出发〔2020〕10号)

第一条 为加强报纸、期刊质量管理,规范报纸、期刊出版秩序,促进报纸、期刊质量提升,根据《中华人民共和国产品质量法》《出版管理条例》《报纸出版管理规定》《期刊出版管理规定》等法律法规,制定本规定。

第二条 本规定适用于经国家新闻出版主管部门批准,持有国内统一连续出版物号,领取报纸出版许可证和期刊出版许可证的报纸、期刊。

第三条 报纸、期刊质量包括内容质量、编校质量、出版形式质量、印制质量四项,分为合格和不合格两个等级。四项均合格的,其质量为合格;四项中有一项不合格的,其质量为不合格。

第四条 报纸、期刊内容符合《出版管理条例》第二十五条、第二十六条规定,并符合国家新闻出版主管部门批准的业务范围的,其内容质量为合格;不符合的,其内容质量为不合格。

第五条 报纸、期刊编校差错判定以相关法律法规、国家标准、行业标准及规范为依据。

报纸编校差错率不超过万分之三的,其编校质量为合格;差错率超过万分之三的,其编校质量为不合格。差错率的计算按照本规定附件《报纸编校差错率计算方法》执行。

期刊编校差错率不超过万分之二的,其编校质量为合格;差错率超过万分之二的,其编校质量为不合格。差错率的计算按照本规定附件《期刊编校差错率计算方法》执行。

第六条　报纸、期刊出版形式差错判定以相关法规规章、国家标准、行业标准及规范为依据。

报纸出版形式差错数不超过三个的,其出版形式质量为合格;差错数超过三个的,其出版形式质量为不合格。差错数的计算按照本规定附件《报纸出版形式差错数计算方法》执行。

期刊出版形式差错数不超过五个的,其出版形式质量为合格;差错数超过五个的,其出版形式质量为不合格。差错数的计算按照本规定附件《期刊出版形式差错数计算方法》执行。

第七条　报纸印制质量包括单份印制质量和批印制质量,期刊印制质量包括单册印制质量和批印制质量。报纸、期刊印制符合国家和行业现行标准及规定的,其印制质量为合格;不符合的,其印制质量为不合格。

第八条　国家新闻出版主管部门负责全国报纸、期刊质量管理工作,各省级新闻出版主管部门负责本行政区域内的报纸、期刊质量管理工作。各级新闻出版主管部门应当切实履行监管职责,实施报纸、期刊质量检查,并及时向社会公布检查结果。

第九条　报纸、期刊主管主办单位应当督促出版单位建立健全质量管理制度并监督落实,将报纸、期刊质量纳入出版单位社会效益评价考核,对质量不合格的报纸、期刊提出处理意见和整改措施。报纸、期刊出版单位应当落实"三审三校"等管理制度,加强业务培训,保证出版质量。

第十条　报纸、期刊质量检查采取抽样方式进行。报纸内容质量、编校质量、出版形式质量抽样检查的对象为报纸各版面及中缝、插页等所有内容。期刊内容质量、编校质量、出版形式质量抽样检查的对象为期刊正文、封一(含书脊)、封二、封三、封四、版权页、目次页、广告页、插页等所有内容。报纸、期刊印制质量检测样本抽取依据相关标准进行。

第十一条　新闻出版主管部门实施报纸、期刊质量检查,须将检查结果为不合格的报纸、期刊的具体情况书面通知出版单位或主办单位。出版单位、主办单位如有异议,须在接到通知后15日内提出复检申请;对复检结果仍有异议,须在接到通知后7日内向上一级新闻出版主管部门请求复核。

  第十二条 报纸、期刊内容质量、编校质量、出版形式质量不合格的,由省级以上新闻出版主管部门依据《出版管理条例》《报纸出版管理规定》《期刊出版管理规定》等相关规定,责令改正,给予警告;情节严重的,责令限期停业整顿,或由原发证机关吊销出版许可证。

  报纸、期刊出现严重质量问题的,出版单位应当采取收回、销毁等措施,消除负面影响。

  第十三条 报纸、期刊印制质量不合格,出版单位应当及时收回、调换。出版单位违反本规定继续发行印制质量不合格报纸、期刊的,按照《中华人民共和国产品质量法》《出版管理条例》等相关规定处理。

  第十四条 省级以上新闻出版主管部门对报纸、期刊质量管理工作中成绩突出的单位和个人予以表扬或者奖励。

  第十五条 本规定自印发之日起施行。

  附件:1.报纸编校差错率计算方法
    2.期刊编校差错率计算方法
    3.报纸出版形式差错数计算方法
    4.期刊出版形式差错数计算方法

附件1:报纸编校差错率计算方法

一、报纸编校差错率

报纸编校差错率,是指在报纸编校质量检查中,编校差错数占检查总字数的比率,用万分比表示。如检查总字数为2万,检查后发现2个差错,则其差错率为1/10000。

二、报纸检查总字数计算方法

报纸检查总字数为被检查所有内容的字数总和,一般包括版面字数、中缝字数、插页字数三部分。

1. 版面字数＝版面行字数(通用字号)×版面行数。

报眉、报尾、栏头、表格、分栏空白、插图说明等,均按所占版面字数计算。作品性图片(新闻摄影、艺术作品等)按版面字数的80%计算,装饰性图片按版面字数的30%计算。

2. 中缝字数按实际字数(行字数×行数)计算。

3. 插页字数参照版面字数计算。

4. 外文报纸、少数民族文字报纸及报纸的拼音部分,以对应字号的汉字字数加30%计算。

三、报纸编校差错计算方法

1. 重要信息差错

报头、报眉、栏头、标题中的文字差错,按正文同样错误计错标准的双倍计数。正文中重要名称、重要时间、重要图片等信息错误,按一般错误计错标准的双倍计数。

2. 文字差错

一期报纸中,同一文字差错重复出现,最多计3次差错。

(1)事实性、知识性、逻辑性、语法性错误,每处计1个差错。

(2)错字、别字、多字、漏字为1个字的,每处计1个差错;2—5个字的,每处计2个差错;5个字以上的,每处计4个差错。

前后颠倒字,可以用一个校对符号改正的,每处计1个差错。阿拉伯数字、罗马数字差错,无论几位数,都计1个差错。

(3)阿拉伯数字和汉字数字用法不符合《出版物上数字用法》国家标准,每处计0.1个差错,一期最多计1个差错。

(4)外文和国际音标以1个单词为单位,无论其中有几处差错,计1个差错。

(5)少数民族文字以1个字或词为单位,无论其中有几处差错,计1个差错。

(6)汉语拼音不符合《汉语拼音方案》和《汉语拼音正词法基本规则》等国家规定和标准,以1个对应的汉字或词组为单位,无论其中有几处差错,计1个差错。

(7)字母大小写和正斜体、黑白体误用,不同文种字母混用(如把英文字母N错为俄文字母И),字母与其他符号混用(如把英文字母O错为阿拉伯数字0),每处计0.5个差错。

(8)违反相关规定使用繁体字或不规范汉字,每处计0.5个差错。

(9)科技理论和科学普及类文章使用量和单位,其名称、符号、书写规则不符合《国际单位制及其应用》《有关量、单位和符号的一般原则》《空间和时间的量和单位》等相关标准,使用科技语不符合全国科学技术名词审定委员会公布的规范词,每处计0.5个差错。一个组合单位符号,无论其中有几处差错,计0.5个差错。

(10)专有名词译法不符合相关规范,每处计0.5个差错。

(11)涉港、澳、台等用语不符合相关规定,每处计1个差错。

(12)使用网络用语、缩略语、口语不符合相关规定,每处计0.5个差错。

3.标点符号和其他符号差错

使用标点符号应当符合《标点符号用法》国家标准,使用其他符号应当符合相关规范。同一标点符号差错重复出现,一面最多计3次差错,一期最多计1个差错。同一其他符号差错重复出现,一期最多计3次差错。

(1)标点符号错用、漏用、多用,每处计0.1个差错。

(2)标点符号误在行首、标号误在行末,每处计0.1个差错。

(3)外文复合词、外文单词按音节转行,漏排连接号,每处计0.1个差错。

(4)数学符号、科学符号、乐谱符号等符号差错,每处计0.5个差错。

(5)图序、表序、公式序、参考文献序等标注差错,每处计0.1个差错。

4.格式及其他差错

(1)错误的另版计2个差错。不符合版式要求的另版、另段、另行、接排、空行、空格及需要空行、空格而未空等,每处计0.1个差错。

(2)字体错、字号错或字体字号同时错,每处计0.1个差错;同一面内的同一差错不重复计算,一期最多计1个差错。

(3)同一篇文章中几个同级标题的位置、转行格式、字体字号不统一,计0.1个差错;需要空格而未空格,每处计0.1个差错。

(4)阿拉伯数字、外文缩写词拆开转行,外文单词未按音节转行,每处计0.1个差错。

(5)图、表的位置错,每处计0.5个差错;图、表的内容与说明文字不符,每处计1个差错。

(6)参考文献著录项中的格式错误,每处计0.1个差错,一期最多计1个差错。

(7)除图表、公式、符号需特殊处理等情况外,非广告正文主体字号小于6号(不包括6号),一期计2个差错。

附件2:期刊编校差错率计算方法

一、期刊编校差错率

期刊编校差错率,是指在期刊编校质量检查中,编校差错数占检查总字数的比率,用万分比表示。如检查总字数为2万,检查后发现2个差错,则其差错率为1/10000。

二、期刊检查总字数计算方法

期刊检查总字数为被检查的版面字数,即:检查总字数＝每行字数(通用字号)×每面行数×检查总面数。

1. 凡连续编排页码的正文、辅文,以及版权页、目次页、广告页、插页等,除空白面不计以外,均按一面满版计算字数。

2. 页眉和单排的页码、边码作为行数或每行字数计入正文,一并计算字数。

3. 脚注、参考文献、索引、附录等字号有变化时,分别按行数×每行字数计算。

4. 封一(含书脊)、封二、封三、封四,每面按正文满版字数的50%计算,空白面不计。

5. 正文中的插图、表格,按正文的版面字数计算。插图、表格占一面的,有文字说明的按满版字数的50%计算,没有文字说明的按满版字数的20%计算。

6. 以图片为主的期刊,有文字说明的版面,按满版字数的50%计算;没有文字说明的版面,按满版字数的20%计算。

7. 外文期刊、少数民族文字期刊及期刊的拼音部分,以对应字号的汉字字数加30%计算。

三、期刊编校差错计算方法

1. 重要信息差错

封一(含书脊)上的文字差错,按正文同样错误计错标准的双倍计数。正文中重要名称、重要时间、重要图片等信息错误,按一般错误计错标准的双倍计数。

2. 文字差错

一期期刊中,同一文字差错重复出现,最多计3次差错。

(1)事实性、知识性、逻辑性、语法性错误,每处计1个差错。

(2)错字、别字、多字、漏字为1个字的,每处计1个差错;2—5个字的,每处计2个差错;5个字以上的,每处计4个差错。

前后颠倒字,可以用一个校对符号改正的,每处计1个差错。阿拉伯数字、罗马数字差错,无论几位数,都计1个差错。

(3)阿拉伯数字和汉字数字用法不符合《出版物上数字用法》国家标准,每处计0.1个差错,一期最多计1个差错。

(4)外文和国际音标以1个单词为单位,无论其中有几处差错,计1个差错。

(5)少数民族文字以1个字或词为单位,无论其中有几处差错,计1个差错。

(6)汉语拼音不符合《汉语拼音方案》和《汉语拼音正词法基本规则》等国家规定和标准,以1个对应的汉字或词组为单位,无论其中有几处差错,计1个差错。

(7)字母大小写和正斜体、黑白体误用,不同文种字母混用(如把英文字母N错为俄文字母И),字母与其他符号混用(如把英文字母O错为阿拉伯数字0),每处计0.5个差错。

(8)违反相关规定使用繁体字或不规范汉字,每处计0.5个差错。

(9)科技理论和科学普及类文章使用量和单位,其名称、符号、书写规则不符合《国际单位制及其应用》《有关量、单位和符号的一般原则》《空间和时间的量和单位》等相关标准,使用科技术语不符合全国科学技术名词审定委员会公布的规范词,每处计0.5个差错。一个组合单位符号,无论其中有几处差错,计0.5个差错。

(10)专有名词译法不符合相关规范,每处计 0.5 个差错。

(11)涉港、澳、台等用语不符合相关规定,每处计 1 个差错。

(12)使用网络用语、缩略语、口语不符合相关规定,每处计 0.5 个差错。

3. 标点符号和其他符号差错

使用标点符号应当符合《标点符号用法》国家标准,使用其他符号应当符合相关规范。同一标点符号差错重复出现,一面最多计 3 次差错,一期最多计 1 个差错。同一其他符号差错重复出现,一期最多计 3 次差错。

(1)标点符号错用、漏用、多用,每处计 0.1 个差错。

(2)标点符号误在行首、标号误在行末,每处计 0.1 个差错。

(3)外文复合词、外文单词按音节转行,漏排连接号,每处计 0.1 个差错。

(4)数学符号、科学符号、乐谱符号等符号差错,每处计 0.5 个差错。

(5)图序、表序、公式序、参考文献序等标注差错,每处计 0.1 个差错。

4. 格式差错

(1)不符合版式要求的另版、另段、另行、接排、空行、空格及需要空行、空格而未空等,每处计 0.1 个差错。

(2)字体错、字号错或字体字号同时错,每处计 0.1 个差错;同一面内的同一差错不重复计算,一期最多计 1 个差错。

(3)同一篇文章中几个同级标题的位置、转行格式、字体字号不统一,计 0.1 个差错;需要空格而未空格,每处计 0.1 个差错。

(4)阿拉伯数字、外文缩写词拆开转行,外文单词未按音节转行,每处计 0.1 个差错。

(5)图、表的位置错,每处计 0.5 个差错;图、表的内容与说明文字不符,每处计 1 个差错。

(6)页眉单双页位置互错,每处计 0.1 个差错,一期最多计 1 个差错。

(7)目次页中文章标题、页码、作者信息等与正文不一致,每处计 1 个差错;同类差错重复出现,一期最多计 3 个差错。

(8)参考文献著录项中的格式错误,每处计 0.1 个差错,一期最多计 1 个差错。

5.其他差错

(1)学术论文编写不符合国家和行业相关标准,每处计 0.5 个差错,一期最多计 2 个差错。

(2)除图表、公式、符号需特殊处理等情况外,非广告正文主体字号小于 6 号(不包括 6 号),一期计 2 个差错。

附件3：报纸出版形式差错数计算方法

一、报纸出版形式基本要求

报纸应当在一版报头位置刊登报纸名称，报纸名称应当大于并明显于一版所有其他文字。外文报纸应当同时刊登中文名称，少数民族文字报纸应当同时刊登汉语名称。报纸出版增期、号外应当在一版报头注明"增期""号外"字样。

报纸应当在固定位置刊登出版日期、总期号、版数、国内统一连续出版物号（CN）、主要责任单位（主管单位、主办单位、出版单位）、出版单位地址及联系方式、印刷单位名称及地址、发行信息（包括发行方式、发行单位、邮发代号等）、定价（号外应当注明"免费赠阅"字样）等。报纸应当在各版面报眉位置标明版序，版序应当位置固定，排序清楚，便于查找。

报纸刊登广告应当在明显位置注明"广告"字样，不得以新闻形式刊登广告。

二、报纸出版形式差错计算方法

1. 报纸名称

（1）未在一版报头位置刊登报纸名称，计4个差错。

（2）刊登的报纸名称不是经国家新闻出版主管部门批准的名称，计4个差错。

（3）一版报头位置刊登的报纸名称未大于并明显于一版所有其他文字，计4个差错。

（4）外文报纸未刊登中文名称或外文名称与中文名称明显不一致，计2个差错。

（5）少数民族文字报纸未刊登汉语名称或少数民族文字名称与汉语名称明显不一致，计2个差错。

2. 国内统一连续出版物号

(1)未刊登国内统一连续出版物号,计4个差错。

(2)刊登的国内统一连续出版物号不是经国家新闻出版主管部门批准的国内统一连续出版物号,计4个差错。

(3)刊登的国内统一连续出版物号不符合《中国标准连续出版物号》国家标准,计2个差错。

3. 主要责任单位

(1)未刊登主管单位、主办单位、出版单位,计2个差错。

(2)以合办、协办、承办等名义刊登非责任单位信息,计2个差错。

(3)未刊登出版单位地址及联系方式,计1个差错。

(4)刊登的主管单位、主办单位、出版单位不是经国家新闻出版主管部门批准的单位,计4个差错。

4. 印刷、发行信息

未刊登印刷单位名称及地址、未刊登发行信息,计1个差错。

5. 版权信息

(1)刊登非广告作品未注明作品名称、作者姓名等信息,每处计1个差错,一期最多计2个差错。

(2)刊登转载作品未注明作品名称、作者姓名、转载出处等信息,每处计0.5个差错,一期最多计2个差错。

6. 出版标识

(1)未在固定位置刊登报纸出版日期、总期号、版数,每项计2个差错。

(2)未按批准的刊期出版,计2个差错。

(3)未在报眉固定位置标明版序,计2个差错。版序漏失或编排混乱影响查阅,计1个差错。

(4)出版增期未在一版报头注明"增期"字样,计2个差错。

(5)出版号外未在一版报头注明"号外"字样,计2个差错。

(6)专版、专刊的刊头字样比报纸名称更明显,计2个差错。

(7)刊登广告未注明"广告"字样,每处计1个差错,一期最多计2个差错。

7. 定价

(1)未在固定位置刊登报纸定价,计1个差错。

(2)出版号外未注明"免费赠阅"字样,计1个差错。

8. 开版

(1)同一种报纸以不同开版出版,计2个差错。

(2)增期的开版与主报不一致,计2个差错。

9. 标识性文字

标识性文字使用夸大事实的宣传用语,如"世界排名第×名""全球发行量最大""中国唯一""获奖最多"等,每处计1个差错,一期最多计2个差错。

10. 装订形式

不符合散页形式要求,计1个差错。

附件4：期刊出版形式差错数计算方法

一、期刊出版形式基本要求

期刊应当在封一明显位置刊登期刊名称和年、月、期、卷等顺序编号。期刊增刊应当注明"增刊"字样，期刊合订本应当注明"合订本"字样。外文期刊应当同时刊登中文刊名，少数民族文字期刊应当同时刊登汉语刊名。

期刊应当在封四或版权页上刊登期刊名称、主要责任单位（主管单位、主办单位、出版单位）、印刷单位、发行信息（包括发行方式、发行单位、邮发代号等）、出版日期、总编辑（主编）姓名、定价（或"免费赠阅"字样）、国内统一连续出版物号（CN）等。领取国际标准连续出版物号（ISSN）的期刊应当同时刊登国际标准连续出版物号，期刊增刊应当刊登增刊备案号。公开发行的期刊应当在封一或封四刊登期刊条码。

期刊刊登广告应当在明显位置注明"广告"字样，不得以新闻形式刊登广告。

二、期刊出版形式差错计算方法

1. 期刊名称

（1）未在封一明显位置刊登期刊名称，计6个差错。

（2）刊登的期刊名称不是经国家新闻出版主管部门批准的名称，计6个差错。

（3）封一刊登的期刊名称未大于并明显于其他标识性文字，计6个差错。

（4）外文期刊未刊登中文刊名或外文刊名与中文刊名明显不一致，计2个差错。

（5）少数民族文字期刊未刊登汉语刊名或少数民族文字刊名与汉语刊名明显不一致，计2个差错。

(6)期刊名称在封一(含书脊)、版权页、封四等处未保持一致,计2个差错。

2. 国内统一连续出版物号和国际标准连续出版物号

(1)未刊登国内统一连续出版物号,计6个差错。

(2)刊登的国内统一连续出版物号不是经国家新闻出版主管部门批准的国内统一连续出版物号,计6个差错。

(3)刊登的国内统一连续出版物号不符合《中国标准连续出版物号》国家标准,计2个差错。

(4)已领取国际标准连续出版物号但未刊登,或刊登的国际标准连续出版物号与期刊名称不对应,计2个差错。

3. 主要责任单位

(1)未刊登主管单位、主办单位、出版单位,计2个差错。

(2)以合办、协办、承办等名义刊登非责任单位信息,计2个差错。

(3)未刊登出版单位地址及联系方式,计1个差错。

(4)刊登的主管单位、主办单位、出版单位不是经国家新闻出版主管部门批准的单位,计6个差错。

4. 期刊条码

期刊条码有下列情况的,每处计1个差错。

(1)未刊登条码。

(2)条码制作形式不符合要求,不能通过相关设备识读。

(3)条码信息与期刊名称、国内统一连续出版物号、国际标准连续出版物号、刊期及出版年份、月份不一致。

5. 印刷、发行信息

未刊登印刷单位、发行信息,计1个差错。

6. 总编辑(主编)姓名

未刊登总编辑(主编)姓名,计1个差错。

7. 版权信息

(1)刊登非广告作品未注明作品名称、作者姓名等信息,每处计1个差错,一期最多计2个差错。

(2)刊登转载作品未注明作品名称、作者姓名、转载出处等信息,每处计0.5个差错,一期最多计2个差错。

8. 出版标识

出版标识有下列情况的,每处计1个差错,一期最多计2个差错。

(1)未在封一明显位置刊登年、月、期、卷等顺序编号。

(2)未按批准的刊期出版。

(3)封一和版权页等处的年、月、期号标识有省略。

(4)采用卷号和(或)总期号标识的期刊,其卷号和(或)总期号随意更改、未连续编排或使用总期号、卷号代替年、月、期号。

(5)同一期刊每年出版的各期分别独立设置编号体系交叉出版。

(6)出版增刊未注明"增刊"字样、未刊登增刊备案号。

(7)出版合订本未注明"合订本"字样。

(8)刊登广告未注明"广告"字样。

9. 定价

未在固定位置刊登期刊定价(或注明"免费赠阅"字样),计1个差错。

10. 版权页

(1)未在期刊正文之前或封四上设立版权页,计2个差错。

(2)版权页刊登的项目(除期刊名称外)未与封一或封四保持一致,每处计1个差错,一期最多计3个差错。

11. 标识性文字

标识性文字使用夸大事实的宣传用语,如"世界排名第×名""全球发行量最大""中国唯一""获奖最多"等,每处计1个差错,一期最多计2个差错。

图书出版单位社会效益评价考核试行办法

(中宣发〔2018〕45号)

第一章 总　　则

第一条　为加强图书出版单位社会效益评价考核,推动出版单位切实把社会效益放在首位、实现社会效益和经济效益相统一,促进出版业健康繁荣发展,根据《中共中央办公厅、国务院办公厅印发〈关于推动国有文化企业把社会效益放在首位、实现社会效益和经济效益相统一的指导意见〉的通知》(中办发〔2015〕50号)及中央有关精神,特制定本办法。

第二条　开展图书出版单位社会效益评价考核工作,要以习近平新时代中国特色社会主义思想和党的十九大精神为指导,坚持中国特色社会主义文化发展道路,坚持以社会主义核心价值观为引领,坚持以人民为中心的创作生产导向,遵循出版生产传播规律,推动图书出版单位自觉承担"举旗帜、聚民心、育新人、兴文化、展形象"的使命任务,建立健全确保把社会效益放在首位、社会效益和经济效益相统一的体制机制,着力推出更多传承文明、传播知识、推动社会发展和科技进步的优秀出版产品,更好满足人民群众日益增长的美好生活需要,推动社会主义文化繁荣兴盛。

第三条　图书出版单位社会效益评价考核要坚持正确政治方向、出版导向、价值取向,聚焦内容生产,鼓励多出精品,提高出版质量;坚持定性评价和定量考核结合,做到客观公平公正;统筹当前和长远,推动图书出版业持续健康发展。

第四条 本办法适用的评价考核对象为取得出版许可证、登记为企业法人的图书出版单位。

第五条 图书出版单位的主管主办单位，按照本办法，结合各自实际，组织开展对所属图书出版单位的社会效益评价考核，实现社会效益和经济效益考核的有机统一。其中，归属出版集团的出版社由出版集团评价考核，高校出版社由主办高校评价考核并报主管单位同意，中央各部门各单位出版社由主管主办单位评价考核（主管单位与主办单位非同一家的，可由主办单位评价考核并报主管单位同意）。

第二章 评价考核内容与方式

第六条 图书出版单位社会效益是指图书出版单位通过以图书为主的出版物和与出版相关的活动，对社会产生的价值和影响。图书出版单位社会效益评价考核主要考核出版质量、文化和社会影响、产品结构和专业特色、内部制度和队伍建设等方面内容。

第七条 "出版质量"指标主要考核图书出版单位坚持正确出版导向的情况，出版物的科学性、知识性水平，以及编校印装质量整体情况。"文化和社会影响"指标主要考核图书出版单位依托优秀产品和活动体现的文化价值和社会影响，具体分为"重点项目""奖项荣誉""社会评价""国际影响"4个二级指标。"产品结构和专业特色"指标主要考核出版产品结构、选题规划、品牌特色等内容生产整体情况。"内部制度和队伍建设"指标主要考核企业内部机制、规章制度建设和执行情况，党风廉政建设和队伍建设情况。

第八条 根据出版单位不同情况，"文化和社会影响"指标实行差异化评价考核。考核部门可对该项指标得分设置加权调整系数。对年出版新书品种在100种以下的出版社、少数民族地区出版社，调整系数为1.25；古籍、美术、民族、音乐、科技等专业性出版社（专业类图书占比需达到80%以上），调整系数为1.15。但该项指标得分乘以加权调整系数后的得分不得超过23分。

第九条 社会效益评价考核实行百分制打分评价方式，满分100分。评价考核结果根据得分情况，分为优秀（90分以上，含90分）、良好（75分至90分，含75分）、合格（60分至75分，含60分）、不合格（60分以下）4个等级。

第十条 图书出版单位的出版物出现严重政治导向错误、社会影响恶劣的，社会效益评价考核实行"一票否决"，年度考核结果定为不合格。

具体评价考核指标和评分标准见附件。

第三章　评价考核程序

第十一条 图书出版单位社会效益按年度进行评价考核，由图书出版单位自评、主管主办单位评价考核两个步骤组成，评价考核结果要及时报备。

第十二条 每年1月20日前，图书出版单位按照本办法和主管主办单位要求，对上一年度社会效益情况进行打分自评，并形成社会效益情况书面报告（包括自评得分情况和具体支撑材料），报送主管主办单位。

第十三条 主管主办单位按照本办法确定的考核内容，结合出版单位实际，对图书出版单位提交的自评结果的真实性、完整性、规范性进行审查复核，确定其得分和等级，并于每年2月10日前将结果报告所在省、自治区、直辖市党委宣传部。

第十四条 各省、自治区、直辖市党委宣传部按照不低于25%的比例，对属地图书出版单位的社会效益考核情况进行抽查、复核，修正考评结果并反馈主管主办单位。

第十五条 主管主办单位应在每年2月底前将考核结果和评

价意见反馈给评价考核对象。

第十六条　每年3月底前,各省、自治区、直辖市党委宣传部汇总本地区上一年度图书出版单位社会效益评价考核结果报送中央宣传部,中央各部门各单位图书出版单位主管单位将所属图书出版单位社会效益评价考核结果报送中央宣传部。

第十七条　中央宣传部对各地区各部门报送的评价考核结果进行抽查,发现弄虚作假的,要严肃处理。

第四章　评价考核结果使用

第十八条　图书出版单位绩效考核为综合性考核,需兼顾社会效益和经济效益,并把社会效益放在首位,社会效益评价考核的占比权重在50%以上。

第十九条　图书出版单位负责人薪酬与包括社会效益考核在内的综合绩效考核结果挂钩,职工工资总额的确定应同时考虑社会效益和经济效益考核情况,经企业薪酬主管部门批准后执行。

第二十条　图书出版单位社会效益评价考核等级为良好且"出版质量"指标得分为满分的,在社会效益和经济效益综合考核计算综合绩效得分时,可视为完成社会效益目标,社会效益部分按满分计入综合绩效;考核等级为优秀且"出版质量"指标得分为满分的,可视为超额完成社会效益目标,社会效益部分按满分并可由考核部门酌情加分计入综合绩效。

第二十一条　对社会效益评价考核结果为不合格的图书出版单位,出版管理部门和主管部门要进行通报批评。连续两年社会效益评价考核结果为不合格的,责成主管主办单位对出版单位进行整改、调整出版单位主要负责人。连续三年考核结果为不合格的,依法依规对出版单位予以处罚直至退出。

第二十二条　中央宣传部根据各地区各部门评价考核结果,

在抽查复核和分类指导基础上,适时公布社会效益考核等级为优秀的图书出版单位,对符合条件的按照有关规定给予表彰,在评奖推优、出版资源配置、政策资金扶持等方面给予倾斜。

第五章 责任落实

第二十三条 中央宣传部负责对全国图书出版单位社会效益评价考核工作的宏观指导、政策制定。各省、自治区、直辖市党委宣传部负责本地区所属图书出版单位社会效益评价考核工作的统筹、组织和协调,会同同级国有文化企业出资人机构、人力资源社会保障部门,对评价考核工作进行指导和监督。

第二十四条 主管主办单位要认真组织对所属图书出版单位的社会效益评价考核工作,做到全面、客观、公正,依据评价考核结果对图书出版单位进行奖惩,切实引导图书出版单位建立健全把社会效益放在首位、社会效益和经济效益相统一的体制机制。

第二十五条 图书出版单位要正确对待社会效益评价考核,严肃认真开展自评,如实报告年度社会效益情况,不得瞒报和弄虚作假。

第六章 附　　则

第二十六条 本办法自2019年1月1日起施行。

第二十七条 对公益性图书出版单位的社会效益评价考核,参照本办法进行。

第二十八条 本办法由中央宣传部负责解释,评价考核指标和评分标准根据一定时期具体情况动态调整。

附件:图书出版单位社会效益评价考核指标和评分标准

附件：图书出版单位社会效益评价考核指标和评分标准

一级指标	二级指标	分值	考核内容	评分标准
出版质量（50分）	内容质量	42	贯彻落实党的理论和路线方针政策，坚持正确政治方向、出版导向、价值取向，出版物内容质量整体情况	本指标基准分为42分，出现以下情况扣分： 1. 出版物出现严重政治导向错误，影响恶劣的，"内容质量"项得分为0，社会效益考核为不合格。 2. 出版物出现导向偏差，被主管部门或省级以上出版管理部门批评、处罚的，视问题严重程度扣分（被主管部门处理的扣5—6分/种，被省级出版管理部门处理的扣8—10分/种，被国家出版管理部门处理的扣10—12分/种）。 3. 出版物内容粗制滥造或出现较为严重的知识性差错等质量问题，造成不良社会后果或负面舆论的，扣3—5分/种。
	编校印装质量	8	出版物编校印装质量整体情况	本指标基准分为8分，出现以下情况扣分： 1. 出版物因编校印装质量差错被主管部门或省级以上出版管理部门认定为不合格的，扣2分/种。 2. 同一年度内，被省级以上出版管理部门检查发现有3种及以上出版物编校印装质量不合格的，一次性扣8分。

续表

一级指标	二级指标	分值	考核内容	评分标准
文化和社会影响（23分）	重点项目	10	入选各类国家级出版规划、重点工程、国家资助项目并实现出版的情况	有以下重点出版物的，在考核年度入选规划时、实现出版时分别计分： 1. 入选国家重点出版物出版规划（"十三五"国家重点出版物出版规划、国家古籍整理出版规划、国家辞书编纂出版规划）的项目，每种1分。 2. 获得国家级资金（国家出版基金、国家古籍整理出版专项经费、民族文字出版专项资金、国家科学技术学术著作出版基金）资助的项目，每种1分。 3. 中央宣传部年度主题出版重点出版物，每种1.5分。 4. 列入教育部义务教育教学用书目录的图书，每学科计为1种，每种1分；本科教育国家规划教材，每种0.5分；职业教育国家规划教材，每种0.25分。 5. 入选中央宣传部组织的"优秀儿童文学出版工程""优秀现实题材文学出版工程"等精品出版工程的图书，每种1分。 6. 入选其他省部级以上重点出版规划、专项出版资助的出版物，每种0.5分（该类出版物计分总分不超过3分）。 同一出版物入选不同规划计最高分，不重复计分。对于年出版量超过300万字的跨年度大型出版项目，可酌情增加分值（如每增加300万字计1分），或根据阶段性完成情况计入年度分，但最高不超过4分/种/年。

续表

一级指标	二级指标	分值	考核内容	评分标准
文化和社会影响（23分）	奖项荣誉	6	获得出版界三大奖和国家级行业性奖项、全国性优秀出版物推荐的情况	在考核年度获得以下奖项或推荐的出版物（以公布时间为准），按品种计分： 1. 获得"五个一工程"优秀图书、"中国出版政府奖"（包括图书、音像、电子出版物和网络出版物奖、先进出版单位奖）、"中华优秀出版物奖"（包括图书、音像和电子出版物奖），正奖3分/种、提名奖1分/种。 2. 获得"国家科学技术进步奖"的科普出版物，获得"茅盾文学奖""鲁迅文学奖""全国优秀儿童文学奖"的图书，2分/种；获得"国家级教学成果奖"的教材，一等奖2分/种、二等奖1分/种。 3. 获得其他省部级以上图书奖项（按规定程序获得批准举办的）的图书，1分/种（该类图书计分总分不超过2分）。 4. 入选中国图书评论学会年度"中国好书"推荐的图书，2分/种。 5. 入选中央宣传部组织的全国性出版推荐活动的出版物，1分/种。 同一出版物获得不同奖项、推荐，计最高分、不重复计分。

续表

一级指标	二级指标	分值	考核内容	评分标准
文化和社会影响（23分）	社会评价	4	受众反映好、社会影响大的出版物情况	满足以下条件、在考核年度出版或被宣传报道的出版物，按品种计分： 1. 服务党和国家工作大局，服务地方经济社会发展和文化建设，推动科技进步、行业发展，产生广泛影响的（提供发行情况、行业和社会评价等方面具体材料），1分/种。 2. 被人民日报、新华社、中央广播电视总台、求是杂志、光明日报、经济日报及其官网宣传报道的，2分/种。 3. 被其他省部级以上媒体和专业领域权威媒体宣传报道的，1分/种（该类出版物计分总分不超过2分）。 同一出版物计最高分，不重复计分。媒体报道指专门专题性宣传报道，不含简单书讯、书目推荐、排行榜单。 本指标中"出版物"包括图书、音像、电子出版物、网络出版物和新媒体出版产品。
	国际影响	3	出版物版权输出、实物输出情况	1. 年输出出版物版权品种（能提供外文版样书或版权收入证明）在3种以上，1分；5种以上，2分；8种以上，3分。 2. 出版物实物输出、海外出版机构建设或合作出版取得重大成果的（提供具体材料），1分。 3. 入选"国家文化出口重点企业"，2分。

续表

一级指标	二级指标	分值	考核内容	评分标准
产品结构和专业特色(15分)		15	主业发展整体情况,产品结构、选题规划、品牌特色等内容生产情况	1. 产品结构合理,符合出版社宗旨和定位的图书品种占比在70%以上(专业类、教育类出版社图书占比在80%以上),3分。 2. 非合作出版图书占比在70%以上,2分;90%以上,3分。 3. 有成规模、成特色的品牌产品板块(年出版新书品种超过10种);有一个品牌板块,3分;两个及以上,4分。 4. 制定了体现专业特色的中长期选题规划,年度执行情况良好,3分。 5. 非引进版图书新书占比在70%以上(专业翻译类出版社除外),1分。 6. 积极推动传统出版向数字出版转化,取得一定成果,1分。
内部制度和队伍建设(12分)	内部制度建设和执行	7	体现"把社会效益放在首位,实现社会效益和经济效益相统一"的企业规章制度、机制建设和执行情况	1. 在企业章程和规章制度中体现社会效益优先原则,制定并有效执行企业内部社会效益考评机制,2分。 2. 按规定执行三审三校、重大选题备案、书号管理、样本缴送等出版管理制度,未出现违规出版和违反宣传纪律的行为,3分。 3. 诚信经营,未出现侵权、盗版等违法违规或严重违反行业规范、在社会引起负面评价的情况,未被全国信用信息共享平台、国家企业信用信息公示系统列入经营异常名录或严重违法失信企业名单,2分。

续表

一级指标	二级指标	分值	考核内容	评分标准
内部制度和队伍建设（12分）	队伍建设	5	加强党风廉政建设、人才队伍建设情况	1. 党组织机制健全、党风廉政建设良好，未出现人员违纪违规情况，2分。 2. 建立并有效执行员工教育培训、任职资质管理制度，1分。 3. 中级以上出版资质人员比例在50%以上，1分。 4. 履行社会责任，积极组织员工参与和出版社实力地位相匹配的扶贫开发、公益服务、捐赠等活动，1分。

注：1. 本表实行百分制，各项指标分值总计为100分。

2. "出版质量"指标在基准分基础上实行扣分制；其他指标基准分为0，符合条件计分。每一项指标累计得分最高不超出该指标所赋分值、最低0分。

3. 表中"出版物"除有明确界定外，包括图书、音像和电子出版物。

关于规范图书出版单位辞书出版业务范围的若干规定

(新闻出版总署　2006年3月10日　新出图〔2006〕232号)

为提高辞书出版质量,规范辞书出版秩序,维护读者权益,依据《出版管理条例》,特制定《关于规范图书出版单位辞书出版业务范围的若干规定》,以下简称《规定》。

一、辞书包括语文类辞书、专科类辞书、综合类辞书。专科类辞书根据专业分工原则,继续由相应的专业出版社出版。语文类辞书中少数民族文字与汉语对照辞书由各民族出版社负责出版。本《规定》所调整的辞书出版业务范围是指除专科类辞书、少数民族文字与汉语对照辞书以外的辞书出版业务。

二、自本《规定》实施之日起,出版业务范围中无辞书出版业务,但超范围出版辞书的图书出版单位,一律停止辞书出版、发行业务。已出版辞书经过省、自治区、直辖市新闻出版行政部门和新闻出版总署质量检查为合格的,方可继续发行。正在编辑加工的辞书,一律中止活动,经新闻出版总署批准同意增加辞书出版业务后,方可继续出版、发行。

三、自本《规定》实施之日起,出版业务范围中无辞书出版业务的图书出版单位,申请增加辞书出版业务的,可依照《出版管理条例》第十七条向新闻出版总署提出申请。新闻出版总署自收到申请之日起九十日内,作出批准或不批准的决定,并书面通知主办单位;不批准的,应当说明理由。

四、申请增加辞书出版业务的图书出版单位,必须具备如下条件:

（一）必须具备足够的编辑出版力量，原则上需成立专门的辞书编辑室，辞书编辑室的编辑人员不少于五名，其中具有高级职称的不少于一名；

（二）辞书编辑室的编辑人员，必须通过汉语、英语等相关语言学专业学习，获得本科以上学历或同等学力，参加过新闻出版总署组织的辞书出版业务培训，并通过考核，获得持证上岗资格；

（三）在图书质量方面，五年内无被省、自治区、直辖市新闻出版行政部门和新闻出版总署处罚的记录。

五、申请增加辞书出版业务的图书出版单位，应提交以下申请材料：

（一）申请书；

（二）辞书编辑人员的职业资格证书、学历证明、辞书出版业务培训证明；

（三）省、自治区、直辖市新闻出版行政部门的审核意见。

六、自本《规定》实施之日起，出版业务范围中有辞书出版业务的图书出版单位，由新闻出版总署对其进行辞书质量检查。对辞书质量不合格或所出辞书中存在抄袭、剽窃等侵犯著作权行为的出版单位，可以视其情节轻重，给予暂停其辞书出版业务两年或直接撤消其辞书出版业务的处罚。

七、本《规定》同样适用于由图书出版单位出版的与纸介质辞书配套的电子辞书、光盘辞书等。

八、本《规定》自二〇〇六年五月一日起施行。

图书、期刊、音像制品、电子出版物重大选题备案办法

(国家新闻出版署　2019年10月25日　国新出发〔2019〕35号)

第一条　为加强和改进出版物重大选题备案工作,根据中央有关精神和《出版管理条例》相关规定,制定本办法。

第二条　列入备案范围内的重大选题,图书、期刊、音像制品、电子出版物出版单位在出版之前,应当依照本办法报国家新闻出版署备案。未经备案批准的,不得出版发行。

第三条　本办法所称重大选题,指涉及国家安全、社会稳定等方面内容选题,具体包括:

(一)有关党和国家重要文件、文献选题。

(二)有关现任、曾任党和国家领导人讲话、著作、文章及其工作和生活情况的选题,有关现任党和国家主要领导人重要讲话学习读物类选题。

(三)涉及中国共产党历史、中华人民共和国历史上重大事件、重大决策过程、重要人物选题。

(四)涉及国防和军队建设及我军各个历史时期重大决策部署、重要战役战斗、重要工作、重要人物选题。

(五)集中介绍党政机构设置和领导干部情况选题。

(六)专门或集中反映、评价"文化大革命"等历史和重要事件、重要人物选题。

(七)专门反映国民党重要人物和其他上层统战对象的选题。

(八)涉及民族宗教问题选题。

(九)涉及中国国界地图选题。

（十）反映香港特别行政区、澳门特别行政区和台湾地区经济、政治、历史、文化、重要社会事务等选题。

（十一）涉及苏联、东欧等社会主义时期重大事件和主要领导人选题。

（十二）涉及外交方面重要工作选题。

有关重大选题范围，国家新闻出版署根据情况适时予以调整并另行公布。

第四条 编辑制作出版反映党和国家领导人生平、业绩、工作和生活经历的重大题材作品，实行统筹规划、归口审批，按照中央和国家有关文件要求办理立项手续。经批准立项的选题，出版前按规定履行重大选题备案程序。

第五条 图书、音像制品和电子出版物重大选题备案中有以下情况的，由相关单位出具选题审核意见报国家新闻出版署，国家新闻出版署根据审核意见直接核批。

（一）中央和国家机关有关部门组织编写的主要涉及本部门工作领域的选题，由本部门出具审核意见。

（二）中央统战部、中央党史和文献研究院、外交部、国家民委等部门所属出版单位出版的只涉及本部门工作领域的选题，由本部门出具审核意见。

（三）解放军和武警部队出版单位出版的只涉及军事军史内容的选题，由中央军委政治工作部出具审核意见。

（四）各地编写的只涉及本地区党史事件、人物和本地区民族问题的选题，不涉及敏感、复杂内容和全局工作的，由所在地省级出版管理部门组织审读把关，出具审核意见。

（五）涉及中国国界地图选题，不涉及其他应备案内容的，由出版单位在报备时出具国务院测绘地理信息行政主管部门的审核意见。

第六条 期刊重大选题备案中有以下情况的，按本条相关要求执行。

（一）期刊首发涉及本办法第三条第二、三、四项内容的文章，经期刊主管主办单位审核同意，报国家新闻出版署备案。转载或摘要刊发已正式出版的图书、期刊以及人民日报、新华社刊发播发的涉及上述内容的文章，经期刊主管单位审核同意后出版。

（二）中央各部门各单位主管的期刊刊发涉及重大选题备案范围的文章，主要反映本领域工作，不涉及敏感、复杂内容的，经本部门审核同意后出版。

（三）中央党史和文献研究院、人民日报社、求是杂志社、新华社主管的期刊，刊发涉及重大选题备案范围的文章，经主管单位审核同意后出版。

（四）解放军和武警部队期刊刊发涉及重大选题备案范围的文章，经所在大单位或中央军委机关部门审核同意后出版。

（五）地方期刊刊发文章涉及本办法第五条第四项内容的文章，由所在地省级出版管理部门组织审读把关，审核同意后出版。

由期刊主管单位或有关部门审核同意出版的，审核意见应存档备查。

第七条 出版单位申报重大选题备案，应当通过所在地省级出版管理部门或主管单位进行。

（一）地方出版单位申报材料经主管主办单位审核同意后报所在地省级出版管理部门，非在京的中央各部门各单位出版单位申报材料经主办单位审核同意后报所在地省级出版管理部门，由所在地省级出版管理部门报国家新闻出版署。

（二）在京的中央各部门各单位出版单位申报材料经主管主办单位审核同意后，由主管单位报国家新闻出版署。

（三）解放军和武警部队出版单位申报材料经中央军委政治工作部审核同意后报国家新闻出版署。

第八条 申报重大选题备案时，应当如实、完整、规范填报并提交如下材料：

（一）省级出版管理部门或主管单位的备案申请报告。报告应当对申报备案的重大选题有明确审核意见。

（二）重大选题备案申报表。应当清楚填写涉及重大选题备案范围，需审核问题，需审核的具体章节、页码和待审核的人物、事件、文献、图片等内容。

（三）书稿、文章、图片或者样片、样盘、样带。书稿应当"齐清定"、经过编辑排版并装订成册，文字符合国家语言文字规范，引文注明出处。

（四）出版物"三审"意见复印件。

（五）备案需要的其他材料。包括有关部门同意立项的材料，送审照片（图片）样稿，相关部门保密审核意见等。

第九条 国家新闻出版署对申报备案的重大选题进行审核，必要时转请有关部门或组织专家协助审核。

第十条 国家新闻出版署自备案受理之日起20日内（不含有关部门或专家协助审核时间），对备案申请予以答复或提出意见。

第十一条 国家新闻出版署审核同意的备案批复文件，两年内有效；备案批复文件超出有效期及出版物修订再版的，应当重新履行备案程序。

第十二条 出版单位应当按照出版专业分工安排重大选题出版计划，对不具备相关出版资质和编辑能力的选题，不得报备和出版；应当严格履行出版物内容把关主体责任，坚持优化结构、提高质量，严格执行选题论证、"三审三校"制度，确保政治方向、出版导向、价值取向正确。

第十三条 各地出版管理部门和主管主办单位是落实重大选题备案制度的前置把关部门，应当严格落实属地管理和主管主办责任。主要职责是：负责审核所属出版单位申请备案选题的内容导向质量及出版单位出版资质，对不符合备案条件的不予受理，对思想倾向不好、内容平庸、题材重复、超业务范围等不具备出版要求的选题予以撤销;对由地方出版管理部门和主管单位审核把关的选题,组织相关单位认真做好内容审核和保密审查,提出具体审核意见;对审核部门提出的意见,督促出版单位认真修改并做好复核工作;对应履行重大选题备案程序但未按要求备案的出版单位进行处理、追责问责。

第十四条　出版单位违反本办法,未经备案出版涉及重大选题范围出版物的,由国家新闻出版署或省级出版管理部门责成其主管单位对出版单位的主要负责人员给予行政处分;停止出版、发行该出版物;违反《出版管理条例》和有关规定的,依照有关规定处罚。

第十五条　国家新闻出版署对重大选题备案执行情况开展年度检查和考核评估,视情况予以奖惩。

第十六条　本办法由国家新闻出版署负责解释。

第十七条　本办法自印发之日起施行。《图书、期刊、音像制品、电子出版物重大选题备案办法》(新出图〔1997〕860号)同时废止。

关于重申对出版反映党和国家主要领导人工作和生活情况图书加强管理的紧急通知

(新闻出版署 1997年1月24日 新出图〔1997〕15号)

出版反映党和国家主要领导人工作和生活情况的图书,是一项政治性很强的工作,必须十分慎重、严肃对待,必须严格执行中央和国家主管部门的有关规定。最近,个别出版社违反规定,未经专题报批,出版这类图书,在社会上造成不良影响。为严肃出版纪律,我署将于近期对已出版的反映党和国家主要领导人工作和生活情况的图书进行一次全面检查,凡违反规定的,严肃处理。现根据《关于对描写党和国家主要领导人的出版物加强管理的规定》(中宣发文〔1990〕5号、〔90〕新出图字第551号)、《关于发表和出版有关党和国家主要领导人工作和生活情况作品的补充规定》(中宣发文〔1993〕5号)、《关于出版反映党和国家主要领导人工作和生活情况的摄影画册的规定》(新出图〔1995〕215号)等有关规定,经中央宣传部同意,重申如下:

一、反映现任或曾任党中央政治局常委,国家主席、副主席,国务院总理,中央军委主席,全国人大常务委员会委员长,全国政协主席工作和生活情况的图书必须专题报批。上述领导人的身边工作人员、战友和子女、亲属撰写的作品中有涉及党和国家主要领导人工作和生活情况的内容的,也必须专题报批。

二、反映党和国家主要领导人工作和生活情况的图书包括:专著、传记、回忆录、纪实文学、报告文学、摄影画册、图片以及有关作品的汇编集等。

三、反映党和国家主要领导人工作和生活情况的图书,只能由国家指定的出版社按专业分工范围出版,其他出版社一律不得安排出版。

四、出版反映党和国家主要领导人工作和生活情况的图书,必须严格执行专题申报、审批制度。中央和国家有关部委所属出版社,须将选题和稿件报主管部门审核并提出意见后,报送新闻出版署审批;地方出版社,须将选题和稿件报省、自治区、直辖市新闻出版局审核并提出意见,经省、自治区、直辖市党委宣传部同意后,报新闻出版署审批。新闻出版署在审批过程中,必要时可视不同情况,分别送中央宣传部、中央文献研究室、中央党史研究室和军事科学院等部门协助审核。凡出版反映健在的党和国家主要领导人工作和生活情况的图书,必须征得本人同意才能出版。

五、严禁用党和国家主要领导人的形象和声誉作广告或变相作广告。

六、凡宣传地方、行业、部门及企事业单位发展业绩的图书,内容涉及党和国家主要领导人的,不论是否正式出版、公开发行,均应按照有关规定申报、审批。

七、严禁采用买卖书号,或变相买卖书号、协作出版等方式出版反映党和国家主要领导人工作和生活情况的图书。严禁借出版反映党和国家主要领导人工作和生活情况的图书,向有关单位收取任何费用。

八、违反规定未经报批出版这类图书的,除对图书作出处理外,还将追究有关出版社负责人的责任。

九、出版社不出示新闻出版署的批准件,印刷单位不得承印这类图书,违者,从严处罚,并追究印刷单位负责人的责任。

十、出版社不出示新闻出版署的批准件,任何单位不得征订并批销这类图书,违者,从严处罚,并追究有关征订和批销单位负责人的责任。

十一、各省、自治区、直辖市新闻出版局接到本通知后应立即组织人员对所属出版社和本地图书市场出版和销售的这类图书进行一次全面检查，凡违反规定未经报批出版的，一律停售、封存；全国各出版社接到本通知后，应按照有关规定，立即进行一次自查，对违反规定未经报批出版的这类图书，主动停售、封存，并写出检查报告，经主管部门审核提出意见后，于1997年2月底前报新闻出版署作出处理。逾期不报者，从重处罚。

本通知由各省、自治区、直辖市新闻出版局转发所辖地区各有关单位和出版社。

中小学教辅材料管理办法

(2015年8月3日国家新闻出版广电总局、教育部、国家发展改革委印发)

一、为规范中小学教辅材料管理,切实减轻中小学生过重课业负担和学生家长的经济负担,根据《中华人民共和国著作权法》《中华人民共和国教育法》《中华人民共和国义务教育法》《中华人民共和国价格法》《出版管理条例》等法律法规及国务院有关规定,制定本办法。

二、本办法所称中小学教辅材料是指与教科书配套,供中小学生使用的各种学习辅导、考试辅导等出版物,包括:教科书同步练习类出版物,寒暑假作业类出版物,中小学习题、试卷类出版物,省级以上新闻出版行政主管部门认定的其他供中小学生使用的学习、考试辅导类出版物。其产品形态包括图书、报纸、期刊、音像制品、电子出版物等。

三、中小学教辅材料编写出版管理

(一)出版单位出版中小学教辅材料必须符合依法批准的出版业务范围。

(二)中小学教辅材料出版单位要严格规范对外合作行为,严禁任何形式的买卖书号、刊号、版号和一号多用等违法违规行为。

(三)教辅材料主要编写者应当具有相关学科教学经验且熟悉相关教材;各级行政主管部门和负责实施考试命题、监测评价的单位不得组织编写有偿使用的同步练习册、寒暑假作业、初中和高中毕业年级考试辅导类中小学教辅材料。

(四)鼓励有条件的单位组织开发供学生免费使用的教学辅

助资源。

四、中小学教辅材料印刷复制管理

（一）出版单位应优先选择通过绿色印刷合格评定的印刷企业印制中小学教辅材料。

（二）出版物印刷复制单位在承接中小学教辅材料印制业务时，必须事先核验出版单位的委托印制手续，手续不齐或无效的一律不得承接。

五、中小学教辅材料发行管理

（一）中小学教辅材料须由新闻出版行政主管部门依法批准、取得《出版物经营许可证》的发行单位发行。未经批准，任何部门、单位和个人一律不得从事中小学教辅材料的发行。

（二）中小学教辅材料出版发行单位不得委托不具备发行资质的部门、单位和个人发行中小学教辅材料。

（三）在中小学教科书发行中，不得搭售中小学教辅材料。

六、中小学教辅材料质量管理

（一）中小学教辅材料出版、印制质量必须符合《中华人民共和国产品质量法》《图书质量管理规定》等有关法律规定，符合国家标准、行业标准及其他规范要求。

（二）中小学教辅材料出版、印制单位应当建立内部质量管理制度，完善中小学教辅材料质量管理机制。

（三）各省、自治区、直辖市新闻出版行政主管部门负责对本行政区域内出版发行的中小学教辅材料质量进行监督检查。

七、中小学教辅材料评议管理

（一）各省、自治区、直辖市教育行政主管部门会同新闻出版行政主管部门、价格主管部门加强对中小学教辅材料使用的指导，组织成立中小学教辅材料评议委员会，下设学科组。学科组负责按照教科书选用程序对进入本地区中小学校的教辅材料进行初评排序，并提出初选意见，提交中小学教辅材料评议委员会审议后进行公告。

（二）中小学教辅材料评议推荐的种类主要是与本地区使用的教科书配套的同步练习册，也可根据教学需要评议推荐寒暑假作业、初中和高中毕业年级考试辅导类教辅材料。凡评议推荐的教辅材料应控制内容容量，避免增加学生负担。中小学教辅材料评议推荐的学科、年级由省级教育行政主管部门确定。一个学科每个版本教科书配套同步练习册送评数少于3种的，该版本该学科不予评议。

提供学生免费使用教辅材料的地方可自行确定使用教辅材料的种类和范围，但应符合《中华人民共和国政府采购法》有关规定。

（三）教辅材料评议委员会要确保专业性和代表性。教辅材料的评议推荐要做到机会均等、过程透明、程序公正。教辅材料编写人员和被评议的教辅材料出版人员不得参加教辅材料评议推荐工作。

（四）省级教辅材料评议公告结果报教育部备案，抄送国家新闻出版广电总局、国家发展改革委、国务院纠风办。

八、中小学教辅材料选用管理

（一）中小学教辅材料的购买与使用实行自愿原则。任何部门和单位不得以任何形式强迫中小学校或学生订购教辅材料。

（二）各地市教材选用委员会根据当地教育实际和教科书使用情况，按照教科书选用的程序，从本省中小学教辅材料评议公告目录中，一个学科每个版本直接为各县（区）或学校推荐1套教辅材料供学生选用。地市教辅材料推荐结果报省级教育行政主管部门备案。

（三）学生自愿购买本地区评议公告目录内的中小学教辅材料并申请学校代购的，学校可以统一代购，但不得从中牟利。其他教辅材料由学生和家长自行在市场购买，学校不得统一征订或提供代购服务。

（四）任何单位和个人不得进入学校宣传、推荐和推销任何教辅材料。

九、中小学教辅材料价格管理

（一）各省、自治区、直辖市评议公告目录内的教辅材料价格管理按国家有关规定执行。

各省、自治区、直辖市物价主管部门要会同新闻出版行政主管部门，加强对列入本地区评议公告目录的教辅材料价格监管。

（二）对各省、自治区、直辖市评议公告目录以外的教辅材料，由出版单位自主定价。在每学期开学前，出版单位要在本单位互联网页显著位置，向社会公开所出版的所有中小学教辅材料价格情况，包括开本、印张数、印张单价、零售价格等情况，主动接受社会监督。

十、从事中小学教辅材料编写、出版、印制、发行活动的单位或个人须严格遵守《中华人民共和国著作权法》等有关法律法规，不得侵害著作权人的合法权益。

使用他人享有著作权的教科书等作品编写出版同步练习册等教辅材料，应依法取得著作权人的授权。

十一、中小学教辅材料监督管理

国家新闻出版广电总局、教育部、国家发展改革委及各省、自治区、直辖市新闻出版行政主管部门、教育行政主管部门、价格主管部门建立健全监督管理制度，接受社会监督。对群众举报和反映的有关教辅材料出版、印制、发行、使用和价格中的违规情况，由各级新闻出版行政主管部门、教育行政主管部门、价格主管部门根据本办法并按各自的管理职责调查处理。

（一）对违反本办法从事中小学教辅材料出版、印刷复制、发行活动的单位或个人，由新闻出版行政主管部门责令其纠正违法行为，依法给予行政处罚，按照相关规定追究有关单位和人员的行政责任。

(二)对违反本办法,强制或变相强制学校或学生购买教辅材料、不按规定代购、从代购教辅材料中收取回扣的单位和个人,由上级教育行政主管部门责令其纠正违规行为,按照相关规定追究有关单位和人员的行政责任。

(三)对违反本办法,擅自或变相提高进入评议公告目录的教辅材料定价标准的,由价格主管部门依照《价格法》、《价格违法行为行政处罚规定》有关法律法规给予处罚,追究有关人员和单位的行政责任。

(四)违反本办法构成犯罪的,由司法机关依法追究刑事责任。

十二、各地要建立工作经费保障机制,确保有关工作顺利开展。

十三、本办法由国家新闻出版广电总局、教育部、国家发展改革委按照行政管理职责负责解释。

十四、本办法自2015年10月1日起施行,2001年印发的《中小学教辅材料管理办法》(新出联〔2001〕8号)、《新闻出版总署教育部关于〈中小学教辅材料管理办法〉的实施意见》(新出联〔2001〕26号)同时废止。此前与本办法规定不一致的以本办法为准。

期刊出版管理规定[①]

(2005年9月30日中华人民共和国新闻出版总署令第31号公布)

第一章 总 则

第一条 为了促进我国期刊业的繁荣和发展,规范期刊出版活动,加强期刊出版管理,根据国务院《出版管理条例》及相关法律法规,制定本规定。

第二条 在中华人民共和国境内从事期刊出版活动,适用本规定。

期刊由依法设立的期刊出版单位出版。期刊出版单位出版期刊,必须经新闻出版总署批准,持有国内统一连续出版物号,领取《期刊出版许可证》。

本规定所称期刊又称杂志,是指有固定名称,用卷、期或者年、季、月顺序编号,按照一定周期出版的成册连续出版物。

本规定所称期刊出版单位,是指依照国家有关规定设立,经新闻出版总署批准并履行登记注册手续的期刊社。法人出版期刊不设立期刊社的,其设立的期刊编辑部视为期刊出版单位。

第三条 期刊出版必须坚持马克思列宁主义、毛泽东思想、邓小平理论和"三个代表"重要思想,坚持正确的舆论导向和出版方

---

① 本文件有过修订,此处所载为据2017年12月11日国家新闻出版广电总局令第13号《国家新闻出版广电总局关于废止、修改和宣布失效部分规章、规范性文件的决定》修订的版本。

向,坚持把社会效益放在首位、社会效益和经济效益相统一的原则,传播和积累有益于提高民族素质、经济发展和社会进步的科学技术和文化知识,弘扬中华民族优秀文化,促进国际文化交流,丰富人民群众的精神文化生活。

第四条 期刊发行分公开发行和内部发行。

内部发行的期刊只能在境内按指定范围发行,不得在社会上公开发行、陈列。

第五条 新闻出版总署负责全国期刊出版活动的监督管理工作,制定并实施全国期刊出版的总量、结构、布局的规划,建立健全期刊出版质量评估制度、期刊年度核验制度以及期刊出版退出机制等监督管理制度。

地方各级新闻出版行政部门负责本行政区域内的期刊出版活动的监督管理工作。

第六条 期刊出版单位负责期刊的编辑、出版等期刊出版活动。

期刊出版单位合法的出版活动受法律保护。任何组织和个人不得非法干扰、阻止、破坏期刊的出版。

第七条 新闻出版总署对为我国期刊业繁荣和发展做出突出贡献的期刊出版单位及个人实施奖励。

第八条 期刊出版行业的社会团体按照其章程,在新闻出版行政部门的指导下,实行自律管理。

第二章 期刊创办和期刊出版单位设立

第九条 创办期刊、设立期刊出版单位,应当具备下列条件:

(一)有确定的、不与已有期刊重复的名称;

(二)有期刊出版单位的名称、章程;

(三)有符合新闻出版总署认定条件的主管、主办单位;

（四）有确定的期刊出版业务范围；

（五）有30万元以上的注册资本；

（六）有适应期刊出版活动需要的组织机构和符合国家规定资格条件的编辑专业人员；

（七）有与主办单位在同一行政区域的固定的工作场所；

（八）有确定的法定代表人或者主要负责人，该法定代表人或者主要负责人必须是在境内长久居住的中国公民；

（九）法律、行政法规规定的其他条件。

除前款所列条件外，还须符合国家对期刊及期刊出版单位总量、结构、布局的总体规划。

第十条 中央在京单位创办期刊并设立期刊出版单位，经主管单位审核同意后，由主办单位报新闻出版总署审批。

中国人民解放军和中国人民武装警察部队系统创办期刊并设立期刊出版单位，由中国人民解放军总政治部宣传部新闻出版局审核同意后报新闻出版总署审批。

其他单位创办期刊并设立期刊出版单位，经主管单位审核同意后，由主办单位向所在地省、自治区、直辖市新闻出版行政部门提出申请，省、自治区、直辖市新闻出版行政部门审核同意后，报新闻出版总署审批。

第十一条 两个以上主办单位合办期刊，须确定一个主要主办单位，并由主要主办单位提出申请。

期刊的主要主办单位应为其主管单位的隶属单位。期刊出版单位和主要主办单位须在同一行政区域。

第十二条 创办期刊，设立期刊出版单位，由期刊出版单位的主办单位提出申请，并提交以下材料：

（一）按要求填写的《期刊出版申请表》；

（二）主管单位、主办单位的有关资质证明材料；

（三）拟任出版单位法定代表人或主要负责人简历、身份证明文件及国家有关部门颁发的职业资格证书；

（四）编辑出版人员的职业资格证书；

（五）办刊资金来源、数额及相关的证明文件；

（六）期刊出版单位的章程；

（七）工作场所使用证明；

（八）期刊出版可行性论证报告。

第十三条 新闻出版总署应当自收到创办期刊、设立期刊出版单位的申请之日起 90 日内，作出批准或者不批准的决定，并直接或者由省、自治区、直辖市新闻出版行政部门书面通知主办单位；不批准的，应当说明理由。

第十四条 期刊主办单位应当自收到新闻出版总署批准决定之日起 60 日内办理注册登记手续：

（一）持批准文件到所在地省、自治区、直辖市新闻出版行政部门领取《期刊出版登记表》，填写一式五份，经期刊主管单位审核签章后，报所在地省、自治区、直辖市新闻出版行政部门，省、自治区、直辖市新闻出版行政部门应在 15 日内，将《期刊出版登记表》报送新闻出版总署备案；

（二）公开发行的期刊，可以向 ISSN 中国国家中心申领国际标准连续出版物号，并向新闻出版总署条码中心申领条型码；

（三）省、自治区、直辖市新闻出版行政部门对《期刊出版登记表》审核无误后，在 10 日内向主办单位发放《期刊出版许可证》；

（四）期刊出版单位持《期刊出版许可证》到工商行政管理部门办理登记手续，依法领取营业执照。

《期刊出版登记表》由期刊出版单位、主办单位、主管单位及所在地省、自治区、直辖市新闻出版行政部门各留存一份。

第十五条 期刊主办单位自收到新闻出版总署的批准文件之日起 60 日内未办理注册登记手续，批准文件自行失效，登记机关不再受理登记，期刊主办单位须把有关批准文件缴回新闻出版总署。

期刊出版单位自登记之日起满 90 日未出版期刊的,由新闻出版总署撤销《期刊出版许可证》,并由原登记的新闻出版行政部门注销登记。

因不可抗力或者其他正当理由发生前款所列情形的,期刊出版单位可以向原登记的新闻出版行政部门申请延期。

第十六条 期刊社应当具备法人条件,经核准登记后,取得法人资格,以其全部法人财产独立承担民事责任。

期刊编辑部不具有法人资格,其民事责任由其主办单位承担。

第十七条 期刊出版单位变更名称、合并或者分立、改变资本结构,出版新的期刊,依照本规定第十条至第十四条的规定办理审批、登记手续。

第十八条 期刊变更名称、主办单位或主管单位、业务范围、刊期的,依照本规定第十条至第十四条的规定办理审批、登记手续。

期刊变更登记地,经主管、主办单位同意后,由期刊出版单位到新登记地省、自治区、直辖市新闻出版行政部门办理登记手续。

期刊变更刊期,新闻出版总署可以委托省、自治区、直辖市新闻出版行政部门审批。

本规定所称期刊业务范围包括办刊宗旨、文种。

第十九条 期刊出版单位变更期刊开本、法定代表人或者主要负责人,在同一登记地内变更地址,经其主办单位审核同意后,由期刊出版单位在 15 日内向所在地省、自治区、直辖市新闻出版行政部门备案。

第二十条 期刊休刊,期刊出版单位须向所在地省、自治区、直辖市新闻出版行政部门备案并说明休刊理由和期限。

期刊休刊时间不得超过一年。休刊超过一年的,由新闻出版总署撤销《期刊出版许可证》,所在地省、自治区、直辖市新闻出版行政部门注销登记。

  第二十一条 期刊出版单位终止期刊出版活动的,经主管单位同意后,由其主办单位向所在地省、自治区、直辖市新闻出版行政部门办理注销登记,并由省、自治区、直辖市新闻出版行政部门报新闻出版总署备案。

  第二十二条 期刊注销登记,以同一名称设立的期刊出版单位须与期刊同时注销,并到原登记的工商行政管理部门办理注销登记。

  注销登记的期刊和期刊出版单位不得再以该名称从事出版、经营活动。

  第二十三条 中央期刊出版单位组建期刊集团,由新闻出版总署批准;地方期刊出版单位组建期刊集团,向所在地省、自治区、直辖市新闻出版行政部门提出申请,经审核同意后,报新闻出版总署批准。

第三章 期刊的出版

  第二十四条 期刊出版实行编辑责任制度,保障期刊刊载内容符合国家法律、法规的规定。

  第二十五条 期刊不得刊载《出版管理条例》和其他有关法律、法规以及国家规定的禁止内容。

  第二十六条 期刊刊载的内容不真实、不公正,致使公民、法人或者其他组织的合法权益受到侵害的,期刊出版单位应当公开更正,消除影响,并依法承担其他民事责任。

  期刊刊载的内容不真实、不公正,致使公民、法人或者其他组织的合法权益受到侵害的,当事人有权要求期刊出版单位更正或者答辩,期刊出版单位应当在其最近出版的一期期刊上予以发表;拒绝发表的,当事人可以向人民法院提出诉讼。

期刊刊载的内容不真实、不公正,损害公共利益的,新闻出版总署或者省、自治区、直辖市新闻出版行政部门可以责令该期刊出版单位更正。

第二十七条　期刊刊载涉及国家安全、社会安定等重大选题的内容,须按照重大选题备案管理规定办理备案手续。

第二十八条　公开发行的期刊不得转载、摘编内部发行出版物的内容。

期刊转载、摘编互联网上的内容,必须按照有关规定对其内容进行核实,并在刊发的明显位置标明下载文件网址、下载日期等。

第二十九条　期刊出版单位与境外出版机构开展合作出版项目,须经新闻出版总署批准,具体办法另行规定。

第三十条　期刊出版质量须符合国家标准和行业标准。期刊使用语言文字须符合国家有关规定。

第三十一条　期刊须在封底或版权页上刊载以下版本记录:期刊名称、主管单位、主办单位、出版单位、印刷单位、发行单位、出版日期、总编辑(主编)姓名、发行范围、定价、国内统一连续出版物号、广告经营许可证号等。

领取国际标准连续出版物号的期刊须同时刊印国际标准连续出版物号。

第三十二条　期刊须在封面的明显位置刊载期刊名称和年、月、期、卷等顺序编号,不得以总期号代替年、月、期号。

期刊封面其他文字标识不得明显于刊名。

期刊的外文刊名须是中文刊名的直译。外文期刊封面上必须同时刊印中文刊名;少数民族文种期刊封面上必须同时刊印汉语刊名。

第三十三条　一个国内统一连续出版物号只能对应出版一种期刊,不得用同一国内统一连续出版物号出版不同版本的期刊。

出版不同版本的期刊,须按创办新期刊办理审批手续。

第三十四条 期刊可以在正常刊期之外出版增刊。每种期刊每年可以出版两期增刊。

期刊出版单位出版增刊,应当经其主管单位审核同意后,由主办单位报所在地省、自治区、直辖市新闻出版行政部门备案。备案文件应当说明拟出增刊的出版理由、出版时间、文章编目、期数、页码、印数、印刷单位等;所在地省、自治区、直辖市新闻出版行政部门备案后,发给备案证明文件,配发增刊备案号。

增刊内容必须符合正刊的业务范围,开本和发行范围必须与正刊一致;增刊除刊印本规定第三十一条所列版本纪录外,还须刊印增刊备案号,并在封面刊印正刊名称和注明"增刊"。

第三十五条 期刊合订本须按原期刊出版顺序装订,不得对期刊内容另行编排,并在其封面明显位置标明期刊名称及"合订本"字样。

期刊因内容违法被新闻出版行政部门给予行政处罚的,该期期刊的相关篇目不得收入合订本。

被注销登记的期刊,不得制作合订本。

第三十六条 期刊出版单位不得出卖、出租、转让本单位名称及所出版期刊的刊号、名称、版面,不得转借、转让、出租和出卖《期刊出版许可证》。

第三十七条 期刊出版单位利用其期刊开展广告业务,必须遵守广告法律规定,发布广告须依法查验有关证明文件,核实广告内容,不得刊登有害的、虚假的等违法广告。

期刊的广告经营者限于在合法授权范围内开展广告经营、代理业务,不得参与期刊的采访、编辑等出版活动。

第三十八条 期刊采编业务与经营业务必须严格分开。

禁止以采编报道相威胁,以要求被报道对象做广告、提供赞助、加入理事会等损害被报道对象利益的行为牟取不正当利益。

期刊不得刊登任何形式的有偿新闻。

第三十九条 期刊出版单位的新闻采编人员从事新闻采访活动,必须持有新闻出版总署统一核发的新闻记者证,并遵守新闻出版总署《新闻记者证管理办法》的有关规定。

第四十条 具有新闻采编业务的期刊出版单位在登记地以外的地区设立记者站,参照新闻出版总署《报社记者站管理办法》审批、管理。其他期刊出版单位一律不得设立记者站。

期刊出版单位是否具有新闻采编业务由新闻出版总署认定。

第四十一条 期刊出版单位不得以不正当竞争行为或者方式开展经营活动,不得利用权力摊派发行期刊。

第四十二条 期刊出版单位须遵守国家统计法规,依法向新闻出版行政部门报送统计资料。

期刊出版单位应配合国家认定的出版物发行数据调查机构进行期刊发行量数据调查,提供真实的期刊发行数据。

第四十三条 期刊出版单位须在每期期刊出版30日内,分别向新闻出版总署、中国版本图书馆、国家图书馆以及所在地省、自治区、直辖市新闻出版行政部门缴送样刊3本。

第四章 监督管理

第四十四条 期刊出版活动的监督管理实行属地原则。

省、自治区、直辖市新闻出版行政部门依法负责对本行政区域期刊和期刊出版单位的登记、年度核验、质量评估、行政处罚等工作,对本行政区域的期刊出版活动进行监督管理。

其他地方新闻出版行政部门依法对本行政区域内期刊出版单位及其期刊出版活动进行监督管理。

第四十五条 期刊出版管理实施期刊出版事后审读制度、期刊出版质量评估制度、期刊年度核验制度和期刊出版从业人员资格管理制度。

期刊出版单位应当按照新闻出版总署的规定,将从事期刊出版活动的情况向新闻出版行政部门提出书面报告。

第四十六条 新闻出版总署负责全国期刊审读工作。地方各级新闻出版行政部门负责对本行政区域内出版的期刊进行审读。下级新闻出版行政部门要定期向上一级新闻出版行政部门提交审读报告。

主管单位须对其主管的期刊进行审读,定期向所在地新闻出版行政部门报送审读报告。

期刊出版单位应建立期刊阅评制度,定期写出阅评报告。新闻出版行政部门根据管理工作的需要,可以随时调阅、检查期刊出版单位的阅评报告。

第四十七条 新闻出版总署制定期刊出版质量综合评估标准体系,对期刊出版质量进行全面评估。

经期刊出版质量综合评估,期刊出版质量未达到规定标准或者不能维持正常出版活动的,由新闻出版总署撤销《期刊出版许可证》,所在地省、自治区、直辖市新闻出版行政部门注销登记。

第四十八条 省、自治区、直辖市新闻出版行政部门负责对本行政区域的期刊实施年度核验。年度核验内容包括期刊出版单位及其所出版期刊登记项目、出版质量、遵纪守法情况等。

第四十九条 年度核验按照以下程序进行:

(一)期刊出版单位提出年度自检报告,填写由新闻出版总署统一印制的《期刊登记项目年度核验表》,经期刊主办单位、主管单位审核盖章后,连同本年度出版的样刊报省、自治区、直辖市新闻出版行政部门。

(二)省、自治区、直辖市新闻出版行政部门对期刊出版单位自检报告、《期刊登记项目年度核验表》及样刊进行审核查验。

(三)经核验符合规定标准的,省、自治区、直辖市新闻出版行政部门在《期刊出版许可证》上加盖年度核验章;《期刊出版许可证》上加盖年度核验章即为通过年度核验,期刊出版单位可以继续从事期刊出版活动。

(四)省、自治区、直辖市新闻出版行政部门在完成期刊年度核验工作30日内向新闻出版总署提交期刊年度核验工作报告。

第五十条 有下列情形之一的,暂缓年度核验:

(一)正在限期停业整顿的;

(二)经审核发现有违法情况应予处罚的;

(三)主管单位、主办单位未履行管理责任,导致期刊出版管理混乱的;

(四)存在其他违法嫌疑需要进一步核查的。

暂缓年度核验的期限由省、自治区、直辖市新闻出版行政部门确定,报新闻出版总署备案。缓验期满,按本规定第四十八条、第四十九条重新办理年度核验。

第五十一条 期刊有下列情形之一的,不予通过年度核验:

(一)违法行为被查处后拒不改正或者没有明显整改效果的;

(二)期刊出版质量长期达不到规定标准的;

(三)经营恶化已经资不抵债的;

(四)已经不具备本规定第九条规定条件的。

不予通过年度核验的,由新闻出版总署撤销《期刊出版许可证》,所在地省、自治区、直辖市新闻出版行政部门注销登记。

未通过年度核验的,期刊出版单位自第二年起停止出版该期刊。

第五十二条 《期刊出版许可证》加盖年度核验章后方可继续使用。有关部门在办理期刊出版、印刷、发行等手续时,对未加盖年度核验章的《期刊出版许可证》不予采用。

不按规定参加年度核验的期刊出版单位,经催告仍未参加年度核验的,由新闻出版总署撤销《期刊出版许可证》,所在地省、自治区、直辖市新闻出版行政部门注销登记。

第五十三条 年度核验结果,核验机关可以向社会公布。

第五十四条 期刊出版从业人员,应具备国家规定的新闻出版职业资格条件。

第五十五条 期刊出版单位的社长、总编辑须符合国家规定的任职资格和条件。

期刊出版单位的社长、总编辑须参加新闻出版行政部门组织的岗位培训。

期刊出版单位的新任社长、总编辑须经过岗位培训合格后才能上岗。

第五章 法律责任

第五十六条 期刊出版单位违反本规定的,新闻出版行政部门视其情节轻重,可以采取下列行政措施:

(一)下达警示通知书;

(二)通报批评;

(三)责令公开检讨;

(四)责令改正;

(五)责令停止印制、发行期刊;

(六)责令收回期刊;

(七)责成主办单位、主管单位监督期刊出版单位整改。

警示通知书由新闻出版总署制定统一格式,由新闻出版总署或者省、自治区、直辖市新闻出版行政部门下达给违法的期刊出版单位,并抄送违法期刊出版单位的主办单位及其主管单位。

本条所列行政措施可以并用。

第五十七条 未经批准,擅自设立期刊出版单位,或者擅自从事期刊出版业务,假冒期刊出版单位名称或者伪造、假冒期刊名称出版期刊的,依照《出版管理条例》第六十一条处罚。

期刊出版单位未履行备案手续擅自出版增刊、擅自与境外出版机构开展合作出版项目的,按前款处罚。

第五十八条 出版含有《出版管理条例》和其他有关法律、法规以及国家规定禁载内容期刊的,依照《出版管理条例》第六十二条处罚。

第五十九条 期刊出版单位违反本规定第三十六条的,依照《出版管理条例》第六十六条处罚。

期刊出版单位允许或者默认广告经营者参与期刊采访、编辑等出版活动的,按前款处罚。

第六十条 期刊出版单位有下列行为之一的,依照《出版管理条例》第六十七条处罚:

(一)期刊变更名称、主办单位或主管单位、业务范围、刊期,未依照本规定办理审批手续的;

(二)期刊出版单位变更名称、合并或分立、改变资本结构、出版新的期刊,未依照本规定办理审批手续的;

(三)期刊出版单位未将涉及国家安全、社会安定等方面的重大选题备案的;

(四)期刊出版单位未依照本规定缴送样刊的。

第六十一条 期刊出版单位违反本规定第四条第二款的,依照新闻出版总署《出版物市场管理规定》第四十八条处罚。

第六十二条 期刊出版单位有下列行为之一的,由新闻出版总署或者省、自治区、直辖市新闻出版行政部门给予警告,并处3万元以下罚款:

(一)期刊出版单位变更期刊开本、法定代表人或者主要负责人、在同一登记地内变更地址,未按本规定第十九条报送备案的;

(二)期刊休刊未按本规定第二十条报送备案的;

(三)刊载损害公共利益的虚假或者失实报道,拒不执行新闻出版行政部门更正命令的;

(四)公开发行的期刊转载、摘编内部发行出版物内容的；

(五)期刊转载、摘编互联网上的内容,违反本规定第二十八条第二款的；

(六)未按照本规定第三十一条刊载期刊版本记录的；

(七)违反本规定第三十二条关于期刊封面标识的规定的；

(八)违反本规定第三十三条,"一号多刊"的；

(九)出版增刊违反本规定第三十四条第三款的；

(十)违反本规定第三十五条制作期刊合订本的；

(十一)刊登有偿新闻或者违反本规定第三十八条其他规定的；

(十二)违反本规定第四十一条,以不正当竞争行为开展经营活动或者利用权力摊派发行的。

第六十三条　期刊出版单位新闻采编人员违反新闻记者证的有关规定,依照新闻出版总署《新闻记者证管理办法》的规定处罚。

第六十四条　期刊出版单位违反记者站的有关规定,依照新闻出版总署《报社记者站管理办法》的规定处罚。

第六十五条　对期刊出版单位做出行政处罚,新闻出版行政部门应告知其主办单位和主管单位,可以通过媒体向社会公布。

对期刊出版单位做出行政处罚,新闻出版行政部门可以建议其主办单位或者主管单位对直接责任人和主要负责人予以行政处分或者调离岗位。

第六章　附　　则

第六十六条　本规定施行后,新闻出版署《期刊管理暂行规定》和《〈期刊管理暂行规定〉行政处罚实施办法》同时废止,此前新闻出版行政部门对期刊出版活动的其他规定,凡与本规定不一致的,以本规定为准。

第六十七条 本规定自二〇〇五年十二月一日起施行。

关于印发《期刊出版形式规范》的通知

(新闻出版总署　2007年4月12日　新出报刊〔2007〕376号)

各省、自治区、直辖市新闻出版局,新疆生产建设兵团新闻出版局,解放军总政宣传部新闻出版局,中央国家机关各部委、各民主党派、各人民团体新闻出版主管部门:

2005年12月1日起实施的《期刊出版管理规定》第四十七条规定:"新闻出版总署制定期刊出版质量综合评估标准体系,对期刊出版质量进行全面评估"。

依据《出版管理条例》、《期刊出版管理规定》等相关法规,我署制定了《期刊出版形式规范》,并将从2007年7月起依照该规范对全国期刊的出版形式进行全面检查。

请向各期刊出版单位宣传这一规范,督促其依据规范进行对照检查,并及时纠正一些期刊在出版形式方面存在的不规范行为。

期刊出版形式规范

《期刊出版形式规范》编制说明

《期刊出版管理规定》第四十七条规定:"新闻出版总署制定期刊出版质量综合评估标准体系,对期刊出版质量进行全面评估。"

经期刊出版质量综合评估,期刊出版质量未达到规定要求或者不能维持正常出版活动的,由新闻出版总署撤销《期刊出版许可证》,所在地省、自治区、直辖市新闻出版行政部门注销登记。

为更好地执行《期刊出版管理规定》,特制定本规范。

《期刊出版形式规范》制定目的

本规范制定目的是为期刊提供可依据的出版形式规范,为提高期刊综合出版质量,建立科学的期刊出版管理体系服务。

《期刊出版形式规范》制定原则

本规范制定的原则是:科学合理,客观实际,标准兼容,可操作性强。

《期刊出版形式规范》制定依据

本规范制定以《出版管理条例》、《期刊出版管理规定》、GB/T 9999—2001《中国标准连续出版物号》以及相关国家标准和仍在有效期内的各种法规为依据。

《期刊出版形式规范》规范项目

本规范根据《期刊出版管理规定》规范如下项目:国内统一连续出版物号(CN)、国际标准连续出版物号(ISSN)、广告经营许可证号、期刊条码、期刊名称、期刊主要责任单位(主管单位、主办单位、出版单位)、印刷发行单位、总编辑、期刊出版标识(期刊编号、刊期)、版权页和期刊标识性文字。

《期刊出版形式规范》适用范围

本规范适用于获得国内统一连续出版物号(CN)的期刊。

《期刊出版形式规范》的解释

本规范由新闻出版总署制定并负责解释。

期刊出版形式规范

1 期刊 CN （国内统一连续出版物号）

以 CN 为前缀,由 6 位数字(前 2 位为地区代码,后 4 位为地区连续出版物的序号)和分类号组成。

是由新闻出版总署负责分配给一种期刊的唯一代码。

1.1 期刊 CN 规定

1.1.1 CN 执行《期刊出版管理规定》和 GB/T 9999—2001

《中国标准连续出版物号》相关规定。

1.1.2 获得 CN 的期刊应持有新闻出版总署批准文件(2004年以前批准的科技期刊持有科技部文件)、期刊出版许可证,并在新闻出版总署备案。

1.1.3 一个国内统一连续出版物号只能对应出版一种期刊,不得用同一国内统一连续出版物号出版不同版本的期刊。

1.1.4 CN 应印在期刊封面、版权页或封底上。

1.2 期刊 CN 准则

1.2.1 一个 CN 对应一种期刊唯一刊名,期刊更名、变更登记地(跨行政区域)应获得新的 CN。

1.2.2 一个 CN 只能出版一种期刊的一个版本。

1.2.3 不同文种、不同载体的期刊应分别有各自的 CN。

1.2.4 CN 编号后面不允许附加任何其他标识信息。

1.2.5 CN 分类号应以新闻出版总署批准文件为准,不能任意跨学科更改和刊印时省略。

1.2.6 期刊出版单位不得出售、出租和转让 CN 给其他期刊使用。

1.2.7 CN 应按规定格式和字体印在期刊封面、版权页或封底上。

2 期刊 ISSN (国际标准连续出版物号)

以 ISSN 为前缀,包括一位校验码在内的 8 位数字。

由 ISSN 中国国家中心分配给每一种获得 CN 并公开发行的期刊的唯一识别代码。

2.1 期刊 ISSN 规定

2.1.1 期刊社应持国家新闻出版总署批准创办期刊文件复印件、期刊出版许可证复印件和期刊出版登记表复印件向 ISSN 中国国家中心申请 ISSN。

2.1.2 ISSN 执行《中国标准连续出版物号》和《期刊出版管

理规定》相关规定。

2.1.3 获得ISSN的期刊应持有ISSN中国国家中心颁发的ISSN证书并在该中心数据库注册。

2.1.4 ISSN应印在期刊封面右上角、版权页或封底上。

2.2 期刊ISSN准则

2.2.1 获得CN并公开发行的期刊应申请ISSN,期刊更名须获得新闻出版总署批准后申请新的ISSN。

2.2.2 一个ISSN应与该刊的CN及刊名保持一致。

2.2.3 一个ISSN只能出版一种期刊的一个版本。

2.2.4 不同文种、不同载体的期刊应分别有各自的ISSN。

2.2.5 ISSN应按规定格式和字体印在期刊封面、版权页或封底上。

3 期刊条码

出版物条码是由一组按EAN规范排列的条、空及其对应字符组成的表示一定信息的出版物标识。

期刊条码由前缀码977(3位)、数据码(ISSN前7位)、年份码(2位)、校验码(1位)以及附加码(2位)组成,由新闻出版总署条码中心负责制作。

3.1 期刊条码规定

3.1.1 期刊条码执行《出版物条码管理办法》和GB/T 16827—1997《中国标准刊号(ISSN部分)条码》等相关规定。

3.1.2 期刊条码由新闻出版总署条码中心统一负责制作。

3.2 期刊条码准则

3.2.1 期刊条码应与该刊的ISSN及刊名保持一致。

3.2.2 一种期刊的条码只能用于一种期刊的一个版本,不同文种、不同载体的期刊应分别有各自的期刊条码。

3.2.3 期刊条码的附加码应与期刊出版的刊期和(或)出版的年份、月份或期号保持一致。

3.2.4 期刊条码可以通过相关设备识读。

3.2.5 期刊条码应印在规定的位置,印刷质量和色彩应清晰并便于识读。

4 期刊广告经营

期刊刊登广告应在工商管理部门注册登记。

4.1 期刊广告经营规定

4.1.1 期刊广告经营执行《期刊出版管理规定》和相关法律法规。

4.1.2 期刊刊登广告应持有工商管理部门颁发的广告经营许可证。

4.1.3 广告经营许可证号应印在期刊版权页上。

4.2 期刊广告经营准则

4.2.1 刊登广告的期刊须将广告经营许可证号印在每一期期刊版权页或封底上。

5 期刊名称

期刊使用的名称,包括期刊中文刊名和外文刊名。

中文期刊使用中文刊名,刊名包括分册(分辑)刊名、不同内容版本刊名。

外文期刊使用相应语种刊名,刊名包括分册(分辑)刊名、不同内容版本刊名。

少数民族语文期刊使用相应语言刊名,刊名包括分册(分辑)刊名、不同内容版本刊名。

5.1 期刊名称规定

5.1.1 期刊名称执行《期刊出版管理规定》和《中国标准连续出版物号》的相关规定。

5.1.2 出版不同版本的期刊,须按创办新期刊办理审批手续。

5.1.3 期刊的外文刊名须是中文刊名的直译。

5.1.4 外文期刊封面上必须同时刊印中文刊名,少数民族文种期刊封面上必须同时刊印汉语刊名。

5.1.5 期刊名称应印在期刊封面、版权页等处。

5.2 期刊名称准则

5.2.1 期刊刊名由新闻出版总署批准并同时为该刊名分配CN。一个刊名对应一个CN为一种期刊。

5.2.2 期刊刊名变更须经批准并获得新的CN;未经批准不得在刊名中增加、删减和更改字词。

5.2.3 一种期刊不得以任何形式出版两种或两种以上期刊,不得使用同一个CN出版不同刊名的期刊,如:

◆一种期刊不能以增加类似版别方式,分别出版两种或两种以上期刊;

◆一种期刊不能以"社会科学版"、"自然科学版"、"教师版"、"学生版"等字样,交替出版两种或两种以上期刊;

◆一种教育辅导类期刊不能分别使用"××年级"、"小学版"、"语文版"、"英语"等字样,出版两种或两种以上期刊。

5.2.4 期刊名称应出现在封面和版权页等处。

5.2.5 期刊刊名应明显于期刊封面的其他标识性文字。

5.2.6 期刊名称在封面、版权页、封底、书脊等处应保持一致。

5.2.7 期刊外文刊名的翻译应准确并与中文刊名保持一致,不能使用不相关的外文名称。

6 期刊主要责任单位

期刊主要责任单位包括期刊的主管单位、主办单位和出版单位。

6.1 期刊主要责任单位规定

6.1.1 期刊主要责任单位执行《期刊出版管理规定》等相关规定。

6.1.2 期刊主管单位、主办单位、出版单位变更须经新闻出版总署批准。

6.1.3 两个以上主办单位合办期刊,须确定一个主要主办单位。期刊的主要主办单位应为其主管单位的隶属单位。

6.1.4 期刊出版单位须与主要主办单位在同一行政区域。

6.1.5 期刊主管单位、主办单位、出版单位应印在期刊版权页或期刊封面等处。

6.2 期刊主要责任单位准则

6.2.1 期刊主管单位、主办单位、出版单位未经批准不得变更。

6.2.2 期刊主管单位、主办单位、出版单位名称应印在期刊版权页或期刊封面等处。

6.2.3 未经注册成立具有法人资格的期刊社(杂志社)的期刊,出版单位应标识为"××编辑部"。

6.2.4 期刊出版单位和主要主办单位的所在地须在同一行政区域。

7 期刊印刷发行单位

印刷单位是具有印刷经营许可证可以印制期刊的机构。

发行单位是承担期刊发行的部门。

7.1 期刊印刷发行单位规定

7.1.1 印刷单位、发行单位应印在期刊版权页或封底上。

7.2 期刊印刷发行单位准则

7.2.1 期刊印刷单位和发行单位的刊印不应省略。

8 期刊总编辑(主编)

总编辑(主编)是主持期刊编辑和终审等工作的负责人。

8.1 期刊总编辑(主编)规定

8.1.1 总编辑(主编)执行《期刊出版管理规定》和相关法规。

8.1.2 总编辑(主编)姓名应印在期刊版权页等处。
8.2 期刊总编辑(主编)准则
8.2.1 总编辑(主编)姓名应印在期刊版权页等处。
8.2.2 期刊上不得出现多个总编辑(主编)。
9 期刊出版标识
期刊出版标识包括期刊编号、刊期、期刊版式设计等。
期刊编号指期刊在编辑出版过程中所采用的卷、期、年、月标识。
期刊刊期指一种期刊每年出版的频次。
9.1 期刊出版标识规定
9.1.1 期刊出版标识执行《期刊出版管理规定》相关规定。
9.1.2 期刊须在封面的明显位置刊载期刊名称和年、月、期、卷等顺序编号,不得以总期号代替年、月、期号。
9.1.3 期刊应按批准的刊期出版。
9.2 期刊出版标识准则
9.2.1 每期期刊封面和版权页等处的年、月、期号标识不能省略。
9.2.2 期刊的年、月、期号标识可采用卷号和(或)总期号方式标识,凡采用卷和总期号标识的期刊,其卷号和(或)总期号应连续编排,不应随意更改,不得使用总期号和卷号代替年、月、期号。
9.2.3 同一期刊每年出版的各期不得分别独立设置编号体系交叉出版。
9.2.4 一种期刊的每一期应为一册。
9.2.5 任何期刊不得以不同刊期或增加刊期频率方式变相出版两种以上期刊。
9.2.6 期刊不得随意脱期出版,不应任意增减出版刊期。
9.2.7 同一期刊在每年度中的版式设计风格应基本保持一致。

9.2.8 同一期刊在每年度中各期的幅面尺寸应保持一致。

10 期刊版权页

期刊出版情况的记录,列载供国家版本管理部门、出版发行单位、信息资源管理等部门使用的版本资料。

10.1 期刊版权页规定

10.1.1 期刊版权页执行《期刊出版管理规定》相关规定。

10.1.2 期刊版权页记录:期刊名称、主管单位、主办单位、出版单位、印刷单位、发行单位、出版日期、总编辑(主编)姓名、定价、国内统一连续出版物号、广告经营许可证号。

10.2 期刊版权页准则

10.2.1 期刊须设立版权页,版权页位于期刊正文之前,也可设在期刊封底上。

10.2.2 期刊版权页记录的各个项目应完整。

10.2.3 期刊版权页记录的项目应与封面或封底上记录的相同项目保持一致。

11 期刊标识性文字

期刊版权页规定的记录项目之外,在期刊封面或显著位置上对期刊进行宣传的文字。

11.1 期刊标识性文字规定

11.1.1 期刊标识性文字执行《期刊出版管理规定》相关规定。

11.1.2 期刊封面其他文字标识不得明显于刊名。

11.2 期刊标识性文字准则

11.2.1 期刊标识性文字不得使用毫无实据的、过于夸张的宣传语言,如"世界排名第×名"、"全球发行量最大"、"中国唯一的"、"××领域最早期刊"、"获奖最多"等。

11.2.2 期刊刊名的补充文字说明、期刊内容宣传等标识性文字不得明显于期刊刊名,不得通过颜色、位置等手段突出显示。

音像制品出版管理规定[①]

(2004年6月17日中华人民共和国新闻出版总署令第22号公布)

第一章 总 则

第一条 为了加强音像制品出版的管理,促进我国音像出版事业的健康发展和繁荣,根据《出版管理条例》、《音像制品管理条例》,制定本规定。

第二条 在中华人民共和国境内从事音像制品出版活动,适用本规定。

本规定所称音像制品是指录有内容的录音带(AT)、录像带(VT)、激光唱盘(CD)、数码激光视盘(VCD)及高密度光盘(DVD)等。

第三条 任何组织和个人不得出版含有《音像制品管理条例》第三条第二款禁止内容的音像制品。

第四条 新闻出版总署负责全国音像制品出版的监督管理工作。县级以上地方人民政府负责出版管理的行政部门(以下简称出版行政部门)负责本行政区域内音像制品出版的监督管理工作。

音像出版单位的主管机关、主办单位应当按照出版法律、法规和规章,对音像出版单位的出版活动履行管理职责。

[①] 本文件有过修订,此处所载为据2017年12月11日国家新闻出版广电总局令第13号《国家新闻出版广电总局关于废止、修改和宣布失效部分规章、规范性文件的决定》修订的版本。

第五条 国家对出版音像制品，实行许可制度；未经许可，任何单位和个人不得从事音像制品的出版活动。

音像制品出版的许可证件和批准文件，不得出租、出借、出售或者以其他任何形式转让。

第六条 音像出版行业的社会团体按照其章程，在出版行政部门的指导下，实行自律管理。

第二章 出版单位的设立

第七条 设立音像出版单位，应当具备下列条件：

（一）有音像出版单位的名称、章程；

（二）有符合新闻出版总署认定的主办单位及其主管机关；

（三）有确定的业务范围；

（四）有适应业务范围需要的组织机构和取得国家出版专业技术人员资格的编辑人员，其人数不得少于 10 人，其中从事音像出版业务 2 年以上并具有中级以上出版专业技术人员职业资格的不得少于 5 人；

（五）有 30 万元以上的注册资本；

（六）有适应业务范围需要的设备和工作场所；

（七）法律、行政法规规定的其他条件。

审批设立音像出版单位，除依照前款所列条件外，还应当符合国家关于音像出版单位总量、布局和结构的规划。

第八条 申请设立音像出版单位，由主办单位向所在地省、自治区、直辖市人民政府出版行政部门提出申请；省、自治区、直辖市人民政府出版行政部门自受理申请之日起 20 日内提出审核意见，连同申请材料报新闻出版总署审批。

第九条 设立音像出版单位的申请书应当载明下列事项：

（一）音像出版单位的名称、地址；

（二）音像出版单位的主办单位及其主管机关的名称、地址；

（三）音像出版单位的法定代表人或者主要负责人及音像出版专业人员的姓名、住址、资格证明文件；

（四）音像出版单位的注册资本数额、来源及性质证明；

（五）音像出版单位工作场所使用证明文件。

申请书应当附具出版单位的章程和设立出版单位的主办单位及主管机关的有关证明材料。

第十条 新闻出版总署应当自收到申请书之日起60日内作出批准或者不批准的决定，并由省、自治区、直辖市人民政府出版行政部门书面通知主办单位；不批准的，应当说明理由。

第十一条 音像出版单位的主办单位应当自收到批准决定之日起60日内，向所在地省、自治区、直辖市人民政府出版行政部门登记，领取《音像制品出版许可证》（以下简称出版许可证）。音像出版单位经登记后，持出版许可证到工商行政管理部门登记，依法领取营业执照。

音像出版单位自登记之日起满180日未从事出版活动的，由原登记的出版行政部门注销登记，并报新闻出版总署备案。因不可抗力或者其他正当理由发生前款所列情形的，向出版行政部门申请延期。

第十二条 音像出版单位变更名称、主办单位或者主管机关、业务范围，或者兼并其他音像出版单位，或者因合并、分立而设立新的音像出版单位的，应当依照本规定第七条至第十条的规定办理审批手续，并到原登记的工商行政管理部门办理相应的登记手续。

第十三条 音像出版单位变更地址、法定代表人或者主要负责人，或者终止音像出版经营活动的，应当到原登记的工商行政管理部门办理变更登记或者注销登记，并在30日内向新闻出版总署备案。

第十四条 音像出版单位的法定代表人或者主要负责人应当具有中级以上出版专业技术人员职业资格,具有从事音像出版业务3年以上的经历,并应通过新闻出版总署或省、自治区、直辖市人民政府出版行政部门组织的岗位培训,获得《岗位培训合格证书》。

第十五条 音像出版单位中从事编辑、出版、校对等专业技术工作的人员,必须通过国家出版专业技术人员职业资格考试,取得规定级别的出版专业职业资格,持相应的《中华人民共和国出版专业技术人员职业资格证书》上岗。

第三章 出版活动的管理

第十六条 音像出版单位不得超出出版许可证确定的业务范围从事音像制品的出版活动。

第十七条 音像出版单位应当按照国家标准及其他有关规定标识、使用《中国标准音像制品编码》(以下简称版号)。

版号由新闻出版总署负责管理和调控,由省、自治区、直辖市人民政府出版行政部门发放。

第十八条 音像出版单位实行编辑责任制度,保障音像制品刊载的内容合法。

第十九条 音像出版单位实行年度出版计划备案制度,出版计划的内容应包括选题名称、制作单位、主创人员、类别、载体、内容提要、节目长度、计划出版时间。出版计划报送的程序为:

(一)本年度上一年的12月20日以前报送本年度出版计划;本年度3月1日~20日、9月1日~20日报送本年度出版调整计划。

(二)出版计划及出版调整计划,须经所在地省、自治区、直辖市人民政府出版行政部门审核。

(三)省、自治区、直辖市人民政府出版行政部门应当自受理出版计划报送申请之日起20日内,向音像出版单位回复审核意见,并报新闻出版总署备案。

第二十条　音像出版单位出版涉及国家安全、社会安定等方面的重大选题,应当依照重大选题备案的有关规定报新闻出版总署备案。未经备案的重大选题,不得出版。

第二十一条　图书出版社、报社、期刊社、电子出版物出版社,出版配合本版出版物的音像制品,须向所在地省、自治区、直辖市人民政府出版行政部门提交申请书和样本。

第二十二条　出版配合本版出版物的音像制品申请书,须写明本版出版物的名称、制作单位、主创人员、主要内容、出版时间、节目长度、复制数量和载体形式等内容。

第二十三条　出版单位所在地省、自治区、直辖市人民政府出版行政部门,应当自受理申请之日起20日内对其申请书和样本进行审核。审核同意的,配发版号,发放复制委托书,并报新闻出版总署备案;审核不同意的,应当说明理由。

第二十四条　经批准出版的配合本版出版物音像制品,其名称须与本版出版物一致,并须与本版出版物统一配套销售,不得单独定价销售。

第二十五条　音像出版单位及经批准出版配合本版出版物音像制品的其他出版单位,应在其出版的音像制品及其包装的明显位置,标明出版单位的名称、地址和音像制品的版号、出版时间、责任编辑、著作权人和条形码。出版进口的音像制品,还应当标明进口批准文号。

第二十六条　音像出版单位不得向任何单位或者个人出租、出借、出售或者以其他任何形式转让本单位的名称,不得向任何单位或者个人出售或者以其他形式出售或转让本单位版号。

第二十七条　任何单位和个人不得以购买、租用、借用、擅自使用音像出版单位的名称或者以购买、伪造版号等形式从事音像制品出版活动。

第二十八条 音像出版单位不得委托未取得《音像制品制作许可证》的单位制作音像制品。

第二十九条 音像出版单位、经批准出版配合本版出版物音像制品的出版单位,应自音像制品出版之日起 30 日内,分别向国家图书馆、中国版本图书馆和新闻出版总署免费送交样本。

第四章　非卖品的管理

第三十条 用于无偿赠送、发放及业务交流的音像制品属于音像非卖品,不得定价,不得销售或变相销售,不得收取任何费用。

第三十一条 复制单位接受委托复制音像制品非卖品的,应当验证委托单位或者个人的身份证明和其出具的音像制品非卖品复制委托书,并要求委托方提供非卖品使用目的、名称、制作单位、主要内容、发送对象、复制数量、节目长度和载体形式等信息。

第三十二条 委托复制音像制品非卖品的单位或者个人须在音像制品非卖品包装和盘(带)显著位置标注"音像非卖品"字样。

第五章　委托复制的管理

第三十三条 委托复制音像制品,须使用复制委托书。

音像出版单位及其他委托复制单位,必须遵守国家关于复制委托书的管理规定。

复制委托书由新闻出版总署统一印制。

第三十四条 复制委托书由音像出版单位及其他委托复制单位向所在地省、自治区、直辖市人民政府出版行政部门领取。

第三十五条 出版单位及其他委托复制单位应当按照规定开

具或填写复制委托书,并将复制委托书直接交送复制单位。

出版单位及其他委托复制单位须保证复制委托书内容真实、准确、完整。

出版单位及其他委托复制单位不得以任何形式向任何单位或者个人出售或者转让复制委托书。

第三十六条　音像出版单位及其他委托复制单位,须确定专人管理复制委托书并建立使用记录。复制委托书使用记录的内容包括开具时间、音像制品及具体节目名称、相对应的版号、管理人员签名。

复制委托书使用记录保存期为两年。

第三十七条　音像出版单位及其他委托复制单位,自音像制品完成复制之日起30日内,向所在地省、自治区、直辖市人民政府出版行政部门上交由本单位及复制单位签章的复制委托书第二联及音像制品样品。

第三十八条　申请出版配合本版出版物音像制品或音像非卖品的单位,自获得批准之日起90日内未能出版的,须向所在地省、自治区、直辖市人民政府出版行政部门交回复制委托书。

第三十九条　音像出版单位出版的音像制品、其他出版单位出版的配合本版出版物音像制品、音像非卖品须委托依法设立的复制单位复制。

第六章　审　核　登　记

第四十条　音像出版单位实行审核登记制度,审核登记每两年进行一次。

第四十一条　申请审核登记的音像出版单位应提交以下材料:

(一)《音像出版单位审核登记表》;

(二)音像制品出版业务情况报告,应当包括:执行出版管理

的法律、法规和规章的情况,出版经营情况,人员、场所、设施情况;

(三)两年内出版的音像制品登记表;

(四)出版许可证的复印件。

第四十二条 音像出版单位应于审核登记年度1月15日前向所在地省、自治区、直辖市人民政府出版行政部门申请年度审核登记并提交相应材料。各省、自治区、直辖市人民政府出版行政部门对本行政区域内申请登记的音像出版单位进行审核,并于同年2月底前完成审核登记工作。

第四十三条 对符合下列条件的音像出版单位,省、自治区、直辖市人民政府出版行政部门予以登记:

(一)符合本规定第七条的规定;

(二)两年内无违反出版管理法律、法规和规章的情形;

(三)两年内出版音像制品不少于10种。

第四十四条 对不符合前条所列条件之一的音像出版单位,省、自治区、直辖市人民政府出版行政部门予以暂缓登记。

暂缓登记的期限为3个月。省、自治区、直辖市人民政府出版行政部门应当责令暂缓登记的出版单位在此期限内进行整顿,达到本规定第七条的规定条件。

在暂缓登记的期限届满前,省、自治区、直辖市人民政府出版行政部门应对暂缓登记的出版单位进行审查,对于达到本规定第七条的规定条件的,予以登记。对于未达到本规定第七条的规定条件的,提出注销登记意见报新闻出版总署批准。对注销登记的出版单位,由所在地省、自治区、直辖市人民政府出版行政部门缴回其出版许可证。

第四十五条 各省、自治区、直辖市人民政府出版行政部门应于同年3月20日前将审核登记情况及有关材料复印件汇总后报新闻出版总署备案。

第七章　罚　　则

第四十六条　未经批准,擅自设立音像制品出版单位,擅自从事音像制品出版业务的,依照《音像制品管理条例》第三十九条处罚。

第四十七条　出版含有《音像制品管理条例》第三条第二款禁止内容的音像制品,依照《音像制品管理条例》第四十条处罚。

第四十八条　出版音像制品的单位有下列行为之一的,依照《音像制品管理条例》第四十二条处罚:

(一)向其他单位、个人出租、出借、出售或者以其他任何形式转让本单位的名称、音像制品出版的许可证件或者批准文件,出售或者以其他任何形式转让本单位的版号或者复制委托书的;

(二)委托未取得《音像制品制作许可证》的单位制作音像制品,或者委托非依法设立的复制单位复制音像制品的。

第四十九条　出版音像制品的单位有下列行为之一的,依照《音像制品管理条例》第四十四条处罚:

(一)未按规定将年度出版计划和涉及国家安全、社会安定等方面的重大选题报新闻出版总署备案的;

(二)变更名称、主办单位或者主管机关、地址、法定代表人或者主要负责人、业务范围等,未依照本规定第十二条、第十三条办理审批、备案手续的;

(三)未在其出版的音像制品及其包装的明显位置标明本规定所规定的项目的;

(四)未依照规定期限送交音像制品样本的。

第五十条　有下列行为之一的,由出版行政部门责令停止违法行为,给予警告,并处3万元以下的罚款:

(一)其他出版单位配合本版出版物出版音像制品,其名称与本版出版物不一致或者单独定价销售的；

（二）音像出版单位及其他委托复制单位，未按照本规定第三十六条规定的内容、期限留存备查材料的；

（三）委托复制非卖品的单位销售或变相销售非卖品或者以非卖品收取费用的；

（四）委托复制非卖品的单位未在非卖品包装和盘带显著位置注明非卖品编号的。

第八章　附　　则

第五十一条　音像制品的出版许可证由新闻出版总署统一印制。

第五十二条　本规定有关行政许可的期限以工作日计算，不含法定节假日。

第五十三条　本办法自 2004 年 8 月 1 日起施行，新闻出版署 1996 年 2 月 1 日发布的《音像制品出版管理办法》同时废止。

复制管理办法[①]

(2009年6月30日中华人民共和国新闻出版总署令第42号公布)

第一章 总 则

第一条 为了加强管理,促进我国复制业健康发展,根据《出版管理条例》和《音像制品管理条例》的有关规定,制定本办法。

第二条 本办法适用于光盘、磁带磁盘以及新闻出版总署认定的其他存储介质形态(以下简称其他介质)的复制经营活动。

本办法所称光盘包括只读类光盘和可录类光盘。其中,只读类光盘是指存储有内容的光盘;可录类光盘是指空白光盘。

本办法所称复制经营活动,包括经营性的光盘复制生产和存储有内容的磁带磁盘复制等活动。

本办法所称复制单位是指从事光盘、磁带磁盘和其他介质复制经营活动的单位。

第三条 任何单位和个人禁止复制含有以下内容的复制品:

(一)反对宪法确定的基本原则的;

(二)危害国家统一、主权和领土完整的;

(三)泄露国家秘密、危害国家安全或者损害国家荣誉和利益的;

(四)煽动民族仇恨、民族歧视,破坏民族团结,或者侵害民族

[①] 此处所载为据2015年8月28日国家新闻出版广电总局令第3号《关于修改部分规章和规范性文件的决定》修订的版本。

风俗、习惯的;

（五）宣扬邪教、迷信的;

（六）扰乱社会秩序、破坏社会稳定的;

（七）宣扬淫秽、赌博、暴力或者教唆犯罪的;

（八）侮辱或者诽谤他人,侵害他人合法权益的;

（九）危害社会公德或者民族优秀文化传统的;

（十）有法律、行政法规和国家规定禁止的其他内容的。

第四条 新闻出版总署主管全国光盘、磁带磁盘以及其他介质复制经营活动的监督管理工作,负责只读类光盘设立的审批。

县级以上地方新闻出版行政部门负责本行政区域内光盘、磁带磁盘以及其他介质复制经营活动的监督管理工作。其中,省级新闻出版行政部门负责可录类光盘生产单位和磁带磁盘复制单位设立的审批。

第五条 新闻出版行政部门根据已经取得的违法嫌疑证据或者举报,对涉嫌违法从事复制经营活动的行为进行查处时,可以检查与违法活动有关的物品;对有证据证明是与违法活动有关的物品,可以查封或者扣押。

第六条 复制单位应当建立质量保障体系,健全各项管理制度。

第七条 复制行业的社会团体按照其章程,在新闻出版行政部门的指导下,实行自律管理。

第二章　复制单位的设立

第八条 国家对复制经营活动实行许可制度;未经许可,任何单位和个人不得从事复制经营活动。

设立复制单位须由新闻出版行政部门审批,核发复制经营许可证,并经工商行政部门登记注册后方可进行生产。设立外商投资复制单位,除由新闻出版行政部门批准外,还须报商务部审批并颁发外商投资企业批准证书。

第九条 设立复制单位应当具备下列条件:

(一)有复制单位的名称、章程。

(二)有确定的业务范围。

(三)有适应业务范围需要的生产经营场所和必要的资金、设备等生产经营条件。

(四)有适应业务范围需要的组织机构和人员。

(五)有关法律、行政法规规定的其他条件。

审批设立复制单位,除依照前款规定外,还应当符合国家有关复制单位总量、结构和布局的规划。

第十条 设立复制单位,应当向所在地省级新闻出版行政部门提出申请,并提交下列申请文件:

(一)按要求填写的申请表;

(二)企业章程;

(三)可行性研究报告;

(四)法定代表人或者主要负责人的身份证明和履历证明;

(五)注册资本数额、来源及性质证明;

(六)经营场所和必备的生产条件证明;

(七)新设立企业的,须提交工商部门核发的企业名称预先核准通知书。

第十一条 申请设立只读类光盘复制单位的,由所在地省级新闻出版行政部门审核同意后,报新闻出版总署审批,并提交省级新闻出版行政部门的初审文件和本办法第十条规定的申请文件。新闻出版总署应自受理之日起 60 日内作出批准或不批准的决定,并由省级新闻出版行政部门通知申请人;不批准的,应当说明理由。

申请设立可录类光盘生产单位和磁带磁盘复制单位的,省级新闻出版行政部门应自受理之日起20日内作出批准或不批准的决定,并通知申请人;不批准的,应当说明理由。

第十二条　国家允许设立外商投资可录类光盘生产单位,允许设立中外合资经营、中外合作经营只读类光盘和磁带磁盘复制单位,但中方必须控股或占主导地位。国家禁止设立外商独资只读类光盘和磁带磁盘复制单位。

第十三条　经新闻出版行政部门批准设立的复制单位,其复制生产设备安装调试完毕,经所在地省级新闻出版行政部门验收合格并发给复制经营许可证后,方可投产。

复制单位应当在60日内持新闻出版行政部门有关批准文件或复制经营许可证到所在地工商行政部门办理登记手续。

第十四条　复制单位申请兼营或者变更业务范围,或者兼并其他复制单位,或者因合并、分立而设立新的复制单位,应当依照本办法第九条至第十一条的规定办理审批登记手续。

复制单位变更名称、地址、法定代表人或者主要负责人或者终止复制经营活动的,应当到原登记的工商行政部门办理变更登记或者注销登记。由省级新闻出版行政部门批准设立的复制单位,应在工商机关登记后30日内直接向省级新闻出版行政部门备案;由新闻出版总署批准设立的复制单位,应在工商机关登记后20日内向省级新闻出版行政部门提交备案申请,省级新闻出版行政部门在接到申请之日起20日内向新闻出版总署备案;备案机关进行备案后变更或者注销复制经营许可证。

第三章　复制生产设备管理

第十五条　国家对光盘复制生产设备实行审批管理。

本办法所称的光盘复制生产设备是指从事光盘母盘刻录生产和子盘复制生产的设备。包括下列主要部分:用于光盘生产的金属母盘生产设备、精密注塑机、真空金属溅镀机、粘合机、保护胶涂覆机、染料层旋涂机、专用模具、盘面印刷机和光盘质量在线检测仪、离线检测仪等。

增加、进口、购买、变更光盘复制生产设备,须由新闻出版行政部门审批。其中增加、进口、购买、变更只读类光盘复制生产设备,由新闻出版总署审批;增加、进口、购买、变更可录类光盘生产设备,由所在地省级新闻出版行政部门审批,报新闻出版总署备案。

第十六条 光盘复制生产设备进口管理流程依据新闻出版总署、商务部、海关总署有关规定执行。

禁止进口旧(二手)光盘复制生产设备,禁止旧(二手)光盘复制生产设备进入出口加工区、保税区等海关监管特殊区域。

第十七条 被查处关闭光盘复制单位和被查缴的光盘复制生产设备的处理,由所在地省级新闻出版行政部门在本辖区内定向审批。需要跨省处理的,所在地省级新闻出版行政部门可报新闻出版总署在省际之间调剂,由同意接收或收购的光盘复制单位所在地省级新闻出版行政部门审批。接收或收购上述光盘复制生产设备的单位,必须是现有的合法光盘复制单位在许可经营的范围内接收或收购对应的生产设备,超出原许可经营范围的,应按本办法第十四条的规定办理审批手续。

被查处关闭光盘复制单位的光盘复制生产设备的价格,由买卖双方协商解决;被查缴的光盘复制生产设备的价格,由有关部门评估定价。省级新闻出版行政部门应在审批后20日内向新闻出版总署备案。

申请单位向所在地省级新闻出版行政部门提出申请,经批准后,凭新闻出版行政部门的批准文件按上述程序办理有关设备的交接手续。

第十八条 进口用于国产设备制造或者其他科研用途的光盘复制生产设备的,依照本办法第十五条、第十六条的规定办理相关手续。

第十九条 国家对国产光盘复制生产设备的生产和销售实行备案管理。国产光盘复制生产设备生产和销售后,应分别在30日内向所在地省级新闻出版行政部门备案。备案内容包括生产和销售国产光盘复制生产设备的时间、设备名称、设备编号、设备数量和销售对象等。

第二十条 从事只读类光盘复制,必须使用蚀刻有新闻出版总署核发的光盘来源识别码(SID码)的注塑模具。

光盘复制单位蚀刻SID码,应当向所在地省级新闻出版行政部门提出申请,由所在地省级新闻出版部门报新闻出版总署核发SID码;复制单位应于收到核发文件之日起20日内到指定刻码单位进行蚀刻,并在刻码后按有关规定向光盘生产源鉴定机构报送样盘。

刻码单位应将蚀刻SID码的情况通报新闻出版总署,光盘生产源鉴定机构应将样盘报送情况通报新闻出版总署。

第二十一条 复制生产设备的技术、质量指标应当符合国家或者行业标准。

第四章 复制经营活动管理

第二十二条 复制单位必须严格按所批准的经营范围进行复制经营,不得超范围复制经营。

第二十三条 国家对复制经营活动实行复制委托书制度。

复制单位接受委托复制音像制品或者电子出版物的,应当验证委托的出版单位盖章的复制委托书及其他法定文书。

接受委托复制属于非卖品或计算机软件的,应当验证经省级新闻出版行政部门核发并由委托单位盖章的复制委托书。

第二十四条 复制单位接受委托复制境外产品的,应当事先将该样品及有关证明文件报经所在地省级新闻出版行政部门审核同意;复制的产品除样品外应当全部出境。

加工贸易项下只读类光盘的进出口管理,依照国家有关规定执行。

第二十五条 复制单位不得接受非音像出版单位、电子出版物出版单位或者个人的委托复制经营性的音像制品、电子出版物;不得擅自复制音像制品、电子出版物、计算机软件、音像非卖品、电子出版物非卖品等。

第二十六条 复制单位应该建立和保存完整清晰的复制业务档案,包括委托方按本办法有关规定所提交的复制委托书和其他法定文书以及复制样品、生产单据、发货记录等。保存期为2年,以备查验。

第二十七条 复制单位对委托加工的产品除样品外必须全部交付委托单位,不得擅自加制,不得将委托单位提供的母盘、母带、样品等以任何方式转让或出售、复制给任何单位和个人。

第二十八条 复制单位所复制的产品质量应符合国家或者行业标准。

第二十九条 复制单位必须依照国家有关统计法规和规定按时填报有关统计报表,并由省级新闻出版行政部门审核汇总后上报新闻出版总署。

第三十条 复制单位在复制生产过程中,如发现所复制的产品涉及本办法第三条内容或与委托证明文件所规定的内容不符,或复制的产品被新闻出版行政部门明令查禁、停止复制的,应立即停止复制,及时报告新闻出版行政部门,并按要求上缴或封存,不得拖延或隐匿。

第三十一条 复制单位的法定代表人或者主要负责人应当接受所在地省级新闻出版行政部门组织的岗位培训。

第三十二条 复制单位实行年度核验制度,年度核验每两年逢单数年进行一次。新闻出版总署负责指导年度核验,省级新闻出版行政部门负责对本行政区域内的复制单位实施年度核验。核验内容包括复制单位的登记项目、设立条件、经营状况、资产变化、技术设备、产品质量、人员培训、遵纪守法情况等。

第三十三条 复制单位进行年度核验,应提交以下材料:

(一)复制单位年度核验登记表;

(二)复制单位按照年度核验要求提交的自检报告;

(三)复制经营许可证、营业执照等有关企业证明文件的复印件。

第三十四条 复制单位年度核验程序:

(一)复制单位应于核验年度1月15日前向所在地省级新闻出版行政部门提交年度核验材料。

(二)各省级新闻出版行政部门对本行政区域内复制单位情况进行全面审核,并于该年度2月底前完成年度核验工作。对符合要求的单位予以通过年度核验;对不符合要求的单位暂缓年度核验。

(三)各省级新闻出版行政部门应于该年度3月底前将年度核验情况报送新闻出版总署备案。

第三十五条 复制单位有下列情形之一的,暂缓年度核验:

(一)不具备本办法第九条规定条件的;

(二)因违反规定正在限期停业整顿的;

(三)发现有违法行为应予处罚的;

(四)经营恶化不能正常开展复制经营活动的;

(五)存在其他违法嫌疑活动需要进一步核查的。

暂缓年度核验的期限由省级新闻出版行政部门确定,最长不得超过3个月。期间,省级新闻出版行政部门应当督促、指导暂缓年度核验的复制单位进行整改。暂缓年度核验期满,达到要求的复制单位予以通过年度核验;仍未达到要求的复制单位,所在地省级新闻出版行政部门提出注销登记意见,由原发证机关撤销复制经营许可证。

第三十六条 不按规定参加年度核验的复制单位,经书面催告仍未参加年度核验的,所在地省级新闻出版行政部门提出注销登记意见,由原发证机关撤销复制经营许可证。

第三十七条 对非法干扰、阻止和破坏复制经营活动的,县级以上新闻出版行政部门及其他有关部门,应当及时采取措施,予以制止。

第五章 法 律 责 任

第三十八条 未经批准,擅自设立复制单位或擅自从事复制业务的,由新闻出版行政部门、工商行政部门依照法定职权予以取缔;触犯刑律的,依照刑法有关规定,依法追究刑事责任;尚不够刑事处罚的,没收违法经营的复制产品和违法所得以及进行违法活动的专用工具、设备;违法经营额1万元以上的,并处违法经营额5倍以上10倍以下的罚款;违法经营额不足1万元的,并处5万元以下的罚款。

第三十九条 复制明知或者应知含有本办法第三条所列内容产品或其他非法出版物的,依照刑法有关规定,依法追究刑事责任;尚不够刑事处罚的,由新闻出版行政部门责令限期停业整顿,没收违法所得,违法经营额1万元以上的,并处违法经营额5倍以上10倍以下的罚款;违法经营额不足1万元的,可以并处5万元以下罚款;情节严重的,由批准设立的新闻出版行政部门吊销其复制经营许可证。如果当事人对所复制产品的来源作出说明、指认,经查证属实的,没收出版物、违法所得,可以减轻或者免除其他行政处罚。

第四十条 有下列行为之一的,由新闻出版行政部门责令停止违法行为,给予警告,没收违法经营的产品和违法所得;违法经营额 1 万元以上的,并处违法经营额 5 倍以上 10 倍以下的罚款;违法经营额不足 1 万元的,并处 1 万元以上 5 万元以下罚款;情节严重的,并责令停业整顿或者由新闻出版总署吊销其复制经营许可证:

(一)复制单位未依照本办法的规定验证复制委托书及其他法定文书的;

(二)复制单位擅自复制他人的只读类光盘和磁带磁盘的;

(三)复制单位接受非音像出版单位、电子出版物单位或者个人委托复制经营性的音像制品、电子出版物或者自行复制音像制品、电子出版物的;

(四)复制单位未履行法定手续复制境外产品的,或者复制的境外产品没有全部运输出境的。

第四十一条　有下列行为之一的,由新闻出版行政部门责令改正,给予警告;情节严重的,并责令停业整顿或者由新闻出版总署吊销其复制经营许可证:

(一)复制单位变更名称、地址、法定代表人或者主要负责人、业务范围等,未依照本办法规定办理审批、备案手续的;

(二)复制单位未依照本办法的规定留存备查的材料的;

(三)光盘复制单位使用未蚀刻或者未按本办法规定蚀刻 SID 码的注塑模具复制只读类光盘的。

第四十二条　有下列行为之一的,由新闻出版行政部门责令停止违法行为,给予警告,并处 3 万元以下的罚款:

(一)光盘复制单位违反本办法第十五条的规定,未经审批,擅自增加、进口、购买、变更光盘复制生产设备的;

(二)国产光盘复制生产设备的生产商未按本办法第十九条的要求报送备案的;

(三)光盘复制单位未按本办法第二十条规定报送样盘的;

（四）复制生产设备或复制产品不符合国家或行业标准的；

（五）复制单位的有关人员未按本办法第三十一条参加岗位培训的；

（六）违反本办法的其他行为。

第四十三条 复制单位违反本办法被处以吊销许可证行政处罚的，其法定代表人或者主要负责人自许可证被吊销之日起10年内不得担任复制单位法定代表人或者主要负责人。

第六章 附 则

第四十四条 本办法自2009年8月1日起施行。1996年2月1日新闻出版署发布的《音像制品复制管理办法》同时废止。其他有关复制管理规定，凡与本办法相抵触的，以本办法为准。

电子出版物出版管理规定[①]

(2008年2月21日中华人民共和国新闻出版总署令第34号公布)

第一章 总 则

第一条 为了加强对电子出版物出版活动的管理,促进电子出版事业的健康发展与繁荣,根据国务院《出版管理条例》、《国务院对确需保留的行政审批项目设定行政许可的决定》和有关法律、行政法规,制定本规定。

第二条 在中华人民共和国境内从事电子出版物的制作、出版、进口活动,适用本规定。

本规定所称电子出版物,是指以数字代码方式,将有知识性、思想性内容的信息编辑加工后存储在固定物理形态的磁、光、电等介质上,通过电子阅读、显示、播放设备读取使用的大众传播媒体,包括只读光盘(CD-ROM、DVD-ROM等)、一次写入光盘(CD-R、DVD-R等)、可擦写光盘(CD-RW、DVD-RW等)、软磁盘、硬磁盘、集成电路卡等,以及新闻出版总署认定的其他媒体形态。

第三条 电子出版物不得含有《出版管理条例》第二十六条、第二十七条禁止的内容。

第四条 新闻出版总署负责全国电子出版物出版活动的监督管理工作。

---

① 此处所载为据2015年8月28日国家新闻出版广电总局令第3号《关于修改部分规章和规范性文件的决定》修订的版本。

县级以上地方新闻出版行政部门负责本行政区域内电子出版物出版活动的监督管理工作。

第五条 国家对电子出版物出版活动实行许可制度；未经许可，任何单位和个人不得从事电子出版物的出版活动。

第二章 出版单位设立

第六条 设立电子出版物出版单位，应当具备下列条件：
（一）有电子出版物出版单位的名称、章程；
（二）有符合新闻出版总署认定条件的主管、主办单位；
（三）有确定的电子出版物出版业务范围；
（四）有适应业务范围需要的设备和工作场所；
（五）有适应业务范围需要的组织机构，有2人以上具有中级以上出版专业职业资格；
（六）法律、行政法规规定的其他条件。
除依照前款所列条件外，还应当符合国家关于电子出版物出版单位总量、结构、布局的规划。

第七条 设立电子出版物出版单位，经其主管单位同意后，由主办单位向所在地省、自治区、直辖市新闻出版行政部门提出申请；经省、自治区、直辖市新闻出版行政部门审核同意后，报新闻出版总署审批。

第八条 申请设立电子出版物出版单位，应当提交下列材料：
（一）按要求填写的申请表，应当载明出版单位的名称、地址、资本结构、资金来源及数额，出版单位的主管、主办单位的名称和地址等内容；
（二）主办单位、主管单位的有关资质证明材料；
（三）出版单位章程；
（四）法定代表人或者主要负责人及本规定第六条要求的有

关人员的资格证明和身份证明；

（五）可行性论证报告；

（六）注册资本数额、来源及性质证明；

（七）工作场所使用证明。

第九条 新闻出版总署自受理设立电子出版物出版单位的申请之日起90日内，作出批准或者不批准的决定，直接或者由省、自治区、直辖市新闻出版行政部门书面通知主办单位；不批准的，应当说明理由。

第十条 设立电子出版物出版单位的主办单位应当自收到批准决定之日起60日内，向所在地省、自治区、直辖市新闻出版行政部门登记，领取新闻出版总署颁发的《电子出版物出版许可证》。

电子出版物出版单位持《电子出版物出版许可证》向所在地工商行政管理部门登记，依法领取营业执照。

第十一条 电子出版物出版单位自登记之日起满180日未从事出版活动的，由省、自治区、直辖市新闻出版行政部门注销登记，收回《电子出版物出版许可证》，并报新闻出版总署备案。

因不可抗力或者其他正当理由发生前款所列情形的，电子出版物出版单位可以向省、自治区、直辖市新闻出版行政部门申请延期。

第十二条 电子出版物出版单位变更名称、主办单位或者主管单位、业务范围、资本结构，合并或者分立，须依照本规定第七条、第八条的规定重新办理审批手续，并到原登记的工商行政管理部门办理相应的登记手续。

电子出版物出版单位变更地址、法定代表人或者主要负责人的，应当经其主管、主办单位同意，向所在地省、自治区、直辖市新闻出版行政部门申请变更登记后，到原登记的工商行政管理部门办理变更登记。

省、自治区、直辖市新闻出版行政部门须将有关变更登记事项报新闻出版总署备案。

第十三条 电子出版物出版单位终止出版活动的，应当向所在地省、自治区、直辖市新闻出版行政部门办理注销登记手续，并到原登记的工商行政管理部门办理注销登记。

省、自治区、直辖市新闻出版行政部门应将有关注销登记报新闻出版总署备案。

第十四条 申请出版连续型电子出版物，经主管单位同意后，由主办单位向所在地省、自治区、直辖市新闻出版行政部门提出申请；经省、自治区、直辖市新闻出版行政部门审核同意后，报新闻出版总署审批。

本规定所称连续型电子出版物，是指有固定名称，用卷、期、册或者年、月顺序编号，按照一定周期出版的电子出版物。

第十五条 申请出版连续型电子出版物，应当提交下列材料：

（一）申请书，应当载明连续型电子出版物的名称、刊期、媒体形态、业务范围、读者对象、栏目设置、文种等；

（二）主管单位的审核意见。

申请出版配报纸、期刊的连续型电子出版物，还须报送报纸、期刊样本。

第十六条 经批准出版的连续型电子出版物，新增或者改变连续型电子出版物的名称、刊期与出版范围的，须按照本规定第十四条、第十五条办理审批手续。

第十七条 出版行政部门对从事电子出版物制作的单位实行备案制管理。电子出版物制作单位应当于单位设立登记以及有关变更登记之日起30日内，将单位名称、地址、法定代表人或者主要负责人的姓名及营业执照复印件、法定代表人或主要负责人身份证明报所在地省、自治区、直辖市新闻出版行政部门备案。

本规定所称电子出版物制作，是指通过创作、加工、设计等方式，提供用于出版、复制、发行的电子出版物节目源的经营活动。

第三章 出版管理

第十八条 电子出版物出版单位实行编辑责任制度,保障电子出版物的内容符合有关法规、规章规定。

第十九条 电子出版物出版单位应于每年12月1日前将下一年度的出版计划报所在地省、自治区、直辖市新闻出版行政部门,省、自治区、直辖市新闻出版行政部门审核同意后报新闻出版总署备案。

第二十条 电子出版物出版实行重大选题备案制度。涉及国家安全、社会安定等方面重大选题,涉及重大革命题材和重大历史题材的选题,应当按照新闻出版总署有关选题备案的规定办理备案手续;未经备案的重大选题,不得出版。

第二十一条 出版电子出版物,必须按规定使用中国标准书号。同一内容,不同载体形态、格式的电子出版物,应当分别使用不同的中国标准书号。

出版连续型电子出版物,必须按规定使用国内统一连续出版物号,不得使用中国标准书号出版连续型电子出版物。

第二十二条 电子出版物出版单位不得以任何形式向任何单位或者个人转让、出租、出售本单位的名称、电子出版物中国标准书号、国内统一连续出版物号。

第二十三条 电子出版物应当符合国家的技术、质量标准和规范要求。

出版电子出版物,须在电子出版物载体的印刷标识面或其装帧的显著位置载明电子出版物制作、出版单位的名称,中国标准书号或国内统一连续出版物号及条码,著作权人名称以及出版日期等其他有关事项。

第二十四条 电子出版物出版单位申请出版境外著作权人授

权的电子出版物,须向所在地省、自治区、直辖市新闻出版行政部门提出申请;所在地省、自治区、直辖市新闻出版行政部门审核同意后,报新闻出版总署审批。

第二十五条　申请出版境外著作权人授权的电子出版物,应当提交下列材料:

(一)申请书,应当载明电子出版物名称、内容简介、授权方名称、授权方基本情况介绍等;

(二)申请单位的审读报告;

(三)样品及必要的内容资料;

(四)申请单位所在地省、自治区、直辖市著作权行政管理部门的著作权合同登记证明文件。

出版境外著作权人授权的电子游戏出版物还须提交游戏主要人物和主要场景图片资料、代理机构营业执照、发行合同及发行机构批发许可证、游戏文字脚本全文等材料。

第二十六条　新闻出版总署自受理出版境外著作权人授权电子出版物申请之日起,20日内作出批准或者不批准的决定;不批准的,应当说明理由。

审批出版境外著作权人授权电子出版物,应当组织专家评审,并应当符合国家总量、结构、布局规划。

第二十七条　境外著作权人授权的电子出版物,须在电子出版物载体的印刷标识面或其装帧的显著位置载明引进出版批准文号和著作权授权合同登记证号。

第二十八条　已经批准出版的境外著作权人授权的电子出版物,若出版升级版本,须按照本规定第二十五条提交申请材料,报所在地省、自治区、直辖市新闻出版行政部门审批。

第二十九条　出版境外著作权人授权的电子游戏测试盘及境外互联网游戏作品客户端程序光盘,须按照本规定第二十五条提交申请材料,报所在地省、自治区、直辖市新闻出版行政部门审批。

第三十条 电子出版物出版单位与境外机构合作出版电子出版物，须经主管单位同意后，将选题报所在地省、自治区、直辖市新闻出版行政部门审核；省、自治区、直辖市新闻出版行政部门审核同意后，报新闻出版总署审批。

新闻出版总署自受理合作出版电子出版物选题申请之日起20日内，作出批准或者不批准的决定；不批准的，应当说明理由。

第三十一条 电子出版物出版单位申请与境外机构合作出版电子出版物，应当提交下列材料：

（一）申请书，应当载明合作出版的电子出版物的名称、载体形态、内容简介、合作双方名称、基本情况、合作方式等，并附拟合作出版的电子出版物的有关文字内容、图片等材料；

（二）合作意向书；

（三）主管单位的审核意见。

第三十二条 电子出版物出版单位与境外机构合作出版电子出版物，应在该电子出版物出版30日内将样盘报送新闻出版总署备案。

第三十三条 出版单位配合本版出版物出版电子出版物，向所在地省、自治区、直辖市新闻出版行政部门提出申请，省、自治区、直辖市新闻出版行政部门审核同意的，发放电子出版物中国标准书号和复制委托书，并报新闻出版总署备案。

第三十四条 出版单位申请配合本版出版物出版电子出版物，应提交申请书及本版出版物、拟出版电子出版物样品。

申请书应当载明配合本版出版物出版的电子出版物的名称、制作单位、主要内容、出版时间、复制数量和载体形式等内容。

第三十五条 电子出版物发行前，出版单位应当向国家图书馆、中国版本图书馆和新闻出版总署免费送交样品。

第三十六条 电子出版物出版单位的从业人员，应当具备国家规定的出版专业职业资格条件。

电子出版物出版单位的社长、总编辑须符合国家规定的任职资格和条件。电子出版物出版单位的社长、总编辑须参加新闻出版行政部门组织的岗位培训,取得岗位培训合格证书后才能上岗。

第三十七条 电子出版物出版单位须遵守国家统计规定,依法向新闻出版行政部门报送统计资料。

第四章 进 口 管 理

第三十八条 进口电子出版物成品,须由新闻出版总署批准的电子出版物进口经营单位提出申请;所在地省、自治区、直辖市新闻出版行政部门审核同意后,报新闻出版总署审批。

第三十九条 申请进口电子出版物,应当提交下列材料:

(一)申请书,应当载明进口电子出版物的名称、内容简介、出版者名称、地址、进口数量等;

(二)主管单位审核意见;

(三)申请单位关于进口电子出版物的审读报告;

(四)进口电子出版物的样品及必要的内容资料。

第四十条 新闻出版总署自受理进口电子出版物申请之日起20日内,作出批准或者不批准的决定;不批准的,应当说明理由。

审批进口电子出版物,应当组织专家评审,并应当符合国家总量、结构、布局规划。

第四十一条 进口电子出版物的外包装上应贴有标识,载明批准进口文号及用中文注明的出版者名称、地址、著作权人名称、出版日期等有关事项。

第五章 非卖品管理

第四十二条 委托复制电子出版物非卖品,须向委托方或受托方所在地省、自治区、直辖市新闻出版行政部门提出申请,申请书应写明电子出版物非卖品的使用目的、名称、内容、发送对象、复制数量、载体形式等,并附样品。

电子出版物非卖品内容限于公益宣传、企事业单位业务宣传、交流、商品介绍等,不得定价,不得销售、变相销售或与其他商品搭配销售。

第四十三条 省、自治区、直辖市新闻出版行政部门应当自受理委托复制电子出版物非卖品申请之日起20日内,作出批准或者不批准的决定,批准的,发给电子出版物复制委托书;不批准的,应当说明理由。

第四十四条 电子出版物非卖品载体的印刷标识面及其装帧的显著位置应当注明电子出版物非卖品统一编号,编号分为四段:第一段为方括号内的各省、自治区、直辖市简称,第二段为"电子出版物非卖品"字样,第三段为圆括号内的年度,第四段为顺序编号。

第六章 委托复制管理

第四十五条 电子出版物、电子出版物非卖品应当委托经新闻出版总署批准设立的复制单位复制。

第四十六条 委托复制电子出版物和电子出版物非卖品,必须使用复制委托书,并遵守国家关于复制委托书的管理规定。

复制委托书由新闻出版总署统一印制。

第四十七条 委托复制电子出版物、电子出版物非卖品的单位,应当保证开具的复制委托书内容真实、准确、完整,并须将开具的复制委托书直接交送复制单位。

委托复制电子出版物、电子出版物非卖品的单位不得以任何形式向任何单位或者个人转让、出售本单位的复制委托书。

第四十八条 委托复制电子出版物的单位,自电子出版物完成复制之日起30日内,须向所在地省、自治区、直辖市新闻出版行政部门上交本单位及复制单位签章的复制委托书第二联及样品。

委托复制电子出版物的单位须将电子出版物复制委托书第四联保存2年备查。

第四十九条 委托复制电子出版物、电子出版物非卖品的单位,经批准获得电子出版物复制委托书之日起90日内未使用的,须向发放该委托书的省、自治区、直辖市新闻出版行政部门交回复制委托书。

第七章 年度核验

第五十条 电子出版物出版单位实行年度核验制度,年度核验每两年进行一次。省、自治区、直辖市新闻出版行政部门负责对本行政区域内的电子出版物出版单位实施年度核验。核验内容包括电子出版物出版单位的登记项目、设立条件、出版经营情况、遵纪守法情况、内部管理情况等。

第五十一条 电子出版物出版单位进行年度核验,应提交以下材料:

(一)电子出版物出版单位年度核验登记表;

(二)电子出版物出版单位两年的总结报告,应当包括执行出版法规的情况、出版业绩、资产变化等内容;

(三)两年出版的电子出版物出版目录;

(四)《电子出版物出版许可证》的复印件。

第五十二条 电子出版物出版单位年度核验程序为:

(一)电子出版物出版单位应于核验年度的1月15日前向所在地省、自治区、直辖市新闻出版行政部门提交年度核验材料;

(二)各省、自治区、直辖市新闻出版行政部门对本行政区域内电子出版物出版单位的设立条件、开展业务及执行法规等情况进行全面审核,并于该年度的 2 月底前完成年度核验工作,对符合年度核验要求的单位予以登记,并换发《电子出版物出版许可证》;

(三)各省、自治区、直辖市新闻出版行政部门应于核验年度的 3 月 20 日前将年度核验情况及有关书面材料报新闻出版总署备案。

第五十三条 电子出版物出版单位有下列情形之一的,暂缓年度核验:

(一)不具备本规定第六条规定条件的;

(二)因违反出版管理法规,正在限期停业整顿的;

(三)经审核发现有违法行为应予处罚的;

(四)曾违反出版管理法规受到行政处罚,未认真整改,仍存在违法问题的;

(五)长期不能正常开展电子出版物出版活动的。

暂缓年度核验的期限由省、自治区、直辖市新闻出版行政部门确定,最长不得超过 3 个月。暂缓期间,省、自治区、直辖市新闻出版行政部门应当督促、指导电子出版物出版单位进行整改。暂缓年度核验期满,对达到年度核验要求的电子出版物出版单位予以登记;仍未达到年度核验要求的电子出版物出版单位,由所在地省、自治区、直辖市新闻出版行政部门提出注销登记意见,新闻出版总署撤销《电子出版物出版许可证》,所在地省、自治区、直辖市新闻出版行政部门办理注销登记。

第五十四条 不按规定参加年度核验的电子出版物出版单位,经书面催告仍未参加年度核验的,由所在地省、自治区、直辖市新闻出版行政部门提出注销登记意见,新闻出版总署撤销《电子出版物出版许可证》,所在地省、自治区、直辖市新闻出版行政部门办理注销登记。

第五十五条 出版连续型电子出版物的单位按照本章规定参加年度核验。

第八章 法律责任

第五十六条 电子出版物出版单位违反本规定的,新闻出版总署或者省、自治区、直辖市新闻出版行政部门可以采取下列行政措施:

(一)下达警示通知书;

(二)通报批评;

(三)责令公开检讨;

(四)责令改正;

(五)责令停止复制、发行电子出版物;

(六)责令收回电子出版物;

(七)责成主办单位、主管单位监督电子出版物出版单位整改。

警示通知书由新闻出版总署制定统一格式,由新闻出版总署或者省、自治区、直辖市新闻出版行政部门下达给违法的电子出版物出版单位,并抄送违法电子出版物出版单位的主办单位及其主管单位。

本条所列行政措施可以并用。

第五十七条 未经批准,擅自设立电子出版物出版单位,擅自从事电子出版物出版业务,伪造、假冒电子出版物出版单位或者连续型电子出版物名称、电子出版物专用中国标准书号出版电子出版物的,按照《出版管理条例》第五十五条处罚。

图书、报纸、期刊、音像等出版单位未经批准,配合本版出版物出版电子出版物的,属于擅自从事电子出版物出版业务,按照前款处罚。

第五十八条 从事电子出版物制作、出版业务,有下列行为之一的,按照《出版管理条例》第五十六条处罚:

（一）制作、出版含有《出版管理条例》第二十六条、第二十七条禁止内容的电子出版物的；

（二）明知或者应知他人出版含有《出版管理条例》第二十六条、第二十七条禁止内容的电子出版物而向其出售、出租或者以其他形式转让本出版单位的名称、电子出版物专用中国标准书号、国内统一连续出版物号、条码及电子出版物复制委托书的。

第五十九条　电子出版物出版单位出租、出借、出售或者以其他任何形式转让本单位的名称、电子出版物专用中国标准书号、国内统一连续出版物号的，按照《出版管理条例》第六十条处罚。

第六十条　有下列行为之一的，按照《出版管理条例》第六十一条处罚：

（一）电子出版物出版单位变更名称、主办单位或者主管单位、业务范围、资本结构，合并或者分立，电子出版物出版单位变更地址、法定代表人或者主要负责人，未依照本规定的要求办理审批、变更登记手续的；

（二）经批准出版的连续型电子出版物，新增或者改变连续型电子出版物的名称、刊期与出版范围，未办理审批手续的；

（三）电子出版物出版单位未按规定履行年度出版计划和重大选题备案的；

（四）出版单位未按照有关规定送交电子出版物样品的；

（五）电子出版物进口经营单位违反本规定第三十八条未经批准进口电子出版物的。

第六十一条　电子出版物出版单位未依法向新闻出版行政部门报送统计资料的，依据新闻出版总署、国家统计局联合颁布的《新闻出版统计管理办法》处罚。

第六十二条　有下列行为之一的，由新闻出版行政部门责令改正，给予警告，可并处三万元以下罚款：

（一）电子出版物制作单位违反本规定第十七条，未办理备案手续的；

（二）电子出版物出版单位违反本规定第二十一条，未按规定使用中国标准书号或者国内统一连续出版物号的；

（三）电子出版物出版单位出版的电子出版物不符合国家的技术、质量标准和规范要求的，或者未按本规定第二十三条载明有关事项的；

（四）电子出版物出版单位出版境外著作权人授权的电子出版物，违反本规定第二十四条、第二十七条、第二十八条、第二十九条有关规定的；

（五）电子出版物出版单位与境外机构合作出版电子出版物，未按本规定第三十条办理选题审批手续的，未按本规定第三十二条将样盘报送备案的；

（六）电子出版物进口经营单位违反本规定第四十一条的；

（七）委托复制电子出版物非卖品违反本规定第四十二条的有关规定，或者未按第四十四条标明电子出版物非卖品统一编号的；

（八）电子出版物出版单位及其他委托复制单位违反本规定第四十五条至第四十九条的规定，委托未经批准设立的复制单位复制，或者未遵守有关复制委托书的管理制度的。

第九章　附　　则

第六十三条　本规定自2008年4月15日起施行，新闻出版署1997年12月30日颁布的《电子出版物管理规定》同时废止，此前新闻出版行政部门对电子出版物制作、出版、进口活动的其他规定，凡与本规定不一致的，以本规定为准。

出版物市场管理规定

(2016年4月26日国家新闻出版广电总局局务会议通过,并经商务部同意,自2016年6月1日起施行)

第一章 总 则

第一条 为规范出版物发行活动及其监督管理,建立全国统一开放、竞争有序的出版物市场体系,满足人民群众精神文化需求,推进社会主义文化强国建设,根据《出版管理条例》和有关法律、行政法规,制定本规定。

第二条 本规定适用于出版物发行活动及其监督管理。本规定所称出版物,是指图书、报纸、期刊、音像制品、电子出版物。

本规定所称发行,包括批发、零售以及出租、展销等活动。

批发是指供货商向其他出版物经营者销售出版物。

零售是指经营者直接向消费者销售出版物。

出租是指经营者以收取租金的形式向消费者提供出版物。

展销是指主办者在一定场所、时间内组织出版物经营者集中展览、销售、订购出版物。

第三条 国家对出版物批发、零售依法实行许可制度。从事出版物批发、零售活动的单位和个人凭出版物经营许可证开展出版物批发、零售活动;未经许可,任何单位和个人不得从事出版物批发、零售活动。

任何单位和个人不得委托非出版物批发、零售单位或者个人销售出版物或者代理出版物销售业务。

第四条 国家新闻出版广电总局负责全国出版物发行活动的

监督管理,负责制定全国出版物发行业发展规划。

省、自治区、直辖市人民政府出版行政主管部门负责本行政区域内出版物发行活动的监督管理,制定本省、自治区、直辖市出版物发行业发展规划。省级以下各级人民政府出版行政主管部门负责本行政区域内出版物发行活动的监督管理。

制定出版物发行业发展规划须经科学论证,遵循合法公正、符合实际、促进发展的原则。

第五条 国家保障、促进发行业的发展与转型升级,扶持实体书店、农村发行网点、发行物流体系、发行业信息化建设等,推动网络发行等新兴业态发展,推动发行业与其他相关产业融合发展。对为发行业发展作出重要贡献的单位和个人,按照国家有关规定给予奖励。

第六条 发行行业的社会团体按照其章程,在出版行政主管部门的指导下,实行自律管理。

第二章　申请从事出版物发行业务

第七条 单位从事出版物批发业务,应当具备下列条件:
(一)已完成工商注册登记,具有法人资格;
(二)工商登记经营范围含出版物批发业务;
(三)有与出版物批发业务相适应的设备和固定的经营场所,经营场所面积合计不少于50平方米;
(四)具备健全的管理制度并具有符合行业标准的信息管理系统。

本规定所称经营场所,是指企业在工商行政主管部门注册登记的住所。

第八条 单位申请从事出版物批发业务,可向所在地地市级人民政府出版行政主管部门提交申请材料,地市级人民政府出版行政主管部门在接受申请材料之日起 10 个工作日内完成审核,审核后报省、自治区、直辖市人民政府出版行政主管部门审批;申请单位也可直接报所在地省、自治区、直辖市人民政府出版行政主管部门审批。

省、自治区、直辖市人民政府出版行政主管部门自受理申请之日起 20 个工作日内作出批准或者不予批准的决定。批准的,由省、自治区、直辖市人民政府出版行政主管部门颁发出版物经营许可证,并报国家新闻出版广电总局备案。不予批准的,应当向申请人书面说明理由。

申请材料包括下列书面材料:
(一)营业执照正副本复印件;
(二)申请书,载明单位基本情况及申请事项;
(三)企业章程;
(四)注册资本数额、来源及性质证明;
(五)经营场所情况及使用权证明;
(六)法定代表人及主要负责人的身份证明;
(七)企业信息管理系统情况的证明材料。

第九条 单位、个人从事出版物零售业务,应当具备下列条件:
(一)已完成工商注册登记;
(二)工商登记经营范围含出版物零售业务;
(三)有固定的经营场所。

第十条 单位、个人申请从事出版物零售业务,须报所在地县级人民政府出版行政主管部门审批。

县级人民政府出版行政主管部门应当自受理申请之日起 20 个工作日内作出批准或者不予批准的决定。批准的,由县级人民政府出版行政主管部门颁发出版物经营许可证,并报上一级出版行政主管部门备案;其中门店营业面积在 5000 平方米以上的应同时报省级人民政府出版行政主管部门备案。不予批准的,应当向申请单位、个人书面说明理由。

申请材料包括下列书面材料:

(一)营业执照正副本复印件;

(二)申请书,载明单位或者个人基本情况及申请事项;

(三)经营场所的使用权证明。

第十一条 单位从事中小学教科书发行业务,应取得国家新闻出版广电总局批准的中小学教科书发行资质,并在批准的区域范围内开展中小学教科书发行活动。单位从事中小学教科书发行业务,应当具备下列条件:

(一)以出版物发行为主营业务的公司制法人;

(二)有与中小学教科书发行业务相适应的组织机构和发行人员;

(三)有能够保证中小学教科书储存质量要求的、与其经营品种和规模相适应的储运能力,在拟申请从事中小学教科书发行业务的省、自治区、直辖市、计划单列市的仓储场所面积在5000平方米以上,并有与中小学教科书发行相适应的自有物流配送体系;

(四)有与中小学教科书发行业务相适应的发行网络。在拟申请从事中小学教科书发行业务的省、自治区、直辖市、计划单列市的企业所属出版物发行网点覆盖不少于当地70%的县(市、区),且以出版物零售为主营业务,具备相应的中小学教科书储备、调剂、添货、零售及售后服务能力;

(五)具备符合行业标准的信息管理系统;

(六)具有健全的管理制度及风险防控机制和突发事件处置能力;

(七)从事出版物批发业务五年以上。最近三年内未受到出版行政主管部门行政处罚,无其他严重违法违规记录。

审批中小学教科书发行资质,除依照前款所列条件外,还应当符合国家关于中小学教科书发行单位的结构、布局宏观调控和规划。

第十二条 单位申请从事中小学教科书发行业务,须报国家新闻出版广电总局审批。

国家新闻出版广电总局应当自受理之日起20个工作日内作出批准或者不予批准的决定。批准的,由国家新闻出版广电总局作出书面批复并颁发中小学教科书发行资质证。不予批准的,应当向申请单位书面说明理由。

申请材料包括下列书面材料:

(一)申请书,载明单位基本情况及申请事项;

(二)企业章程;

(三)出版物经营许可证和企业法人营业执照正副本复印件;

(四)法定代表人及主要负责人的身份证明,有关发行人员的资质证明;

(五)最近三年的企业法人年度财务会计报告及证明企业信誉的有关材料;

(六)经营场所、发行网点和储运场所的情况及使用权证明;

(七)企业信息管理系统情况的证明材料;

(八)企业发行中小学教科书过程中能够提供的服务和相关保障措施;

(九)企业法定代表人签署的企业依法经营中小学教科书发行业务的承诺书;

(十)拟申请从事中小学教科书发行业务的省、自治区、直辖市、计划单列市人民政府出版行政主管部门对企业基本信息、经营状况、储运能力、发行网点等的核实意见;

(十一)其他需要的证明材料。

第十三条 单位、个人从事出版物出租业务,应当于取得营业执照后15日内到当地县级人民政府出版行政主管部门备案。

备案材料包括下列书面材料：

（一）营业执照正副本复印件；

（二）经营场所情况；

（三）法定代表人或者主要负责人情况。

相关出版行政主管部门应在 10 个工作日内向申请备案单位、个人出具备案回执。

第十四条 国家允许外商投资企业从事出版物发行业务。

设立外商投资出版物发行企业或者外商投资企业从事出版物发行业务，申请人应向地方商务主管部门报送拟设立外商投资出版物发行企业的合同、章程，办理外商投资审批手续。地方商务主管部门在征得出版行政主管部门同意后，按照有关法律、法规的规定，作出批准或者不予批准的决定。予以批准的，颁发外商投资企业批准证书，并在经营范围后加注"凭行业经营许可开展"；不予批准的，书面通知申请人并说明理由。

申请人持外商投资企业批准证书到所在地工商行政主管部门办理营业执照或者在营业执照企业经营范围后加注相关内容，并按照本规定第七条至第十条及第十三条的有关规定到所在地出版行政主管部门履行审批或备案手续。

第十五条 单位、个人通过互联网等信息网络从事出版物发行业务的，应当依照本规定第七条至第十条的规定取得出版物经营许可证。

已经取得出版物经营许可证的单位、个人在批准的经营范围内通过互联网等信息网络从事出版物发行业务的，应自开展网络发行业务后 15 日内到原批准的出版行政主管部门备案。

备案材料包括下列书面材料：

（一）出版物经营许可证和营业执照正副本复印件；

（二）单位或者个人基本情况；

（三）从事出版物网络发行所依托的信息网络的情况。

相关出版行政主管部门应在10个工作日内向备案单位、个人出具备案回执。

第十六条 书友会、读者俱乐部或者其他类似组织申请从事出版物零售业务,按照本规定第九条、第十条的有关规定到所在地出版行政主管部门履行审批手续。

第十七条 从事出版物发行业务的单位、个人可在原发证机关所辖行政区域一定地点设立临时零售点开展其业务范围内的出版物销售活动。设立临时零售点时间不得超过10日,应提前到设点所在地县级人民政府出版行政主管部门备案并取得备案回执,并应遵守所在地其他有关管理规定。

备案材料包括下列书面材料:

(一)出版物经营许可证和营业执照正副本复印件;

(二)单位、个人基本情况;

(三)设立临时零售点的地点、时间、销售出版物品种;

(四)其他相关部门批准设立临时零售点的材料。

第十八条 出版物批发单位可以从事出版物零售业务。

出版物批发、零售单位设立不具备法人资格的发行分支机构,或者出版单位设立发行本版出版物的不具备法人资格的发行分支机构,不需单独办理出版物经营许可证,但应依法办理分支机构工商登记,并于领取营业执照后15日内到原发证机关和分支机构所在地出版行政主管部门备案。

备案材料包括下列书面材料:

(一)出版物经营许可证或者出版单位的出版许可证及分支机构营业执照正副本复印件;

(二)单位基本情况;

(三)单位设立不具备法人资格的发行分支机构的经营场所、经营范围等情况。

相关出版行政主管部门应在10个工作日内向备案单位、个人出具备案回执。

第十九条 从事出版物发行业务的单位、个人变更出版物经营许可证登记事项，或者兼并、合并、分立的，应当依照本规定到原批准的出版行政主管部门办理审批手续。出版行政主管部门自受理申请之日起20个工作日内作出批准或者不予批准的决定。批准的，由出版行政主管部门换发出版物经营许可证；不予批准的，应当向申请单位、个人书面说明理由。

申请材料包括下列书面材料：

（一）出版物经营许可证和营业执照正副本复印件；

（二）申请书，载明单位或者个人基本情况及申请变更事项；

（三）其他需要的证明材料。

从事出版物发行业务的单位、个人终止经营活动的，应当于15日内持出版物经营许可证和营业执照向原批准的出版行政主管部门备案，由原批准的出版行政主管部门注销出版物经营许可证。

第三章 出版物发行活动管理

第二十条 任何单位和个人不得发行下列出版物：

（一）含有《出版管理条例》禁止内容的违禁出版物；

（二）各种非法出版物，包括：未经批准擅自出版、印刷或者复制的出版物，伪造、假冒出版单位或者报刊名称出版的出版物，非法进口的出版物；

（三）侵犯他人著作权或者专有出版权的出版物；

（四）出版行政主管部门明令禁止出版、印刷或者复制、发行的出版物。

第二十一条 内部发行的出版物不得公开宣传、陈列、展示、征订、销售或面向社会公众发送。

第二十二条　从事出版物发行业务的单位和个人在发行活动中应当遵循公平、守法、诚实、守信的原则，依法订立供销合同，不得损害消费者的合法权益。

从事出版物发行业务的单位、个人，必须遵守下列规定：

（一）从依法取得出版物批发、零售资质的出版发行单位进货；发行进口出版物的，须从依法设立的出版物进口经营单位进货。

（二）不得超出出版行政主管部门核准的经营范围经营。

（三）不得张贴、散发、登载有法律、法规禁止内容的或者有欺诈性文字、与事实不符的征订单、广告和宣传画。

（四）不得擅自更改出版物版权页。

（五）出版物经营许可证应在经营场所明显处张挂；利用信息网络从事出版物发行业务的，应在其网站主页面或者从事经营活动的网页醒目位置公开出版物经营许可证和营业执照登载的有关信息或链接标识。

（六）不得涂改、变造、出租、出借、出售或者以其他任何形式转让出版物经营许可证和批准文件。

第二十三条　从事出版物发行业务的单位、个人，应查验供货单位的出版物经营许可证并留存复印件或电子文件，并将出版物发行进销货清单等有关非财务票据至少保存两年，以备查验。

进销货清单应包括进销出版物的名称、数量、折扣、金额以及发货方和进货方单位公章（签章）。

第二十四条　出版物发行从业人员应接受出版行政主管部门组织的业务培训。出版物发行单位应建立职业培训制度，积极组织本单位从业人员参加依法批准的职业技能鉴定机构实施的发行员职业技能鉴定。

第二十五条　出版单位可以发行本出版单位出版的出版物。发行非本出版单位出版的出版物的，须按照从事出版物发行业务的有关规定办理审批手续。

第二十六条　为出版物发行业务提供服务的网络交易平台应向注册地省、自治区、直辖市人民政府出版行政主管部门备案,接受出版行政主管部门的指导与监督管理。

备案材料包括下列书面材料:
(一)营业执照正副本复印件;
(二)单位基本情况;
(三)网络交易平台的基本情况。

省、自治区、直辖市人民政府出版行政主管部门应于10个工作日内向备案的网络交易平台出具备案回执。

提供出版物发行网络交易平台服务的经营者,应当对申请通过网络交易平台从事出版物发行业务的经营主体身份进行审查,核实经营主体的营业执照、出版物经营许可证,并留存证照复印件或电子文档备查。不得向无证无照、证照不齐的经营者提供网络交易平台服务。

为出版物发行业务提供服务的网络交易平台经营者应建立交易风险防控机制,保留平台内从事出版物发行业务经营主体的交易记录两年以备查验。对在网络交易平台内从事各类违法出版物发行活动的,应当采取有效措施予以制止,并及时向所在地出版行政主管部门报告。

第二十七条　省、自治区、直辖市出版行政主管部门和全国性出版、发行行业协会,可以主办全国性的出版物展销活动和跨省专业性出版物展销活动。主办单位应提前2个月报国家新闻出版广电总局备案。

市、县级出版行政主管部门和省级出版、发行协会可以主办地方性的出版物展销活动。主办单位应提前2个月报上一级出版行政主管部门备案。

备案材料包括下列书面材料:

（一）展销活动主办单位；

（二）展销活动时间、地点；

（三）展销活动的场地、参展单位、展销出版物品种、活动筹备等情况。

第二十八条 从事中小学教科书发行业务，必须遵守下列规定：

（一）从事中小学教科书发行业务的单位必须具备中小学教科书发行资质。

（二）纳入政府采购范围的中小学教科书，其发行单位须按照《中华人民共和国政府采购法》的有关规定确定。

（三）按照教育行政主管部门和学校选定的中小学教科书，在规定时间内完成发行任务，确保"课前到书，人手一册"。因自然灾害等不可抗力导致中小学教科书发行受到影响的，应及时采取补救措施，并报告所在地出版行政和教育行政主管部门。

（四）不得在中小学教科书发行过程中擅自征订、搭售教学用书目录以外的出版物。

（五）不得将中小学教科书发行任务向他人转让和分包。

（六）不得涂改、倒卖、出租、出借中小学教科书发行资质证书。

（七）中小学教科书发行费率按照国家有关规定执行，不得违反规定收取发行费用。

（八）做好中小学教科书的调剂、添货、零售和售后服务等相关工作。

（九）应于发行任务完成后30个工作日内向国家新闻出版广电总局和所在地省级出版行政主管部门书面报告中小学教科书发行情况。

中小学教科书出版单位应在规定时间内向依法确定的中小学教科书发行单位足量供货，不得向不具备中小学教科书发行资质的单位供应中小学教科书。

第二十九条 任何单位、个人不得从事本规定第二十条所列出版物的征订、储存、运输、邮寄、投递、散发、附送等活动。

从事出版物储存、运输、投递等活动,应当接受出版行政主管部门的监督检查。

第三十条 从事出版物发行业务的单位、个人应当按照出版行政主管部门的规定接受年度核验,并按照《中华人民共和国统计法》《新闻出版统计管理办法》及有关规定如实报送统计资料,不得以任何借口拒报、迟报、虚报、瞒报以及伪造和篡改统计资料。

出版物发行单位、个人不再具备行政许可的法定条件的,由出版行政主管部门责令限期改正;逾期仍未改正的,由原发证机关撤销出版物经营许可证。

中小学教科书发行单位不再具备中小学教科书发行资质的法定条件的,由出版行政主管部门责令限期改正;逾期仍未改正的,由原发证机关撤销中小学教科书发行资质证。

第四章 法 律 责 任

第三十一条 未经批准,擅自从事出版物发行业务的,依照《出版管理条例》第六十一条处罚。

第三十二条 发行违禁出版物的,依照《出版管理条例》第六十二条处罚。

发行国家新闻出版广电总局禁止进口的出版物,或者发行未从依法批准的出版物进口经营单位进货的进口出版物,依照《出版管理条例》第六十三条处罚。

发行其他非法出版物和出版行政主管部门明令禁止出版、印刷或者复制、发行的出版物的,依照《出版管理条例》第六十五条处罚。

发行违禁出版物或者非法出版物的,当事人对其来源作出说明、指认,经查证属实的,没收出版物和非法所得,可以减轻或免除其他行政处罚。

第三十三条 违反本规定发行侵犯他人著作权或者专有出版权的出版物的,依照《中华人民共和国著作权法》和《中华人民共和国著作权法实施条例》的规定处罚。

第三十四条 在中小学教科书发行过程中违反本规定,有下列行为之一的,依照《出版管理条例》第六十五条处罚:

(一)发行未经依法审定的中小学教科书的;

(二)不具备中小学教科书发行资质的单位从事中小学教科书发行活动的;

(三)未按照《中华人民共和国政府采购法》有关规定确定的单位从事纳入政府采购范围的中小学教科书发行活动的。

第三十五条 出版物发行单位未依照规定办理变更审批手续的,依照《出版管理条例》第六十七条处罚。

第三十六条 单位、个人违反本规定被吊销出版物经营许可证的,其法定代表人或者主要负责人自许可证被吊销之日起10年内不得担任发行单位的法定代表人或者主要负责人。

第三十七条 违反本规定,有下列行为之一的,由出版行政主管部门责令停止违法行为,予以警告,并处3万元以下罚款:

(一)未能提供近2年的出版物发行进销货清单等有关非财务票据或者清单、票据未按规定载明有关内容的;

(二)超出出版行政主管部门核准的经营范围经营的;

(三)张贴、散发、登载有法律、法规禁止内容的或者有欺诈性文字、与事实不符的征订单、广告和宣传画的;

(四)擅自更改出版物版权页的;

(五)出版物经营许可证未在经营场所明显处张挂或者未在网页醒目位置公开出版物经营许可证和营业执照登载的有关信息

或者链接标识的；

（六）出售、出借、出租、转让或者擅自涂改、变造出版物经营许可证的；

（七）公开宣传、陈列、展示、征订、销售或者面向社会公众发送规定应由内部发行的出版物的；

（八）委托无出版物批发、零售资质的单位或者个人销售出版物或者代理出版物销售业务的；

（九）未从依法取得出版物批发、零售资质的出版发行单位进货的；

（十）提供出版物网络交易平台服务的经营者未按本规定履行有关审查及管理责任的；

（十一）应按本规定进行备案而未备案的；

（十二）不按规定接受年度核验的。

第三十八条 在中小学教科书发行过程中违反本规定，有下列行为之一的，由出版行政主管部门责令停止违法行为，予以警告，并处3万元以下罚款：

（一）擅自调换已选定的中小学教科书的；

（二）擅自征订、搭售教学用书目录以外的出版物的；

（三）擅自将中小学教科书发行任务向他人转让和分包的；

（四）涂改、倒卖、出租、出借中小学教科书发行资质证书的；

（五）未在规定时间内完成中小学教科书发行任务的；

（六）违反国家有关规定收取中小学教科书发行费用的；

（七）未按规定做好中小学教科书的调剂、添货、零售和售后服务的；

（八）未按规定报告中小学教科书发行情况的；

（九）出版单位向不具备中小学教科书发行资质的单位供应中小学教科书的；

（十）出版单位未在规定时间内向依法确定的中小学教科书

发行企业足量供货的；

（十一）在中小学教科书发行过程中出现重大失误，或者存在其他干扰中小学教科书发行活动行为的。

第三十九条　征订、储存、运输、邮寄、投递、散发、附送本规定第二十条所列出版物的，按照本规定第三十二条进行处罚。

第四十条　未按本规定第三十条报送统计资料的，按照《新闻出版统计管理办法》有关规定处理。

第五章　附　　则

第四十一条　允许香港、澳门永久性居民中的中国公民依照内地有关法律、法规和行政规章，在内地各省、自治区、直辖市设立从事出版物零售业务的个体工商户，无需经过外资审批。

第四十二条　本规定所称中小学教科书，是指经国务院教育行政主管部门审定和经授权审定的义务教育教学用书（含配套教学图册、音像材料等）。

中小学教科书发行包括中小学教科书的征订、储备、配送、分发、调剂、添货、零售、结算及售后服务等。

第四十三条　出版物经营许可证和中小学教科书发行资质证的设计、印刷、制作与发放等，按照《新闻出版许可证管理办法》有关规定执行。

第四十四条　本规定由国家新闻出版广电总局会同商务部负责解释。

第四十五条　本规定自2016年6月1日起施行，原新闻出版总署、商务部2011年3月25日发布的《出版物市场管理规定》同时废止。本规定施行前与本规定不一致的其他规定不再执行。

关于严格禁止买卖书号、刊号、版号等问题的若干规定

(新闻出版署 1997年1月29日 新出图〔1997〕53号)

为了认真贯彻党的十四届六中全会精神,加强出版管理,树立行业新风,进一步繁荣出版事业,根据国务院颁布的《出版管理条例》和中宣部、新闻出版署的有关规定,现重申并补充关于禁止买卖书号、刊号、版号的若干规定如下:

一、严禁出版单位买卖书号、刊号、版号。凡是以管理费、书号费、刊号费、版号费或其他名义收取费用,出让国家出版行政部门赋予的权力,给外单位或个人提供书号、刊号、版号和办理有关手续,放弃编辑、校对、印刷、复制、发行等任何一个环节的职责,使其以出版单位的名义牟利,均按买卖书号、刊号、版号查处。

二、严禁任何单位和个人以任何名义直接或间接地购买书号、刊号、版号,并参与出版、印刷、复制、发行等活动。凡购买书号、刊号、版号从事的出版活动均属非法出版活动,坚决予以取缔。

三、出版工作者在组稿和编辑过程中,不得以任何名义,向供稿单位或个人索取和收受各种费用(如审稿费、编辑费、校对费等),不得索取和收受礼品、礼金或有价证券等。

四、出版工作者不得在出版、印刷、复制、发行等经营活动中索取和收受回扣或提成。

五、严禁出版工作者参与各种非法出版活动。出版工作者不得为不法书商提供证明材料和办理有关手续,以掩盖买卖书号、刊号、版号的非法行为。

六、出版工作者不得利用职务之便在他人作品上署名,以谋取

个人名利；不得利用职务之便以他人名义支取稿费、编审费、校对费等费用。

七、出版单位要严格财务管理，严格审计制度，不得在出版、印刷、复制和发行活动中以任何名义搞任何形式的"体外循环"或虚假"体内循环"。

八、出版单位必须建立健全严格的书号、刊号、版号的管理制度，指定专人负责书号、刊号、版号的管理。不得将书号、刊号、版号和经济创收指标等承包到编辑部或个人，不得在异地设立编辑机构。

九、出版单位或个人不得以出版个人或企事业单位名录或约稿收费等名义，向供稿单位或个人以任何名义索取任何费用。

十、出版单位印刷、复制出版物必须到有印制许可证的印制厂印制；出版单位不得向没有一级批发权的任何发行单位转让或变相转让总发行权，也不得向非发行单位批发出版物。出版单位的一切印制业务和发行业务，必须严格遵守新闻出版署关于实行印刷委托书、复制委托书、书刊发行委托书的有关规定。

十一、出版单位的年度出版计划及涉及国家安全、社会安定等方面的重大选题，应严格按国家出版行政部门的具体规定，办理备案等手续。出版单位对书稿的初审、复审和终审工作要切实到位，严格把关，对编、排、校、印等环节进行全程监督。

十二、对违反上述规定的单位和个人，由国家出版行政部门，根据国务院颁布的《出版管理条例》和其他有关规定，视其情节轻重，给予行政处罚，触犯法律的，移交司法机关处理。

各出版单位必须严格执行上述规定，要根据本单位的实际情况，制定相应的实施细则或实施办法。各省、自治区、直辖市出版行政部门要向社会公布举报电话，以监督执行本规定。

本规定自发布之日起实行。

关于认定淫秽及色情出版物的暂行规定

(新闻出版署 1988年12月27日 〔88〕新出办字第1512号)

第一条 为了实施国务院《关于严禁淫秽物品的规定》和《关于重申严禁淫秽出版物的规定》,明确淫秽及色情出版物的认定标准,特制定本暂行规定。

第二条 淫秽出版物是指在整体上宣扬淫秽行为,具有下列内容之一,挑动人们的性欲,足以导致普通人腐化堕落,而又没有艺术价值或者科学价值的出版物:

(一)淫亵性地具体描写性行为、性交及其心理感受;

(二)公然宣扬色情淫荡形象;

(三)淫亵性地描述或者传授性技巧;

(四)具体描写乱伦、强奸或者其他性犯罪的手段、过程或者细节,足以诱发犯罪的;

(五)具体描写少年儿童的性行为;

(六)淫亵性地具体描写同性恋的性行为或者其他性变态行为,或者具体描写与性变态有关的暴力、虐待、侮辱行为;

(七)其他令普通人不能容忍的对性行为淫亵性描写。

第三条 色情出版物是指在整体上不是淫秽的,但其中一部分有第二条(一)至(七)项规定的内容,对普通人特别是未成年人的身心健康有毒害,而缺乏艺术价值或者科学价值的出版物。

第四条 夹杂淫秽、色情内容而具有艺术价值的文艺作品;表现人体美的美术作品;有关人体的解剖生理知识、生育知识、疾病防治和其他有关性知识、性道德、性社会学等自然科学和社会科学作品,不属于淫秽出版物、色情出版物的范围。

第五条 淫秽出版物、色情出版物由新闻出版署负责鉴定或者认定。新闻出版署组织有关部门的专家组成淫秽及色情出版物鉴定委员会,承担淫秽出版物、色情出版物的鉴定工作。

各省、自治区、直辖市新闻出版局组织有关部门的专家组成淫秽及色情出版物鉴定委员会,对本行政区域内发现的淫秽出版物、色情出版物提出鉴定或者认定意见报新闻出版署。

第六条 本规定所称的出版物包括书籍、报纸、杂志、图片、画册、挂历、音像制品和印刷宣传品。

本规定所称的普通人是指生理和精神正常的成年人。

第七条 本规定由新闻出版署负责解释。

第八条 本规定自公布之日起施行。

关于部分应取缔出版物认定标准的暂行规定

(新闻出版署 1989 年 11 月 3 日 〔89〕新出政字第 1064 号)

中共中央办公厅、国务院办公厅于 1989 年 9 月 16 日发布的《关于整顿、清理书报刊和音像市场严厉打击犯罪活动的通知》明确规定:"凡属于下列范围的书报刊和音像制品一律取缔:宣扬资产阶级自由化或其他内容反动的;有严重政治错误的;淫秽色情的;夹杂淫秽色情内容、低级庸俗、有害于青少年身心健康的;宣传封建迷信、凶杀暴力的;封面、插图、广告及其他宣传品存在上述问题的;非法出版的书报刊和音像制品。"据此,为使整顿、清理书报刊和音像市场工作顺利进行,现对部分应取缔的出版物的认定标准作如下具体规定:

一、"夹杂淫秽色情内容、低级庸俗、有害于青少年身心健康的"出版物(简称"夹杂淫秽内容的出版物"),是指尚不能定性为淫秽、色情出版物,但具有下列内容之一,低级庸俗,妨害社会公德,缺乏艺术价值或者科学价值,公开展示或阅读会对普通人特别是青少年身心健康产生危害,甚至诱发青少年犯罪的出版物:

1. 描写性行为、性心理,着力表现生殖器官,会使青少年产生不健康意识的;
2. 宣传性开放、性自由观念的;
3. 具体描写腐化堕落行为,足以导致青少年仿效的;
4. 具体描写诱奸、通奸、淫乱、卖淫的细节的;
5. 具体描写与性行为有关的疾病,如梅毒、淋病、艾滋病等,令

普通人厌恶的;

6.其他刊载的猥亵情节,令普通人厌恶或难以容忍的。

二、"宣扬封建迷信"的出版物,是指除符合国家规定出版的宗教出版物外,其他违反科学、违反理性,宣扬愚昧迷信的出版物:

1.以看相、算命、看风水、占卜为主要内容的;

2.宣扬求神问卜、驱鬼治病、算命相面以及其他传播迷信谣言、荒诞信息,足以蛊惑人心,扰乱公共秩序的。

三、宣扬"凶杀暴力"的出版物,是指以有害方式描述凶杀等犯罪活动或暴力行为,足以诱发犯罪,破坏社会治安的出版物:

1.描写罪犯形象,足以引起青少年对罪犯同情或赞赏的;

2.描述罪犯践踏法律的行为,唆使人们蔑视法律尊严的;

3.描述犯罪方法或细节,会诱发或鼓动人们模仿犯罪行为的;

4.描述离奇荒诞、有悖人性的残酷行为或暴力行为,令普通人感到恐怖、会对青少年造成心理伤害的;

5.正面肯定抢劫、偷窃、诈骗等具有犯罪性质的行为的。

互联网新闻信息服务管理规定

(2017年5月2日国家互联网信息办公室令第1号)

第一章 总 则

第一条 为加强互联网信息内容管理,促进互联网新闻信息服务健康有序发展,根据《中华人民共和国网络安全法》、《互联网信息服务管理办法》、《国务院关于授权国家互联网信息办公室负责互联网信息内容管理工作的通知》,制定本规定。

第二条 在中华人民共和国境内提供互联网新闻信息服务,适用本规定。

本规定所称新闻信息,包括有关政治、经济、军事、外交等社会公共事务的报道、评论,以及有关社会突发事件的报道、评论。

第三条 提供互联网新闻信息服务,应当遵守宪法、法律和行政法规,坚持为人民服务、为社会主义服务的方向,坚持正确舆论导向,发挥舆论监督作用,促进形成积极健康、向上向善的网络文化,维护国家利益和公共利益。

第四条 国家互联网信息办公室负责全国互联网新闻信息服务的监督管理执法工作。地方互联网信息办公室依据职责负责本行政区域内互联网新闻信息服务的监督管理执法工作。

第二章 许 可

第五条 通过互联网站、应用程序、论坛、博客、微博客、公众账号、即时通信工具、网络直播等形式向社会公众提供互联网新闻信息服务,应当取得互联网新闻信息服务许可,禁止未经许可或超越许可范围开展互联网新闻信息服务活动。

前款所称互联网新闻信息服务,包括互联网新闻信息采编发布服务、转载服务、传播平台服务。

第六条 申请互联网新闻信息服务许可,应当具备下列条件:

(一)在中华人民共和国境内依法设立的法人;

(二)主要负责人、总编辑是中国公民;

(三)有与服务相适应的专职新闻编辑人员、内容审核人员和技术保障人员;

(四)有健全的互联网新闻信息服务管理制度;

(五)有健全的信息安全管理制度和安全可控的技术保障措施;

(六)有与服务相适应的场所、设施和资金。

申请互联网新闻信息采编发布服务许可的,应当是新闻单位(含其控股的单位)或新闻宣传部门主管的单位。

符合条件的互联网新闻信息服务提供者实行特殊管理股制度,具体实施办法由国家互联网信息办公室另行制定。

提供互联网新闻信息服务,还应当依法向电信主管部门办理互联网信息服务许可或备案手续。

第七条 任何组织不得设立中外合资经营、中外合作经营和外资经营的互联网新闻信息服务单位。

互联网新闻信息服务单位与境内外中外合资经营、中外合作经营和外资经营的企业进行涉及互联网新闻信息服务业务的合作,应当报经国家互联网信息办公室进行安全评估。

第八条 互联网新闻信息服务提供者的采编业务和经营业务应当分开,非公有资本不得介入互联网新闻信息采编业务。

第九条 申请互联网新闻信息服务许可,申请主体为中央新闻单位(含其控股的单位)或中央新闻宣传部门主管的单位的,由国家互联网信息办公室受理和决定；申请主体为地方新闻单位(含其控股的单位)或地方新闻宣传部门主管的单位的，由省、自治区、直辖市互联网信息办公室受理和决定；申请主体为其他单位的，经所在地省、自治区、直辖市互联网信息办公室受理和初审后，由国家互联网信息办公室决定。

国家或省、自治区、直辖市互联网信息办公室决定批准的，核发《互联网新闻信息服务许可证》。《互联网新闻信息服务许可证》有效期为3年。有效期届满，需继续从事互联网新闻信息服务活动的，应当于有效期届满30日前申请续办。

省、自治区、直辖市互联网信息办公室应当定期向国家互联网信息办公室报告许可受理和决定情况。

第十条 申请互联网新闻信息服务许可，应当提交下列材料：

（一）主要负责人、总编辑为中国公民的证明；

（二）专职新闻编辑人员、内容审核人员和技术保障人员的资质情况；

（三）互联网新闻信息服务管理制度；

（四）信息安全管理制度和技术保障措施；

（五）互联网新闻信息服务安全评估报告；

（六）法人资格、场所、资金和股权结构等证明；

（七）法律法规规定的其他材料。

第三章 运 行

第十一条 互联网新闻信息服务提供者应当设立总编辑，总编辑对互联网新闻信息内容负总责。总编辑人选应当具有相关从业经验，符合相关条件，并报国家或省、自治区、直辖市互联网信息办公室备案。

互联网新闻信息服务相关从业人员应当依法取得相应资质，

接受专业培训、考核。互联网新闻信息服务相关从业人员从事新闻采编活动,应当具备新闻采编人员职业资格,持有国家新闻出版广电总局统一颁发的新闻记者证。

第十二条 互联网新闻信息服务提供者应当健全信息发布审核、公共信息巡查、应急处置等信息安全管理制度,具有安全可控的技术保障措施。

第十三条 互联网新闻信息服务提供者为用户提供互联网新闻信息传播平台服务,应当按照《中华人民共和国网络安全法》的规定,要求用户提供真实身份信息。用户不提供真实身份信息的,互联网新闻信息服务提供者不得为其提供相关服务。

互联网新闻信息服务提供者对用户身份信息和日志信息负有保密的义务,不得泄露、篡改、毁损,不得出售或非法向他人提供。

互联网新闻信息服务提供者及其从业人员不得通过采编、发布、转载、删除新闻信息,干预新闻信息呈现或搜索结果等手段谋取不正当利益。

第十四条 互联网新闻信息服务提供者提供互联网新闻信息传播平台服务,应当与在其平台上注册的用户签订协议,明确双方权利义务。

对用户开设公众账号的,互联网新闻信息服务提供者应当审核其账号信息、服务资质、服务范围等信息,并向所在地省、自治区、直辖市互联网信息办公室分类备案。

第十五条 互联网新闻信息服务提供者转载新闻信息,应当转载中央新闻单位或省、自治区、直辖市直属新闻单位等国家规定范围内的单位发布的新闻信息,注明新闻信息来源、原作者、原标题、编辑真实姓名等,不得歪曲、篡改标题原意和新闻信息内容,并保证新闻信息来源可追溯。

互联网新闻信息服务提供者转载新闻信息,应当遵守著作权相关法律法规的规定,保护著作权人的合法权益。

第十六条　互联网新闻信息服务提供者和用户不得制作、复制、发布、传播法律、行政法规禁止的信息内容。

互联网新闻信息服务提供者提供服务过程中发现含有违反本规定第三条或前款规定内容的,应当依法立即停止传输该信息、采取消除等处置措施,保存有关记录,并向有关主管部门报告。

第十七条　互联网新闻信息服务提供者变更主要负责人、总编辑、主管单位、股权结构等影响许可条件的重大事项,应当向原许可机关办理变更手续。

互联网新闻信息服务提供者应用新技术、调整增设具有新闻舆论属性或社会动员能力的应用功能,应当报国家或省、自治区、直辖市互联网信息办公室进行互联网新闻信息服务安全评估。

第十八条　互联网新闻信息服务提供者应当在明显位置明示互联网新闻信息服务许可证编号。

互联网新闻信息服务提供者应当自觉接受社会监督,建立社会投诉举报渠道,设置便捷的投诉举报入口,及时处理公众投诉举报。

第四章　监督检查

第十九条　国家和地方互联网信息办公室应当建立日常检查和定期检查相结合的监督管理制度,依法对互联网新闻信息服务活动实施监督检查,有关单位、个人应当予以配合。

国家和地方互联网信息办公室应当健全执法人员资格管理制度。执法人员开展执法活动,应当依法出示执法证件。

第二十条　任何组织和个人发现互联网新闻信息服务提供者有违反本规定行为的,可以向国家和地方互联网信息办公室举报。

国家和地方互联网信息办公室应当向社会公开举报受理方式,收到举报后,应当依法予以处置。互联网新闻信息服务提供者应当予以配合。

第二十一条 国家和地方互联网信息办公室应当建立互联网新闻信息服务网络信用档案,建立失信黑名单制度和约谈制度。

国家互联网信息办公室会同国务院电信、公安、新闻出版广电等部门建立信息共享机制,加强工作沟通和协作配合,依法开展联合执法等专项监督检查活动。

第五章 法 律 责 任

第二十二条 违反本规定第五条规定,未经许可或超越许可范围开展互联网新闻信息服务活动的,由国家和省、自治区、直辖市互联网信息办公室依据职责责令停止相关服务活动,处1万元以上3万元以下罚款。

第二十三条 互联网新闻信息服务提供者运行过程中不再符合许可条件的,由原许可机关责令限期改正;逾期仍不符合许可条件的,暂停新闻信息更新;《互联网新闻信息服务许可证》有效期届满仍不符合许可条件的,不予换发许可证。

第二十四条 互联网新闻信息服务提供者违反本规定第七条第二款、第八条、第十一条、第十二条、第十三条第三款、第十四条、第十五条第一款、第十七条、第十八条规定的,由国家和地方互联网信息办公室依据职责给予警告,责令限期改正;情节严重或拒不改正的,暂停新闻信息更新,处5000元以上3万元以下罚款;构成犯罪的,依法追究刑事责任。

第二十五条 互联网新闻信息服务提供者违反本规定第三条、第十六条第一款、第十九条第一款、第二十条第二款规定的,由国家和地方互联网信息办公室依据职责给予警告,责令限期改正;情节严重或拒不改正的,暂停新闻信息更新,处2万元以上3万元以下罚款;构成犯罪的,依法追究刑事责任。

第二十六条 互联网新闻信息服务提供者违反本规定第十三条第一款、第十六条第二款规定的,由国家和地方互联网信息办公室根据《中华人民共和国网络安全法》的规定予以处理。

第六章 附 则

第二十七条 本规定所称新闻单位,是指依法设立的报刊社、广播电台、电视台、通讯社和新闻电影制片厂。

第二十八条 违反本规定,同时违反互联网信息服务管理规定的,由国家和地方互联网信息办公室根据本规定处理后,转由电信主管部门依法处置。

国家对互联网视听节目服务、网络出版服务等另有规定的,应当同时符合其规定。

第二十九条 本规定自 2017 年 6 月 1 日起施行。本规定施行之前颁布的有关规定与本规定不一致的,按照本规定执行。

关于推动出版深度融合发展的实施意见

(中宣发〔2022〕13号)

为深入学习贯彻习近平总书记关于媒体融合发展的重要论述,按照《中华人民共和国国民经济和社会发展第十四个五年规划和2035年远景目标纲要》有关部署,根据《出版业"十四五"时期发展规划》有关安排,围绕加快推动出版深度融合发展,构建数字时代新型出版传播体系,坚持系统推进与示范引领相结合的总体思路,制定如下实施意见。

一、加强出版融合发展战略谋划

1. **坚持正确发展方向**。以习近平新时代中国特色社会主义思想为指导,深刻领悟"两个确立"的决定性意义,增强"四个意识",坚定"四个自信",做到"两个维护",坚持党对出版工作的全面领导,弘扬和践行社会主义核心价值观,坚守中华文化立场,坚持把社会效益放在首位、实现社会效益和经济效益相统一,确保出版深度融合发展始终沿着正确方向前进。

2. **科学设定发展目标**。锚定出版强国建设目标,对标《出版业"十四五"时期发展规划》,到"十四五"时期末,出版深度融合发展取得明显成效,传统出版与新兴出版"融为一体、合而为一"的体制机制更加健全,以内容建设为根本、先进技术为支撑、创新管理为保障的新型出版传播体系更加完善。推动主力军进入主战场,打造一批竞争力强、优势突出的出版融合发展示范企业,有效巩固数字时代出版发展主阵地,始终用主流价值引领网上出版舆论,进一步扩大主流价值影响力版图。

3. 统筹规划发展布局。鼓励各地区和各级各类出版单位立足实际、改革创新、做出特色,优化调整出版融合发展的种类、布局、结构,解决好功能重复、内容同质、力量分散问题,推动出版融合集约化、差异化、高质量发展。加强示范引领,深化开展出版融合发展工程,实施好产品、平台、企业、人才等相关系列子计划,突出重点,扶优助强,打造标杆,培育出版融合发展第一方阵和示范矩阵。对接国家区域发展战略,加强对数字出版基地(园区)的规范管理、考核评估、动态调整,发挥好数字出版基地(园区)的孵化、服务和支撑作用。

二、强化出版融合发展内容建设

4. 扩大优质内容供给。坚持内容为王,把握数字化、网络化、智能化方向,发挥出版单位内容资源和编辑把关优势,大力推进出版供给侧结构性改革,优化出版融合发展内容结构,加强网络原创优质内容建设,打造更多突出思想引领、彰显主流价值、富有文化内涵、产生广泛影响的出版融合发展项目,切实把出版内容优势转化为融合发展优势。探索通过版权合作、项目共建等方式,整合更多优质内容资源,形成品类齐全、内容丰富的出版融合发展资源池和项目库。

5. 创新内容呈现传播方式。积极贴近读者,增强服务意识,适应网络传播分众化、差异化趋势,探索通过用户画像、大数据分析等方式,充分把握数字时代不同受众群体的新型阅读需求,推出更多广为读者接受、适合网络传播的数字出版产品和服务。坚持效果导向,适应数字时代舆论生态、文化业态、传播形态的深刻变化,更加注重利用新型传播手段,加强全媒体运营推广,提高优质数字出版内容的到达率、阅读率和影响力。

6. 打造重点领域内容精品。大力实施精品战略,坚持精品引领、精品带动,构建主题突出、质量上乘的出版融合发展精品体系。围绕服务党和国家工作大局、满足人民群众精神文化生活新期待,打造宣传阐释习近平新时代中国特色社会主义思想、展示新时代伟大成就、弘扬中华优秀文化、彰显时代精神风貌、促进经济社会发展、服务高水平学术研究、引导青少年健康成长等方面的精品项目。加强重要领域专业数据库建设，推动出版单位打造代表国家水平的党史文献、社科文献、科技文献、学术文献、古籍整理融合出版精品，推出更多具有中国特色、世界影响的数据库项目。

三、充分发挥技术支撑作用

7. **加强前沿技术探索应用**。紧盯技术发展前沿，用好信息技术革命成果，强化大数据、云计算、人工智能、区块链等技术应用，创新驱动出版深度融合发展。鼓励出版单位与高等院校、科研机构、科技企业等加强合作，搭建支撑出版融合发展的技术型高水平实验室，提升实验室建设效能，促进相关科技成果高效转化，为推动出版融合发展提供更大动能。

8. **促进成熟技术应用推广**。着眼适合管用，充分挖掘满足出版融合发展业务需要的各类适配技术，促进数字出版内容的多介质、多角度延伸，打造出版融合发展新产品、新服务、新模式。建立科技工作与标准化工作联动机制，及时将科技创新成果融入相关标准，重点支持出版新型业态和融合技术等领域的标准研制，以高质量标准促进技术成果产业化应用。

9. **健全科技创新应用体系**。强化出版企业创新主体地位，有效对接出版融合发展技术需求，促进各类创新要素整合集聚，形成以企业为主体、市场为导向、产学研用相衔接的技术创新体系。以出版业科技与标准创新项目为抓手，评选确定一批出版技术研发应用、标准研制推广等方面的优秀成果，推动科技创新有效赋能出版融合发展。

四、打造出版融合发展重点工程项目

10. **优化提升重大工程实施效果**。深入推进"新时代　新经典——学习习近平新时代中国特色社会主义思想重点数字图书专栏"、中国共产党思想理论资源数据库等项目建设,丰富专栏和数据库内容形式,创新传播方式,持续推动形成网上学习党的创新理论浓厚氛围。加快推进国家古籍数字化工程,建设国家古籍数字化总平台、中国古籍总目网络版、古籍资源专题数据库,汇聚共享优质古籍数字化资源,更好地继承弘扬中华优秀传统文化。高标准建设《中国大百科全书》网络版、《辞海》网络版,创新编纂、出版、传播方式,更好满足读者对权威百科知识的新需求。

11. **着力打造重点品牌项目**。推动出版单位实施品牌提升计划,立足优势领域精耕细作,充分发挥内容资源、作者资源、品牌资源优势,积极布局重点产品、服务和平台,集中力量打造读者认可度高、行业竞争力强的出版融合发展重点项目。实施数字出版精品遴选推荐计划、数字出版优质平台遴选推荐计划,着眼重点领域和关键环节打造示范样本,遴选推荐一批质量上乘、影响广泛的精品项目和优质平台,构建重点项目带动、全面协调推进的出版融合发展格局。

12. **做强做优头部示范企业**。推动有条件、有实力的出版单位加大投入力度,大幅提升融合发展的资源聚合力、产品创新力、品牌运营力,打造技术领先、融合度高、精品聚集、示范性强的知名企业。实施出版融合发展示范单位遴选推荐计划,推出一批有影响的融合发展旗舰单位和特色单位,推动入选单位加强融合发展战略部署,加大资金、技术、资源、人才等方面投入,不断增强核心竞争力,带动出版融合发展向纵深推进。

13. **加强重要成果展示交流**。用好北京国际图书博览会、中国数字出版博览会、中国数字阅读年会等重要展会平台,全面展示出版融合发展重要成果,进一步扩大重点项目和品牌企业的示范力引领力影响力。办好出版融合发展经验交流会,加强政策宣介、经验分享和案例交流,深入挖掘示范项目的典型意义和引领价值,进一步凝聚行业共识,坚定发展信心,推动深度融合。

五、建强出版融合发展人才队伍

14. 夯实人才培养基础。发挥高校人才培养重要作用,在出版学科建设中加强融合发展理论与实践人才培养,支持重点高校与出版单位、数字出版企业等合作培养急需紧缺人才。组织有关行业协会、研究机构等分层分类办好出版融合发展培训班、研修班,重点围绕融合发展新趋势、新理念、新技能,精心选配师资,打造精品课程,着力培养"一专多能"的出版融合发展人才。各级党委宣传部和各主管主办单位开展出版融合发展专题培训,对出版企业及其融合发展业务负责人、重点项目核心成员等加强培训,提升出版融合发展骨干队伍的思想政治素质和专业能力水平。

15. 强化高层次人才培养激励。加大国家重大文化出版人才工程对出版融合发展人才的重视支持力度,在文化名家暨"四个一批"人才评选、中国出版政府奖优秀出版人物奖评选中,增加融合发展人才入选比例,造就更多高层次复合型人才。实施好出版融合发展优秀人才遴选培养计划,突出优秀人才发现、培养、使用,打造一批思想政治素质过硬、创新创造能力突出、引领发展表现出色的出版融合发展人才。聚焦出版融合发展重大问题研究、重大技术攻关、重大工程建设,整合各方面优质资源和创新要素,在重大任务中打造融合发展高端人才和领跑团队。

16. 发挥企业人才建设主体作用。出版企业根据出版融合发展事业需要,制定相关人才建设规划、制度、举措,坚持全员参加与专人负责相结合、内部挖潜与外部引进相结合,不断扩充融合发展人才队伍。对专门从事融合发展业务的人员实施专项培养计划,在产品策划、内容编辑、技术开发、传播运营等方面,培养一大批骨干人才、青年英才、业务新秀,对优秀人才在考核评价、工资待遇、职业发展等方面给予更大支持。鼓励有条件的出版企业,聚焦融合发展前沿,跨单位调集优秀人才组建攻坚团队,在人才梯队、科研条件、资金投入等方面给予配套支持。

六、健全出版融合发展保障体系

17. 完善政策扶持机制。在出版单位年度核验、社会效益评价考核中强化出版融合发展情况考核,推动出版融合发展成效与有关评奖评优、出版资源配置联动挂钩,进一步激发出版深度融合发展活力。创新资金投入方式,引导推动各地区各有关部门根据实际加大对出版融合发展的资金支持力度,鼓励出版单位设立出版融合发展专项资金,推动国家出版基金对出版融合发展重大项目择优支持,强化出版融合发展资金保障。对出版融合发展精品项目、优质平台、示范单位、优秀人才等,在宣传推广展示、支持政策对接等方面适当倾斜。

18. 深化体制机制改革。健全数字化环境下一体化内容生产传播机制,全面推进机构融合、业务融合、资源要素融合,提高出版融合发展海量资源集聚、优质 IP 运营能力。在出版产业链上下游资源整合、出版与其他行业跨界融合等方面,加强改革创新,不断拓展融合发展新模式,形成数字时代出版融合发展新优势。鼓励出版企业大胆探索融合发展质量评估体系,建立以创新价值和综合贡献为导向的绩效评价机制,更好地促进出版深度融合发展。

19. 营造良好发展环境。坚持安全为要,用主流价值导向驾驭技术,加快构建数字内容安全风控体系,筑牢出版融合发展安全底线。强化版权意识,充分体现优质内容资源的市场价值,大力整治重点领域侵权盗版行为,有力遏制侵权盗版行为对出版融合发展的不利影响。坚持融合共生,支持出版单位之间、出版单位与网络平台之间通过项目合作、联合研发、资源共享等方式有效对接、优势互补,释放产业链各要素活力,构建良性的融合发展新格局新生态。

20. 逐级抓好贯彻落实。中央宣传部加强对出版深度融合发展的总体统筹、规划、布局,加大对出版融合发展重点工程项目的协调推进力度。各地党委宣传部和各主管主办单位要把推进出版深度融合发展作为落实意识形态工作责任制的重要内容,主要负责同志要亲自抓、负总责,既抓好谋划部署、统筹协调,又抓好政策支持、业务指导。出版单位要切实履行主体责任,把出版融合发展作为"一把手"工程,加强组织领导,优化资源配置,加大工作力度,把出版深度融合发展各项任务落到实处。

关于进一步加强网络文学出版管理的通知

(国家新闻出版署　2020年6月5日　国新出发〔2020〕11号)

各省、自治区、直辖市新闻出版局,各网络文学出版单位:

　　网络文学是繁荣发展社会主义文艺的重要力量,拥有庞大读者群,特别是在青少年中具有广泛影响。近年来,网络文学行业蓬勃发展,涌现出一批优秀作者和思想性艺术性可读性相统一的原创作品,在促进文学创作生产、满足人民群众精神文化需求方面发挥了积极作用。同时,也存在一些值得注意的倾向和问题。一些作品导向偏差、格调不高,甚至以淫秽色情、血腥暴力等内容刺激感官、吸引眼球;有的企业社会责任感缺失、把关机制不健全、主体责任落实不到位,片面追求经济效益。根据《出版管理条例》《网络出版服务管理规定》等法规规章要求,为进一步加强网络文学出版管理,规范网络文学行业秩序,引导网络文学出版单位始终坚持正确出版导向、坚持把社会效益放在首位、坚持高质量发展、努力以精品奉献人民,推动网络文学繁荣健康发展,现就有关事项通知如下。

　　一、建立健全内容审核机制。网络文学出版单位须设立总编辑,建立健全编辑委员会,强化内容把关职责,总编辑对涉及内容导向问题的事项具有否决权,对发布作品的内容质量负总责。加强选题策划,控制总量、优化结构、提高质量,支持优质创新内容,抵制模式化、同质化倾向。严格导向管理,完善质量内控机制,严格执行选题论证制度、内容审校制度,做到内容把关责任明确、编校流程可核查可追溯,确保内容导向正确、格调健康向上。严格落实平台主体责任,坚持先审后发的原则,在作品发布前,对登载内容进行严格审核;对尚未创作完成、持续更新的作品进行跟踪审读,未经审核不得上线发布。加强对作品排行榜、互动评论等作品相关发布信息的动态管理,正确引导用户阅读。

二、严格规范登载发布行为。实行网络文学创作者实名注册制度,按照"后台实名、前台自愿"的原则,网络文学出版单位必须要求创作者提供真实身份信息,不得为未使用真实身份信息注册的创作者提供相关服务,并对收集的信息严格保密,确保创作者信息安全。网络文学出版单位应在平台上明示登载规则和服务约定,对创作者登载发布行为提出明确要求,既保障合理权益,又实施有效约束。登载发布原创作品,须在作品封面或内容首页显著位置标明书名、作者、责任编辑及版权说明等相关信息。互联网公众账号服务商、应用商店等首发网络文学作品的,按照上述要求进行管理;从事分发业务的,须加强审核力量建设,对分发产品及内容进行跟踪把关,对出现的问题承担相应责任。提供公众账号和应用商店服务的互联网平台按照上述要求加强监测管理,承担相应主体责任。

三、定期开展社会效益评价考核。网络文学出版单位应按要求开展社会效益评价考核,形成社会效益自评报告,报送属地出版主管部门审核认定。网络文学出版单位发布或推介作品出现严重错误的,社会效益评价考核结果为不合格。对连续两年考核结果为优秀的网络文学出版单位,出版主管部门在评奖推优和资助扶持等方面予以倾斜;对考核结果为不合格的,进行通报批评,约谈主要负责人,责令整改并且在整改到位前不得参加各类评优评奖;对存在违法违规行为的,依法依规进行处罚。

四、加强评奖推选活动管理。各类社会组织、媒体单位、学校和研究机构等举办全国性网络文学评奖,须向国家新闻出版署申请,经同意后举办;各类企业不得以任何名目举办全国性网络文学评奖。开展地方性网络文学评奖的,须经当地出版主管部门同意。

五、进一步规范市场秩序。加强网络文学市场管理,严肃处理违法违规行为。对内容导向出现严重偏差的,综合运用行政监管、经济惩罚、刑事处罚等多种措施进行处置。坚决清理低俗庸俗媚俗内容,坚决遏制跟风模仿等不良倾向,坚决打击侵权盗版行为。加强对网络文学导流行为的监督管理,出现传播错误内容、误导用户阅读行为的,相关网络平台应及时采取限制功能、暂停更新、关闭账号等措施。网络文学出版单位应在平台显著位置设置读者投诉入口,主动接受社会监督。探索建立完善信用档案制度,将违法违规企业或从业人员纳入失信档案,根据情节轻重采取限入、禁入等措施。

六、加强网络文学出版队伍建设。深入开展马克思主义新闻出版观教育,提高网络文学从业人员内容导向把关能力,增强责任感使命感。加强队伍教育培训,网络文学出版单位从事内容审核的编辑人员应按时参加出版专业技术人员继续教育,每年累计不少于72小时,取得出版主管部门颁发的继续教育合格证书;网络文学出版单位法定代表人、总编辑或主要负责人应在规定时间内参加出版主管部门组织的岗位培训,取得国家新闻出版署统一印制的岗位培训合格证书。引导广大网络文学从业人员对读者负责、对社会负责,加强品德修养,恪守公序良俗,弘扬新风正气,打造精品力作,维护网络文学行业良好声誉和网络文学出版工作者良好形象。

七、切实履行属地管理职责。各级出版主管部门要严格落实意识形态工作责任制,落实属地管理责任,加强对属地网络文学业务的管理,摸清底数、建立台账、完善制度。对出现问题的作品、企业和相关舆情,应积极妥善处理并及时报告。加强对所属网络文学出版单位重大事项和重点出版物的指导把关,及时研判处置重要问题,确保各项管理责任落到实处。定期监督检查网络文学出版单位编辑责任制度落实情况,把检查结果作为出版单位资源配置、年检评估、项目评审和评优表彰的重要依据。建立和充实网络文学阅评队伍,加大抽查排查力度,及时发现和处理苗头性倾向性问题。充分运用技术手段,加强监测监看,提升分析研判水平,提高科学管理效能。

本通知所称网络文学出版单位含提供网络文学服务的平台;所称全国性网络文学评奖是指在全国范围内对网络文学领域的人物、作品进行的评奖活动,冠以"中国""中华""全国"等名称的网络文学评奖活动,以及在境内举办的冠以"国际""全球""华语地区"等名称的网络文学评奖活动。

本通知自印发之日起施行。

国家新闻出版署

2020年6月5日

关于进一步规范期刊经营合作活动的通知

(国新出发〔2023〕13号)

各省、自治区、直辖市新闻出版局,中央和国家机关各部委、各人民团体出版单位主管部门,中央军委政治工作部宣传局,中央各重点出版集团:

期刊是重要的宣传思想文化阵地,是推动文化繁荣的重要力量。管理中发现,少数期刊出版单位存在出租刊号版面、允许经营合作方介入期刊采编业务等违规问题,扰乱出版秩序,损害作者读者权益。按照《出版管理条例》《国务院关于非公有资本进入文化产业的若干决定》《期刊出版管理规定》等有关法规文件要求,现就进一步规范期刊经营合作活动通知如下。

一、严禁转让期刊出版权。期刊经营合作方仅限于在合法授权范围内开展广告经营、发行代理等业务,不得参与期刊的采访、编辑等出版活动。期刊出版单位及其主管主办单位不得允许经营合作方以"全面运营期刊""享有刊名创作权""享有期刊无形资产""设立采编分支机构""承办专刊(专版、专栏、专题、增刊)"等名义变相取得期刊出版权,不得允许经营合作方保管和使用期刊出版单位公章。

二、期刊出版单位不得将组稿、征稿工作委托给经营合作方。严禁期刊出版单位与"论文代发"机构合作,不得接收经营合作方以"论文润色""论文排版设计""推荐文章"等名义组织的稿件。

三、期刊及其新媒体内容的初审、复审、终审均应由期刊出版单位执行,不得仅以终审代替全程审核把关。期刊新媒体账号及网络文献数据库账号应由期刊出版单位注册和管理，不得由经营合作方掌控。网络文献数据库平台收录期刊时，应认真查验《期刊出版许可证》原件以及逐年加盖年度核验章证明原件，在日常管理中逐期严格核对收录期刊网络版本与期刊纸质版本，对版本内容不一致的立即下架调查，并向属地新闻出版管理部门书面报告。

四、期刊出版单位负责人的任用应严格按照干部人事管理权限和程序进行。严禁经营合作方人员出任期刊出版单位负责人或在采编部门任职。期刊采编人员应由期刊出版单位聘用并实行日常管理考核，不得由经营合作方发放薪酬、代为管理。

五、期刊出版单位应严格落实采编与经营"两分开"原则，不得向采编人员下达经营创收任务。采编人员与经营人员不得混岗，采编人员不得对外签订经营合作协议，不得从广告等经营业务中提成。

六、期刊出版单位不得允许经营合作方以期刊"第二编辑部""办事处""工作联络站"等名义介入期刊采编业务。

七、期刊主管主办单位应切实履行主管主办职责，落实意识形态工作责任制，加强对所属期刊出版单位出版经营活动的指导管理，加强对期刊"三审三校"等编辑出版制度落实情况、按业务范围和刊期合规出版情况等的日常检查，严格期刊出版单位财务管理，完善经营合作相关制度。发现所属期刊出版单位存在违规出版经营问题的，应立即纠正、督促整改，并对相关责任人严肃问责。

八、各地新闻出版管理部门应结合期刊年度核验、专项检查等工作，加强对期刊出版单位经营合作活动的监管，依据《出版管理条例》《期刊出版管理规定》相关条款对违规行为严肃查处，对情节严重的责令限期停业整顿，或按程序吊销《期刊出版许可证》。对整改效果不明显、已不具备出版条件的期刊，不予通过年度核验，及时推动注销登记。完善期刊引导管理长效机制，优化期刊资源配置，加强期刊出版队伍教育培训，营造健康有序的发展环境。

本通知自印发之日起施行。

国家新闻出版署
2023 年 6 月 26 日

以无障碍方式向阅读障碍者
提供作品暂行规定

(国家版权局　2022年8月1日　国版发〔2022〕1号)

第一条　为规范以无障碍方式向阅读障碍者提供作品的秩序,更好地为阅读障碍者使用作品提供便利,发挥著作权促进阅读障碍者平等参与社会生活、共享文化发展成果的作用,根据《中华人民共和国著作权法》(以下简称著作权法)和我国批准的《关于为盲人、视力障碍者或其他印刷品阅读障碍者获得已出版作品提供便利的马拉喀什条约》(以下简称《马拉喀什条约》),制定本规定。

第二条　本规定所称的阅读障碍者,是指视力残疾人以及由于视觉缺陷、知觉障碍、肢体残疾等原因无法正常阅读的人。

本规定所称的无障碍格式版,是指采用替代方式或形式,让阅读障碍者能够感知并有效使用的作品版本。

本规定所称的无障碍格式版服务机构,是指以非营利方式向阅读障碍者提供文化、教育、培训、信息等服务的法人组织。

本规定所称的无障碍格式版跨境交换机构,是指向其他《马拉喀什条约》缔约方的同类机构或阅读障碍者提供,或从前述同类机构接收无障碍格式版的法人组织。

第三条　依据著作权法第二十四条第一款第十二项规定,可以不经著作权人许可,不向其支付报酬,将已经发表的作品制作成无障碍格式版并向阅读障碍者提供,但应当遵守下列要求:

(一)指明作者姓名或名称、作品名称;

(二)使用有合法来源的作品;

(三)尊重作品完整性,除让阅读障碍者能够感知并有效使用所需要的修改外,不得进行其他修改;

(四)在作品名称中以适当显著的方式标注"阅读障碍者专用";

(五)仅限通过特定渠道向可以提供相关证明的阅读障碍者或无障碍格式版服务机构提供,不得向其他人员或组织提供或开放服务;

(六)采取身份认证、技术措施等有效手段防止阅读障碍者以外的人员或组织获取、传播;

(七)向阅读障碍者提供的无障碍格式版类型应当仅限于满足其合理需要;

(八)不以营利为目的;

(九)未以其他方式影响作品的正常使用或不合理地损害著作权人的合法权益。

第四条 使用无法通过正常途径获取的作品制作、提供无障碍格式版,依据著作权法第五十条第一款第二项规定,可以避开技术措施,但不得向他人提供避开技术措施的技术、装置或部件,不得侵犯权利人依法享有的其他权利。

第五条 制作、提供、跨境交换无障碍格式版,应当以适当的方式告知著作权人,并完整、准确记录作者姓名或名称、作品名称以及制作、提供的方式和数量及提供对象等,供相关著作权人和国家相关主管部门查阅。相关记录至少保留3年。

记录、提供相关信息时,应当遵守《中华人民共和国个人信息保护法》相关规定,平等保护阅读障碍者个人信息。

第六条 制作、提供无障碍格式版,应当遵守国家关于出版、电影、广播电视、网络视听等行业的管理规定和标准。

跨境交换无障碍格式版,应当遵守相关行业进出口管理等有关规定。

第七条　鼓励出版、电影、广播电视、网络视听等机构为其拥有版权的作品同步制作、提供无障碍格式版。

鼓励通过无障碍格式版服务机构制作无障碍格式版并向阅读障碍者或其他无障碍格式版服务机构提供。

鼓励通过无障碍格式版跨境交换机构与其他《马拉喀什条约》缔约方的同类机构交换无障碍格式版。

第八条　无障碍格式版服务机构应当符合下列条件：

（一）具有与制作、提供无障碍格式版相适应的人员、资金和技术，包括防止阅读障碍者以外的人员或组织获取、传播无障碍格式版的技术；

（二）制定符合本规定第三条至第六条规定的规章制度并严格遵守，包括能够有效确认阅读障碍者和无障碍格式版服务机构身份的规则程序；

（三）从事需要取得行政许可的活动的，须经相关主管部门许可，取得相关资质、资格。

第九条　无障碍格式版跨境交换机构应当符合下列条件：

（一）符合本规定第八条规定的条件；

（二）具有与跨境交换无障碍格式版相适应的人员、资金和技术，包括确保无障碍格式版安全跨境提供和接收的技术；

（三）采取合理措施确认其他《马拉喀什条约》缔约方的同类机构或阅读障碍者身份；

（四）建立无障碍格式版跨境交换内容合规机制；

（五）从事进出口等需要取得行政许可的活动的，具有相应资质。

第十条　无障碍格式版服务机构（含跨境交换机构）实行告知性备案，相关机构应当依据无障碍格式版服务机构（含跨境交换机构）备案指南向国家版权局备案。

无障碍格式版跨境交换机构的相关信息由国家版权局向世界

知识产权组织或相关机构提供,以促进无障碍格式版的跨境交换。

第十一条　各级著作权主管部门以及相关部门对无障碍格式版服务机构(含跨境交换机构),在业务指导、宣传推广、资源对接、经费协调等方面给予支持。

第十二条　制作、提供、跨境交换无障碍格式版违反本规定,影响作品的正常使用或不合理地损害著作权人的合法权益的,应当承担著作权法第五十二条、第五十三条规定的民事责任;同时损害公共利益的,由著作权主管部门依法追究行政责任;构成犯罪的,依法追究刑事责任。

制作、提供、跨境交换无障碍格式版违反相关行业管理规定、标准或进出口管理等有关规定的,由相关部门依法依规进行处理。

第十三条　对于制作、提供、跨境交换无障碍格式版违反本规定的行为,被侵权人、利害关系人或其他知情人可以向著作权主管部门或其他相关部门投诉、举报。

第十四条　为实施义务教育和国家教育规划而编写出版教科书,将已经发表的作品制作成无障碍格式版并向阅读障碍者提供的,属于著作权法第二十四条第一款第十二项规定的情形,适用本规定。

第十五条　制作、提供、跨境交换无障碍格式版涉及图书、报刊出版,以及表演、录音录像和广播电台、电视台播放等与著作权有关的权利的,参照本规定执行。

第十六条　本规定由国家版权局负责解释。

第十七条　本规定自印发之日起施行。

生成式人工智能服务管理暂行办法

(2023年7月10日国家互联网信息办公室　国家发展和改革委员会　教育部　科学技术部　工业和信息化部　公安部　国家广播电视总局令第15号公布)

第一章　总　　则

第一条　为了促进生成式人工智能健康发展和规范应用,维护国家安全和社会公共利益,保护公民、法人和其他组织的合法权益,根据《中华人民共和国网络安全法》、《中华人民共和国数据安全法》、《中华人民共和国个人信息保护法》、《中华人民共和国科学技术进步法》等法律、行政法规,制定本办法。

第二条　利用生成式人工智能技术向中华人民共和国境内公众提供生成文本、图片、音频、视频等内容的服务(以下称生成式人工智能服务),适用本办法。

国家对利用生成式人工智能服务从事新闻出版、影视制作、文艺创作等活动另有规定的,从其规定。

行业组织、企业、教育和科研机构、公共文化机构、有关专业机构等研发、应用生成式人工智能技术,未向境内公众提供生成式人工智能服务的,不适用本办法的规定。

第三条　国家坚持发展和安全并重、促进创新和依法治理相结合的原则,采取有效措施鼓励生成式人工智能创新发展,对生成式人工智能服务实行包容审慎和分类分级监管。

第四条　提供和使用生成式人工智能服务,应当遵守法律、行政法规,尊重社会公德和伦理道德,遵守以下规定:

（一）坚持社会主义核心价值观，不得生成煽动颠覆国家政权、推翻社会主义制度，危害国家安全和利益、损害国家形象，煽动分裂国家、破坏国家统一和社会稳定，宣扬恐怖主义、极端主义，宣扬民族仇恨、民族歧视，暴力、淫秽色情，以及虚假有害信息等法律、行政法规禁止的内容；

（二）在算法设计、训练数据选择、模型生成和优化、提供服务等过程中，采取有效措施防止产生民族、信仰、国别、地域、性别、年龄、职业、健康等歧视；

（三）尊重知识产权、商业道德，保守商业秘密，不得利用算法、数据、平台等优势，实施垄断和不正当竞争行为；

（四）尊重他人合法权益，不得危害他人身心健康，不得侵害他人肖像权、名誉权、荣誉权、隐私权和个人信息权益；

（五）基于服务类型特点，采取有效措施，提升生成式人工智能服务的透明度，提高生成内容的准确性和可靠性。

第二章　技术发展与治理

第五条　鼓励生成式人工智能技术在各行业、各领域的创新应用，生成积极健康、向上向善的优质内容，探索优化应用场景，构建应用生态体系。

支持行业组织、企业、教育和科研机构、公共文化机构、有关专业机构等在生成式人工智能技术创新、数据资源建设、转化应用、风险防范等方面开展协作。

第六条　鼓励生成式人工智能算法、框架、芯片及配套软件平台等基础技术的自主创新，平等互利开展国际交流与合作，参与生成式人工智能相关国际规则制定。

推动生成式人工智能基础设施和公共训练数据资源平台建设。促进算力资源协同共享，提升算力资源利用效能。推动公共数据分类分级有序开放,扩展高质量的公共训练数据资源。鼓励采用安全可信的芯片、软件、工具、算力和数据资源。

第七条 生成式人工智能服务提供者(以下称提供者)应当依法开展预训练、优化训练等训练数据处理活动,遵守以下规定:

(一)使用具有合法来源的数据和基础模型;

(二)涉及知识产权的,不得侵害他人依法享有的知识产权;

(三)涉及个人信息的,应当取得个人同意或者符合法律、行政法规规定的其他情形;

(四)采取有效措施提高训练数据质量,增强训练数据的真实性、准确性、客观性、多样性;

(五)《中华人民共和国网络安全法》、《中华人民共和国数据安全法》、《中华人民共和国个人信息保护法》等法律、行政法规的其他有关规定和有关主管部门的相关监管要求。

第八条 在生成式人工智能技术研发过程中进行数据标注的,提供者应当制定符合本办法要求的清晰、具体、可操作的标注规则;开展数据标注质量评估,抽样核验标注内容的准确性;对标注人员进行必要培训,提升尊法守法意识,监督指导标注人员规范开展标注工作。

第三章 服务规范

第九条 提供者应当依法承担网络信息内容生产者责任,履行网络信息安全义务。涉及个人信息的,依法承担个人信息处理者责任,履行个人信息保护义务。

提供者应当与注册其服务的生成式人工智能服务使用者(以下称使用者)签订服务协议,明确双方权利义务。

第十条 提供者应当明确并公开其服务的适用人群、场合、用途,指导使用者科学理性认识和依法使用生成式人工智能技术,采取有效措施防范未成年人用户过度依赖或者沉迷生成式人工智能服务。

第十一条 提供者对使用者的输入信息和使用记录应当依法履行保护义务，不得收集非必要个人信息，不得非法留存能够识别使用者身份的输入信息和使用记录，不得非法向他人提供使用者的输入信息和使用记录。

提供者应当依法及时受理和处理个人关于查阅、复制、更正、补充、删除其个人信息等的请求。

第十二条 提供者应当按照《互联网信息服务深度合成管理规定》对图片、视频等生成内容进行标识。

第十三条 提供者应当在其服务过程中，提供安全、稳定、持续的服务，保障用户正常使用。

第十四条 提供者发现违法内容的，应当及时采取停止生成、停止传输、消除等处置措施，采取模型优化训练等措施进行整改，并向有关主管部门报告。

提供者发现使用者利用生成式人工智能服务从事违法活动的，应当依法依约采取警示、限制功能、暂停或者终止向其提供服务等处置措施，保存有关记录，并向有关主管部门报告。

第十五条 提供者应当建立健全投诉、举报机制，设置便捷的投诉、举报入口，公布处理流程和反馈时限，及时受理、处理公众投诉举报并反馈处理结果。

第四章 监督检查和法律责任

第十六条 网信、发展改革、教育、科技、工业和信息化、公安、广播电视、新闻出版等部门，依据各自职责依法加强对生成式人工智能服务的管理。

国家有关主管部门针对生成式人工智能技术特点及其在有关

行业和领域的服务应用,完善与创新发展相适应的科学监管方式,制定相应的分类分级监管规则或者指引。

第十七条　提供具有舆论属性或者社会动员能力的生成式人工智能服务的,应当按照国家有关规定开展安全评估,并按照《互联网信息服务算法推荐管理规定》履行算法备案和变更、注销备案手续。

第十八条　使用者发现生成式人工智能服务不符合法律、行政法规和本办法规定的,有权向有关主管部门投诉、举报。

第十九条　有关主管部门依据职责对生成式人工智能服务开展监督检查,提供者应当依法予以配合,按要求对训练数据来源、规模、类型、标注规则、算法机制机理等予以说明,并提供必要的技术、数据等支持和协助。

参与生成式人工智能服务安全评估和监督检查的相关机构和人员对在履行职责中知悉的国家秘密、商业秘密、个人隐私和个人信息应当依法予以保密,不得泄露或者非法向他人提供。

第二十条　对来源于中华人民共和国境外向境内提供生成式人工智能服务不符合法律、行政法规和本办法规定的,国家网信部门应当通知有关机构采取技术措施和其他必要措施予以处置。

第二十一条　提供者违反本办法规定的,由有关主管部门依照《中华人民共和国网络安全法》、《中华人民共和国数据安全法》、《中华人民共和国个人信息保护法》、《中华人民共和国科学技术进步法》等法律、行政法规的规定予以处罚;法律、行政法规没有规定的,由有关主管部门依据职责予以警告、通报批评,责令限期改正;拒不改正或者情节严重的,责令暂停提供相关服务。

构成违反治安管理行为的,依法给予治安管理处罚;构成犯罪的,依法追究刑事责任。

第五章　附　　则

第二十二条　本办法下列用语的含义是：

（一）生成式人工智能技术，是指具有文本、图片、音频、视频等内容生成能力的模型及相关技术。

（二）生成式人工智能服务提供者，是指利用生成式人工智能技术提供生成式人工智能服务（包括通过提供可编程接口等方式提供生成式人工智能服务）的组织、个人。

（三）生成式人工智能服务使用者，是指使用生成式人工智能服务生成内容的组织、个人。

第二十三条　法律、行政法规规定提供生成式人工智能服务应当取得相关行政许可的，提供者应当依法取得许可。

外商投资生成式人工智能服务，应当符合外商投资相关法律、行政法规的规定。

第二十四条　本办法自 2023 年 8 月 15 日起施行。

关于防止未成年人沉迷网络游戏的通知

国新出发〔2019〕34号

各省、自治区、直辖市新闻出版局,各网络游戏企业,有关行业组织:

近年来,网络游戏行业在满足群众休闲娱乐需要、丰富人民精神文化生活的同时,也出现一些值得高度关注的问题,特别是未成年人沉迷网络游戏、过度消费等现象,对未成年人身心健康和正常学习生活造成不良影响,社会反映强烈。规范网络游戏服务,引导网络游戏企业切实把社会效益放在首位,有效遏制未成年人沉迷网络游戏、过度消费等行为,保护未成年人身心健康成长,是贯彻落实习近平总书记关于青少年工作重要指示精神、促进网络游戏繁荣健康有序发展的有效举措。现就有关工作事项通知如下。

一、实行网络游戏用户账号实名注册制度。所有网络游戏用户均须使用有效身份信息方可进行游戏账号注册。自本通知施行之日起,网络游戏企业应建立并实施用户实名注册系统,不得以任何形式为未实名注册的新增用户提供游戏服务。自本通知施行之日起2个月内,网络游戏企业须要求已有用户全部完成实名注册,对未完成实名注册的用户停止提供游戏服务。对用户提供的实名注册信息,网络游戏企业必须严格按照有关法律法规妥善保存、保护,不得用作其他用途。

网络游戏企业可以对其游戏服务设置不超过1小时的游客体验模式。在游客体验模式下,用户无须实名注册,不能充值和付费消费。对使用同一硬件设备的用户,网络游戏企业在15天内不得重复提供游客体验模式。

二、严格控制未成年人使用网络游戏时段、时长。每日22时至次日8时,网络游戏企业不得以任何形式为未成年人提供游戏服务。网络游戏企业向未成年人提供游戏服务的时长,法定节假日每日累计不得超过3小时,其他时间每日累计不得超过1.5小时。

三、规范向未成年人提供付费服务。网络游戏企业须采取有效措施,限制未成年人使用与其民事行为能力不符的付费服务。网络游戏企业不得为未满8周岁的用户提供游戏付费服务。同一网络游戏企业所提供的游戏付费服务,8周岁以上未满16周岁的用户,单次充值金额不得超过50元人民币,每月充值金额累计不得超过200元人民币;16周岁以上未满18周岁的用户,单次充值金额不得超过100元人民币,每月充值金额累计不得超过400元人民币。

四、切实加强行业监管。本通知前述各项要求,均为网络游戏上网出版运营的必要条件。各地出版管理部门要切实履行属地监管职责,严格按照本通知要求做好属地网络游戏企业及其网络游戏服务的监督管理工作。对未落实本通知要求的网络游戏企业,各地出版管理部门应责令限期改正;情节严重的,依法依规予以处理,直至吊销相关许可。各地出版管理部门协调有关执法机构做好监管执法工作。

五、探索实施适龄提示制度。网络游戏企业应从游戏内容和功能的心理接受程度、对抗激烈程度、可能引起认知混淆程度、可能导致危险模仿程度、付费消费程度等多维度综合衡量,探索对上网出版运营的网络游戏作出适合不同年龄段用户的提示,并在用户下载、注册、登录页面等位置显著标明。有关行业组织要探索实施适龄提示具体标准规范,督促网络游戏企业落实适龄提示制度。网络游戏企业应注意分析未成年人沉迷的成因,并及时对造成沉迷的游戏内容、功能或者规则进行修改。

六、积极引导家长、学校等社会各界力量履行未成年人监护守护责任,加强对未成年人健康合理使用网络游戏的教导,帮助未成年人树立正确的网络游戏消费观念和行为习惯。

七、本通知所称未成年人是指未满 18 周岁的公民,所称网络游戏企业含提供网络游戏服务的平台。

本通知自 2019 年 11 月 1 日起施行。

国家新闻出版署
2019 年 10 月 25 日

关于进一步严格管理切实防止未成年人沉迷网络游戏的通知

国新出发〔2021〕14号

各省、自治区、直辖市新闻出版局,各网络游戏企业,有关行业组织:

一段时间以来,未成年人过度使用甚至沉迷网络游戏问题突出,对正常生活学习和健康成长造成不良影响,社会各方面特别是广大家长反映强烈。为进一步严格管理措施,坚决防止未成年人沉迷网络游戏,切实保护未成年人身心健康,现将有关要求通知如下。

一、严格限制向未成年人提供网络游戏服务的时间。自本通知施行之日起,所有网络游戏企业仅可在周五、周六、周日和法定节假日每日20时至21时向未成年人提供1小时网络游戏服务,其他时间均不得以任何形式向未成年人提供网络游戏服务。

二、严格落实网络游戏用户账号实名注册和登录要求。所有网络游戏必须接入国家新闻出版署网络游戏防沉迷实名验证系统,所有网络游戏用户必须使用真实有效身份信息进行游戏账号注册并登录网络游戏,网络游戏企业不得以任何形式(含游客体验模式)向未实名注册和登录的用户提供游戏服务。

三、各级出版管理部门加强对网络游戏企业落实提供网络游戏服务时段时长、实名注册和登录、规范付费等情况的监督检查,加大检查频次和力度,对未严格落实的网络游戏企业,依法依规严肃处理。

四、积极引导家庭、学校等社会各方面营造有利于未成年人健康成长的良好环境,依法履行未成年人监护职责,加强未成年人网络素养教育，在未成年人使用网络游戏时督促其以真实身份验证，严格执行未成年人使用网络游戏时段时长规定，引导未成年人形成良好的网络使用习惯，防止未成年人沉迷网络游戏。

五、本通知所称未成年人是指未满18周岁的公民，所称网络游戏企业含提供网络游戏服务的平台。

本通知自2021年9月1日起施行。《国家新闻出版署关于防止未成年人沉迷网络游戏工作的通知》（国新出发〔2019〕34号）相关规定与本通知不一致的，以本通知为准。

国家新闻出版署

2021年8月30日